Meinem lieben Walter
in Dankbarkeit, daß mir
die Teilnahme an dieser
Reise ermöglicht wurde.

Deine Lotte

Sept. 1965

Lotte und Walter

Die Ulbrichts in Selbstzeugnissen, Briefen und Dokumenten

Mit über 300 meist unveröffentlichten Fotos

Herausgegeben von Frank Schumann

Das Neue Berlin

ISBN 3-360-01233-X

© 2003 Neue Berlin Verlagsgesellschaft mbH
Rosa-Luxemburg-Straße 39, 10178 Berlin.

Titel: Peperoni Werbeagentur, Berlin
Fotos und Dokumente: Ursula Benjamin, Lothar Berthold, Gerda Böttcher,
Eberhard Fensch, Luise Flavius, Grünflächenamt Leitpzig (Abt.
Friedhöfe), Horst Helas, Hannes Hofmann, Elisabeth Ittershagen, Bruno Kiesler, Volker
Külow, Karl-Heinz Kretzschmar, Fritz Militzer, Anselm W. Müller, Martin
Naumann, Karl-Heinrich Oestreich, Michael Pardon, Klaus Paulsen, Sören
Pellmann, Hellmut Richter, Sächsisches Staatsarchiv Leipzig, Hubert Schnabel,
Gustav-Adolf Schur, Schulmuseum Leipzig, Heinz Schmidt, Horst Siegel/BCA,
Michael Sindermann, Karl Söder, Stadtarchiv Leipzig, Stadtgeschichtliches
Museum Leipzig, Standesamt Leipzig, Dietrich Strobel, Lotte Strube, Oskar
Thiele, Annelie Thompson, Rainer Vordank, Olaf Wittke, Zeitgeschichtliches
Forum Leipzig, Gerhard Zwerenz
Nicht in jedem Fall ist es gelungen, den Rechteinhaber zu ermitteln.
Berechtigte Ansprüche bleiben gewahrt.

Printed in Germany

Die Bücher des Verlags Das Neue Berlin
erscheinen in der Eulenspiegel Verlagsgruppe.

www.das-neue-berlin.de

Vergessen Sie das meiste

Napoleon wird der Satz zugeschrieben, daß Geschichte eine Summe der Lügen sei, auf die sich die Gesellschaft in drei Jahrzehnten verständigt habe. Im Sommer 2003 war Ulbricht dreißig Jahre tot. In den Geschichtsbüchern steht sein Name als Metapher für alles, was man der DDR an Schlechtem nachruft: 17. Juni 1953, Mauerbau, SED-Diktatur, Stalinismus, Repression, Personenkult, Menschenrechtsverletzungen …

Wahlweise gilt der Sachse mit der Falsettstimme und dem markanten Spitzbart als Witzfigur. In der Regel erhöhen Anekdoten die Popularität von Politikern. Es gibt aber auch böse, gemeine, die die Person nur karikieren, um sie zum öffentlichen Gespött zu machen. Die Ulbricht-Witze, inzwischen auch im Internet zahlreich vorhanden, sind meist von dieser denunziatorischen Art.

Das Ulbricht-Bild, das im Umlauf ist, steht also fest. Biographische Arbeiten haben es konturiert, Journalisten kolportiert.

War Walter Ulbricht wirklich die vorgeführte Unperson?

Hunderte Historiker können sich nicht irren, tausende Schreiber sich nicht täuschen. Niemand stellt allerdings die einfache Frage: Ist der Gleichklang vielleicht auch dadurch entstanden, daß der eine beim anderen lediglich abgeschrieben hat?

Zum Beispiel: Carola Stern brachte 1964 mit »Ulbricht. Eine politische Biographie« die Legende in Umlauf, Ulbrichts Geburtshaus in Leipzig war ein »Hinterhaus im ›Naundörfchen‹, einem Handwerker- und Arbeiterviertel von zweifelhaftem bis schlechtem Ruf«. Diese Aussage verfolgt uns bis zu jener voluminösen Biographie Mario Franks, die er 2001 vorlegte. Allein in diesem Halbsatz, bei dem dezent auf das Prostituiertenmilieu und damit wohl auf frühkindliche Prägungen Ulbrichts angespielt wird, sind zwei gravierende Fehler enthalten. Selbst ein oberflächlicher Blick auf zeitgenössische Stadtpläne wie auch auf das Geburtshaus (inklusive Bauakte) verrät: Erstens stand das Haus nicht im Naundörfchen, einem nach dem Zweiten Weltkrieg weitgehend verschwundenen Stadtteil in der inneren Westvorstadt zwischen Pleiße und Mühlgraben. Und zweitens kann das 1881/82 von Christian Wilhelm Röger errichtete und später an Schneidermeister Eduard Wolanke verkaufte Gründerzeitgebäude mit seiner neoklassizistischen Fassade und drei großzügig geschnittenen Etagen über

»Meyers Großes Taschenlexikon« in 25 Bd., Mannheim-Leipzig-Wien-Zürich, 1999: »Ulbricht, Walter, Politiker (KPD, SED), * Leipzig 30.6.1893, † Berlin (Ost) 1.8.1973; Tischler, ab 1912 Mitgl. der SPD … Zw. 1945 und 1971 Hauptverantwortlicher für die eng an die UdSSR angelehnte Entwicklung in der SBZ/DDR; schaltete innerpartei. Gegner (u. a. R. Herrnstadt, K. Schirdewan) aus; nach dem 13.8.1961 (Bau der Berliner Mauer) um die internat. Anerkennung der DDR bemüht (zuletzt mit gewissen Eigenständigkeitsbestrebungen gegenüber der UdSSR).«

6

In diesem Gründerzeit-
haus wurde Walter Ul-
richt 1893 geboren –
in der Leipziger
Gottschedstraße 4, seit
1934 Nr. 25.
Bei den Biographen
heißt es aber: »ein
Hinterhaus im
›Naundörfchen‹, einem
Handwerker- und
Arbeiterviertel von
zweifelhaftem bis
schlechtem Ruf«.

dem Souterrain kaum als Hinterhaus gelten. Als Ulbrichts dort 1893 einzogen, war das Haus ein Jahrzehnt alt. Wolanke, Inhaber eines »Ateliers moderner Herrenmoden« in der Petersstraße 1, achtete zudem auf die soziale Reputation seiner Mieter. Das Spektrum reichte vom Architekt bis zum Rechtslehrer. Um die Jahrhundertwende wohnte im Hause auch ein Student namens Gustav Stresemann, der in der Weimarer Republik Reichskanzler und Außenminister und 1926 mit dem Friedensnobelpreis geehrt werden sollte.

Die Ulbrichts zogen 1900 dort aus, vermutlich weil die Miete zu hoch war. Gleichwohl werden sich der damals 7jährige Walter U. und der 22jährige Gustav St. wechselseitig zur Kenntnis genommen haben. Darauf wird noch zurückzukommen sein.

Die Wiederholung falscher Fakten ist aber nicht nur der Faulheit geschuldet. Man darf zuweilen auch Vorsatz beim Verbreiten von Halb- und Unwahrheiten und ein gewisses Bedürfnis nach Anpassung unterstellen. Wer Ulbricht anders zeichnet als die Mehrheit, läuft nämlich Gefahr, den gesellschaftlichen Konsens zu verlassen.

Ulbrichts Denkmal als Moskaus williges Werkzeug und stumpfer Apparatschik ist in grauen Beton gegossen und steht unerschütterlich in den deutschen Geschichtsbüchern. Regelmäßig, wenn ein Jahrestag dräut, wird von den deutschen Medien und in Büchern dieser Klotz mit all den inzwischen gängigen Wendungen beschrieben. Er dient gleichsam als kollektive Klagemauer. Die Übung, meint man, diene einem guten politischen Zweck: der fortgesetzten Verurteilung der DDR mittels ihrer üblen Potentaten.

Vermutlich gibt es in der deutschen Geschichte keine zweite Persönlichkeit, deren Bild so verzeichnet ist wie das von Ulbricht. Dies ist nicht nur seinen Gegnern zuzuschreiben, sondern auch der Politik seines Nachfolgers. Nach Ulbrichts Sturz und Tod fand sich kaum jemand in den beiden Teilen Deutschlands, der Gutes über Ulbricht sagte – von wenigen Charakterköpfen wie Peter Hacks einmal abgesehen. Der Dichter schrieb am 1. August 1973 in sein Tagebuch: »Ulbricht leider ist tot und Schluß mit der Staatskunst in Deutschland.« Damit sollte er wohl Recht behalten. Nach Ulbricht herrschte auf der Bühne nur noch Mittelmaß, was die Bezeichnung »Kunst« nicht mehr verdiente. Als der Eiserne Vorhang fiel, gab es keinen Applaus. Nur Tränen im Publikum und Heiterkeit bei den mittelmäßigen Mimen der Konkurrenz, die nun flugs die 1989 geräumte Spielstätte besetzten.

Ulbricht geschah, was keiner anderen historischen Persönlichkeit aus DDR-Tagen widerfuhr. Nach dem Untergang der DDR wurden auch ihre Geschichtsbilder einer Revision unterworfen. Ulbricht war

von Honecker ins gesellschaftliche Abseits gestellt worden. Diese Ächtung ging bruchlos in die neue Zeit über. Die DDR-Propaganda wurde auf diesem Felde kritiklos übernommen. Ulbricht-Straßen mußten nicht mehr umbenannt werden – das hatten bereits Jahrzehnte zuvor die dafür zuständigen SED-Gremien besorgt. Und das im Mai 1989 nach dem einst ersten Manne benannte Vollcontainerschiff der Deutschen Seereederei war umgehend in »Thüringen« umgetauft und dann vorsichtshalber nach Fernost entsorgt worden, wo es noch fährt.

Das spricht mehr für die solide Arbeit der Schiffbauer in Warnemünde als für die der Historiker und Propagandisten, welche jetzt weniger verfänglich Multiplikatoren heißen.

Wie dringlich die Revision des seit dreißig Jahren existierenden Ulbricht-Bildes ist, machte nicht zuletzt die Sichtung der Unterlagen seiner Witwe deutlich. Lotte Ulbricht, die im Jahre 2002 starb, hat nicht erst nach dem Tode ihres Lebensgefährten gegen Gerüchte, falsche Darstellungen und Lügen angekämpft. Zweifellos muß man dabei relativierend berücksichtigen, daß auch ihr Bild von dem Mann, mit dem sie 38 Jahre glücklich zusammenlebte, subjektiv geprägt war.

Dennoch haben wir ihre Sicht in eine historische Bewertung mindestens in dem Maße einzubeziehen wie die von Zeitzeugen oder die Aussagen der Dokumente. Das geschieht in diesem Buch. Angesichts der Fülle von bereits publizierten Zeugnissen scheint es mir jedoch

Am 21. Mai 1989 stach die »Walter Ulbricht« zu ihrer Jungfernreise in See.
Drei Tage zuvor hatte Lotte Ulbricht das Schiff in Rostock-Warnemünde getauft. Der Name stand nur wenige Monate auf dem Heck. Heute heißt das Containerschiff »Shanghai Express«.

angezeigt, diese nicht erneut zu veröffentlichen, sondern ausschließlich auf bislang Unbekanntes zurückzugreifen. Dokumenten kommt vermutlich die höchste Glaubwürdigkeit zu – was im übrigen auch Walter Ulbricht akzeptierte.

Der Historiker Lothar Berthold, der mit Ulbricht in den 60er Jahren an der achtbändigen Geschichte der deutschen Arbeiterbewegung schrieb, erinnert sich beispielsweise eines heftigen Wortwechsels. Ulbricht berief sich auf seine – in der Regel tatsächlich präzise – Erinnerung und widersprach der Darstellung Bertholds. Nein, das sei falsch, er wäre schließlich dabeigewesen und wisse es darum genau, beschied ihn der Zeitzeuge und Autor Ulbricht. Daraufhin holte Berthold ein zeitgenössisches Dokument aus der Tasche. Ulbricht las, strich sich – wie stets in Momenten persönlicher Unsicherheit – über seinen Kinnbart und erklärte schließlich selbstkritisch: »Dann habe ich mich wohl geirrt. Entschuldige.«

Wie bereits der Vorläufer-Band Lotte Ulbrichts (Abb. u. Meinungen nebenstehend) wird auch diese Sammlung die Reaktion provozieren, daß man »so« nicht mit den Ulbrichts umgehen könne. In der Kritik werden sich wie üblich Parteigänger und Parteigegner treffen. Die einen monieren Respektlosigkeit, die anderen Bagatellisierung. Diese werden Distanz vermissen, jene zu große Nähe konstatieren. Alles sei unsystematisch, willkürlich, zu unpolitisch, zu populistisch. Was ist daran unzulässig?

Ist nicht jede Anstrengung legitim, historischen Persönlichkeiten in der Beurteilung durch die Nachwelt mehr Gerechtigkeit angedeihen zu lassen, als ihnen bislang zuteil wurde? Im Falle Walter Ulbrichts scheint dies um so notwendiger, als er vermutlich der am meisten verkannte deutsche Politiker ist. Zur Korrektur ist jede Form erlaubt, die sich auf Tatsachen stützt.

Die einen beweihräucherten ihn, die anderen wurden vom Ehrgeiz getrieben, sein Bild zu zerstören. Der Mann entwickelte sich vom Erzstalinisten zum Reformer. Er hat, das steht außer Frage, entscheidenden Anteil an der sogenannten Bolschewisierung der Partei. Sein Name muß genannt werden, wenn nach Mitwissern und -tätern in den von Stalin angewiesenen Parteisäuberungen gefragt wird. Doch es ist zu bezweifeln, ob Opportunismus die Ursache war, wenn er Moskau zum Munde redete.

Irgendwann hatte Ulbricht begriffen, daß weder das sowjetische Modell 1:1 auf Deutschland übertragen werden kann, noch daß die Sowjetunion unter Stalin es ernst meinte mit der »Weltrevolution«. Die UdSSR dachte, was das Recht einer Großmacht ist, seit den 30er Jahren meist an sich, und zwar bedingungslos selbsterhaltend. Staa-

Lotte Ulbricht
Mein Leben
Selbstzeugnisse, Briefe und Dokumente

ten, zumal große, das begriff der Machtpolitiker Ulbricht, haben keine Freunde, sondern Interessen. Und die Interessen der DDR waren nicht identisch mit den Interessen der Sowjetunion. Als Ulbricht auf der 2. Parteikonferenz am 9. Juli 1952 den Aufbau der Grundlagen des Sozialismus proklamierte, war das ein Staatsstreich, gleichsam ein Putsch von oben, der Bismarcksches Format hatte. Der Genosse Generalsekretär brach die DDR-Verfassung (auch indem er die föderale Struktur der Republik abschaffte), und er erpreßte Moskau mit der Tatsache, daß man einen sozialistischen Verbündeten nicht dem Klassenfeind ausliefern konnte.* Ulbricht wollte vielleicht auch sich, ganz sicher aber die DDR retten. So ungewöhnlich ist das nicht, wenn Politiker ihr persönliches Schicksal mit dem ihres Landes verknüpfen.

Auch in der Folgezeit trotzte Ulbricht Moskau faktisch manchen Schritt in Richtung Sozialismus geradezu ab. Als weitsichtiger Stratege hatte der Staats- und Parteichef begriffen, daß das sowjetische Beispiel nicht Aufbruch, sondern Stagnation bedeutete und in der Sackgasse endete, wenn es nicht korrigiert würde. Ihm war bewußt, daß sein Spielraum gering war. Dennoch wagte er es. Der Berliner Frühling begann früher als der in Prag. Ulbricht ging es um einen modernen Sozialismus, Dubcek** um einen mit menschlichem Antlitz. Ulbricht und Dubcek waren Brüder im Geiste. Die beiden trafen sich mehrmals, mal inoffiziell, mal offiziell, mal geheim, mal öffentlich. Ulbricht wußte allerdings auch: Wenn die Genossen in der ČSSR zu rasch marschierten, gefährdeten sie nicht nur den eigenen Fortschritt, sondern auch den in der DDR. Als die Würfel gefallen schienen, verlangte er – um die Entwicklung in der DDR nicht zu riskieren – eine konzertierte Aktion. Ulbricht trat, wie 1952, die Flucht nach vorn an.

Sein *Neues Ökonomisches System der Planung und Leitung* bedeutete die Revision des sowjetischen »Grundmodells«, eine Modernisierung der Wirtschaft und des Staates. Im Unterschied zu den mit Sympathie verfolgten Intentionen der KPTsch gab Ulbrichts Weg der SED ein klares Programm vor. Vielleicht, das ist wohl auch noch nicht untersucht worden, war es sogar das einzige solide Alternativkonzept, das jemals in 75 Jahren Realsozialismus in Angriff genommen wurde.

Ulbricht vermochte im August 1968 lediglich zu verhindern, daß deutsche Soldaten – wie schon einmal 1939 – nach Prag marschierten. Doch seinen eigenen Kopf konnte er nicht retten. Seine Demontage erfolgte parallel mit der Dubceks – dieser wurde wie er aus all seinen Ämtern gedrängt. Der Reformer Alexander Dubcek gilt seither weltweit als Ikone. Und sein Scheitern als Beginn des endgültigen Niedergangs des Sozialismus.

* In der sogenannten Stalin-Note vom 19. März 1952 hatte Moskau den Westmächten den Rückzug aus Deutschland (und damit die Preisgabe der DDR) angeboten, wenn die Bundesrepublik nicht in den Westblock eingebunden würde. Über gesamtdeutsche Wahlen sollte ein neutrales Deutschland (als Puffer und Teil eines *cordon sanitaire* zur UdSSR) geschaffen werden.

** Alexander Dubček (1921-1992), seit 6.1.1968 Erster Sekretär des ZK der KPTsch (bis April 1969). Im Juni 1970 aus dem ZK und der Partei ausgeschlossen.

1966: Die Ulbrichts zu Besuch in den Leuna-Werken nahe Merseburg.

Der Reformer und Modernisierer Walter Ulbricht hingegen, der zeitgleich unter analogen Umständen und von den gleichen Kräften aus dem Weg geräumt wurde, hat diese Würdigung bisher nicht erfahren. Weder hierzulande noch in der Welt.

Die Lesart von Breshnew und Honecker ist unverändert gültig. Und auch jene, daß Ulbricht ein ziemlich unsensibler, amusischer Klotz gewesen sein soll. Nun ja, der im Frühsommer 1960 auf dem Leipziger Südfriedhof gesetzte Grabstein für Ulbrichts Eltern wurde vermutlich von ihm entworfen. Ein Leipziger Steinmetzmeister lieferte Anfang April 1961 das Grabmal aus Löbejüner Quarz-Porphyr »gemäß vorgelegter Zeichnung«, wie es auf der Rechnung über 8.657,56 Mark hieß. Ein Beispiel von vielen. Doch auch dazu später mehr.

Viele der in diesem Buch veröffentlichten Dokumente, Texte und Fotos sind mir nach Erscheinen des Bandes über und von Lotte Ulbricht von Lesern, Freunden und Kritikern zugestellt worden. Die meisten wollten damit zur weiteren Differenzierung des Bildes der beiden Ulbrichts beitragen, und sei es nur, um mit Bildern aus dem Familienalbum die vehement bestrittene Volkstümlichkeit der beiden zu belegen. Diese Angebote habe ich ebenso gern und dankbar angenommen wie die Unterstützung von Historikern wie Dr. Volker Külow und Dr. Horst Helas, Dr. Stefan Bollinger und Dr. Inge Pardon, von Elisabeth Ittershagen und Michael Pardon. Sie halfen mir beim Sichten unbekannten Materials und beim Recherchieren.

Frank Schumann,
Berlin, im Juli 2003

Sebastian Haffner (1966): Ulbricht. Ein Essay*

* Diesen Haffner-Text schrieb Lotte Ulbricht seinerzeit eigenhändig mit ihrer Schreibmaschine ab. Er fand sich so in ihren Unterlagen. Offenkundig entnahm sie den Text der Hamburger Zeitschrift »konkret«. Dort hatte Haffner die Ulbricht-Biographie von Gerhard Zwerenz besprochen, die im Scherz-Verlag erschienen war.

Die meisten Leute sind heute noch vollauf damit beschäftigt, sich zu wundern, wie gerade ein Ulbricht der erfolgreichste deutsche Politiker nach Bismarck und neben Adenauer werden konnte. Und man muß zugeben, ganz leicht zu erklären ist es nicht.

Ulbricht hat, oberflächlich gesehen, kaum eine der Eigenschaften, die ein großer Politiker normalerweise aufweist. Er hat kein Charisma, nicht einmal Charme. Er ist, was man kontaktarm nennt. Er ist alles andere als ein hinreißender Redner: er sächselt, er ist nicht sprachgewaltig, er hat weder denkwürdige Worte geprägt noch originelle Ideen proklamiert. Er ist als Persönlichkeit nicht besonders eindrucksvoll, und seine private Lebensgeschichte ist nicht besonders aufregend. Als er 1945 seine geschichtliche Rolle zu spielen begann, hatte er bereits mehr als dreißig Jahre lang in der Politik gestanden, und daß er diese dreißig Jahre (die es in sich hatten) überlebt hatte, dankte er, so schien es, hauptsächlich seiner Unauffälligkeit und Farblosigkeit.

Er hat aber seitdem nicht nur weitere einundzwanzig Jahre überlebt, die es ebenfalls in sich hatten, und damit einen in der deutschen Geschichte seltenen Ausdauer- und Zähigkeitsrekord aufgestellt. Er hat auch – man könnte sagen: spielend – sämtliche Krisen und Stürme navigiert, die die kommunistische Welt seit dem Tode Stalins geschüttelt haben, und ein halbes Dutzend Rivalen ausmanövriert, von denen einige nicht nur glänzendere Gaben, sondern mindestens zeitweise auch bessere Verbindungen zu haben schienen. Er hat einen Staat gegründet und hat ihn gegen alle Erwartungen konsolidiert. Seine DDR ist heute weder von innen noch von außen zu erschüttern; und in der kommunistischen Welt ist er eine Figur ersten Ranges geworden.

Das alles ist ebenso erstaunlich wie unleugbar. Was ist die Erklärung? Wie hat er das gemacht? Glück hat bekanntlich auf Dauer nur der Tüchtige.

Man wird noch sehr lange an Ulbrichts Erfolgsgeheimnis herumrätseln, und ganz enträtseln wird man es wahrscheinlich nie (der Erfolg großer Politiker birgt immer einen Kern von Geheimnis).

Zwerenz gibt in einer kleinen Schrift zwei wichtige Hinweise.

Sebastian Haffner (1907-1999) eigentlich Raimund Pretzel, Rechtsanwalt, Publizist und Historiker. Kam aus einer preußischen Beamtenfamilie, studierte Jura und emigrierte als Nazi-Gegner, der mit einer Jüdin verheiratet war, 1938 nach Großbritannien, seit 1948 britischer Staatsbürger. In den 60er Jahren attackierte er als Konservativer wiederholt die SPD.

Der eine: Ulbrichts beinahe beispiellose Kombination von äußerster Prinzipientreue mit äußerster taktischer Schmiegsamkeit und Beweglichkeit. Der andere: seine Fähigkeit, warten zu können, sich nie aufs Ungewisse festzulegen – und ebenso rigoros wie präzis zu handeln, wenn alles klar ist und nichts mehr fehlgehen kann.

Für beides gibt er Beispiele. Es kommt wohl noch einiges dazu: ungewöhnlicher, demütiger Fleiß, ungewöhnliche Personalkenntnis – bei großer, souveräner Gleichgültigkeit gegen die eigenen persönlichen Gefühle: Ulbricht hat nie politische Freundschaften oder Feindschaften gepflegt. Dazu kommt eine bemerkenswerte kühle Mäßigung: Alle überwundenen Gegner Ulbrichts leben noch oder sind eines natürlichen Todes gestorben; nichts von Stalins blutrünstiger Rachsucht. Überhaupt viel Sachlichkeit, nüchterner, Fehler meidender Verstand und ein Mangel an Eitelkeit, der schon wieder ins Bedenkliche spielt. Zwerenz berichtet, daß Ulbricht ständig ein paar Mitarbeiter damit beschäftigt, seine früheren Reden* umzuarbeiten und Äußerungen, die nicht in die Linie des Augenblicks passen, auszumerzen. Ein eitler Mann würde das nicht tun, ein sehr wahrheitsliebender allerdings auch nicht. Ulbricht geht es offenbar weder um die Wahrung seiner Persönlichkeit noch um die historische Wahrheit, sondern immer und ausschließlich nur um die jeweils politische Nützlichkeit – Nützlichkeit freilich für die Sache, der er seit fast sechzig Jahren ohne Schwanken dient. Vielleicht kommt man gerade hier seinem Geheimnis am nächsten.

Alles in allem ist nichts eigentlich begeisterungsweckend in dieser Liste politischer Qualitäten; nichts Hinreißendes, Glänzendes, ritterlich Wagemutiges, nicht einmal die barbarische, bergeversetzende Energie eines Stalin, nicht einmal das Füchsisch-Listige, das manchmal bei Adenauer hell auflachen ließ; ein bißchen mausegrau wirkt das Ganze. Schwer aber auch, den furchtbaren Haß zu erklären, den Ulbricht gerade mit seiner Sachlichkeit, Zähigkeit und Selbstlosigkeit bei seinen deutschen Landsleuten erweckt hat – sie sollten doch eigentlich, sollte man denken, eher ein bißchen stolz darauf sein, nach soviel Nieten einmal wieder einen Politiker ersten Ranges aus ihrer Mitte hervorgebracht zu haben. Allerdings ist es eine merkwürdige Tatsache, daß die Deutschen den politischen Erfolg und das, was ihn macht, leicht hassen. Auch Bismarck ist zu seinen Lebzeiten sehr gehaßt worden, auch Stresemann, auch Adenauer in seiner erfolgreichen Zeit; während die offensichtlichen Pfuscher und Unheilsfiguren wie Wilhelm II., Hindenburg, Hitler immer populär waren. Sogar unter deutschen Kommunisten gibt es viele, die lieber unter einem Liebknecht wieder einmal die tragisch-hilflose Niederlage des Unbefleckt-Guten

* Prof. Lothar Berthold, damals Direktor des Instituts für Marxismus-Leninismus, erinnerte sich der Arbeit an einem Dokumentenband. Dieser enthielt auch ein KPD-Papier aus den frühen 30er Jahren, das der Linie des VI. Weltkongresses der Komintern folgte und die »Sozialfaschisten« von der SPD heftig attackierte. Ulbricht wünschte, daß der wenig freundliche Halbsatz getilgt würde. Diese Auslassung müsse er allerdings mit drei Punkten dokumentieren, entgegnete Berthold, es sei eine wissenschaftliche Arbeit. Ulbricht begriff die Implikationen einer solchen Fehlstelle aber sofort und beschied Berthold: drinlassen. Auch wenn es schmerze.

erlebt hätten als unter Ulbricht den nüchtern-unbegeisternden Erfolg des nun nicht mehr ganz so unbefleckt Guten.

»Berichten mag es die Geschichte, / Doch keines Dichters froher Mund«, sang Storm übellaunig, als Bismarck sein Schleswig-Holstein mit realpolitisch-unbegeisternden Methoden von Dänemark losgerissen hatte; ihm wäre eine neue begeisternde Niederlage wie die von Idstedt offenbar lieber gewesen.

Aber, wird man sagen, Bismarck hat Deutschland geeint, Ulbricht hat es gespalten. Nun, das stimmt eben nicht, auf beiden Seiten nicht: Auch Bismarcks Staatsgründung involvierte eine Spaltung, auch sein Reich war nur noch ein Teildeutschland. Und nicht Ulbricht hat das Bismarck-Reich noch einmal gespalten: Das hat unleugbar (unter starker Mithilfe Adenauers) der Westen getan. Der Osten hat alle drei Male, 1948 bei der Währungsreform, 1949 bei der Teilstaatsgründung und 1955 bei der Integrierung beider Teilstaaten in entgegengesetzte Bündnissysteme, nur nachgezogen. Was Ulbricht getan hat, ist, daß er aus der vom Westen aufgegebenen und von Westdeutschland im Stich gelassenen russischen Zone einen deutschen sozialistischen Staat gemacht hat. Das hatte freilich lange Zeit niemand im Westen für möglich gehalten. Es ist seine historische Leistung. Was sie für die Zukunft bedeutet und ob auf lange Sicht für die deutsche Nation Heil oder Unheil darin liegt, kann heute mit Sicherheit noch niemand sagen.

Man kann aber natürlich – schon heute! – einiges dazu tun, Heil oder Unheil daraus zu machen; und die stärksten Passagen in Zwerenz' Studie sind die, in denen er das herausarbeitet. Hier ist einiges so gut und so scharf gesehen, wie es mir auf diesem vielbeackerten Gebiet noch nie untergekommen ist. »Ob man es schätzt oder nicht«, schreibt Zwerenz, »Walter Ulbricht stellt in seiner Person und als Exponent seiner Partei die Kontinuität der deutschen revolutionären Tradition dar; und indem er sich einen Staat schuf, vereitelte er alle westdeutschen Bestrebungen, die revolutionäre Tradition der Linken in Deutschland zu eliminieren.«

Vielleicht erklärt das den wilden persönlichen Haß des westdeutschen Bürgertums (einschließlich des sozialdemokratischen Flügels) gegen Ulbricht. Vielleicht liegt aber gerade auch darin Ulbrichts historisches Verdienst um Deutschland: den Mord an der deutschen revolutionären Tradition, der Hitler schon einmal zwölf Jahre gelungen schien und den das deutsche Bürgertum gar zu gern aus der hitlerschen Hinterlassenschaft herübergerettet hätte, verhindert zu haben.

Die Deutschen sind zweifellos alles in allem ein konservatives Volk. Revolution liegt ihnen nicht. Restauration dafür umso mehr. Sie blik-

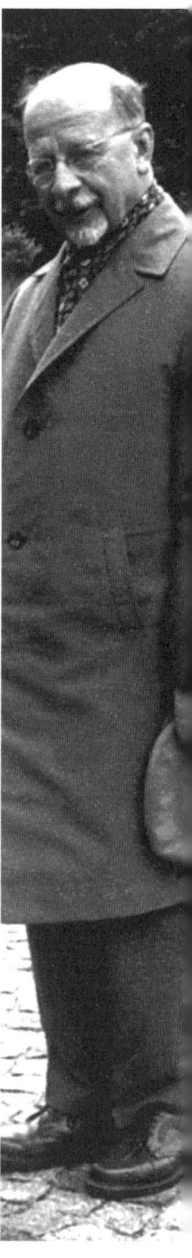

1967

14

Walter Ulbricht in
Schwedt, 1962. An der
Oder entstand in den
60er Jahren ein Groß-
betrieb, der – am Ende
der Pipeline »Freund-
schaft« gelegen –
Erdöl aus der UdSSR
verarbeitete. Dieses
Petrolchemische Kom-
binat (PCK) beschäf-
tigte ab 1970 an die
30.000 Mitarbeiter und
war als Produzent und
Zulieferer einer der
wichtigsten Betriebe
der DDR. Im Jahres-
durchschnitt wurden
mehr als 15 Millionen
Tonnen Erdöl verarbei-
tet. Die Entscheidung,
ausgerechnet in
Schwedt das PCK zu
errichten, war eine
strategische. Erstens
geschah dies in einer
strukturschwachen
Region, zweitens
wurden damit die Wei-
chen für die Entwick-
lung einer modernen
Petrochemieindustrie
in der DDR gestellt.

ken auf das jeweils Neue mit mißtrauischer Abneigung, und sie lieben das Alte mit romantischer Liebe. Ihr Lieblingswort ist »wieder«, und ihr Schönstes ist, das Gestern noch einmal leben zu dürfen. Das erste, was ihnen einfiel, als sie in die Geschichte eintraten, war bekanntlich, das versunkene Römische Reich wiederherzustellen – eine eigentlich verrückte Idee, an die sie aber ein halbes Jahrtausend verwandt haben.

Diese bewahrende und wiederherstellende Vergangenheitsfröm-migkeit ist an und für sich keine böse Eigenschaft, eher eine rührende und manchmal eine produktive – die beiden größten und übrigens deut-schesten Künstler, die Deutschland hervorgebracht hat, Bach und Tho-mas Mann, holten das Höchste und Letzte aus Kunstgattungen heraus, die zu ihrer Zeit eigentlich schon als tot galten, der eine aus dem har-monischen Kontrapunkt, der andere aus dem realistischen Roman – aber es ist auch eine gefährliche Eigenschaft, wie sich gerade in den letz-ten anderthalb Jahrhunderten gezeigt hat. Die Rolle des großen Verzö-gerers und ewigen Restaurators kann einem Volk schlecht bekommen.

Das Werk Metternichs und Bismarcks war nicht durch Zufall kurzlebig und zweischneidig, bei allem darin investierten Genie. Und es kann sich noch als ein Segen für die Deutschen erweisen, daß sich zum ersten Mal seit Jahrhunderten unter ihnen politisches Talent (das nicht nach Gesinnung fragt) auf einen Revolutionär, nicht auf einen Reaktionär herabgesenkt hat.

Ulbrichts Erfolg hält ihnen, wenn auch einstweilen sicher gegen ihren eigenen Willen und Mehrheitsinstinkt, eine Chance offen, die sie gar zu gern und unbedacht ein für allemal verspielt hätten. Und er zwingt sie, selbst wenn oder solange sie diese Chance nicht wahrnehmen wollen, wenigstens zu etwas anderem, das sie nun wirklich unbedingt nötig haben, wenn sie überhaupt eine Nation bleiben wollen: zum Geltenlassen, zur Toleranz. Das ist etwas, dessen sie früher fähig waren. Erst in diesem Jahrhundert haben sie es verlernt, und es sollte nicht zu spät sein, es wiederzulernen – obwohl ja traurig unverkennbar ist, daß die Bundesrepublik, sich selbst überlassen, nur zu sehr dazu neigt, den angelsächsisch-französischen Liberalismus und Pluralismus wieder zu Gunsten einer gegenrevolutionären formierten Gesellschaft abzustreifen. Sympathie mit dem Tode – ewige Versuchung der Deutschen, ewiger Fluch deutscher Politik! Zwerenz sieht in diesem Zusammenhang in Ulbrichts Erfolg eine »List der Geschichte«. Ich kann das, was hier zu sagen ist, nicht besser ausdrücken, als indem ich Zwerenz zum Abschluß selbst sprechen lasse:

»Die Deutschen, die in ihrem Kampf gegen andere Völker eine mörderische Volkstums- und Rassenideologie entwickelt haben, sehen sich nun innerhalb ihres eigenen Volkes als Deutsche gegen Deutsche stehen und spielen diesmal das Spiel Feindschaft selbst mit verteilten Rollen. Womit die Teilung zur letzten Probe auf den Nationalcharakter der Deutschen wird, zur Prüfung, ob die Deutschen ihre Aggressionstriebe zu zügeln und sich selbst zu ertragen vermögen. Sie müßten dabei dem herkömmlichen Weg kriegerischer Auseinandersetzungen entsagen, mit dem Gegner leben, Feindschaft in zäher Kleinarbeit zur Partnerschaft verwandeln, die Kunst des Kompromisses und des Friedensschlusses erlernen, kurz, alles das tun, was ihnen unendlich fern liegt, weil sie ihre Gegner jeweils zu verteufeln und sich selbst samt ihren Prinzipien zu vergotten pflegen.«

Gerhard Zwerenz kam auf Haffners Text im ND vom 25./26 November 2000 noch einmal zurück. Er zitierte u. a. dessen Satz, daß »Ulbrichts historisches Verdienst um Deutschland« vielleicht gerade darin bestünde, »den Mord an der deutschen revolutionären Tradition, der Hitler schon einmal zölf Jahre lang gelungen schien und den das deutsche Bürgertum gar zu gern aus der Hitlerschen Hinterlassenschaft herübergerettet hätte, verhindert zu haben«.

Er müsse gestehen, so der 1957 aus der DDR vertriebene Gerhard Zwerenz selbstkritisch, »die von Haffner aus meiner Studie gezogenen Konsequenzen waren mir zugleich geläufig und unbequem. Aus meinen ganz individuellen Erfahrungen lehnte ich Ulbricht ab, doch die Opferrolle, die einem zugeteilt wird, hat auch ihre positiven Seiten. Die Gerechtigkeit fordert bald Einsichten selbst gegen eigene subjektive Befindlichkeiten.«

24. Juli 1963: Richard Nixon, Ex-Vizepräsident der USA, besucht Berlin und weist sich gegenüber den DDR-Grenzern korrekt aus. Die USA demonstrieren nicht erst seit dem 13. August 1961 eine größere Souveränität mit den Realitäten in Deutschland als ihr Bundesgenosse BRD.

Lotte Ulbricht zur Politik ihres Mannes

2. Parteikonferenz vom 9. bis 12. Juli 1952. Walter Ulbricht proklamiert den »umfassenden Aufbau der Grundlagen des Sozialismus«. Hans Modrow, der als Landesvorsitzender der FDJ von Mecklenburg an der Funktionärskonferenz teilnahm, erinnert sich: »Die Entscheidung war weder kollektiv beschlossen noch mit Moskau abgesprochen. Ulbricht überrumpelte in gewisser Weise Freund wie Feind. Einige Historiker gehen davon aus, daß er unumkehrbare Tatsachen schaffen wollte – Stalin hatte in seiner Note an die Westalliierten gesamtdeutsche Wahlen und andere Schritte vorgeschlagen, die die Remilitarisierung Deutschlands und die Integration der Bundesrepublik in einen westlichen Verteidigungspakt verhindern sollten […] Generalsekretär Ulbricht fürchtete nun, daß die DDR von Moskau zur Disposition gestellt werden könnte und forcierte darum die Übernahme des sowjetischen Sozialismusmodells. Die antifaschistisch-demokratische Entwicklung wurde in eine sozialistische hinübergeleitet – mit allen Konsequenzen.«
Aus: Hans Modrow, Von Schwerin bis Strasbourg, 2001

Lotte Ulbricht bestritt energisch, sie habe daheim Einfluß auf Entscheidungen genommen. Diese Annahme wies sie entrüstet von sich. »Die Behauptung des Politbüros bzw. des Sekretariats des ZK, ich hätte die Politik von Walter Ulbricht negativ beeinflußt, beruht auf völliger Unkenntnis unseres Verhältnisses«, notierte sie 1996. »Walter Ulbricht hatte nämlich die Angewohnheit, zu Hause über seine Arbeit nicht zu sprechen. Und die hat er bis an sein Lebensende beibehalten.«

Gleichwohl fanden sich in ihren Unterlagen etliche Texte aus ihrer Feder, die erkennbar mit aktuellen politischen Themen korrespondierten. Die damit verbundenen internen Probleme wird sie kaum aus der Zeitung erfahren haben. Insofern ist der – wenngleich bestrittene – Gedanke, die beiden hätten sich darüber verständigt und mitunter mit verteilten Rollen gespielt, nicht ganz abwegig.

Daß sie in ihren Ausführungen zuweilen auch den Genossen Walter zitiert, wird wohl der damals üblichen Praxis geschuldet sein; und, auch nicht ganz von der Hand zu weisen, der tiefen Verehrung für einen Mann, dem sie auch emotional sehr zugetan war.

Die Verantwortung der leitenden Kader bei der Erfüllung des Fünfjahrplanes

Von Lotte Ulbricht *

[…] Die führende Rolle unserer Partei ist nur dann völlig gewährleistet, wenn jedes einzelne Mitglied, ganz gleich, auf welchem Posten es steht, ob an der Werkbank oder in leitender Position, ein Vorbild für die Massen ist, wenn es die Politik der Partei aktiv und mit Initiative durchführt, wenn es sich an der Spitze der Bewegung befindet und nicht an ihrem Schwanze einhertrottet.

Um den Weg zur Überwindung des Zurückbleibens mancher leitender Genossen zu finden, muß man zuerst die Ursachen ergründen, die es erklären, daß leitende Funktionäre, darunter Genossen mit langer Parteierfahrung, hinter den Massen zurückbleiben. Die erste Ursache liegt darin, daß auf Grund unserer Erfolge diese Genossen überheblich geworden sind, daß sie sich einbilden, genügend zu wissen, um richtig führen zu können, und daß sie glauben, führen bestehe darin, vom grünen Tisch aus Anweisungen zu erteilen. […]

Die Genossen sollten sich auch an unserem Generalsekretär ein Beispiel nehmen. Bevor er zu entscheidenden Fragen Stellung nimmt, überzeugt sich Walter Ulbricht an Ort und Stelle von der tatsächlichen Lage, berät er mit den einfachen Menschen, welches ihrer Meinung nach der beste Weg zur Lösung der betreffenden Frage ist. Anläßlich der Untersuchungen im Eisenhüttenkombinat Ost** hat sich jeder davon überzeugen können, daß Walter Ulbricht sich nicht auf Informationen des Staatsapparates beschränkte. Er ließ sich vielmehr von verschiedenen Stellen und Personen informieren und fuhr schließlich zu den Arbeitern und Ingenieuren in das Werk hinaus, um an Ort und Stelle in persönlichen Besprechungen zu überprüfen, ob seine Schlußfolgerungen richtig sind und welche Vorschläge die Stahlwerker und die Leute vom Bau, die Kollegen der Werkleitung und der Gewerkschaft machen, die die Folgen der bürokratischen Arbeitsweise des Staatsapparates am eigenen Leibe zu spüren bekommen. Ihre Vorschläge wurden dann im Beschluß des Politbüros berücksichtigt.

Diese enge Verbindung mit den Massen, dieses Hören auf die Meinung der einfachen Menschen – unabhängig von ihrer Parteizugehörigkeit –, das ist das charakteristische Merkmal in der Arbeitsweise des Generalsekretärs unserer Partei. In großen Beratungen oder in kleinen persönlichen Besprechungen, aber auch in Einzelunterhaltungen – oft an Ort und Stelle – nimmt Walter Ulbricht vor bedeutsamen Ent-

* Der Beitrag Lottes Ulbrichts vom Mai 1952, also vor der 2. Parteikonferenz geschrieben und im Mai-Heft der »Einheit« veröffentlicht, befaßt sich nur vordergründig mit dem ersten, 1951 angelaufenen Fünfjahrplan. Die Herausstellung Ulbrichts als Vorbild scheint weniger mit Nepotismus zu tun zu haben als mit der Absicht, die um sich greifende Selbstgefälligkeit von SED-Funktionären zu kritisieren. Vielleicht sprach Lotte Ulbricht nur das aus, was Walter Ulbricht selber dachte und sich nicht öffentlicht zu erklären wagte.

** Fritz Selbmann (1899-1975), Minister für Hüttenwesen und Erzbergbau, erhielt Anfang 1952 eine Rüge, weil er angeblich den Bau des Werkes mit Direktiven seiner Verwaltung unzulässig und auf Kosten der Arbeiter forciert hatte.

scheidungen stets mit den Kreisen Fühlung auf, deren Interessen von diesen Entscheidungen berührt werden oder die etwas von der Frage verstehen, beachtet er stets ihre Vorschläge und Anregungen. Und das ist das »Geheimnis«, warum die Vorschläge und Ausführungen unseres Generalsekretärs stets lebensnah sind und so aufgeschlossen von den Kreisen der Bevölkerung aufgenommen werden, die sie betreffen.

Es ist nicht schwer zu erkennen, daß die Partei die vom Zentralkomitee festgestellten Schwächen um so schneller überwinden wird, je besser alle leitenden Genossen es lernen, die Lehre Lenins über die Partei in gleicher Weise in der Praxis anzuwenden.

Die zweite Ursache für das Zurückbleiben leitender Funktionäre hinter den Massen besteht [...] darin, daß sie auf Vorschläge und Kritik der Massen nicht hören und diese manchmal sogar unterdrücken. [...] Je offener die Parteimitglieder, je mutiger die werktätigen Massen die Fehler der leitenden Kader aufdecken, je mehr Initiative sie bei der Auffindung von Wegen zu ihrer Beseitigung entfalten, desto eher werden die leitenden Genossen lernen, auf diese Kritik zu hören. Desto leichter werden die Fehler überwunden, desto besser die Pläne erfüllt werden. [...]

Die Linie unserer Partei, mit Hilfe des Fünfjahrplanes den Wohlstand des Volkes zu heben, die antifaschistisch-demokratische Ordnung in der Deutschen Demokratischen Republik zu festigen und

Walter Ulbricht – im Jahr der 2. Parteikonferenz – auf der ersten Konferenz der Vorsitzenden Landwirtschaftlicher Produktionsgenossenschaften (LPG) im Berliner Friedrichstadt-Palast, 5./6. Dezember 1952. Foto oben: Lotte Ulbricht Anfang der 50er Jahre.

damit den entscheidenden Beitrag für die Erhaltung des Friedens und die Wiederherstellung der Einheit unseres Vaterlandes zu leisten, ist richtig. Die Massen begreifen und unterstützen aktiv diese Politik. Um aber imstande zu sein, die Durchführung der Generallinie der Partei Tag für Tag mit Erfolg zu leiten, müssen unsere Genossen in den Leitungen der Partei, der Massenorganisationen und des Staatsapparates durch die Vertiefung ihrer fachlichen und theoretischen Kenntnisse die Fähigkeit erwerben, ihre eigene Arbeit auf ein höheres, wissenschaftliches Niveau zu heben.

Die Gründung der SED – ein Ereignis von historischer Bedeutung

Von Lotte Ulbricht*

[...] Es ist ein Verhängnis für das deutsche Volk, daß in einer Zeit, als es noch möglich gewesen wäre, die Wiederherstellung der Herrschaft der alten, reaktionären Kräfte in Westdeutschland zu verhindern, sich rechte sozialdemokratische Führer fanden, die ihre Anstrengungen ausschließlich auf den Kampf gegen die Vereinigung der Arbeiterparteien richteten und dadurch die Arbeiterklasse lähmten. Sie verwirrten die Arbeiter, indem sie den Sozialismus zur »Aufgabe des Tages« erklärten, von der »Vergesellschaftung der Produktionsmittel«, von einer »gelenkten Wirtschaftspolitik«, von der »Sozialisierung der Bodenschätze und der Grundstoffindustrien« redeten, »eine grundlegende Agrar- und Bodenreform unter Enteignung der Großgrundbesitzer« usw. forderten.

In der Tat richteten sie aber den Hauptstoß nicht gegen die immer frecher auftretende Reaktion, sondern gegen die Vereinigung der Arbeiterparteien in der sowjetischen Besatzungszone und gegen die Sowjetunion, deren sozialistische Wirtschaftsordnung sie als »diktatorischen Staatskapitalismus« verleumdeten. Zu ihrem Kampf gegen die Vereinigung der Arbeiterparteien benutzten sie sogar die reaktionäre kapitalistische Presse und organisierten mit Hilfe der westlichen Besatzungsbehörden das sogenannte Ostbüro** zur Untergrabung des demokratischen Aufbaus in der sowjetischen Besatzungszone. [...]

Nicht nur die innerdeutsche Lage, auch die Veränderungen in der internationalen Lage machten die Einheit der deutschen Arbeiterklasse im Frühjahr 1946 zu einer zwingenden Notwendigkeit. [...]

* Der Beitrag für die »Einheit« entstand nach der 3. Parteikonferenz (24.-30. März 1956) und dem XX. Parteitag der KPdSU (Januar 1956), auf dem eine erste Abrechnung mit dem Stalinismus erfolgt war. Die Parteikonferenz selbst hatte den Beginn einer neuen Entwicklungsetappe proklamiert: Durchsetzung der sozialistischen Produktionsverhältnisse in der DDR. Und: Wissenschaft und Technik sollten nach Weltniveau streben.

** Das Ostbüro der SPD war am 10. April 1946 gegründet worden. Herbert Wehner bezeichnete es als »Agentenschuppen«. Der »Spiegel« nannte es am 7. April 1969 »eine Nachrichtenbeschaffungsstelle, die [...] eine dominierende Rolle spielte«.

Es ist das unvergängliche Verdienst der Männer und Frauen, die im April 1946 in Berlin zur Schaffung der geeinten Arbeiterpartei schritten, ihr Werk im historisch richtigen Augenblick vollbracht zu haben. Im Unterschied zu den rechten SPD-Führern wie Schumacher, Ollenhauer, Heine und anderen, die in der liberalen Bourgeoisie die führende Kraft sahen, vertrauten sie der Kraft der Arbeiterklasse, überzeugt, daß die geeinte Arbeiterklasse solche Potenzen im Volke zum Leben erwecken wird, wie sie die deutsche Geschichte bisher nicht kannte. Sie wußten, daß die Gründung der SED mehr war als die Neugeburt der deutschen Arbeiterbewegung. Die Gründung der SED förderte und festigte die mächtige einheitliche Gewerkschaftsbewegung, einen der Grundpfeiler des Neuaufbaus, vervielfältigte die Kraft der Arbeiterklasse. Sie gab der Jugend das Beispiel für gemeinsames Handeln.

Die Einigung der Arbeiterklasse festigte auch das zum erstenmal in der deutschen Geschichte entstandene Bündnis der Arbeiterklasse mit der werktätigen Bauernschaft. [...]

Die Gründung der SED war von entscheidender Bedeutung für das ganze deutsche Volk. Die deutsche Arbeiterklasse, das deutsche Volk waren nach der Katastrophe Hitlerdeutschlands vor die Frage gestellt, welchen Weg der Entwicklung Deutschland in Zukunft gehen sollte: den neuen Weg, den der friedlichen, demokratischen Entwick-

Büro des Organisationsausschusses in Berlin-Prenzlauer Berg zur Vorbereitung der Vereinigung von KPD und SPD, Frühjahr 1946. Darunter: Wilhelm Pieck (KPD) und Otto Grotewohl (SPD) vollziehen die Einheit. Daneben: Walter Ulbricht, 22. April 1946.

lung, des Aufbaus einer antifaschistisch-demokratischen Ordnung – oder den alten Weg, den der Wiederherstellung des deutschen Imperialismus und der Wiederholung des Kreislaufes Krieg – Krise – Krieg. [...] Der XX. Parteitag der KPdSU hat aus den neuen Erfahrungen der internationalen Arbeiterbewegung die Schlußfolgerungen gezogen. Ohne zu übertreiben, dürfen wir wohl sagen, daß auch die Sozialistische Einheitspartei Deutschlands einen gewissen Beitrag dazu geleistet hat. Unsere Partei hat bestimmte bei der Vereinigung der Arbeiterpartei gewonnene Erfahrungen vermittelt. Sie hat dem Marxismus in seinem Geburtslande wieder Lebensrecht verschafft. Sie hat den Marxismus-Leninismus schöpferisch angewandt und als führende Kraft in der Nationalen Front des demokratischen Deutschland die Frage des Übergangs vom Kapitalismus zum Sozialismus entsprechend den besonderen Entwicklungsbedingungen in Deutschland ausgearbeitet. [...]

Die aus dem Westen kommende Mode war verpönt. Nicht nur Ulbrichts hielten sie für ein Transportmittel, mit dem bürgerliche, also reaktionäre Ideologie ins Land käme. Dagegen wehrte sich die offizielle DDR. Unterschwellig hingegen artikulierte sich hier auch der in allen Systemen zu beobachtende Generationskonflikt.

Gesunde Jugend ist immer schön und braucht keine Hilfsmittel

Von Lotte Ulbricht*

[...] Das Tragen des Pionierhalstuches oder der FDJ-Kleidung sollten wir nicht allein dem Willen der Kinder überlassen, sondern sie immer wieder darauf hinweisen, wie wichtig dies ist. Dazu gehört, daß wir uns ständig für ihre Pionier- und FDJ-Arbeit interessieren, den Kindern Ratschläge geben und ihnen soweit wie möglich helfen.

Auch in bezug auf Kleidung und Äußeres sollten wir den westlichen Einfluß nicht einfach hinnehmen, sondern den Geschmack des Kindes in eine gesunde Richtung leiten. Nietenhosen bei den Jungen mit den dazugehörigen Haarschöpfen, enge Hosen und Pullover (noch dazu meist schwarz!), westliche Frisuren bei den Mädchen usw. sollten wir nicht zulassen. Auch Dauerwellen, Lippenstifte usw. halte ich bei Schulkindern nicht für angebracht. Gesunde Jugend ist immer schön und braucht keine diese Schönheit zerstörende Hilfsmittel.

* Mit ihrem Offenen Brief im »Neuen Weg« vom April 1958 beteiligte sich Lotte Ulbricht an der Diskussion im Vorfeld einer Schulkonferenz des ZK. Darin verwies sie – »aus eigener Erfahrung« – auf die Bedeutung des Elternhauses bei der Erziehung der Kinder. Konsequenz: »Die Kinder unserer Genossen müßten ausnahmslos die fortschrittlichsten und bewußtesten unter den Kindern sein.«

Foto: Ulbrichts Adoptivtochter Beate (1944 bis 1991) in der Pionierrepublik »Artek« auf der Krim, Juli 1958 (ganz vorn im Bild).

Lotte Ulbricht: Walter Ulbricht privat*

* Dieser Text erschien am 19. September 1959 in der »Wochenpost« ohne erkennbaren äußeren Anlaß.

** Johannes R. Becher (1891-1958), Dichter der DDR-Nationalhymne, lebte von 1935 bis 1945 im Moskauer Exil und war mit Ulbrichts seither befreundet.

*** Die Magistrale im Osten Berlins wurde als Stalin-Allee gebaut und nach dem XX. Parteitag der KPdSU (1956) nach Karl Marx benannt.

Als man mir den Vorschlag machte, etwas über Walter Ulbricht privat zu schreiben, winkte ich zuerst lachend ab. Wieso gerade ich? Und dann: was heißt überhaupt »privat«? Waren damit besondere Liebhabereien gemeint? Walter Ulbricht hat keine Zeit dafür. Er raucht und trinkt auch nicht (wenn er auch in Gesellschaft guter Freunde gern einmal ein Glas leert). Was könnte also den Leser interessieren? Daß er Bücher liebt, gute Musik, Theater, den Sport?

Bei Walter Ulbricht gibt es keine starre Trennung zwischen politischer Tätigkeit und persönlichem Leben. »Sein ganzes Leben vollzieht sich in einem Arbeitsrhythmus. Arbeit ist sein Lebensstil.« Diese Worte unseres unvergeßlichen, teuren Freundes Johannes R. Becher** treffen wirklich den Kern. Man müßte vielleicht noch hinzufügen: Arbeit nicht um der Arbeit willen, sondern um seines Volkes und aller arbeitenden Menschen willen.

Es sei mir gestattet, für diese enge Verknüpfung von politischem und persönlichem Leben ein Beispiel anzuführen. Es war vor einigen Jahren, als der Bau der Karl-Marx-Allee*** noch in seinen Anfängen steckte. Eines Sonntags hatte Walter Ulbricht mehrere Architekten zum Kaffee eingeladen. Es wurde lebhaft diskutiert, unter anderem über die Frage, wo in der Karl-Marx-Allee die Hauseingänge sein sollten.

Die meisten schlugen vor, sie nach dem Beispiel der Moskauer Gorkistraße an der Hinterfront anzubringen, um die Vorderfront für schöne Läden zu nutzen. Die Meinungen gingen hin und her. Walter Ulbricht jedoch vertrat unbeirrt den Standpunkt, daß die Hauseingänge in die Karl-Marx-Allee gehören. Sie dürften auch nicht klein und unansehnlich sein, sondern groß und schön. Warum? Wenn der Arbeiter das Haus betritt, dann müsse er das Gefühl haben: In diesem schönen Haus bin ich jetzt der Herr.

Zu guter Letzt gaben sich die »Gegner« geschlagen. Das Ergebnis dieser Unterhaltung sind die schönen großen Hauseingänge in der Berliner Karl-Marx-Allee.

Natürlich wirken sich Privatgespräche Walter Ulbrichts nicht immer in solchen konkreten Ergebnissen aus. Aber doch scheint mir das vorstehende Beispiel charakteristisch. Das ganze Denken und Sein Walter Ulbrichts ist erfüllt von dem Bestreben, alles in seinen Kräften Stehende zu tun, damit die arbeitenden Menschen in unserem Arbeiter-und-Bauern-Staat besser, schöner leben. Alle persönlichen Wünsche ordnet er diesem Streben unter.

Bedeutet das etwa, daß Walter Ulbricht dem Persönlichen in seinem Leben keinen Wert beimißt? Keinesfalls. Im Gegenteil, er weiß, daß, wer die arbeitenden Menschen den schwierigen Weg zum Sozialismus, vom Ich zum Wir führen will, sie verstehen muß. Er muß also ein Mensch sein wie sie, muß mit ihnen lachen und weinen können. Er darf auch nicht zwei Gesichter haben – das eines Kommunisten im Dienst und das eines Spießbürgers und Tyrannen zu Hause. […]

Wie ist er denn nun zu Hause, werden besonders die Leserinnen fragen. Walter Ulbricht tritt doch unermüdlich dafür ein, daß die Gleichberechtigung der Frau in die Praxis umgesetzt wird. Richtet er sich aber zu Hause danach?

Nun, seine Eltern – vor allem seine Mutter – haben Walter von Kindesbeinen an eine große Hochachtung vor dem anderen Geschlecht und überhaupt vor den Mitmenschen anerzogen. Das kommt auch in seinem Verhalten zu Hause zum Ausdruck. Die Frau ist ihm wirklich gleichberechtigter Kamerad. Dafür nur ein Beispiel.

Das Studium, das ich 1954 aufgenommen und inzwischen mit dem Diplom als Gesellschaftswissenschaftler zum Abschluß gebracht habe, wäre mir nicht möglich gewesen, hätte Walter Ulbricht auf seine »Rechte« gepocht. Wie oft hat er auf einen Theaterbesuch oder eine gemeinsame Reise verzichtet, weil ich mich nicht freimachen konnte! Nie hat er in diesen Jahren meine Zeit in Anspruch genommen, ohne sich mit mir zu verständigen. Walter Ulbricht versteht eben die Gleichberechtigung richtig. Sie verlangt nämlich, daß auch der Frau das Recht gegeben werden muß, alle ihre Fähigkeiten zu entwickeln und stets weiterzulernen, um das Höchstmögliche für die Gesellschaft leisten zu können.

Alle wichtigen persönlichen Fragen entscheiden wir gemeinsam. Erziehungsprobleme* werden kameradschaftlich diskutiert.

Jeder nimmt an der Arbeit des anderen Anteil und hilft ihm, soweit das möglich ist. Wir treiben zusammen Sport und sind froh über jede freie Stunde, die wir zusammen verbringen können. Dabei stehen die Interessen unserer gemeinsamen Sache, des Kampfes um die Gestaltung der sozialistischen Gesellschaft, stets im Vordergrund.

Eine solche Übereinstimmung in der Weltanschauung ist nach meiner Erfahrung die wichtigste Voraussetzung für eine glückliche Ehe, da nur sie auf die Dauer die Einmütigkeit auch in den moralischen und ethischen Auffassungen gewährleistet. Wer uns kennt, weiß, daß diese Übereinstimmung in vollem Umfange besteht. Beide haben wir die gleichen gesellschaftlichen Interessen (auch ich gehöre seit 40 Jahren der Arbeiterbewegung an.) Beide haben wir in der soziali-

Die Mutter von Lotte, Elisabeth Sucker, verwitwete Kühn (1874 bis 1968). Sie lebte nach dem Krieg im Haus der Ulbrichts, Majakowskiring 28 in Berlin. Dort ist sie auch im 95. Lebensjahr verstorben. Die Aufnahme zeigt sie Anfang der 30er Jahre auf ihrem Hof.

* Bekanntlich hatten die Ulbrichts Ende der 40er Jahre Beate adoptiert, die Tochter einer in Leipzig 1944 bei einem Bombenangriff ums Leben gekommenen Zwangsarbeiterin aus der Ukraine. Beate besuchte in jener Zeit eine Russisch-Schule in Berlin-Pankow.

Die Familie Ulbricht:
Tochter Beate, Walter
und Lotte Ulbricht,
Anfang der 60er Jahre

stischen Jugendbewegung unsere politische Feuertaufe erhalten. Was ist natürlicher, als daß auch in persönlichen Fragen unsere Anschauungen harmonieren.

Da ist unsere Tochter Beate, die wir zu einem wertvollen Glied der menschlichen Gesellschaft erziehen möchten. Walter Ulbricht* bemüht sich, ihr in allen, auch in den heikelsten Fragen zu helfen, zu raten und sie für alles Neue zu interessieren, denn er weiß, daß die Erziehung der Kinder in erster Linie Sache der Eltern ist. Darin folgt er dem Beispiel seiner Eltern, die als revolutionäre Arbeiter ihre Kinder von früh auf bewußt im sozialistischen Sinne beeinflußten, sich aber gleichzeitig darum kümmerten, daß sie so gut wie möglich lernten und sich rechtzeitig angewöhnten: Erst kommt die Arbeit, dann das Vergnügen.

Die persönlichen Interessen Walter Ulbrichts sind recht vielseitig. Seit seiner Jugend liebt er den Sport, die schönen Künste – Bildhauerei, Malerei, Architektur, Theater, Musik und natürlich die Literatur. Aber wie schafft er sich dafür die freie Zeit, fragt man sich immer wieder. Wollte man diese Frage beantworten, müßte man ausführlich über den Arbeitsstil Walter Ulbrichts berichten. So wie Walter Ulbricht in der Arbeit sich stets auf das Wichtigste konzentriert und sich auch nicht vom Strom der Tagesarbeit davon ablenken läßt, so nutzt er jede freie Stunde, ja manchmal Minuten bewußt aus, um neue Kraft zu sammeln. Er weiß, daß kein Mensch, der lange leistungsfähig bleiben will, auf die Dauer nur arbeiten kann. Selbst die beste Maschine kann nicht ununterbrochen laufen, sie muß von Zeit zu Zeit überholt, geölt werden usw. Um wieviel mehr braucht der Mensch »Überholung«, Ausspannung.

* Nach übereinstimmenden Zeugenaussagen war das Verhältnis des Vaters zur Tochter herzlicher und inniger als zwischen Mutter und Tochter. Das ist auch in den Briefen aus den 60er Jahren nach Leningrad ablesbar. Lotte Ulbricht fordert – Walter Ulbricht macht Vorschläge.

Danach richtet sich Walter Ulbricht.

Wenn er zum Beispiel mit der Ausarbeitung wichtiger Referate oder Artikel beschäftigt ist, läßt er von Zeit zu Zeit alles stehen und liegen und »schaltet ab«. Das heißt, er geht spazieren oder spielt eine Partie Tischtennis, oder aber er hört sich gute Musik an, manchmal auch geht er ins Theater, auf den Sportplatz oder ins Kino. Dabei muß es sich allerdings immer lohnen. Er geht also nicht zu einer schlechten oder mittelmäßigen Darbietung, sondern nur zu einer solchen, die ihm ein wirkliches Erlebnis bietet. Danach heißt es meist: »Jetzt habe ich den Faden gefunden« oder: »Jetzt weiß ich, wie es weitergeht.«

Und dann geht die Arbeit wirklich erfolgreich weiter.

Daß Walter Ulbricht soviel als möglich liest, brauche ich wohl kaum besonders zu betonen. Seit seinem Beitritt zur sozialistischen Arbeiterbewegung hat er, der schon als Junge eine »Leseratte« war, sich unter den schwierigen Verhältnissen der kapitalistischen Ordnung im unermüdlichen Selbststudium ein gründliches Wissen auf dem Gebiet der Politökonomie, des historischen Materialismus, der Philosophie, aber auch der Architektur, der Geologie und anderen Gebieten angeeignet. Das versetzt ihn heute in den Stand, selbst die kompliziertesten Probleme des gesellschaftlichen Lebens schnell in ihrem Wesen zu erfassen. Die Fortschritte der Wissenschaft und Technik stellen jedoch immer höhere Ansprüche an jeden einzelnen. Darum ist

Vielleser Ulbricht. Die vergleichsweise großen Hände des ehemaligen Tischlers sind hier besonders auffällig. Auch sie wurden zuweilen hämisch belächelt – als wenn ein Politiker besonders sensibel und kompetent sei, der Pianistenfinger oder Chirurgenhände vorweisen kann.

* Über Ulbrichts
Kunst- und Kultur-
verständnis schreibt
der Ex-Kulturminister
Hans Bentzien auf
Seite 185.

seine Devise nach wie vor: »Alle müssen wir lernen, ob Arbeiter oder Minister.« Danach richtet er sich selbst.

Immer wieder greift er zu den Werken von Lenin, Marx, Engels, liest er nach, was Ernst Thälmann, Rosa Luxemburg, Wilhelm Liebknecht, August Bebel und andere Führer der Arbeiterbewegung geschrieben haben. Er nimmt auch gern Werke von Goethe, Schiller, Gorki, Heine, Becher und anderen in die Hand. Daneben bemüht er sich, über die Neuerscheinungen auf dem Gebiete des Marxismus-Leninismus, der Naturwissenschaft, der Literatur usw. auf dem laufenden zu bleiben. Für die neuere schöne Literatur bleibt hauptsächlich der Urlaub, wo er Bücher bevorzugt, die das Großartige unserer Epoche gestalten.

Manchmal geht Walter Ulbricht ins Theater*. Schon in seiner Jugend hat er erfahren, daß dem Theater nicht nur unterhaltende, sondern auch große bildende Bedeutung zukommt. Leider kommt es öfter vor, daß wir uns den Besuch eines Theaterstückes oder einer Oper vornehmen, ihn aber im letzten Moment verschieben müssen, weil etwas Dringenderes dazwischengekommen ist.

Walter Ulbricht versucht sich schadlos zu halten, indem er während seiner Fahrten in die Republik jede Gelegenheit benutzt, um Aufführungen der örtlichen Theater zu besuchen. So sahen wir dieses Jahr in Erfurt »Schwejk im zweiten Weltkrieg« von Brecht, in Leipzig das

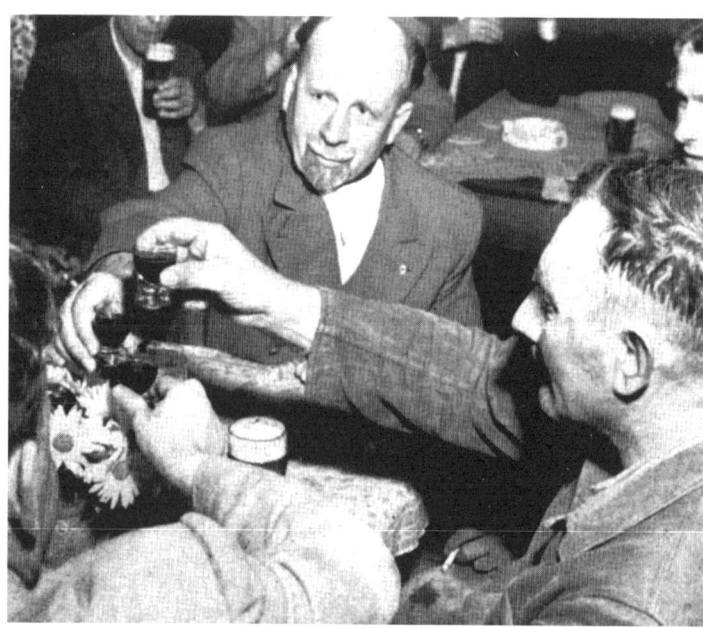

Seltener Moment: der Nichttrinker Ulbricht in der Dorfkneipe von Dersenow am 19. Juli 1957. Aber wenn es darum geht, Einzelbauern für die LPG zu gewinnen, trinkt selbst der Parteichef mal einen Schnaps.

Theater Putbus mit »Unabsehbare Weiten« von Wirta und in Rostock »Studentenkomödie« von Wangenheim. Diese Aufführungen haben uns gefallen. Wir haben nur bedauert, daß man solche Stücke in Berlin selten zu sehen bekommt. Auch während des Urlaubs holen wir das Versäumte nach, sooft wir nur die Möglichkeit haben.

Eine besondere Freude bereitet Walter Ulbricht der Besuch eines Konzerts am Silvesterabend. Auch das hat er von seinen Eltern »geerbt«, die ihn Silvester in die 9. Symphonie von Beethoven mitnahmen. Viele Male haben wir Silvester die »Neunte« oder ein Konzert gehört, manchmal gingen wir auch ins Theater. Silvester 1957 sahen wir uns die Aufführung des »Sommernachtstraums« in der Volksbühne an, die uns große Freude gemacht hat und lange Stoff zum Lachen gab.

Es ist bekannt, daß Walter Ulbricht kaum eine bedeutende Kunstausstellung versäumt. Seit seiner Jugendzeit, in der er sich mit der Architektur gründlich beschäftigt hat, ist er für alles Schöne aufgeschlossen und lebhaft daran interessiert, daß in unserem Arbeiter-und-Bauern-Staat auch die schönen Künste sich ständig weiterentwickeln und in immer mehr arbeitenden Menschen das Verständnis dafür geweckt wird.

Manchmal begegnet man der Vorstellung, als bestünde die Freizeit der führenden Männer unserer DDR aus lauter Geselligkeit. Leider bleibt Walter Ulbricht für freunschaftliche Unterhaltungen im engeren Freundeskreis wenig Zeit. Unvergessen werden uns die Abende bleiben, die wir zusammen mit Johannes R. Becher verbracht haben. In den Jahren, als die Westmächte die Spaltung unseres Vaterlandes vertieften und die Frage der nationalen Existenz des deutschen Volkes immer schwieriger wurde, kam es oft vor, daß Hans Becher anrief und Walter Ulbricht fragte: »Hast Du heute Zeit?« Oder umgekehrt, wenn Walter Ulbricht sich über Probleme der Intelligenz aussprechen wollte, rief er Becher an. Dann gab es oft stundenlange Gespräche bei einem Glas Wein, in denen wir viele Probleme gründlich diskutierten, dabei manchmal auch kameradschaftlich stritten. Es gibt wohl wenig Beispiele, wo sich ein Dichter und ein Staatsmann so ausgezeichnet ergänzten.

Walter Ulbricht liebt geselliges Beisammensein mit anderen Menschen und zwanglosen Meinungsaustausch. Oft geben ihm solche persönlichen Unterhaltungen den Impuls für die Lösung wichtiger Fragen.

Ein besonderes Bedürfnis, mit den arbeitenden Menschen zusammen zu sein, hat Walter Ulbricht am Feiertag der Werktätigen, dem 1. Mai. Nach der Demonstration gehen wir zu den Veranstaltungen

Skiwandern im Erzgebirge, 30. Januar 1962. Seit den 40er Jahren machten beide alljährlich Winterurlaub.
Aus dem Arbeitersport kommend, war dem Büroarbeiter Ulbricht Bewegung an frischer Luft nicht nur Bedürfnis, sondern auch eine Notwendigkeit.

in den Stadtbezirken, besuchen die Weißenseer Freilichtbühne oder die Veranstaltungen am Alexanderplatz, gehen dann in die Karl-Marx-Allee oder nach Treptow in den Plänterwald und landen zum Schluß meist in der Wuhlheide. Am Abend kommen wir dann immer todmüde, aber glücklich zu Hause an.

Gern nutzt Walter Ulbricht Erholungsfahrten aus, um sich unangemeldet an bestimmten Brennpunkten selbst vom Stand der Arbeit zu überzeugen. Bevor zum Beispiel eines der ersten zentralen Pionierlager (ich glaube, es war in der Nähe von Eisenach) eröffnet wurde, machte er unerwartet einen Abstecher dorthin. Er prüfte die Vorbereitungen an Ort und Stelle, stellte fest, daß noch nicht alle Voraussetzungen gesichert waren, und veranlaßte das Notwendige.

Pfingsten 1957 machte er auf der Heimfahrt vom Harz überraschend einen »Bogen« nach der Bodetalsperre und klärte mit den Ingenieuren und Arbeitern eine ganze Reihe von Fragen.

Man hat mich gefragt, ob Walter Ulbricht dazu kommt, fernzusehen. Natürlich ist die Zeit dazu sehr knapp. Wenn er jedoch nur irgend kann, sieht er sich die »Aktuelle Kamera« und sonstige Beiträge zum Zeitgeschehen an. Er interessiert sich sehr für die Fernsehspiele, die eine besondere literarische Gestaltung erfordern. Auch Übertragungen bzw. Fernsehinszenierungen von Theaterstücken sieht er sich an; außerdem gefallen ihm bestimmte Sendereihen, so das »Weimarer

Mit 69 Jahren und ohne Rücksicht aufs Protokoll: Der Staatsratsvorsitzende und Parteichef mit Anzug beim Volleyball in der Pionierrepublik am Werbellinsee.

Lotte Ulbricht, nicht weniger sportlich aktiv. Hier an Bord der »Völkerfreundschaft« bei der Überfahrt von Dubrovnik (Jugoslawien) nach Alexandria (Ägypten) im Februar 1965.

Pitaval« und die »Rumpelkammer«*. Bei der letzteren freut er sich besonders, wenn er hervorragende Künstler wiedersieht, die er früher auf der Bühne gesehen bzw. gehört hat.

Eine verhältnismäßig große Rolle spielt in der Freizeit Walter Ulbrichts der Sport. Jede Gelegenheit – und wenn es nur eine halbe Stunde ist – nimmt er wahr, um seine Spannkraft durch sportliche Betätigung aufzufrischen. So stattete er bei einer Rückfahrt von Halle der Schwimmschule an der Autobahn bei Dessau einen Besuch ab, um sich durch ein Bad zu erfrischen. Daß er sich dabei auch bei den Pionieren und ihren Leitern etwas umsah, versteht sich am Rande.

Seit seiner Mitgliedschaft im Leipziger Arbeiterturnverein »Eiche« vor mehr als 50 Jahren ist Walter Ulbricht dem Sport treu geblieben. In der Zeit vor 1933 zum Beispiel, als er als Politbüromitglied der KPD, Reichstagsabgeordneter und Bezirkssekretär von Berlin-Brandenburg bis über den Kopf in Arbeit steckte, nutzte er nach großen Anstrengungen jede Gelegenheit, um mit Hilfe des Sports einen Ausgleich zu schaffen.

* Die »Rumpelkammer« lief seit dem 18. November 1955 allwöchentlich bis in die 90er Jahre. Der Schauspieler Willi Schwabe vom »Berliner Ensemble« präsentierte dabei Ausschnitte aus alten deutschen Filmen und kommentierte diese freundlich-ironisch.

* Siehe auch S. 272.
Seine Heimatstadt fit für Olympische Spiele zu machen geht auf Ulbrichts Anregung aus dem Jahr 1950 zurück. Die Idee wurde unter seiner Ägide konsequent verfolgt. Die derzeitigen Planungen nahmen diese Vorarbeiten auf – ohne es öffentlich zu machen.

Lotte Ulbricht mit Tochter Beate auf dem Eis zu Beginn der 50er Jahre. Und so, wie sie es von den Genossen Eltern forderten: mit dem blauen Halstuch der Pioniere.

Walter Ulbricht ist auch hierin sehr vielseitig. Morgens beginnt er meist mit einer kurzen Gymnastik von 10 Minuten (dazu ist manchmal allerdings ein kleiner Stoß notwendig). Wenn es nur irgendwie geht, verbringen wir das Wochenende im Grünen. Dort wird, je nach Möglichkeit, gerudert, Volleyball gespielt, geschwommen. Im Sommer spielt er möglichst zwei- bis dreimal in der Woche Tennis. Auch im Winter nutzt Walter Ulbricht jede Möglichkeit zur sportlichen Betätigung aus. Am liebsten läuft er Schlittschuh und Ski, nur ist die Gelegenheit dazu verhältnismäßig selten.

Mancher Leser wird nun vielleicht besser verstehen, warum Walter Ulbricht sich so stark für den Sport einsetzt.* »Wer schaffen will, muß fröhlich sein«, heißt es mit Recht. Wer aber fröhlich schaffen will, muß gesund sein, meint Walter Ulbricht. Mit welcher Liebe, mit welchem Interesse er sich mit Kindern unterhält, die sich für den Sport interessieren, haben wir beim »Treffpunkt Olympia« Anfang Juni (1959) erlebt. Er denkt dabei an seine eigene Jugendzeit, als er den Ball über den improvisierten Fußballplatz jagte (aber erst, wenn die Schularbeiten gemacht waren – darauf achteten die Eltern streng) und später im Arbeiterturnverein seinen Körper stählte. Die Losung »Jedermann an jedem Ort jede Woche einmal Sport!« entspricht also seiner eigenen Erfahrung.

Eine »Sparte«, die ich bisher kaum genannt habe, die aber in unserer Familie ganz groß geschrieben wird, ist das Wandern, ein »Ausgleichssport«, der gerade in höherem Lebensalter von entscheidender Bedeutung ist. Bekanntlich ist Walter Ulbricht vor dem ersten Weltkrieg als Handwerksgeselle fast zwei Jahre gewandert, zu Fuß von Leipzig nach Venedig, von dort durch die Schweiz, das Rheinland, Belgien, Holland und zurück. In jüngeren Jahren haben die Berge ihn immer wieder angezogen, er hat den Watzmann und die Zugspitze in Bayern, in Tirol den Groß-Venediger und andere Berge erstiegen.

In besonders schöner Erinnerung haben wir Pfingsten 1957, als wir im Harz waren und weite Wanderungen unternahmen. Wir zuckelten mit der Brockenbahn zum Brocken hinauf, besichtigten dort den Alpengarten, statteten der Wetterwarte einen Besuch ab und freuten uns über die vielen frohen Menschen, die den Gipfel bevölkerten. Walter Ulbricht war im Handumdrehen von allen Seiten belagert – und bald war am Bergeshang eine zwanglose Unterhaltung über alle möglichen Dinge im Gange. Am anderen Tag besuchten wir das Schloß Wernigerode und die Tropfsteinhöhlen in Rübeland. Und schließlich wohnten wir einer Aufführung der »Hermannsschlacht« im Harzer Bergtheater zu Thale bei, die mit den herrlichen

Lotte und Walter Ulbricht beim Picknick, 1964. Unten: Der 18jährige Wandergeselle Ulbricht auf dem Weg quer durch Europa – von Sachsen durch die Alpen nach Italien und von dort bis nach Holland. Die Erfahrungen, die er dabei sammelte, prägten ihn entscheidend.

Tälern und Bergen als Kulissen zu einem unvergeßlichen Erlebnis wurde. Bekanntlich verfolgt Walter Ulbricht auch die Leistungen unserer Sportler mit großem Interesse und versucht, sich sooft als möglich aus eigener Anschauung ein Urteil zu bilden. So sieht man ihn beim Fußball, bei Leichtathletikwettkämpfen, Wintersportmeisterschaften usw. Er spannt dabei gleichzeitig aus. Vom Fußballplatz kommt er allerdings in der letzten Zeit manchmal recht mißgestimmt nach Hause. Wie zahlreiche Fußballanhänger ärgert ihn das ungleiche Spiel unserer Mannschaften, die heute höchste Meisterschaft zeigen und es morgen richtig »vermasseln« oder sogar in beiden Halbzeiten ganz verschiedenartig spielen.

Wie sehr der Sport Walter Ulbricht ein Lebensbedürfnis ist, zeigt wohl am besten eine Unterhaltung mit verantwortlichen Parteifunktionären, bei der ich vor kurzem Zeuge war. Einige Freunde beklagten sich, daß die Arbeit ihnen keine Zeit für den Sport lasse. Da sagte er ihnen:»Schaut mal her, genau umgekehrt sehe ich das. Ihr sagt, ihr habt keine Zeit für den Sport, weil ihr soviel Arbeit habt. Aber bei mir ist das so: Weil ich soviel Arbeit habe, muß ich unbedingt Sport treiben.«

Das scheint mir das Wichtigste, was über Walter Ulbrichts Privatleben zu sagen wäre.

Goethe hat einmal gesagt:»Des Menschen größtes Verdienst bleibt wohl, wenn er die Umstände soviel als möglich bestimmt und sich sowenig als möglich von ihnen bestimmen läßt.« Walter Ulbricht bemüht sich nicht nur in seiner politischen Arbeit, soviel als möglich die Umstände zu bestimmen, er tut es auch in seinem persönlichen Leben.

Ein Schriftwechsel*

* 1963 diskutierte die »Freiheit«, Organ der SED-Bezirksleitung Halle (heute »Mitteldeutsche Zeitung«), zum Thema »Wie sollen Frauen denn sein?« Auch Lotte Ulbricht hatte sich geäußert, wobei sie u. a. auf einen Brief von Freda Buchmann aus Quedlinburg eingegangen war. Daraus entwickelte sich ein privater Schriftwechsel zwischen beiden Frauen. Er offenbart die Kluft zwischen Ideal und Wirklichkeit, zwischen Anspruch und tatsächlich Möglichem. Aber eben auch: daß »Oben« und »Unten« miteinander redeten.

Quedlinburg, den 29. Januar 1963

Sehr verehrte Frau Ulbricht!

[…] Sie haben sehr klar und eindringlich zum Ausdruck gebracht, wie Sie sich als Vetreterin der Sozialistischen Einheitspartei eine Frau von heute vorstellen. Sicherlich gibt es schon viele solcher vorbildlichen Frauen, aber für die meisten anderen Frauen werden sie nur ein Ideal bleiben können, dem sie mehr oder weniger nahekommen.

Ihre abfällige Bemerkung hat mich ein wenig gekränkt […]

Ich bin zwar nur eine Hausfrau und Mutter von drei Kindern, bin absolut untüchtig, indem es mir schon schwerfällt, diese Aufgabe korrekt zu erfüllen. Meine Stärke liegt absolut nicht auf hauswirtschaftlichem Gebiet. Aber wie sollte ich denn erst fertig werden, wenn ich diese Arbeiten nur noch sozusagen nebenberuflich, also nach acht Arbeitsstunden in einem Betrieb, erledigen sollte?

Ich bat die »Freiheit«, einmal einen Arbeitsplan einer berufstätigen Mutter abzudrucken, was bisher leider nicht geschehen ist. Vielleicht könnte ich daraus lernen; vielleicht würde ich aber doch bestätigt bekommen, daß diese Frauen nicht genügend Freizeit finden, sich zu entspannen, ein Buch zu lesen, mit dem eigenen Mann zu diskutieren, auf Kinderfragen zu antworten oder ihnen etwas vorzulesen

Valentina Tereschkowa, die erste Fliegerkomsonautin, und Lotte Ulbricht (verdeckt) besuchen im Sommer 1963 den Bezirk Halle. Horst Sindermann, 1. Sekretär der SED-Bezirksleitung, vormals Chefredakteur der »Freiheit«, begleitet die beiden in der offenen Staatskarosse.

u. a. m. Denn die acht Stunden im Betrieb verlangen meistens wirkliche Arbeit, die eine Frau bestimmt ermüden läßt … Und auch die Männer kommen nicht so frisch von der Arbeit, wie sie hingingen. Sie brauchen auch Entspannung und Erholung.

Es kommt also sehr darauf an, welche Arbeit geleistet werden mußte und wie im Verhältnis dazu die körperliche Konstitution beschaffen ist. Mit Hilfe von Waschmaschinen, Nähstuben u. ä. ließe sich gewiß vieles verbessern. Am schönsten wäre es aber, wenn der Lebensstandard einer berufstätigen Mutter so weit verbessert werden könnte, daß sie unter keinen Umständen mehr 48 Stunden in der Woche arbeiten müßte, sondern 35 bis 40 Stunden. […]
Es grüßt Sie hochachtungsvoll
Freda Buchmann

1964

Berlin, den 1. April 1963
Liebe Frau Buchmann!
[…] Warum Sie so gereizt reagierten, ist mir unverständlich. […] Kein Mensch verlangt, daß alle Frauen mit Kindern ganztätig arbeiten sollen. Das hängt von verschiedenen Umständen ab, von der Körperkonstitution, von den Familienverhältnissen, von der Möglichkeit der Betreuung ihrer Kinder, von den Verkehrsverhältnissen usw. usw. Darüber sind wir uns ja wohl einig. Wenn Sie glauben, eine ganztätige Beschäftigung nicht ausüben zu können, dann wird Sie niemand deswegen verurteilen. Die Verhältnisse sind eben heute noch nicht so, daß sich in jedem Fall Beruf und Mutterpflichten verbinden lassen. […]
Daß Mütter es leichter hätten, wenn sie verkürzt arbeiten, ist keine neue Erkenntnis. Deswegen arbeiten ja auch viele Mütter bei uns verkürzt, und auch Ihnen würde diese Möglichkeit sicher offenstehen. Natürlich ist es nicht auf allen Arbeitsstellen möglich, daß die Frauen 30 bis 40 Stunden arbeiten. Dazu fehlen auch die Arbeitskräfte.
Liebe Frau Buchmann, ich bin nicht überzeugt, daß Sie mit meiner Antwort zufrieden sind. Leider erlaubt es meine knappe Zeit nicht, ausführlich auf alle die Probleme einzugehen, die Sie aufgeworfen haben. Andererseits habe ich das Gefühl, daß Sie nicht ganz zufrieden sind mit Ihrem jetzigen Leben. Ich möchte Ihnen empfehlen, einmal das Buch von August Bebel »Die Frau und der Sozialismus« in die Hand zu nehmen. Sie werden daraus sicher eine Menge Anregungen erhalten.
Mit besten Grüßen
Ihre Lotte Ulbricht

Quedlinburg, den 29. April 1963

Sehr verehrte, liebe Frau Ulbricht!

[…] Wie oft hat mein Mann gesagt, ich arbeite planlos (was aber nicht unbedingt stimmt), ich verwöhne die Kinder usw.! Und dann habe ich mir schon oft gesagt, daß vielleicht alles besser wäre, wenn ich arbeiten gehen würde, nicht zu kochen brauchte usw. Und Sie können versichert sein, daß das auch noch kommt! Wenn die Jüngste zehn Jahre alt ist, wird es sich gewiß besser einrichten lassen. Aus der pekuniären Notwendigkeit heraus würde ich es vielleicht auch schon zum kommenden Winter versuchen.

Schon vor drei Jahren etwa versuchte ich, in meinen erlernten Beruf (technische Assistentin für Pflanzenzüchtung) zurückzukehren. Es war aber kein Bedarf vorhanden. Dann fing ich an, Nachhilfestunden für Kinder zu geben und habe zur Zeit auch noch vier Wochenstunden.

Nun ergab es sich vor zwei Jahren, daß wir einen großen Garten pachten konnten, der neben viel frischer Luft und anderen gesunden Dingen auch viel Arbeit mit sich bringt. Da mein Mann als Lehrausbilder und Funktionär in Partei und Gewerkschaft auch nicht nur 48 Stunden in der Woche eingespannt ist, zudem als tüchtiger Schachsportfreund fleißig üben und spielen muß, konnte er mir nicht viel Arbeit abnehmen. Wir sind eigentlich alle beide doch ganz schön ausgelastet. […]

* 30.4. – Habe eben beim Frühstück über Erziehungswesen gelesen, sehr interessant und auch in einem Stil geschrieben, daß man immer weiterlesen möchte. – Doch nun wieder ran an meine Arbeit.

Das Buch von August Bebel, das Sie mir empfohlen haben, liegt schon bei mir. Ob ich aber viel darin lesen werde*, ist doch noch fraglich. Auch zum Lesen habe ich wenig Zeit. Ich lese die »Freiheit«, FÜR DICH und »Filmspiegel«, helfe beim Rätselraten, lese mal in den Schulbüchern und schaue in die Bücher rein, die ich regelmäßig aus der Bücherei für meinen Mann besorge, oder ich lese den Kindern etwas vor. Und dann nähe ich selbst und stopfe und repariere und wasche. Mein Mann sagt, ich würde nie fertig werden, ob ich ein Kind hätte oder fünf. Vieles interessiert mich, und leider vergesse ich alles wieder zu schnell. […]

Seien Sie vielmals gegrüßt

Von Ihrer Freda Buchmann

Berlin, den 20. Juni 1963

Liebe Frau Buchmann!

Ihr Schreiben bestätigt mir, was ich schon in meinem letzten Brief sagte: Sie sind gar nicht untüchtig, weder absolut noch relativ; denn um eine fünfköpfige Familie zu versorgen, drei schulpflichtige Kinder zu erziehen, ihnen in ihrer schulischen Entwicklung zu helfen, dazu gehört ein großes Planungs- und Organisationstalent. [...] Andererseits zeigt aber Ihr letzter Brief auch, daß Sie ein gewisses Unbehagen nicht überwinden können. Mir scheint das ganz verständlich. Sie haben einen wunderschönen, dankbaren Beruf erlernt und müssen sich seit Jahren nur mit der Hausarbeit abplagen. Das Schlimmste dabei ist jedoch meines Erachtens nicht einmal so sehr die Hausarbeit, sondern die Tatsache, daß Ihr Mann offensichtlich der Meinung ist, er habe als »Ernährer der Familie« das Recht, ständig an Ihnen herumzumäkeln. Müßte nicht daher in erster Linie Ihr Mann sein Verhältnis zu Ihnen ändern, damit Sie zufriedener werden? (Falls er seine Bemerkungen in Gegenwart der Kinder macht, wäre das für ihre Erziehung ganz schlimm.)

In unserem Staate sollten die Ehepartner aufeinander Rücksicht nehmen und sich gegenseitig helfen. Das sollte auch Ihr Mann berücksichtigen und nicht nur an seine Neigungen denken. Ohne eine gewisse Hilfe Ihres Mannes und Ihrer Kinder im Haushalt können Sie doch gar nicht daran denken, in den nächsten Jahren Ihre berufliche Arbeit wieder aufzunehmen oder auch nur gesellschaftliche Verpflichtungen zu übernehmen. Jede Frau muß aber die Möglichkeit haben, außerhalb ihrer vier Wände zu wirken, wenn sie mit der gesellschaftlichen Entwicklung Schritt halten will.

Im übrigen schreiben Sie, ihr Mann sei Funktionär der Partei und der Gewerkschaft. Ich hoffe sehr, daß er nicht Mitglied der SED ist; denn unsere Partei verlangt von ihren Mitgliedern, daß sie auch in der Ehe sozialistisch, das heißt in erster Linie kameradschaftlich handeln. Aber auch mit einem Gewerkschaftsfunktionär vertragen sich seine überholten Ansichten schlecht. Das können Sie ihm ruhig von mir bestellen, wenn Sie wollen.

Vielleicht höre ich wieder einmal von Ihnen.

Mit den besten Grüßen
Ihre Lotte Ulbricht

Quedlinburg, den 14. September 1965
Sehr verehrte, liebe Frau Ulbricht!
Zwei Jahre liegt nun schon Ihr langer Brief vom 20.6.1963 hier, und oftmals hatte ich Lust gehabt, Ihnen zu danken. [...]
Mein Mann ist übrigens doch in der SED und auch ein guter Kamerad. Er unterstützte mich sofort, als ich nun arbeiten ging, und

Am 8. März 1963 sprach Annerose Neumann beim Deutschen Fernsehfunk (DFF) erstmals die Nachrichten in der »Aktuellen Kamera«. Daß selbst diese lapidare Entscheidung in Sachen Emanzipation eine Revolution darstellte, zeigte die Suche nach der Gewandung. Was tragen Nachrichtensprecherinnen, lautete die Frage, und die Zuständigen begaben sich auf Suche. Sie wurden fündig in Japan – wie sich damit zeigte, war die DDR weltweit das zweite Land, in dem Frauen die Nachrichten im Fernsehen sprechen durften. Und was trugen die Japanerinnen? Gedeckte Kostüme. Wo bekam Adlershof schnell ein entsprechendes her? Annerose Neumanns Freundin arbeitete als Stewardess bei der Interflug und lieh ihr die Berufswäsche. Auch dies typisch DDR.

Die ARD ließ übrigens erst 1976 Dagmar Berghoff in der »Tagesschau« als erste Frau auf den Sender. Dreizehn Jahre später.

Im Juni 1963 startete die Russin Valentina Tereschkowa als erste Frau ins All.

so allmählich spielte sich bei uns die Arbeitsteilung gut ein. [...] Im Juni 1964 erhielt ich eine schöne Stelle im Institut für Pflanzenzüchtung bei Prof. Dr. Becker, und zwar als Bibliotheken-Helferin. Diese Arbeit macht mir wirklich sehr viel Freude. Auf Grund meiner Leistungen werde ich auch bald das Gehalt einer technischen Assistentin bekommen. Und so sehne ich mich absolut nicht nach der Zeit zurück, als ich den ganzen Tag zu Hause war!

Seien Sie vielmals hochachtungsvoll
gegrüßt von Ihrer Freda Buchmann

1966

Berlin, den 13. Oktober 1965

Liebe Frau Buchmann!

In den letzten zwei Jahren habe ich oft an Sie gedacht und im stillen gehofft, daß Sie sich wieder einmal melden würden. Deswegen war Ihr Brief eine ganz besondere Freude für mich, ist er doch ein anschaulicher Beweis dafür, daß die Arbeit im Kollektiv der Frau hilft, ihre eigene Kraft besser zu erkennen, ihr Selbstbewußtsein zu heben und auch dem Leben in der Familie einen neuen Inhalt zu geben.

Ich wünsche Ihnen weiter viel Freude in der Arbeit und in der Familie.

Mit freundlichen Grüßen
Ihre Lotte Ulbricht

Quedlinburg, den 7. November 1965

Sehr verehrte, liebe Frau Ulbricht!

[...] Im übrigen sind wir jetzt endlich auch stolze Besitzer einer Waschmaschine, und was das in einem 5-Personen-Haushalt bedeutet, wissen Sie bestimmt. Die Arbeit in der Bibliothek macht mir weiterhin viel Freude. Aber auch das Klavier- und Geigenspiel meiner Kinder erfüllt uns mit Glück. Ohne mein Gehalt wäre das nicht möglich gewesen. [...]

Es grüßt Sie freundlich und voll Hochachtung
Ihre Freda Buchmann

Da fällt die Decke herunter

Von Lotte Ulbricht*

[...] Der Sozialismus wird uns nicht geschenkt und nicht durch schöne Resolutionen aufgebaut. Er wird nur durch uns aufgebaut, und wir sind Menschen mit verschiedenen Neigungen und Fähigkeiten, die auch nicht immer gleichbleiben, die sich ändern. [...] Das Wichtigste unserer Konferenz sollte daher sein, daß die Frauen neuen Mut mit hinausnehmen und kämpfen, auch wenn es manchmal schwierig ist. Auch sie sollten sich zu Herzen nehmen, was Walter Ulbricht auf dem 6. FDGB-Kongreß** gesagt hat:»Die Arbeiterklasse in unserem Land und in den sozialistischen Ländern überhaupt darf in dem mächtigen Strom der Entwicklung der Produktivkräfte nicht ein Schwimmer sein, der seinen Kopf mühsam über Wasser hält. Sie muß sich fühlen wie der Fisch im Wasser und kräftig schwimmen, dann wird es gut vorwärtsgehen. Die Arbeiterklasse muß sich sozusagen wohlfühlen, begeistert sein, in diesem großen Strom des technischen Fortschritts selbst die Richtung angeben und selbst führend tätig sein.«

Aus den verschiedenen Berichten ist zu ersehen, daß die Frauen trotz zusätzlicher Belastung eine große Bereitwilligkeit zum Lernen zeigen. Ich habe die Betriebszeitung sehr aufmerksam studiert, um Material über Frauen zu finden; aber in den Ausgaben von drei Monaten war nicht viel enthalten. [...]

Aus den Protokollen der Abteilungen sieht man, daß hier im Betrieb bei manchen Männern noch nicht ganz durchgedrungen ist, daß auch sie sich ändern müssen. Ich möchte daran erinnern, daß bereits auf der Konferenz anläßlich des zehnjährigen Bestehens der Frauenausschüsse*** Walter Ulbricht gesagt hat, daß die Umerziehung der Männer schneller erfolgen sollte und daß in Verbindung mit der Durchführung des Kommuniqués gerade der Erziehung und Umerziehung der Männer größere Aufmerksamkeit gewidmet werden muß.

Es handelt sich also nicht darum, daß man der Frau auf die Schulter klopft und sie sozusagen als armes Hascherl behandelt, dem man helfen muß, sondern umgekehrt. Es ist so, daß der Sozialismus nicht aufgebaut werden kann, ohne die Intelligenz und die Fähigkeiten der Frauen zu nutzen. Die Fähigkeit zum Planen, zum Zeiteinteilen, zum Sparen ist eine spezielle Fähigkeit der Frau. [...]

Die Frau hat also bestimmte Fähigkeiten, die Männer haben wieder andere Fähigkeiten und Talente. Gerade der Zusammenklang der

* Stenogramm eines Diskussionsbeitrages auf einer Frauenkonferenz im Stahl- und Walzwerk »Wilhelm Florin« in Hennigsdorf, 9. Januar 1964.

** 19. bis 23. November 1963 in der Dynamo-Sporthalle zu Berlin.

*** Am 8. Januar 1952 hatte das Politbüro den arbeitenden Frauen die Bildung von Frauenausschüssen empfohlen. Zum 10. Jahrestag gab es eine Konferenz. Aus diesem Anlaß würdigte das Politbüro am 16. Dezember 1961 in einem Kommuniqué die Fortschritte bei der Durchsetzung der Gleichberechtigung.

38

* Herbert Warnke
(1902–1975), Hamburger, 1923 KPD, 1932
Mitglied des Reichstages (MdR), illegale
Arbeit, 1936 Emigration nach Dänemark
und Schweden. Haft in
Schweden 1939–43,
von 1948 bis 1975 Vorsitzender des FDGB-
Bundesvorstandes.
Seit 1949 Mitglied des
Parteivorstandes bzw.
des ZK der SED, seit
1958 bis zu seinem
Tode Mitglied des Politbüros.

Fähigkeiten beider Geschlechter ergibt die Voraussetzung für den Aufbau der sozialistischen Gesellschaft. […]

Die Genossen Herbert Warnke* und Walter Ulbricht haben auf dem 6. FDGB-Kongreß ausführlich darüber gesprochen, daß sich die Gewerkschaft nicht auf die Arbeit mit den fortgeschrittenen Arbeitern und Arbeiterinnen beschränken darf, sondern mit allen Gewerkschaftsmitgliedern arbeiten muß, und daß sie besonders die Doppelbelastung der Arbeiterinnen, vor allem der schlechtbezahlten, berücksichtigen muß.

Ich sage ehrlich, mir scheint, die BGL *(Betriebsgewerkschaftsleitung – d. Hrsg.)* hat keine Konzeption in dieser Frage. […] Ich war heute zum Beispiel in einigen Steuerbühnenhäuschen und habe gesehen, welche wackligen Sitze sie zum Teil haben, daß der Rost auf den Kopf fällt usw. Das muß doch nicht sein. Es muß auch nicht sein, daß in der Abteilung Blankstahl in der Nachtschicht die Kantine nicht besetzt ist, so daß die Frauen sich das Essen selber mitbringen, weil sie nicht so weit gehen können usw. Das sind natürlich alles Kleinigkeiten, aber ein Gewerkschaftsfunktionär muß wissen, daß solche Kleinigkeiten die Stimmung beeinflussen, daß sie die Arbeitsfreude behindern können. Die Verbesserung der Gewerkschaftsarbeit, die in der Betriebszeitung vom BGL-Vorsitzenden nach dem Gewerkschaftskongreß versprochen wurde, müßte bald einsetzen. […] Man braucht

Herbert Warnke beim
Abschluß der Aktion
von Radio DDR »Helle
Köpfe, heiße Herzen«
in der Berliner Kongreßhalle, 1968.
Rechts außen: Werner
Lamberz, Ideologiesekretär des ZK. Mit
Mikrofon: Eberhard
Fensch – von 1968 bis
1989 für Rundfunk und
Fernsehen zuständiger
stellv. Leiter der Abteilung Agitation im ZK
der SED.

nicht erst eine Frauenversammlung, um festzustellen, daß in der Toilette der Abteilung Absatz bereits im vorigen Winter die Decke runtergefallen ist und ein Becken zerschlagen hat, das bis heute noch nicht ersetzt worden ist. Als ich das gelesen habe, habe ich mich für die BGL geschämt. [...] Das ist ausgesprochene Sache der Gewerkschaftsleitung. Dazu brauchen wir keinen Frauenausschuß. Vielleicht erinnert sich die BGL, was Walter Ulbricht auf dem 6. FDGB-Kongreß gesagt hat: »Die Geringschätzung der Sorge um die Arbeits- und Lebensbedingungen der Werktätigen ist ein grober Fehler, sie schadet uns sehr.« [...]

Soweit ich feststellen konnte, ist der Belegschaft herzlich wenig davon bekannt, was auf diesem Gewerkschaftskongreß geschehen ist. Man weiß, daß große Artikel in der Zeitung standen. Wir aber wissen, daß gerade die Frauen lange Artikel und Reden am wenigsten lesen können – einfach aus Zeitmangel. [...] Ich kann von einer Arbeiterin, die in drei Schichten arbeitet, Kinder versorgt und die Hauswirtschaft macht, nicht erwarten, daß sie lange Reden und Artikel liest. Das ist nicht möglich. Darum ist die Hauptsache, daß die Gewerkschaftsvertrauensleute, die Gewerkschaftsfunktionäre besonders den Arbeiterinnen helfen, ihren Gesichtskreis zu erweitern und ihre Fähigkeiten und Talente zu entfalten, auch auf kulturellem Gebiet. [...]

Sibirische Herzlichkeit*

* Im Sommer 1964 bereisten Lotte und Walter Ulbricht Sibirien. Sie berichtete darüber in der »Freien Welt« Nr. 31/1964

Die sibirische Herzlichkeit war überwältigend und rührend. Wo wir auch waren – die Menschen standen stundenlang, um uns zu sehen, uns zu umarmen. Wir hatten nicht immer sehr viel Zeit. Aber wenn man einem die Hand gegeben hatte, war man verloren, und mit dem Zeitplan war es aus.

Auf alle erdenkliche Weise brachten sie uns ihre Freundschaft entgegen. Eine Arbeiterin löste eine Brosche von ihrem Kleid und schenkte sie mir, eine andere ihr Aktivistenabzeichen. In Krasnojarsk überbrachte mir eine Gruppe junger Leute ein paar Gummischuhchen aus Tomsk mit dem Gruß: »Der verehrten Lotte Ulbricht von sibirischen Komsomolzen« – vielleicht, weil ich bei der Kundgebung in Tomsk ein Hoch auf den Komsomol ausgebracht hatte.

Ein sibirischer Jäger gab meinem Mann sein Jagdabzeichen.

Manchmal, auf unseren Wegen durch die Städte, habe ich die Augen zugemacht, weil ich befürchtete, jeden Augenblick würde jemand

1964: Die Ulbrichts am Baikalsee am Lagerfeuer.

aus dem Fenster oder vom Balkon fallen. So dicht waren die Balkons und Fensterbretter von winkenden Menschen besetzt.

In Omsk erreichte uns ein Telegramm, das an Walter Ulbricht gerichtet war. »Wir grüßen Sie, Ihre Frau Gemahlin, Ihr Volk. Wünschen Gesundheit, ein langes Leben, Erfolge. Hoffen auf festen Frieden und Freundschaft.« Unterschrift: »Kurylewa. Mutter von vier Kindern.«

Diese Frau drückte aus, was alle für uns, die Vertreter des friedliebenden Deutschlands, empfanden. Überall rief man uns in unserer Sprache »Frieden, Freundschaft!« zu, und zwar nicht nur die Jugend, die ja in der Schule deutsch lernt, sondern auch die Alten, deren Zungen es merklich schwer fiel.

Man darf nicht vergessen, daß in diesen Gebieten viele Menschen aus den ehemals okkupierten Gebieten leben, Evakuierte, die dort ihre Verwandten, ihre Männer, ihre Kinder verloren.* Es gibt sehr viele alleinstehende Frauen, viele Großmütter, die im ersten Weltkrieg ihren Mann und im zweiten ihre Söhne verloren. Ich war glücklich, mich in ihrer Sprache mit ihnen aussprechen zu können. Viele, viele von ihnen haben großes Leid erfahren. Sie setzen ihr ganzes Vertrauen in unseren Friedensstaat. [...]

* Am 28. August 1941 hatte der Oberste Sowjet das Dekret zur Umsiedlung der Deutschen in der Wolgarepublik, der Ukraine und der Krim beschlossen. Das NKWD hatte behauptet, unter ihnen seien Hunderttausende Diversanten. Bis zu einer Millionen Menschen wurden registriert, ihr Eigentum konfisziert und sie in Güterwagen nach Sibirien und Kasachstan deportiert (»pereselenie«). Viele starben bereits auf den wochenlangen Transporten. Die 15- bis 50jährigen Männer wurden vor Ort in die Trud-Armee zur Zwangsarbeit verpflichtet. Die »Arbeitsarmee« wurde erst 1947 aufgelöst.

Von Lotte Ulbricht*

Zunächst möchte ich mich einer angenehmen Aufgabe entledigen: Walter Ulbricht läßt allen Delegierten und Gästen einen herzlichen Gruß bestellen. Leider kann er an diesem Kongreß nicht teilnehmen. Wie Sie wahrscheinlich schon der Zeitung entnommen haben, befindet er sich gegenwärtig in Markkleeberg. Wir haben gestern von der Genossenschaftsbäuerin Zienecke gehört, wie wichtig diese »Universität im Grünen« ist. Sie werden Verständnis dafür haben, daß Walter Ulbricht nicht hier sein kann; aber Sie dürfen überzeugt sein, daß er die Arbeiten unseres Kongresses mit großem Interesse verfolgt. [...]

* Diskussionsbeitrag auf dem Frauenkongreß der DDR, 25.-27. Juni 1964.

Jetzt darf ich erleben, daß in der Deutschen Demokratischen Republik mit vereinten Kräften der Sozialismus aufgebaut wird, und sehe mit eigenen Augen – darüber bin ich ebenso glücklich –, wie unser Volk immer stärker zu einer festen Gemeinschaft zusammenwächst, wie die Schranken zwischen den Schichten unseres Volkes immer mehr verschwinden.

Aus den vielfältigen Erfahrungen, die ich in dieser Beziehung persönlich gemacht habe, möchte ich einige aus der letzten Zeit herausgreifen. [...]

In einem Waschstützpunkt, der auf Initiative des DFD *(Demokratischer Frauenbund Deutschlands – d. Hrsg.)* in einem alten Pferdestall eingerichtet wurde, hat man eine Waschtrommel aufgestellt. Aus einer alten Garage wurde eine blitzsaubere Bügelstube geschaffen. Ich war in einer Kaufhalle, in der von den 13 dort beschäftigten Frauen 11 halbtags arbeiten und ein großartiges kollektives Zusammenarbeiten zu verzeichnen ist. Überall ist mir aufgefallen, und das hat mich glücklich gemacht, daß allen diesen Frauen, den Funktionären des DFD, den Hausfrauen, den Kindergärtnerinnen und Verkäuferinnen, das Glück aus den Augen leuchtete, für andere Gutes getan zu haben und Gutes tun zu können. Sie wissen – sie sagten es mit einfachen und bescheidenen Worten –, daß sie durch ihr Wirken anderen Frauen helfen, berufstätig zu sein und ihre Zeit nutzbringend zu verbringen, und dadurch auch unseren Arbeiter-und-Bauern-Staat stärken.

Tatsache ist doch, daß dieses Glücksgefühl bei dem Menschen nicht einfach da ist, sondern daß es sich in neue Kraft umsetzt, sogar in physische Kraft. Ich habe das in Weißwasser an mir selber empfunden. Am Morgen war ich in der Badestube mächtig hingeschlagen

1964: Ulbricht auf der Landwirtschaftsausstellung in Markkleeberg, der agra. Lotte Ulbricht spricht derweil für ihn auf dem Frauenkongreß

und hatte mich sehr gestoßen. Als ich bei der Ankunft aus dem Auto stieg, war ich immer noch lendenlahm. Aber als abends die Versammlung zu Ende war, hatte ich vergessen, daß ich am Morgen gefallen war. Mir tat nichts mehr weh. [...]
In unserer Republik ist die schöne Menschengemeinschaft schon kein Fernziel mehr, sie ist bereits im Entstehen begriffen. Für jede von uns, das darf ich sicher in Ihrem Namen behaupten, ist es das größte Glück, an ihrem Entstehen aktiv mithelfen zu dürfen. Wie recht hat doch Johann Wolfgang von Goethe, von dem die Worte stammen: »Die Menschheit zusammen ist erst der wahre Mensch, und der einzelne kann nur froh und glücklich sein, wenn er den Mut hat, sich in dem Ganzen zu fühlen.« Gewiß, Goethe hatte kaum an den Sozialismus gedacht, aber seine Worte ahnten unsere heutige Zeit voraus.[...]

Vom großen Wir

Von Lotte Ulbricht*

* Beitrag zum 15. Jahrestag der DDR in der Frauenillustrierten »FÜR DICH«, 41/1964.

Wem zeigen Sie, liebe Leserinnen, Ihre Wohnung, bevor sie aufgeräumt ist? Im allgemeinen doch nur Menschen, die Ihnen nahestehen und vor denen Sie sich nicht zu genieren brauchen, nicht wahr? Ich glaube, in dieser Beziehung sind wir Frauen alle gleich. So können Sie mir sicher nachfühlen, wir mir zumute war, als mir eine ältere Rostockerin – es war während der diesjährigen Ostseewoche – begeistert jeden Winkel ihrer Anderthalbzimmerwohnung zeigte, obgleich diese wegen der frühen Vormittagsstunde noch nicht aufgeräumt war. »Du stehst dieser resoluten, sympathischen Frau nahe«, fühlte ich. Dabei hatte ich sie erst wenige Minuten vorher kennengelernt. Und das kam so:
Ich hatte die neue Verkaufshalle in der Rostocker Südstadt besichtigt, die ich bereits aus der Zeitung kannte. Als ich den stark besuchten Laden gerade verlassen wollte, trat mir eine ältere Frau den Weg, eine große Milchflasche in der einen und das Geld in der anderen Hand. »Kommen Sie doch bitte in unser Haus«, drängte sie. »Sehen Sie, das schöne Haus da drüben, das müssen Sie unbedingt sehen.« Nach kurzem Zögern, mein Zeitplan drängte, willigte ich ein. Die Frau ließ Milch Milch sein und führte mich in »ihr« Haus.
Es blieb aber nicht bei der einen Wohnung. Während ich die Wohnung von Frau Böckmann – den Namen verriet mir das Türschild – besichtigte, baten mich die noch anwesenden Bewohnerinnen der Etage, doch unbedingt auch ihre Wohnungen anzusehen. Keine Frau

In einer Kaufhalle in Suhl in den 60er Jahren. Die Besichtigung von neuen Verkaufseinrichtungen gehörte ebenfalls zu den Aufgaben der beiden. Die Ulbrichts wollten wissen, wie das normale Volk lebte.

genierte sich vor mir. Im Gegenteil, alle waren froh, daß ich ihren Stolz auf die schönen, praktischen Wohnungen und den von ihnen geschmückten Treppenaufgang teilte. Und diese gemeinsame Freude brachte uns, die wir uns persönlich völlig unbekannt waren, einander nahe, als seien wir eine Familie.

Vielleicht meinte die eine oder andere Leserin, es lohne sich nicht, über solche »Kleinigkeiten« zu schreiben, besonders jetzt, zum 15. Jahrestag unserer Republik. Handelt es sich aber wirklich um eine Kleinigkeit? Nach meiner Ansicht nicht. Denn nicht nur mir, sondern allen Frauen, die an dem besagten Vormittag dabei waren, hat das Erlebnis der gemeinsamen Freude und des gemeinsamen Stolzes über »unser« schönes Haus ein Stückchen Kraft für unser nicht immer leichtes Leben gegeben.

Der 15. Geburtstag unseres Arbeiter-und-Bauern-Staates ist ein treffender Anlaß, uns bewußt zu werden, daß die Gemeinsamkeit eine der stärksten Quellen unserer Kraft ist, auch die Gemeinsamkeit im Kleinen. [...]

Jede erfahrene Frau weiß, daß auch die einzelne Familie nicht von selbst zu einer guten Gemeinschaft wird, sondern nur durch bewußte gemeinsame Anstrengungen beider Ehepartner. Dabei ist es doch im allgemeinen in erster Linie die Frau, die nicht nur den Haushalt zusammenhält, sondern auch für den Ausgleich unter den Familienmitgliedern sorgt, oftmals mit diplomatischem Geschick Unstimmigkeiten aus der Welt schafft. Um wieviel mehr guten Willen und gegenseitige Achtung erfordert das Zusammenleben der ganzen Gesellschaft unseres Staates mit der Vielfalt an Interessen, Neigungen und Anschauungen seiner Bürger?

Von uns Frauen hängt es ab, in welchem Maße wir unsere Fähigkeiten für die Herausbildung der schönen sozialistischen Menschengemeinschaft* nutzen, die unseren Kindern und Kindeskindern eine friedliche Heimstatt sein wird. […]

* Die »sozialistische Menschengemeinschaft« war ein von Walter Ulbricht in den 60er Jahren kreierter Begriff zur Stärkung des Wir-Gefühls. Er war gleichsam Programm zur Verschmelzung individueller Interessen mit denen des Staates DDR und seiner Gesellschaft.

Mein Mann hatte eine gute Erziehung durch seine Mutter**

** Gespräch mit der Belgrader Zeitung »Prakticna Zena«, 20. November 1966. Das Interview wurde am Rande des Staatsbesuches in Jugoslawien geführt. Die Ulbrichts hatten Ende September die Visite von Staatspräsident Tito im Sommer 1965 in der DDR erwidert.

Sie sind die Frau eines Mannes, der seit seiner frühesten Jugend gegen den deutschen Militarismus und für die Rechte der arbeitenden Menschen gekämpft hat und jetzt die Position des führenden Staatsmannes in der DDR innehat. Haben Sie als Frau des Staatsmannes und Kämpfers dennoch hin und wieder eine Unzufriedenheit empfunden, daß Ihnen vielleicht seine Ideale, seine Prinzipien einen Teil seiner Persönlichkeit vorenthalten haben?

Nein, ein solches Gefühl kenne ich nicht und habe ich nie gekannt. Die Ursache ist sehr einfach – unsere Interessen stimmen voll und ganz überein. Auch ich gehöre seit meiner frühesten Jugend der kommunistischen Bewegung an und setze seit fast 50 Jahren meine ganze Kraft für ihre Ziele ein. Was kann es Schöneres geben, als Seite an Seite mit

Jovanka Tito, Lotte Ulbricht, Walter Ulbricht und Josip Tito auf dem Bootssteg von Ziegenhals – auf dem Weg zur Besichtigung der dortigen Thälmann-Gedenkstätte, Juni 1965.

dem Manne daran mitzuhelfen, eine wahrhaft menschliche, friedliche
Ordnung aufzubauen? Natürlich gehen die Tagesinteressen manchmal auseinander – der eine möchte ins Theater gehen, der andere hat eine Sitzung. Aber wenn man sich wirklich gern hat und seinen Ehepartner versteht, dann kommt man immer auf einen gemeinsamen Nenner.

Was sind die wichtigsten Charakteristiken einer gelungenen Ehe? Vielleicht hätten Sie die Möglichkeit, uns zu verraten (natürlich nur, wenn Sie es wünschen), welches sind die Vorteile und Schwierigkeiten, die die Frau eines Staatsmannes hat?

Aus eigener Erfahrung glaube ich sagen zu dürfen, daß es für eine glückliche Ehe zwei wichtige Voraussetzungen gibt. Das ist erstens die volle Übereinstimmung in der Weltanschauung. Nur sie gewährleistet  auf die Dauer Einmütigkeit auch in den ethischen und moralischen Auffassungen.

1969

Als zweite wichtigste Voraussetzung sehe ich, daß beide Ehegatten sich als völlig gleichberechtigte Partner achten. In dieser Beziehung hatte mein Mann eine gute Erziehung durch seine Mutter, die als Arbeiterfrau und überzeugte Sozialistin ihrem Jungen die Hochachtung vor dem anderen Geschlecht von Kindesbeinen an anerzogen hat.

Was den zweiten Teil Ihrer Frage betrifft, so möchte ich behaupten, daß es in einem sozialistischen Staat, in dem der Staatsmann wahrer Diener seines Volkes ist, für die Frau eines Staatsmannes keine besonderen Schwierigkeiten gibt, solange sie sich nicht selber welche macht. Sie darf nur nicht vergessen, daß sie dem Volke entstammt.

Gibt es Situationen, in denen Sie als Kritiker Ihres Mannes auftreten, und andere, in denen Sie sein Freund und wertvoller Mitarbeiter sind?

Ich würde die Dinge nicht trennen. In den mehr als drei Jahrzehnten unserer Ehe habe ich stets versucht, meinem Manne zu helfen und ihm ein guter, oder besser, der beste Freund zu sein. Gibt es aber nicht auch unter guten Freunden manchmal Meinungsverschiedenheiten? Ich meine, sich offen die Meinung zu sagen ist eine wichtige Voraussetzung für eine gute Freundschaft. Nur so kann man voneinander lernen, und ich muß sagen, daß ich von meinem Mann in den langen Jahren unseres Zusammenlebens und der Zusammenarbeit viel gelernt habe.

Sagen Sie uns bitte als Beobachter, als Zeuge und vor allem als Frau Ihre Meinung über die Emanzipation der Frau heute. Hat nämlich diese Bejahung und Deklarierung der Existenz der Kraft der weib-

lichen Persönlichkeit (wenn wir das Wort Emanzipation so beschreiben würden) auch in der Praxis überall ihre Berechtigung gezeigt? Wie ist es in Ihrem Land und wie in der Welt?

Ich verstehe Ihre Frage so, daß Sie ebenso wie ich die Emanzipation der Frau, das heißt ihre Befreiung von der Vorherrschaft des Mannes und die Entwicklung der ganzen Kraft ihrer Persönlichkeit, als eine gesellschaftliche Notwendigkeit, als eine Voraussetzung für den Fortschritt der Menschheit betrachten. Die Einsicht in diese Notwendigkeit wächst in der ganzen Welt, und nicht nur bei den Frauen. Trotzdem bestehen erst in wenigen Ländern die Grundlagen dafür, daß die Frau mehr und mehr alle ihre Fähigkeiten und Talente entfalten und als Persönlichkeit gleichberechtigt am Aufbau einer gerechten Gesellschaftsordnung teilnehmen kann. Das ist nur in den sozialistischen Staaten der Fall, in denen die Ausbeutung des Menschen durch den Menschen beseitigt wurde, so unter anderem auch in der SFRJ* und in der DDR.

Wir haben aber in der Deutschen Demokratischen Republik die Erfahrung gemacht, daß selbst die volle verfassungs- und gesetzmäßige Gleichstellung der Frau mit dem Mann nicht automatisch ihre Verwirklichung auch im täglichen Leben bedeutet. Denn die Überwindung der jahrhundertealten Vorurteile und Gewohnheiten bei Männern und Frauen ist ein langwieriger, komplizierter, oft sogar schmerzhafter Prozeß. Darum haben wir Frauen in der DDR daraus die Schlußfolgerung gezogen, daß wir im Interesse der Gesellschaft selbst Anstrengungen unternehmen müssen, diesen Prozeß abzukürzen. Ohne Übertreibung kann ich sagen, daß wir in der DDR mit Hilfe des Staates, der Sozialistischen Einheitspartei Deutschlands und aller gesellschaftlichen Kräfte, also auch mit Hilfe der Männer, auf dem Wege der Emanzipation der Frau und der Entfaltung aller ihrer Fähigkeiten und Talente ein gutes Stück vorangekommen sind. Dabei sind wir uns bewußt, daß wir nach knapp 20 Jahren des Neubeginnens erst am Anfang stehen.

Ulbricht und Tito in Berlin, Sommer 1965.

* Die Sozialistische Föderative Republik Jugoslawien (SFRJ) existierte formal von 1963 bis 1991. Sie war – maßgeblich unter Partisanengeneral Tito – im 2. Weltkrieg entstanden und konstituierte sich als Föderative Republik. Diese zerbrach in den 90er Jahren im Bürgerkrieg.

Lotte Ulbricht erklärt hier unbewußt, worin der Gegensatz zwischen ostdeutschen und westdeutschen Frauen im Kampf um die Gleichberechtigung besteht. Der unterschiedliche Ansatz ist auch noch Jahrzehnte später spürbar und beschreibt zumindest auf diesem Feld den Dissens zwischen Ost und West: Während westdeutsche Frauen konfrontativ, also gegen die Männer patriarchale Strukturen in der Gesellschaft überwinden wollen, versuchen dies ostdeutsche Frauen gemeinsam mit den Männern, was vermutlich der vernünftigere Ansatz ist.

Lotte als junge Frau zu Beginn der 20er Jahre.

* Das Interview mit Lotte Ulbricht führte der Jugendsender DT 64, es wurde am 16. Dezember 1966 vom Berliner Rundfunk ausgestrahlt. Der Jugendsender hatte zu Pfingsten 1964 anläßlich des Deutschlandtreffens, daher DT 64, sein Programm aufgenommen, bekam später eine eigene Frequenz und sollte nach der deutschen Einheit 1990 wie alle andere DDR-Sender abgewickelt werden. Dagegen protestierten zahllose Jugendliche bundesweit. DT 64 überlebte als Sender »sputnik« unter dem Dach des mdr. Das Gespräch liegt auch als Tondokument vor. Lotte Ulbricht hatte eine warme, angenehme Stimme, die frei von mundartlichen Einfärbungen war. Gleichwohl war sie in der Lage zu berlinern und zu sächseln, was sie bei Bedarf tat.

Als Jungkommunist 1922 in Sowjetrußland*

Lotte Ulbricht reflektierte 1966 in einem Rundfunkgespräch ihre erste Auslandsreise als 19jährige. Hier liegen die Wurzeln für die bis ans Ende ihrer Tage von keinerlei Zweifel belastete und idealisierte Sicht auf die Sowjetunion. Zudem: 1935 fand sie dort auch die einzige Liebe ihres Lebens – »Walotschka«: Walter Ulbricht.

Genossin Ulbricht, wir wissen, daß Sie bereits mehrmals in der Sowjetunion waren, und da wir im nächsten Jahr den 50. Jahrestag der Großen Sozialistischen Oktoberrevolution feiern, dachten wir, daß wir von Ihnen vielleicht etwas mehr über Ihre persönlichen Erlebnisse erfahren könnten.

Da weiß ich wirklich nicht recht, wo ich anfangen soll. Ich bin das erstemal im Sommer 1922 in die Sowjetunion gekommen, das ist schon fast 45 Jahre her. Später hatte ich dann zu verschiedenen Zeiten die Möglichkeit, mich längere Zeit in der Sowjetunion aufzuhalten, dort zu arbeiten, und nach 1945 war ich sehr oft zu Besuch dort. Ich kann also sagen, daß ich das große und ich glaube auch seltene Glück hatte, einige Entwicklungsetappen der Sowjetunion aus persönlichem Erleben beurteilen zu können.

Wie sind Sie 1922 in die Sowjetunion gekommen? Was war der Anlaß?
Das war ganz einfach. Ich arbeitete damals als technischer Mitarbeiter in der Bezirksleitung der Kommunistischen Partei Deutschlands von Rheinland-Westfalen Nord, heute ungefähr der Bezirk Nordrhein-Westfalen, und ehrenamtlich war ich Org.-Leiter des Kommunistischen Jugendverbandes dieses Bezirkes.

Sie waren also Angestellte. Aber ich habe irgendwo gelesen, daß Sie eigentlich Lehrerin werden wollten.
Früher war es mein größter Wunsch, Lehrerin zu werden. Ich hatte auch in der Mittelschule in Steglitz eine Freistelle bekommen, und ich hätte auch im Lehrerseminar eine Freistelle bekommen, aber trotzdem konnte es sich die Mutter nicht leisten.

Hätte diese Freistelle nicht gereicht, Ihrer Mutter die Sorgen für Ihren Unterhalt abzunehmen?
Da bist Du aber auf dem Holzweg, Peter. Früher mußte jedes Studium bezahlt werden. Eine Freistelle – sowohl im Kaiserreich als auch in der Weimarer Republik – bedeutete eigentlich nur, daß man kein Schulgeld bezahlen mußte bzw. das Geld für das Lehrerseminar. Aber alles andere – Kleidung, Essen, Bücher – mußte man selber bezahlen, das heißt die Eltern mußten es. Praktisch konnten also nur die, die reiche Eltern hatten, etwas lernen. Meine Mutter war Witwe mit einem zu kleinen Verdienst, und sie konnte mich einfach nicht ernähren und kleiden und vielleicht noch die Schulbücher kaufen. Und wenn ich das Seminar besucht hätte, dann hätte ich mich mit Stundengeben etc. durchhungern müssen. Darum hat mich meine Mutter ins Büro geschickt. So ist der Traum, Lehrerin zu werden, verronnen.

Elisabeth Kühn, die Mutter von Lotte Ulbricht, 1908.

Ich muß noch sagen, daß ich heute die jungen Menschen beneide, die jede Möglichkeit haben, sich weiterzubilden, sich höhere Kenntnisse anzueignen und einen schönen Beruf zu erlernen. Deswegen sage ich immer – das können die Jugendlichen bestätigen, mit denen ich zusammenkomme: Lernt, lernt, soviel ihr könnt, in der Jugend, denn die Jugend ist wirklich die beste Zeit zum Lernen. Das sage ich besonders den Mädchen, von denen leider noch nicht alle verstehen, daß auch sie sich mehr Kenntnisse und eine höhere Bildung aneignen müssen.

Sie waren also schon mit 19 Jahren Org.-Leiter. Sagen Sie, wann begannen Sie eigentlich, sich politisch zu betätigen, und was war der Anlaß?

Im März 1919, ich war damals knapp 16 Jahre alt, nahm mich mein Bruder *(Bruno Kühn – d. Hrsg.)* mit ins Steglitzer Jugendheim, zu einer Zusammenkunft der Freien Sozialistischen Jugend. An diesem Sonntag bin ich in die FSJ eingetreten, und seitdem habe ich mich aktiv politisch betätigt.

Sie sagten, daß Ihr Bruder Sie mitgenommen hat. Darf man daraus schließen, daß in Ihrem Elternhaus eine sozialistische Einstellung herrschte?

Nein, leider nicht. Bei uns zu Hause wurde nicht einmal über Politik gesprochen. Ich kann mich nur entsinnen, daß – es war, glaube ich, 1912 – über den Bankenkrach gesprochen wurde, und dann wurde dauernd über die steigenden Preise geklagt. Im Weltkrieg wurde dann sehr viel über die Verluste gesprochen, weil ja jedes Haus, praktisch jede Familie Verwundete oder Tote zu beklagen hatte. Jedenfalls hatte ich im März 1919, als ich in die Jugendorganisation eintrat, von Politik keine Ahnung. Erst später habe ich erfahren, daß mein Bruder die Freie Sozialistische Jugend in Steglitz mitbegründet hat und daß er bereits im Spartakusbund war, als er im Scherl-Verlag arbeitete.

Sagen Sie bitte, Genossin Ulbricht, als Sie 1922 in die Sowjetunion fuhren, waren Sie noch sehr jung. Es war doch für Sie ein weit entferntes Land, das Ihnen fremd war. Hatten Sie nicht Furcht?

Nein, das kann ich nicht sagen. Erstens stand ich seit fast drei Jahren auf eigenen Füßen, die Mutter war Ende 1919 aufs Land gezogen*, weil sie keine Existenzmöglichkeit mehr in der Stadt hatte, und außerdem war die Sowjetunion für mich kein fremdes Land. Ich war zwar nicht dort gewesen, aber für uns Kommunisten war Sowjetrußland seit seinem Bestehen das Vaterland aller Unterdrückten und Ausgebeuteten. Die Sowjetunion war doch das erste Land der Welt, wo die Arbeiter und Bauern die Macht in die Hände genommen hatten. Wir wußten zwar aus der kommunistischen Presse, daß noch ungeheure Schwierigkeiten bestanden und daß die Zerrüttung beispiellos war. Sowjetrußland hatte sieben Jahre Krieg, Intervention und Bürgerkrieg hinter sich; 14 kapitalistische Staaten hatten sich auf die junge Sowjetmacht gestürzt. Wir hatten aber auch mit heißen Herzen verfolgt, wie die russischen Arbeiter und Bauern und die Rote Armee alle Versuche der Feinde, die Sowjetmacht zu zerschlagen, zurückgeschlagen hatten,

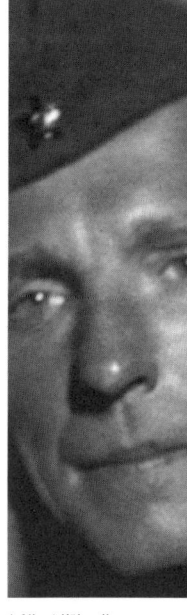

Bruno Kühn (1901 bis 1944), letzte Aufnahme in Moskau 1941. Kühn wurde als Kundschafter der UdSSR von den Briten 1942 mit einem Funkgerät über Holland abgesetzt. Als »Felix Müller« wurde er 1943 in Amsterdam verhaftet und 1944 in Brüssel erschossen.

* Albert Kühn, ihr Mann, war 1917 verstorben. Elisabeth Kühn heiratete einen Witwer namens Sucker, der sechs Kinder in die Ehe einbrachte und in Kreutz-Schwenten an der polnischen Grenze einen kleinen Bauernhof hatte. Nach dem Krieg lebte die Mutter bei den Ulbrichts.

und daß in der letzten Zeit bereits große Fortschritte im Wiederaufbau erreicht worden waren. So hatten wir an dem Beispiel der Sowjetunion gelernt, daß es ohne Kampf keinen Sieg* gibt, und deswegen waren wir genauso zuversichtlich wie die russische Arbeiterklasse selbst.

* Lotte Ulbricht nimmt hier den Titel (»Ohne Kampf kein Sieg«) eines Buches des Rennfahrers Manfred von Brauchitsch (1905-2003) auf, das soeben vom DDR-Fernsehen verfilmt worden war. Mit dem Weltmeister von 1938 und langjährigen Präsidenten der Gesellschaft zur Förderung des Olympischen Gedankens in der DDR war Lotte Ulbricht freundschaftlich verbunden, sie korrespondierten miteinander praktisch bis zum Tode. Brauchitsch überlebte sie nur um wenige Monate.

Sie haben gesagt, Sie haben sich mit den Fragen der Sowjetunion beschäftigt. Geschah das in der Freien Sozialistischen Jugend?

Ja, ich muß sagen, das habe ich vom ersten Tage an, den ich in der Jugendorganisation war, erfahren: Die Ereignisse in Sowjetrußland haben uns zutiefst bewegt, weil es der erste Arbeiter-und-Bauern-Staat in der Welt war. Wir haben uns deshalb an der politischen Agitation der Kommunistischen Partei beteiligt; ich erinnere mich zum Beispiel, daß ich schon im Sommer 1919 an einem Kursus über historischen Materialismus teilnahm. Heute kann ich offen gestehen, daß ich damals das wenigste verstand, denn ich hatte ja überhaupt keine Voraussetzungen.

Es hat Sie aber sicher angeregt, sich mit der Theorie zu beschäftigen?

Natürlich. Dieser erste Kursus über historischen Materialismus hat mein Interesse für die marxistische Theorie geweckt. Inzwischen weiß ich aus eigener Erfahrung, daß man ohne Beschäftigung mit der Theorie kein wirkliches Verständnis für die Ereignisse der Welt bekommt.

Gilt das auch für heute?

Unbedingt. Das Interesse für Theorie muß frühzeitig geweckt werden, es entsteht nicht auf einmal, mit einem Kursus. Eines habe ich allerdings damals sofort begriffen: daß es in der kapitalistischen Welt zwei Klassen gibt, und vor allem, daß ich zu der Klasse gehöre, die einmal die herrschende Ausbeuterklasse ablösen wird. Wann das sein wird, davon hatten wir wirklich keine Vorstellung; wir wußten aber, daß wir das einmal erreichen werden. Und wir hatten ja das Beispiel von Rußland vor Augen, wo anderthalb Jahre vorher die Ausbeuterklasse gestürzt worden war. Deshalb waren wir eben so stolz auf die russischen Arbeiter, auf den Sowjetstaat. Jetzt könnt ihr euch vorstellen, weshalb ich 1922 die Einladung nach Moskau mit großer Begeisterung angenommen habe.

Welches waren Ihre ersten Eindrücke?

Der erste Eindruck von Petrograd, wo wir mit dem Schiff ankamen, war flüchtig. Petrograd war jahrhundertelang die Hauptstadt des

Mobile Station des Volkskommissariats für Gesundheitspflege, eingesetzt zu Beginn der 20er Jahre in der deutschen Wolgarepublik. Die meisten Straßen in Sowjetrußland waren nicht befestigt, eine Infrastruktur kaum vorhanden. Alles mußte erst aufgebaut werden.

Zarenreiches gewesen und machte auch den Eindruck einer europäischen Großstadt. Aber ein hauptstädtisches Treiben war in dieser Zeit nicht zu bemerken. Im Gegenteil, man sah, daß die Not aus allen Löchern guckte. Und das war auch kein Wunder, wenn man bedenkt, was Petrograd in den langen Jahren des Krieges und Bürgerkrieges durchmachen mußte. Im übrigen war unser Aufenthalt ganz kurz, am gleichen Abend fuhren wir weiter nach Moskau.

Genossin Ulbricht, waren Sie damals auch so stark von Moskau beeindruckt wie wir heute?

Ich kenne das damalige Moskau und kenne das heutige, und ich muß sagen, es ist einfach schwer zu vergleichen. Heute sehen wir in Moskau ganz neue Stadtviertel, Hochhäuser. Damals aber war Moskau eine typisch russische Stadt. Zum Beispiel standen um den Kreml herum fast nur ein- bis zweistöckige Häuser. Und an der Kreml-Mauer war eine Ladenstraße mit lauter winzigen Läden. Die waren zum Teil noch mit Brettern vernagelt, denn der Handel hatte ja erst wieder begonnen. Und in manchen Lädchen, möchte man sagen, waren sogar zwei verschiedene Besitzer, einer verkaufte Schirme, der andere Hüte.

Wie war es mit den Verkehrsmitteln?

Straßenbahnen gab es natürlich. Moskau war ja eine große Stadt. Man sah aber noch sehr viele Pferdedroschken. Die Autos, die man der Bourgeoisie abgenommen hatte, waren sämtlich ausländischer Herkunft. Es gab kein einziges Auto russischer Produktion; denn in Rußland wurde nicht ein Auto produziert. Ihr wißt ja, daß erst in den

30er Jahren die erste Autofabrik in Gorki gebaut wurde. Im Zentrum war schon damals immer sehr viel Treiben auf den Straßen. Aber man sah nicht nur Rotarmisten, Arbeiter, Arbeiterfrauen, sondern auch viele Bauern. Erinnert ihr euch an den Film »Das russische Wunder«? Dort sieht man die Bauern nur in Bastschuhen. So habe ich sie auch gesehen.

Auf den Straßen gab es viele Bettler. Also war die Lage noch sehr schwer. Das sah man auch den Menschen an. Am meisten war die Schwere der Lage zu erkennen an den vielen Besprisorniks.

Dürften wir Sie bitten, das näher zu erklären?

Besprisornik heißt wörtlich übersetzt »Unbeaufsichtigter«. Erinnert euch an die Bücher von Makarenko »Der Weg ins Leben« und »Flaggen auf den Türmen«. Er hat darin beschrieben, wie obdachlose Kinder und Jugendliche in Lager geschickt wurden. Damals, 1922, gab es im Moskauer Zentrum noch viele Besprisorniks. Sie kamen aus den Hungergebieten. Viele hatten ihre Eltern verloren, die an Typhus oder Hunger gestorben waren. 1921 war ja eine furchtbare Hungersnot gewesen, besonders im Wolgagebiet. Die Kinder strichen den ganzen Tag durch die Stadt, und nachts machten sie Feuer und wärmten sich daran. Ich muß sagen, das war eigentlich der traurigste Eindruck, den ich in Moskau hatte. Aber sonst war es großartig.

Deutsches Waisenhaus im Wolgagebiet in den 20er Jahren.

Könnten Sie vielleicht ein paar Beispiele nennen, Genossin Ulbricht?

Der nachhaltigste Eindruck von diesem ersten Aufenthalt war der ungeheure Bildungshunger. Der ist ja auch heute noch stark.

Ich kann das bestätigen. Was mir in Moskau zuerst auffiel, war, daß die Leute dort alle mit Büchern umherlaufen, daß sie überall lesen, auf der Straße, in der Metro, auf den Rolltreppen. Es sind zum Teil komplizierte Fachbücher über Mathematik usw.

Ja, es wird ungeheuer viel gelesen in der Sowjetunion. Damals schon, wenige Jahre nach der Revolution, waren alle Vortragssäle überfüllt, und auf Schritt und Tritt wurde gelesen. Ganz einfache Menschen lasen auf der Straße, sagen wir Schuhputzer, Hausmeister und junge Mütter auf den Boulevards. Ich habe oft alte Frauen beobachtet, wie sie mühsam eine Zeitung lasen und dabei Zeile für Zeile mit den Fingern nachzogen und laut buchstabierten.

Lesesaal im revolutionären Sowjetrußland.

Weil sie einfach nachholen mußten, was der Zarismus ihnen vorher versagt hatte.

Richtig. Wir dürfen nicht vergessen, daß zur Zeit der Revolution 1917 drei Viertel der Bevölkerung Rußlands Analphabeten waren, das heißt Menschen, die überhaupt nicht lesen und schreiben konnten. Wir können uns das ja gar nicht vorstellen.

Deswegen war der Drang nach Wissen vom ersten Tage der Revolution an ungeheuer, weil die Menschen wußten, daß von ihrem größeren Wissen ihre eigene Zukunft abhängt und die ihrer Kinder. Sie mußten außerdem die bürgerliche Intelligenz ersetzen, die zum großen Teil in den ersten Jahren nicht willig war, mitzuarbeiten. Ich kannte junge Arbeiterstudenten, die außerordentlich fleißig lernten, obgleich ihr Internat und ihre Studienräume ungeheizt waren. Sie liefen immer in einer Jacke herum – Mäntel hatten sie meist nicht – und ernährten sich zum großen Teil von Sonnenblumenkernen.

Aber sie haben durchgehalten!

Sie haben durchgehalten. Ihnen kam gar nicht die Idee, sich zu beklagen, daß es zu kalt sei oder daß sie nicht genug zu essen bekämen. Ich habe das ganz zufällig herausbekommen.

Sie sind 1922 als Funktionär des Kommunistischen Jugendverbandes in die Sowjetunion gereist. Hatten Sie auch direkte Begegnungen und Kontakte mit dem sowjetischen Jugendverband?

Ja. Ich war von der Kommunistischen Jugendinternationale zur Arbeit eingeladen worden und zwar als Funktionär des Kommunistischen Jugendverbandes. Damals sprach ich kein Wort russisch, aber ich muß sagen, die russischen Freunde in der Internationale haben mir geholfen, wo sie nur konnten. Wenn ich euch ein Beispiel sagen darf: Im September 1922 fuhr ich als Vertreter des deutschen Jugendverbandes nach Iwanowo-Wosnessensk, heute Iwanowo. Damals mußte ich auf dem Marktplatz meine erste öffentliche Rede halte. Ich glaube, ihr könnt mitfühlen, daß ich schrecklich aufgeregt war. Aber die sowjetischen Freunde haben mir geholfen.

Ein anderes großes Erlebnis war für mich damals ein Jugendforum mit dem Volkskommissar für Volksbildung, dem Genossen Lunatscharski, im Gewerkschaftshaus von Moskau. So etwas wie Jugendforen gab es also schon damals. Die Saalkontrolle hatten Rotarmisten mit aufgepflanztem Bajonett. Könnt ihr euch das vorstellen? Sie spießten die Karten einfach aufs Bajonett.

Als ich in den Saal kam, spielte eine Rotarmistenkapelle, und ich muß sagen, das verstärkte in mir das Bewußtsein, daß die Sowjetmacht eine wirklich feste Macht ist und die Jugend dazugehört. Denn das gab es ja nirgends, daß die Armee mit der Arbeiterjugend zusammenging. Das gab es auch nirgends, daß ein Minister – denn ein Volkskommissar war ja ein Minister – Fragen von Jugendlichen beantwortete. Heute könnt ihr mit jedem Minister sprechen. Aber damals war das für mich etwas ganz Neues. Bei uns in Deutschland hatten Minister auf die Arbeiter und auch auf die revolutionäre Jugend schießen lassen, und noch dazu sozialdemokratische. Für uns war ein Minister etwas Feindliches.

Am schönsten war der Verlauf des Forums. Der Saal war gestopft voll, und Genosse Lunatscharski antwortete stundenlang auf die Fragen. Die kamen mündlich und schriftlich, ein ganzer Berg. Aber unermüdlich hat Lunatscharski sie beantwortet. Das war für mich ein ganz großes Erlebnis.

Genossin Ulbricht, was würden Sie als Ihr größtes Erlebnis Ihres ersten Aufenthaltes in der Sowjetunion bezeichnen?
Mein größtes Erlebnis war, daß ich bei der Eröffnung des IV. Kongresses der Kommunistischen Internationale dabei sein durfte und dann während des Kongresses Lenin sehen konnte.

Warum heben Sie gerade die Eröffnung des IV. Kongresses der Kommunistischen Internationale hervor?

Der Kongreß, der an sich in Moskau stattfand, wurde in Petrograd eröffnet. Denn, da er am Vorabend des 5. Jahrestages der Großen Sozialistischen Oktoberrevolution begann, sollte mit dieser Eröffnung in Petrograd die Stadt geehrt werden, von der die Revolution vor fünf Jahren ihren Ausgang genommen hatte.

Können Sie sich noch an Einzelheiten erinnern?
Einiges ist trotz der langen Zeit unauslöschlich in meinem Gedächtnis geblieben. Das fing an mit der Fahrt nach Petrograd. Wir fuhren in einem Sonderzug. Das Schönste an der Fahrt war, daß uns auf allen größeren Stationen Massen von Rotarmisten, Arbeiter und Bauern mit Musik empfingen, Transparente hatten sie aufgestellt, gerufen wurde usw. Geschlafen haben wir so gut wie gar nicht.

Als wir am nächsten Tag, das war am 5. November 1922, in Petrograd ankamen, hatten wir wieder einen begeisternden Empfang.

Vor dem Bahnhof fand ein riesiges Meeting statt. Lunatscharski begann zu sprechen. Da riefen sie alle im Chor: Iljitsch, Iljitsch! Sie waren nämlich der Meinung, Lenin sei mitgekommen. Daraufhin mußte Lunatscharski ihnen mitteilen, daß Lenin nicht kommen konnte, da die Ärzte es nicht gestattet hatten. Lenin schicke ihnen einen Gruß, und dann verlas er den Gruß. Er wurde mit großer Begeisterung aufgenommen.

Wir besuchten dann Betriebe; auch ich war in einem Betrieb, und zwar im »Russki Diesel«. Ich mußte ohne jede Vorbereitung sprechen, man hob mich einfach auf ein Rad und sagte: »Sprich im Namen des Kommunistischen Jugendverbandes Deutschlands.«

Ich erinnere mich auch an die Parade und die Demonstration, die dann vor dem Winterpalais stattfanden. Für uns wie für die sowjetischen Menschen verband sich mit diesem Platz besonders die Erinnerung an den Sturm auf das Winterpalais vom Jahre 1917.

Genossin Ulbricht, Sie sagen, daß Sie Lenin während des Kongresses gesehen haben.
Ja, das war am 13. November. An diesem Tag ging der Kongreß, der in Petrograd eröffnet worden war, in Moskau weiter, und ich hatte das Glück, an diesem Tag im Saal sein zu können. Ich stand hinter den Delegierten. Der Saal war ganz voll, alle waren an ihrem Platz, aber es herrschte eine knisternde Spannung. Alle fragten sich, wird Lenin kommen oder nicht? Denn wir wußten ja alle, er war

Anatoli Lunatscharski (1875-1933), Kunst- und Literaturwissenschaftler, lebte seit 1904 in Genf (zusammen mit Lenin und anderen russischen Emigranten). Von 1917 bis 1929 Volkskommissar für Bildungswesen. Freund Maxim Gorkis, Rollands und Brechts. Starb in Frankreich.

56

* Lenin (1870-1924)
war im August 1918
bei einem Attentat
schwer verwundet wor-
den, wovon er sich nie
wieder richtig erholte.
Hinzu kamen die
extrem hohen psychi-
schen und physischen
Anstrengungen, die ihn
immer wieder aufs
Krankenlager
streckten.

** Die *Neue Ökono-
mische Politik* (NÖP)
war im März 1921 auf
dem X. Parteitag der
KP Rußlands (KPR[B])
beschlossen worden.
Damit reagierte Lenin
auf die wirtschaftliche
Talfahrt. Zum Kurs-
wechsel gehörte, daß
wieder ausländisches
Kapital durch Vergabe
von Konzessionen ins
Land geholt, der Han-
del freigegeben und
die Abgabepflicht der
Bauern durch eine
Naturalsteuer ersetzt
wurde. Dieser Versuch,
das durch Weltkrieg,
Bürgerkrieg und Inter-
ventionskriege schwer
geschundene Land
wirtschaftlich zu ent-
wickeln, gelang nur in
Maßen.

nach schwerer Krankheit* noch immer leidend. Und plötzlich war er da. Plötzlich kam er mit seinen charakteristischen schnellen und energischen Schritten, ging zur Bühne und trat sofort hinters Rednerpult. Da brach eine Begeisterung aus, die ist einfach schwer zu beschreiben. Alles stand von den Plätzen auf, alles klatschte, dann wurde die Internationale gesungen, wieder geklatscht, also ohne Ende, und ich muß sagen, wir haben gar nicht verstanden, daß sie Lenin die Zeit wegnahmen.

Lenin wurde ungeduldig, er trat auf seinem Platz hin und her, zeigte auf die Uhr und winkte mit der Hand ab. Es war nichts zu machen. Ich weiß nicht, wieviel Minuten es dauerte, bis er endlich sprechen konnte. Er hielt jedoch nicht das Referat, das er übernommen hatte, sondern sprach nur zu einer Frage, die damals die ganze Welt bewegte, das war die Frage der Neuen Ökonomischen Politik** in Sowjetrußland.

Welchen persönlichen Eindruck hatten Sie von Lenin?

Lenin war damals wirklich sehr bleich, von schwerer Krankheit gezeichnet, aber trotzdem geladen von Energie. Er nahm sich offenbar sehr zusammen, und es war ihm ein inneres Bedürfnis, zu den Delegierten zu sprechen, das spürte man. Ich muß sagen, daß er ausgezeichnet gesprochen hat, gar nicht wie ein kranker Mann: kräftig, klar und sogar in deutscher Sprache. Eine ganze Stunde sprach er fließend deutsch. Wenn er ein Wort nicht gleich fand, hat es ihm einer zugerufen. Aber was auf mich den meisten Eindruck gemacht hat, was sich heute manche Redner hinter den Spiegel stecken könnten, das ist, daß er so ganz ohne rhetorische Floskeln sprach, ohne Phrasen, daß er das große Problem der Neuen Ökonomischen Politik, an dem alle – Freund und Feind – interessiert waren, so einfach und klar verständlich abhandelte, daß man das Gefühl hatte: Er will dich überzeugen, er will dir das klarmachen. Außerdem war auch eindrucksvoll, daß er ganz offen über die Schwächen sprach, über die Fehler, die gemacht wurden im ersten Jahr der NÖP. Aber auch diese Selbstkritik war so humorvoll und so einleuchtend, daß überhaupt kein Funke von Pessimismus entstand. Die ganze Rede, auch die Kritik, war durchdrungen von solcher Siegesbewußtheit, daß sie sich dem Zuhörer mitteilte.

Das hat mich so beeindruckt, daß ich das bis heute nicht vergessen habe und danach zu handeln versuche: immer den Versuch machen, einfach zu sprechen, klar die Dinge aufzuzeigen und immer daran zu denken, daß ich den Zuhörer überzeugen muß und nicht über seinen Kopf hinwegrede. Bei Lenin kann man noch heute lernen, wie man komplizierte Dinge einfach erklärt und daß man sich nicht scheuen darf, Schwächen aufzuzeigen. Man muß sie nur so sagen, daß der Zuhörer versteht: Es sind Schwächen, die man überwinden kann. Der Zuhörer muß immer die Überzeugung haben: Der da vor mir steht, sagt keine auswendig gelernte Lektion auf, sondern er will mir etwas erklären, er will mich überzeugen.

Das Klassenbewußtsein und die Bäuerin*

[...] Natürlich fehlte es nicht an Kritik an manchem Vorstand, an mancher Produktionsleitung wegen der Mißachtung der Rolle der Bäuerin und ihrer Vorschläge und wegen ihrer ungenügenden Einbeziehung in die Arbeit der Kooperationsleitungen. Aber auch das noch ungenügende Selbstvertrauen mancher Bäuerin wurde nicht verschwiegen. Jedoch waren alle kritischen Beiträge geprägt von dem festen Willen, zur schnellen Überwindung der Schwächen beizutragen. »Wir können ja nicht nur zusehen und darauf warten, bis alles tadellos ist. Wir müssen vielmehr selbst dazu beitragen, um unser Leben lebenswert zu gestalten«, so Gertraude Täuber, LPG »Am Grenzstein«, Fürstenwalde, Kreis Dippoldiswalde.

* Im *Neuen Deutschland* vom 29. März 1967 beteiligte sich Lotte Ulbricht an der Leserdiskussion im Vorfeld des VII. Parteitages der SED. In ihrem Beitrag zitierte sie verschiedene Landfrauen, die unlängst auf der ersten Bäuerinnenkonferenz des Bezirkes Dresden über ihre Erfahrungen berichtet hatten.

Ulbricht besucht am 14. Februar 1961 die LPG Eichwege im Kreis Forst, Bezirk Dresden. Dort sucht er das Gespräch mit den Bäuerinnen.

Angesichts dieses Niveaus der Diskussion drängte sich unwillkürlich die Frage auf: Unterscheiden sich eigentlich die Bäuerinnen in bezug auf den Stand ihres Bewußtseins von den klassenbewußten Werktätigen der Industrie? Oder handeln sie nicht bereits nach den gleichen Maximen, von denen sich jene leiten lassen?

Die Antwort kam noch auf der Konferenz, und zwar von der Genossenschaftsbäuerin Gudrun Schindler, Vorsitzende der Frauenkommission beim Kooperationsrat »Lommatzscher Pflege«, Kreis Meißen. Sie erinnerte an den Beschluß des VI. Bauernkongresses (Dezember 1960), in dem es hieß: »Durch die genossenschaftliche Arbeit entwickelt und festigt sich die neue Klasse der Genossenschaftsbauern.«

Weiter sagte sie: »Wir dürfen wohl sagen, daß unsere Frauen gute Mitglieder dieser Klasse sind, daß sie stolz und dankbar sind, zu dieser Klasse zu gehören, und daß sie ihre ganze Kraft für die Genossenschaft und damit für das Wohl dieser Klasse einsetzen. Sie haben, wenn auch vielleicht manchmal noch unbewußt, erkannt, daß die Zugehörigkeit zu dieser Klasse für sie ein Arbeiten in Frieden bedeutet, ein Arbeiten ohne Existenzangst, ohne spekulieren zu müssen, wie und mit welcher Produktion ihr Lebensunterhalt am besten gesichert werden kann.« Es genügte jedoch nicht, fügte sie hinzu, »ein gutes Mitglied seiner Klasse zu sein, sondern das Mit-

agra 1968: Walter und Lotte Ulbricht (verdeckt), in der Mitte Erich Honecker, rechts daneben Georg Ewald (1926-1973). Der Landwirtschaftsminister stammte von einem Bauernhof in der Stralsunder Gegend. Als Fachmann war er von Ulbricht 1963 zum Minister, zum Kandidaten des Politbüros und zum Vorsitzenden des Landwirtschaftsrates gemacht worden. 46jährig kam Ewald bei einem Verkehrsunfall ums Leben.

glied muß die Entwicklung und das Wachsen seiner Klasse bewußt mit beeinflussen und bewußt mit lenken«. Es ist also offensichtlich: Bei vielen Genossenschaftsbäuerinnen und -bauern hat sich bereits ein ausgeprägtes Klassenbewußtsein entwickelt, das Bewußtsein nämlich, als Angehörige der Klasse der Genossenschaftsbauern Mitverantwortung zu tragen für das Geschick des Volkes der DDR. Damit ist lebendige Wirklichkeit geworden, was Walter Ulbricht zur Fixierung der neuen Klassenverhältnisse nach der vollen Vergenossenschaftlichung Ende März 1960 auf der 8. Tagung des Zentralkomitees festgestellt hat: »Arbeiterklasse und Bauern sind bei uns zwei befreundete Klassen. Die Klasse der Bauern, die im kapitalistischen Deutschland eine vom Kapitalismus ausgebeutete Klasse war, ist zur Klasse der Genossenschaftsbauern emporgestiegen.« […]

1968

Mit den Augen seiner Frau gesehen

*Interview mit Lotte Ulbricht zum 75. Geburtstag ihres Mannes**

Wird nicht Ihr Zusammenleben durch die außerordentlich umfangreiche politische Tätigkeit Ihres Mannes stark beeinflußt?
Natürlich. Aber ich habe das nie als etwas Belastendes empfunden. Im Gegenteil. Denn wir haben beide die gleiche Weltanschauung. Das vertieft die Liebe zueinander. Was kann es für eine Frau Schöneres geben, als in vollem Gleichklang mit dem Mann zu leben? Um so mehr, als all sein Streben dem Aufbau der schönsten Sache der Welt, des Sozialismus, gilt?

In den letzten Monaten ist Walter Ulbricht auf einer Reihe von Veranstaltungen und Konferenzen aufgetreten, die sich mit ganz verschiedenen Themen beschäftigten. Unsere Leserinnen fragen oft: Wie bewältigt er das eigentlich?
Das Wichtigste scheint mir, daß mein Mann mit seiner Zeit sehr haushälterisch umgeht und sich bemüht, jede Minute sinnvoll zu nutzen. Außerdem hat er gelernt, sich stets auf das Wesentliche zu konzentrieren und sich nicht von Nebenfragen ablenken zu lassen, mögen sie im einzelnen auch noch so wichtig erscheinen. Und schließlich stützt er sich stets auf das Kollektiv der Parteiführung.

Immer wieder beeindruckt an Ihrem Mann die Wissenschaftlichkeit seiner Darlegungen, ganz gleich auf welchem Gebiet. Wie erreicht er das?

* Das Gespräch erschien im 1. Juliheft 1968 der »FÜR DICH«. Es war ihre letzte öffentliche Erklärung vor dem Sturz Walter Ulbrichts.

Das ist ein weites Feld. Für entscheidend halte ich, daß er fundierte Kenntnisse über die Gesetzmäßigkeiten besitzt, nach denen sich die menschliche Gesellschaft entwickelt. Walter Ulbricht hat sich diese Kenntnisse zum großen Teil bereits in der Sozialistischen Arbeiterjugend angeeignet. In der alten Sozialdemokratie galt die von Wilhelm Liebknecht geprägte Maxime: »Wissen ist Macht!«. So hat mein Mann schon in der Jugend gründlich den Marxismus studiert und im Laufe der Jahrzehnte seine Richtigkeit in vielen Auseinandersetzungen mit dem Klassengegner erhärtet. Später haben dann das Studium der Werke Lenins und die Verbundenheit mit den Problemen des sozialistischen Aufbaus in der Sowjetunion seine Kenntnisse auf dem Gebiet der Gesellschaftswissenschaft erweitert und vertieft. Die Beherrschung des wissenschaftlichen Sozialismus befähigt Walter Ulbricht, an alle Probleme wissenschaftlich heranzugehen. So sehe ich das.

1951

Aber wie erklären Sie sich seine umfassenden Kenntnisse auf anderen Gebieten?

Im Arbeiterjugend-Bildungsverein wurde nicht nur ein solides Fundament an gesellschaftswissenschaftlichen Kenntnissen gelegt. Dort wurde Walter Ulbricht auch mit den Großen aus Literatur und Kunst bekanntgemacht und überhaupt sein Streben nach mehr Wissen gefördert. Als er nach der Lehre auf Wanderschaft war, hat er jede Gelegenheit genutzt, um seine Kenntnisse zu erweitern, sei es auf dem Gebiet der Völkerkunde, der Naturwissenschaften, insbesondere der Geologie, sowie der Architektur und der Kunst. Das erklärt zum Teil seine Vielseitigkeit.

Es ist ein geflügeltes Wort von Walter Ulbricht, daß in unserer sozialistischen Deutschen Demokratischen Republik jeder lernen muß. Gilt das auch für ihn selbst?

Ich möchte daran erinnern, daß mein Mann das wiederholt in aller Öffentlichkeit auf sich bezogen hat. Trotz seiner reichen Lebenserfahrungen erweitert er seine Kenntnisse ständig. Außerdem erfordern die Entwicklung des gesellschaftlichen Systems des Sozialismus und auch die wissenschaftlich-technische Revolution auf völlig neuen Gebieten bestimmte Grundkenntnisse, die er sich ständig anzueignen bemüht. Es gibt aber bei Walter Ulbricht noch eine andere Quelle der Erwerbung neuer Kenntnisse, die ich hervorheben möchte.

Was meinen Sie?

Gratulationsdefilee mit
Großer Ordensschnalle
am 30. Juni 1968, dem
75. Geburtstag von
Walter Ulbricht.

Ich meine seine Fähigkeit, von den Arbeitern, den Angehörigen der Intelligenz – allen arbeitenden Menschen zu lernen. Seit 1945 konnte ich sie viele Male beobachten. Es gab und gibt kein grundsätzliches Referat meines Mannes, auf Parteitagen zum Beispiel oder wichtigen Konferenzen, das er nur anhand von Berichten oder Konsultationen mit Mitarbeitern vorbereiten würde. Immer geht er auch an bestimmte Brennpunkte unserer Republik und berät sich an Ort und Stelle mit den Werktätigen, um ihre fortschrittlichsten Erfahrungen kennenzulernen, ihre Meinungen zu den eigenen Schlußfolgerungen zu hören und zu überprüfen, ob diese den realen Entwicklungsbedingungen entsprechen. Walter Ulbricht verwirklicht also, was Lenin immer wieder gefordert hat, daß nämlich ein Kommunist nicht nur die Massen lehren soll, sondern auch von ihnen lernen muß.

Wieweit hat sein Elternhaus zur Herausbildung seiner Persönlichkeit beigetragen?

Soweit ich weiß, sehr viel. Die Eltern, beide bewußte Sozialisten, haben die Kinder im sozialistischen Sinne erzogen. Mein Mann hat sogar die Jugendweihe erhalten, und das 1907. Außerdem mußte er seinem Vater, einem Schneider, während der Arbeit aus der »Leipziger Volkszeitung« vorlesen und wurde so früh mit den politischen Problemen vertraut gemacht, obwohl er natürlich vieles noch nicht verstand. Nach seinen Erzählungen war er übrigens ein richtiger Junge, der oft lieber Fußball gespielt hätte, als sich an die Schularbeiten zu setzen. Besonders die Mutter aber achtete darauf, daß er gut lernte; sie ließ ihn erst gehen, wenn er seine Schularbeiten erledigt hatte.

Viele Menschen stellen sich die Frage, ob Walter Ulbricht bei seinem großen Arbeitspensum eigentlich Zeit zur Erholung findet. Gibt es auch für ihn ein arbeitsfreies Wochenende?

Mein Mann sagt oft im Scherz, er müsse für einen freien Sonntagnachmittag kämpfen. Dennoch gehört er zu denen, die eine regelmäßige sportliche Betätigung für lebensnotwendig halten und sich dafür die Zeit nehmen. Gerade weil er viel arbeitet, schafft er durch Sport den notwendigen Ausgleich. Er macht morgens Freiübungen, rudert gern – auf einem richtigen Skuller, nicht auf einem Angelkahn – und geht zwei-, dreimal wöchentlich Schwimmen. Sonntags wandern wir, wenn es sich irgendwie einrichten läßt. Auch das Ski- und Schlittschuhlaufen werden bei uns großgeschrieben. Natürlich geht Walter Ulbricht zu interessanten Sportveranstaltungen, wenn die Zeit reicht, und verfolgt aufmerksam die Leistungen unserer Sportler. Aber das ist ja bekannt.

Findet Walter Ulbricht Zeit für Kunst und Literatur, fürs Theater?

Wenn es gute neue Bücher gibt, bemüht er sich, sie zu lesen. Leider aber bleibt dafür oft nur der Urlaub. Wir gehen gern ins Theater, wenn das auch in Berlin durch Spielplanänderungen mitunter erschwert wird. Wir nutzen aber jede Möglichkeit, ins Theater zu gehen, wenn interessante Stücke auf dem Programm stehen. So waren wir in den letzten Jahren in Rostock, Plauen, Jena, Halle und Karl-Marx-Stadt im Theater. In der Republik ist man in bezug auf zeitnahe Stücke oft mutiger als in Berlin.

Es ist eine schöne Tradition, daß zum Internationalen Frauentag verdienstvolle Bürgerinnen der DDR vom Vorsitzenden des Staatsrates empfangen werden. Können Sie uns sagen, was ihn bei diesen Begegnungen besonders beeindruckt?

Bei allen Zusammenkünften mit Frauen unserer Republik freut er sich über die große Wandlung, die sie durchgemacht haben. Es beeindruckt ihn, mit welcher Sachkenntnis, welcher Leidenschaft sie auftreten. Er weiß, daß ohne die aktive Mitwirkung der Frauen und Mädchen der Aufbau des Sozialismus nicht in dem notwendigen Tempo erfolgen kann. Deshalb läßt er es sich nicht nehmen, den Internationalen Frauentag zusammen mit den ausgezeichneten Frauen zu begehen. In diesem Jahr war das besonders schwierig, denn er mußte von der Leipziger Messe sofort zur Tagung des Politischen Beratenden Ausschusses der Warschauer Vertragsstaaten nach Sofia.*

* Der Politisch Beratende Ausschuß war das höchste Gremium der Staaten des Warschauer Vertrages. Darin saßen alle Staats- und Parteichefs, wenngleich auch hier Moskau den Ton angab. Die Sitzung in Sofia stand im Zusammenhang mit den aktuellen Entwicklung in der ČSSR (»Prager Frühling«). Wenige Wochen nach Erscheinen des Interviews erfolgte die militärische Intervention in der ČSSR. Walter Ulbricht verhinderte, daß sich die NVA an der konzertierten Aktion des Warschauer Vertrages beteiligte.

Er tat jedoch alles, um den Empfang durchführen zu können: Am Nachmittag des 8. März traf er in Berlin ein und fuhr direkt vom Flugplatz zum Sitz des Staatsrates.

Viele unserer Leserinnen wissen, daß Walter Ulbricht bei Zusammenkünften mit Frauen sich gern an seine Mutter erinnert. Können Sie uns mehr darüber sagen?

Ja, mein Mann spricht stets mit großer Hoachachtung von seiner Mutter. Sie war eine klassenbewußte Sozialistin. Bebels Buch »Die Frau und der Sozialismus« war gewissermaßen ihre Bibel, mit diesem Buch hat sie auch ihre Kinder bekanntgemacht. Die Mutter vor allem war es, die Walter Ulbricht von frühester Kindheit an die Achtung vor dem weiblichen Geschlecht anerzog.

Verhält er sich dementsprechend auch zu Hause?

Das kann ich mit gutem Gewissen bejahen. Wie er das Recht der Frau achtet, ihre Fähigkeiten und Talente zu entfalten, habe ich selbst erfahren, als ich 1954 ein Studium aufnahm. In den folgenden Jahren hat mein Mann auf manches Theaterstück, manches Konzert verzichtet.

In Ihrem Reisebericht über die VAR* schrieben Sie in unserer Zeitschrift, daß Sie die Koffer packen mußten. Wer kauft eigentlich die Garderobe für Walter Ulbricht?

Das besorgt er selbst, manchmal für mich gleich etwas mit. Hin und wieder beraten wir uns auch. Ehrlich gesagt, ich frage ihn öfter als er mich. Schließlich ist er Schneidersohn.

Dürfen wir aus dem bisher Gesagten schlußfolgern, daß Sie eine glückliche Ehe führen?

Das kann man wohl sagen.

Welches sind Ihrer Ansicht nach die wichtigsten Voraussetzungen dafür?

Das ist vor allem unsere volle Übereinstimmung in der Weltanschauung, von der ich schon gesprochen habe. Nur die Gesinnungsgemeinschaft im Geiste der sozialistischen Ethik gewährleistet nach meiner Ansicht auf die Dauer die innere Erfüllung der Lebensgemeinschaft. Die Liebe muß sich auch darin zeigen, daß sich der eine für die Probleme des anderen interessiert und ihm in schwierigen Situationen freundschaftlich hilft. Man muß aber auch eigene Inter-

* Vereinigte Arabische Republik. Drei Jahre zuvor begleitete Lotte Ulbricht ihren Mann bei dessen Staatsvisite nach Ägypten. Der Besuch bedeutete den außenpolitischen Durchbruch der DDR. Über die Tage am Nil hatte Lotte Ulbricht in der Frauenillustrierten berichtet, wenig später erschien im Leipziger Verlag für die Frau ihr Buch »Eine unvergeßliche Reise«.

1952

64   essen zurückstecken können. So haben wir es jedenfalls stets gehalten.

Wenn man sein ganzes Leben lang an verantwortungsvoller Stelle politische Arbeit leistet, gibt es sicher Ergebnisse, über die man sich besonders freut und die zu den größten Erfolgserlebnissen zählen. Können Sie uns einige aus dem Leben Walter Ulbrichts nennen?

Es ist für mich natürlich nicht einfach, diese Frage zu beantworten. Wenn ich an 1945 zurückdenke, so war für ihn sicher die größte Freude die Befreiung Berlins durch die ruhmreichen Sowjettruppen und die danach einsetzende Hilfe, die das Sowjetvolk unserem Volke gewährte – ungeachtet der furchtbaren Leiden, die der deutsche Faschismus ihm zugefügt hatte. Nach der Befreiung gab es viele Ereignisse, an denen er unmittelbar beteiligt war und die ihn mit tiefer Freude und Genugtuung erfüllten, da sie das Leben von Grund auf verändern halfen. Sie alle aufzuzählen ist aber unmöglich, da müßte ich bei der Aktionseinheit der beiden Arbeiterparteien und ihrer Vereinigung beginnen. Aus der letzten Zeit möchte ich nur auf den einstimmig und mit Begeisterung gefaßten Beschluß des VII. Parteitages* über die Zukunft des Sozialismus auf deutschem Boden und auf den weitsichtigen Entscheid unseres Volkes über die neue sozialistische Verfassung** hinweisen.

Eine unversiegbare Quelle der Freude ist für Walter Ulbricht nicht zuletzt die große fortschrittliche Wandlung unserer Bürger, die sie befähigt, die sozialistische Menschengemeinschaft in der DDR immer schöner und fester zu machen.

Darüber können wir uns an seinem Geburtstag alle zusammen mit ihm freuen, denn er hat einen bedeutenden Anteil daran.

Zum Schluß möchten wir Ihnen, liebe Frau Ulbricht, für dieses Gespräch danken und Sie noch einmal bitten, unserem verehrten Walter Ulbricht die allerbesten Wünsche unserer Leserinnen zu überbringen, auf daß er noch viele Jahre erfolgreich zum Wohle unserer Republik, des Friedens und des Glücks aller Deutschen wirken möge.

Walter Ulbrichts Arbeitsstil

Über meine Zusammenarbeit mit Walter Ulbricht

1935 - 1945 *in Moskau u. Emigration*

Ich hatte zwar in Moskau einen hohen Parteifunktionär geheiratet, aber in seine tägliche Arbeit weihte Walter mich nicht ein. Er nahm offenbar an, daß ich als verantwortliche ~~deutsche~~ Mitarbeiterin der Komintern über die internen Auseinandersetzungen informiert war. Das war aber nicht der Fall. *Was die Folge*

~~So wurde~~ ich unangenehm überrascht, als ich von der Leitung der Kommunistischen Internationale den Auftrag erhielt, auf dem VII. Weltkongreß die Leitung des Protokollbüros zu übernehmen. Das hielt sie, wie ich später erfuhr, für notwendig, weil die tüchtige Genossin, die das bei früheren Tagungen übernommen hatte, zum Büro Knorin gehörte, der ausgeschaltet werden sollte.

Nicht einmal von den konkreten Auseinandersetzungen in der Führung der KPD hatte ich eine Ahnung, so daß ich auf der Fahrt der deutschen Delegation nach Gorki, an der ich nach der Parteikonferenz der KPD im Herbst 1935 teilnehmen mußte, nicht begriff, warum der mir damals unbekannte Herbert Wehner mich vor der ganzen Delegation als Frau von Ulbricht anpöbelte. Was die Delegation ~~überraschen sollte.~~

Ich lehnte es auch von Anfang unseres Zusammenlebens an ab, für Walter Ulbricht Artikel zu schreiben, da ich ihn nicht daran gewöhnen wollte, in mir seine Privatsekretärin zu sehen.

Während des Aufenthaltes im Ausland (1936 - 1938) half ich der deutschen Auslandsleitung bei der Erledigung einzelner Aufträge, ~~mit Informationen~~ aus der Sowjetpresse u.a..

Bei Beginn des Krieges wurde ich wieder Mitarbeiterin der Presseabteilung der KI und nahm in ihrem Auftrag an Delegationen in Kriegsgefangenenlager teil.

Die Angewohnheit Walters, zu Hause über seine tägliche Arbeit nicht zu ~~berichten~~, hat er bis an sein Lebensende beibehalten. Die Behauptung des Politbüros bzw. des Sekretariats des ZK der SED, **ich** hätte die Politik von Walter Ulbricht negativ beeinflußt, beruht also auf völliger Unkenntnis unseres Verhältnisses.

Von Lotte Ulbricht überarbeitete Fassung ihres Diktats vom 30. Dezember 1996.

Walter Ulbricht als ...

... Person

1969

* Siehe den Beitrag
von Walter Womacka
auf Seite 188.

Er maß 1,66, sie 1,45 Meter. Was besagt das schon? Nur körperlich gehörten sie nicht zu den Großen. Und erstaunlich: Auf den Fotos fällt das selten auf. Bei ihr schon: Sie verschwindet oft in der Menge Männer, die sich ums Herrscherpaar drängen. Die Protokollfotografen werden bis 1970 damit ihre Probleme gehabt haben. Im Unterschied zu heute, wo man bei Politikern Nahaufnahmen (»close up«) bevorzugt. Erst die Aufhebung der Distanz macht den Gegenstand interessant und lohnt den Blick. Aber vielleicht sind Merkels hängende Augenlider, die Zigarre von Schröder oder Eichels gehetzter Blick wirklich das einzig Aufregende an ihnen?

Ob sich die beiden Ulbrichts anschließend beschwerten, wenn sie sich nicht gut getroffen fühlten, ist nicht überliefert. Bekannt hingegen ist, daß Ulbrichts Nachfolger, als auf dem Hinterkopf sich das Haar zu lichten begann, entschieden darauf bestand, dies nicht zu dokumentieren. Auch Honeckers Nachfolger – und da war er noch nicht einmal Generalsekretär – wies die Hof- und Protokollfotografen an, ihn nur von seiner Schokoladenseite zu knipsen. Welche er dafür hielt, überließ er den Lichtbildnern zu entscheiden. Die Hamsterbacken sollten jedenfalls nicht aufs Foto.

Ulbrichts beeinflußten das Bild, welches sie gemeinsam in der Öffentlichkeit abgaben, allenfalls durch Gesten und Äußerungen, weniger durch Anweisungen. Das war wohl dem Respekt geschuldet, den sie werktätigen Menschen, zumal Künstlern, grundsätzlich zollten. Die Behauptung eines ehemaligen Politbüromitgliedes, Lotte habe an einem Porträt ihres Mannes die angeblich zu großen Hände moniert und so lange an diesen herumgenörgelt, bis sich der Maler zur Korrektur entschloß, gehört ebenso ins Märchenreich* wie jene Legende, er sei nur Moskaus Tanzbär gewesen.

Es gibt eine bezeichnende Episode, die dies widerlegt. Nikita Chruschtschow – der einzige sowjetische Partei- und Staatschef, mit dem sich Ulbricht tatsächlich verstand – und sein Begleiter wurden aufgefordert, sich ins Gästebuch einer Grenzeinheit einzutragen. Der Russe bedeutete Ulbricht, dieser solle den Text schreiben, schließlich trage er auch die Verantwortung für die Grenze. Das war, wie wir wissen, ein wenig neben der Wahrheit, doch immerhin. Ulbricht gab der

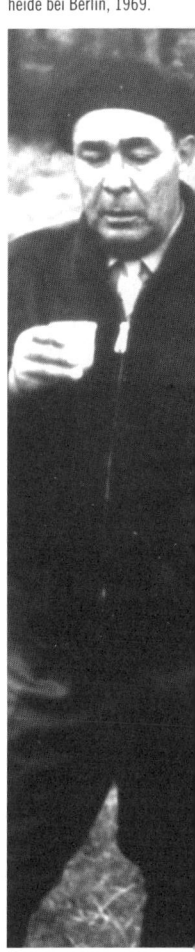

Besuch der V. Deutschen Kunstausstellung in Dresden, 1962. Leonid Breshnew bei der Jagd in der Schorfheide bei Berlin, 1969.

Aufforderung nach und griente: »Da ich deutsch schreibe, kann ich also eintragen, was ich will – Sie können es ja nicht lesen.« Chruschtschow zurück, so übersetzt es jedenfalls der Dolmetscher: »Schreiben Sie nur, schreiben Sie nur, ich unterschreibe alles, was Sie schreiben.«

Bekanntlich wurde Chruschtschow im Kreml nicht alt. 1964 entmachteten ihn sowjetische Militärs und setzten statt seiner ihren Mann in das Amt des Generalsekretärs ein. Breshnew unterschrieb nichts, was von Ulbricht kam, schon gar nicht blind. Die Politik, die in den sozialistischen Staaten gemacht wurde, gab Moskau vor. Wer von den Verbündeten das anders sah, bekam die Instrumente gezeigt: weniger Erdöl, mehr Warenlieferungen, größere Waffeneinkäufe etc. Notfalls schickte man die Panzer. Diese Politik ging unter der Bezeichnung »Breshnew-Doktrin« in die Geschichte ein.

Ohne uns ist die DDR nichts, sagte Breshnew zu Ulbricht, bevor er ihn stürzte, und er forderte auch Honecker auf, dies nicht zu vergessen. Selten hat eine Führungsmacht einem Bündnispartner derart unverhohlen gedroht. Und das, obgleich man doch gemeinsamen Prinzipien folgte und sich auf die gleichen Werte berief.

Da blieb nicht einmal Raum für Häme und Spott, als ruchbar wurde, daß der Bundesnachrichtendienst (BND) beim Besuch Breshnews in der BRD (mit Hilfe des französischen Dienstes, der die Technik besaß) die Toiletten präpariert hatte, um Stuhl- und Urinproben zu entnehmen. Auf diese Weise sollte der immer wieder zu Spekulationen Anlaß gebende Gesundheitszustand des »mächtigsten Mannes der Welt« aufgeklärt werden. Bis dato begnügten sich die Kremlastrologen, im Kaffeesatz zu stochern. Nun wechselten sie die

Ulbricht auf dem Wege
zur Residenz in Berlin-
Niederschönhausen –
an seinem
70. Geburtstag, 1963.
Unten: Im Winter 1953
in Eisleben.

Materie. Die Folge: Einige Staatsmänner reisten fortan nur noch mit eigener Toilette. – Ulbricht blieb das erspart.

Die Ulbrichts spielten ihre selbst gewählten Rollen. Dabei handelten sie keineswegs unter Zwang. Sie erfüllten die – nach ihrem Verständnis – ihnen übertragenen Aufgaben. Sie sei Preuße, sagte Lotte im späten Alter, was so viel bedeutete: Dienen ist die erste Bürgerpflicht. Und auch Walter verstand sich als Primus inter pares, als Erster unter Gleichen, auch wenn andere – namentlich jene, die auf seinen Stuhl wollten – ihm dies absprachen. Ulbricht habe jeden in die Wüste geschickt, der sich nicht fügen wollte. Dem widerspricht, daß er zunehmend junge, couragierte Fachleute um sich scharte, Gremien außerhalb des Parteiapparates installierte und sich den Vorwurf einhandelte: Noch wird die Politik im Politbüro gemacht! Von ihm ist auch überliefert, daß er weder den Innen-, den Verteidigungs- und schon gar nicht den Minister für Staatssicherheit im Politbüro haben wollte. Die müssen von uns kontrolliert werden, nicht umgekehrt, soll er gesagt haben. Walter Ulbricht hatte wahrlich ein feines Gespür für die Empfindungen der Massen.

Und nicht minder sensibel war er in der Frage der Macht. Lotte war es nicht weniger. Mag sein, daß die Furcht vor Ringelsocken, Jeans und Schmalztolle, später »dieses Yeah, Yeah, Yeah« (Ulbricht), überzogen und der Lipsi eine eher lächerliche als wirksame Antwort auf den Rock'n'Roll war. Doch wenn man das Fundament gerade erst gegossen und der Beton noch nicht abgebunden hatte, mußte man dafür Sorge tragen, daß niemand darüberlief. Waren nicht Mode und Musik nur das trojanische Pferd, mit dem der Klassenfeind Ideologie ins Land brachte? Friedliche Koexistenz – ja. Aber keine Koexistenz von Ideologien, schon gar nicht eine Konversion!

Schwer zu sagen, wo Wachsamkeit in Albernheit umschlägt, wo Vorsicht zur Vormundschaft wird.

Vermutlich weiß fast jeder Ostdeutsche eine Anekdote aus den 50er Jahren zu erinnern, die diese groteske Mischung aus kleinbürgerlichem Biedersinn und vermeintlicher Fürsorge illustriert. Die Frau eines Theaterintendanten, die unter ihrem Mädchennamen als Schauspielerin und Sängerin bekannt ist, hatte eine Mugge im Staatsrat zu absolvieren. Lotte traf die bereits Geschminkte in Ulbrichts Vorzimmer und schüttelte energisch den Kopf:»Meine Liebe, ich zeige Ihnen die Toilette, wir mögen kein Make-up.«

Und eine ehemalige Mitarbeiterin aus dem Institut für Marxismus-Leninismus erzählte, daß sie von Lotte Ulbricht zur Rede gestellt worden sei, als diese aus dem Fenster beobachtet hatte, wie sie – in Lederol gewandet – von ihrem Freund mit dem Motorrad zur Arbeit gebracht worden war. Da sie wußte, daß Hosen im Hause verpönt waren, hing in ihrem Arbeitszimmer ein Kleid im Schrank. Ehe Lotte, die Arbeitsgruppenleiterin, durch die Tür war, hatte sie es sich bereits übergeworfen, doch die Standpauke kam trotzdem. Sie könne ja wohl schlecht mit dem Kleid aufs Motorrad steigen, verteidigte sich die junge Frau. Worauf die fast 60jährige Lotte das Kleid lupfte und mit kurzem Blick auf die Unterwäsche konstatierte, damit könne man in der Tat nicht aufs Motorrad, da hole man sich ja sonstwas. Worauf die junge Genossin zurückkachelte: Sie sei noch nicht so alt, um Liebestöter zu tragen ... Und damit war das Thema erledigt.

Auch Ulbricht weist unzählige Facetten auf. Einige sollen im Folgenden gezeigt werden. Auch hier bediene ich mich der Überlieferungen Lotte Ulbrichts, der Berichte von Zeitzeugen und bislang unbeachter Dokumente. Darunter Ulbrichts Nichte in den Vereinigten Staaten Luise Flavin. Sie ist die Tochter von Ulbrichts jüngerer Schwester Hildegard und lebt seit den 50er Jahren in den USA.

Die zweite amerikanische Nichte, Annelie Thompson, wohnt seit 1969 in Texas. Sie ist die Tochter von Emmi Sucker, eines der sechs Kinder von Lottes Stiefvater Sucker, den ihre Mutter 1919 ehelichte. Obgleich»nur«angeheiratete Verwandtschaft, hat sie durchaus lebhafte persönliche Erinnerungen an die 50er Jahre. Sie war oft im Haus der Ulbrichts und spielte mit Beate. In den 90er Jahren besuchte sie Lotte Ulbricht dreimal, was in dem ersten Band* ausreichend dokumentiert ist. Auch Luise Flavin nahm 1992 erstmals Kontakt zu Lotte Ulbricht auf, doch der kam nicht zustande. Ich habe den Faden aufgenommen und korrespondiere mit ihr per E-Mail.

Annelie Thompson, die angeheiratete Nichte aus Texas, mit Lotte Ulbricht in Berlin, 1997.
Darunter: Luise Flavin, die zweite Nichte in den USA. Die Tochter von Ulbrichts jüngerem Bruder Erich lebt in Massachusetts und hat ihren Onkel Walter nie getroffen.

* Lotte Ulbricht, »Mein Leben«, Berlin 2003

... Bartträger

Mit Oberlippenbart als junger Funktionär der KPD in den 20er Jahren, 1928 auf dem VI. Weltkongreß der Komintern erstmals mit dem bekannten Spitzbart und dann als Staats- und Parteichef. Der Bart wurde beizeiten grau, behielt aber bis zum Ende seiner Tage diese Form.

Ulbricht zeigte erstmals Bart als Soldat im Ersten Weltkrieg. Als Tischlergeselle war er wenige Jahre zuvor noch bartlos auf Wanderschaft durch halb Europa gezogen. Auf einem Gruppenbild mit Kameraden in Galizien trägt er nunmehr einen Schnäuzer – wie sein Vater Ernst Ulbricht und die meisten Soldaten auf dem Foto gegenüber.

Der Oberlippenbart ist sowohl auf einem Paßbild von 1933 wie auch auf einigen Bilddokumenten von der Stalingrader Front zu erkennen. Nach dem Zweiten Weltkrieg jedoch ist daraus der markante Spitzbart geworden.

Dieser sollte nicht nur zum Markenzeichen, sondern auch zum Schimpfwort werden (»Spitzbart, Bauch und Brille sind nicht des Volkes Wille«). Im Kalten Krieg setzte es man besonders gern ein.

1957 wurde Ulbricht nach dem Ursprung seines Bartes gefragt. Den Interviewern der Tageszeitung »Junge Welt« antwortete Ulbricht freimütig: »Ich war früher auch so glatt rasiert wie ihr. Aber als dann im Jahr 1933 der Faschismus an die Macht kam und die Kommunistenverfolgungen einsetzten, als auch mein Bild in der ganzen Presse veröffentlicht wurde, war ich einer von Zehntausenden Kämpfern, die alles tun mußten, um von den Faschisten möglichst nicht erwischt zu werden. Damit ich also von den Nazi-Schergen nicht erkannt wurde, ließ ich mir den Bart wachsen. Dieser Bart wurde sozusagen im illegalen Kampf geboren.«

Ulbricht hielt sich bis Oktober 1933 illegal in Berlin auf und folgte dann Pieck nach Paris. Zuvor hatte er reichlich drei Monate unerkannt in dessen Zimmer in einem Berliner Vorort gelebt. Der Vermieter wußte bis dahin nicht, wer bei ihm wohnte – bis »sämtliche Berliner Zeitungen die Fotos mehrerer Personen mit der Aufforderung an die Bevölkerung veröffentlichten, ein Auge auf diese Personen zu haben und sie gegebenenfalls der Polizei zu übergeben. Darunter befand sich auch Herr Ulbricht, dessen richtigen Namen wir erst auf diese Weise erfuhren. Ich brachte ihm einige dieser Zeitungen auf sein Zimmer und sprach die Erwartung aus, daß es nun ja wohl höchste Zeit sei, sein nunmehr besonders gefährlich gewordenes Quartier zu verlassen. Das gab er auch ohne weiteres zu, aber es dauerte immerhin noch mehrere Tage, bis er mit den Vorbereitungen fertig war. Er gab auch jetzt seine Gewohnheit nicht auf, in der Dämmerung das Haus zu verlassen und seinen Geschäften nachzugehen.«

Ulbricht verschweigt allerdings, ob sich 1933 den markanten Kinnbart oder einen anderen Bart hatte stehen lassen. Jedenfalls ist

außerhalb der Illegalität, in der Sowjetunion, der Bart ab. Im Schüt-
zengraben vor Stalingrad trägt er einen Oberlippenbart wie in den 20er
Jahren. Doch auf dem Paßbild, mit dem er im April 1945 nach
Deutschland zurückkehrt, ist der bekannte Kinnbart zu erkennen.

Als die JW-Redakteure 1957 die Frage wegen des Bartes an Ulbricht richteten, reagierte er zunächst mit der ironischen Bemerkung,
daß es bei der Hetzkampagne im Westen »weder um den Bart noch
um die Nase« von Ulbricht gehe, sondern um das Land, dessen Führung er angehöre. Das solle weg, nicht der Bart und sein Träger.»Wer
noch Genaueres über den Bart wissen will, dem möchte ich sagen: Ich
werde den Bart bestimmt wegrasieren, wenn das friedliebende Volk
auch in Westdeutschland gesiegt hat und ein friedliebendes, demo-
kratisches Deutschland geschmiedet wird.«

Das Interview erschien, wohl keineswegs zufällig, am 17. Juni
1957 in der FDJ-Zeitung »Junge Welt«.

Ulbricht mußte bekanntlich *mit* Bart sterben.

... Sachse

In Leipzig spricht man bekanntlich ein anderes Sächsisch als in
Chemnitz, was möglicherweise nur den Sachsen selber auffällt.
Obgleich zu Luthers Tagen und einige Zeit darauf Sächsisch die
Sprache des Hofes war, ehe es vom vermeintlich vornehmeren Fran-
zösisch abgelöst wurde, hat sich Sächsisch – im Unterschied zu ande-
ren Mundarten oder Dialekten in Deutschland – nicht sonderlich in

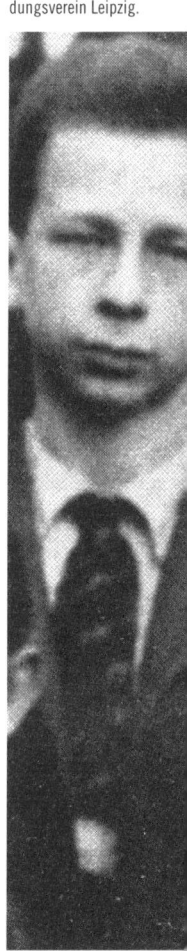

die Gunst der Nichtsachsen gedrängt. Mit Ulbricht geriet Sächsisch dann endgültig in die Kritik. In der Propaganda des Kalten Krieges wurde es zur Waffe. So mutierte in den Ohren der Westdeutschen Sächsisch zum DDR-Deutsch schlechthin. Noch heute müssen in Komödien oder bei Harald Schmidt Sachsen die Knallchargen geben, wenn Ostdeutsche gemeint sein sollen.

Obgleich Ulbricht Leipzig in jungen Jahren verließ (Wanderschaft, Kriegseinsatz, politische Arbeit), hielt sich die Lautfärbung hartnäckig. Luise Flavin erinnert sich, daß ihre Mutter – also Ulbrichts Schwester Hildegard – mit einigem Kopfschütteln Rundfunkreden von ihm kommentiert habe: »Ich verstehe das nicht, daß er noch so fürchterlich sächselt nach all den Jahren.«

1945

Das Erschrecken darüber war deshalb so groß, weil man sich nahezu jahrzehntelang weder gehört noch gesehen hatte. Als Ulbricht nach dem Kriege – für sie überraschend – auf der politischen Bühne aufgetaucht sei, hatte Hildegard Niendorf, Luise Flavins Mutter, lediglich erklärt: »Walter Ulbricht ist mein Bruder. Er war etliche Jahre älter als ich, wir Kinder hatten nicht viel gemein. Als junger Mann war er politisch sehr interessiert, er war viel unterwegs und ist dann ins Ausland gegangen. Ich habe nie wieder von ihm gehört. Ich teile seine politische Richtung nicht.«

Aber das Sächseln war es ja nicht allein, was das Zuhören mitunter zur Folter werden ließ. Ulbricht hatte eine hohe Kopfstimme, Falsett nennt das der Fachmann. Diese war jedoch nicht antrainiert, wie es mitunter bei Sängern der Fall ist, sondern vermutlich Folge einer Erkrankung. Darüber gibt es weder von ihm noch von Lotte Ulbricht irgendeine Auskunft.

Der einzige Hinweis findet sich in einem Brief der Deutschen Delegation, die zum VI. Weltkongreß der Komintern in Moskau weilte. Am 26. August 1928 erklärten die Absender dem »Polsekretariat« in Berlin, weshalb sie noch immer nicht zurückgekehrt seien. Die Diskussionen um Papiere und Beschlüsse (allein die Programmkommission habe 600 »Abänderungsanträge aller Sektionen« in den ursprünglichen Entwurf einarbeiten müssen) zöge alles in die Länge. Auf der vierten Seite des recht umfangreichen Schreibens findet sich auch dieser Satz: »Welche Genossen hier mit an den Exkursionen teilnehmen und welche Genossen der Führung in Urlaub fahren, darüber werden wir erst heute oder morgen Beschluß fassen.«

Dem war bereits ein Antrag des Sekretariats der Deutschen Delegation an die Kleine Kommission der Komintern vorausgegangen. Am 10. August 1928 hatte man dort um Kuraufenthalte gebeten –

Trotz sprachlichen Handicaps stürzt sich Ulbricht auch am 22. Januar 1931 in die Redeschlacht. Die Nazis haben in den Friedrichshain geladen – Ulbricht attackiert die NSDAP. Der linke Hinterkopf gehört dem Berliner Gauleiter der Nazipartei: Dr. Josef Goebbels.

für Walter Ulbricht (kehlkopfleidend), Hermann Duncker (asthma-leidend) und Philipp Dengel (magenleidend).

Daraus läßt sich schließen, daß Ulbrichts Fistelstimme ganz offenkundig Folge einer Kehlkopferkrankung in den späten 20er Jahren war. Die Schädigungen an den Stimmbändern waren vermutlich irreparabel. Das Training beim Logopäden blieb ohne hörbare Wirkung wie auch jede andere Übung in Sachen Rhetorik.

... Bruder und Sohn

Walter Ulbricht war kein ausgesprochener Familienmensch. Er war nach heutigem Verständnis ein *Workaholic*, ein Arbeitstier, dem private Beziehungen zwar wichtig waren, aber nicht im Zentrum seines Denkens standen. Familie erschien ihm im Klassenkampf wohl als Heimatfront, als Etappe, kurz: als notwendiger Ruheraum. Fürs Foto übernahm er schon mal die Rolle des Vaters, wenn er sich mit

* Hildegard (1899 bis 1973) heiratete nach Hamburg und lebte bis zu ihrem Tode in Bad Segeberg. Sie hatte zwei Töchter.

** Erich (1901-1973) wanderte 1928 aus, wurde 1933 Bürger der USA und lebte in New York. Er hatte zwei Söhne und eine Tochter.

Adoptivtochter Beate und Lotte auf die Hollywoodschaukel im Garten oder an die Kaffeetafel setzte, er fuhr mit ihr Ski und Lotte ging mit ihr aufs Eis. Er machte den Opa bei Beates Tochter Patricia und schaute der Enkelin zu, wenn diese mit Buntstiften malte. Aber so richtig glücklich schaute er dabei nie drein. Es wird ihm wohl eher Last denn Lust gewesen sein.

Seine beiden Geschwister Erich und Hildegard hatten kaum Erinnerungen an den älteren Bruder, weil Kinderjahre doppelt zählen und die Distanz – fast zehn Jahre – zu groß war. Walter war Nestflüchter. Das galt auch für die Ehe mit der Leipziger Klavierbauertochter Martha Schmellinsky (1892-1974).

Dieser Verbindung entstammt eine gemeinsame Tochter. Dora wurde im Mai 1920 in Leipzig geboren und lebt heute mit ihrem Mann in einem Seniorenheim in Schleswig-Holstein. Ich habe mit ihr gesprochen: Die von Boulevard-Zeitungen kolportierten Zitate über eine tiefsitzende Aversion gegenüber ihrem Vater Walter Ulbricht vermochte ich bei der 83jährigen nicht zu verifizieren. Doch es gibt kaum persönliche Erinnerungen an ihn, was nicht nur ihrem hohen Alter zuzuschreiben ist.

1931 wurde Ulbricht zum zweiten Male Vater. Tochter Rose, genannt Mimi, ging aus einer langjährigen Beziehungen zu der aus Polen stammenden Maria Wacziarg hervor. Diese lebte als Rosa Michel (1900-1990) schon seit langem in Frankreich und arbeitete als Journalistin für die FKP. Die Verbindung zu Rosa und zu Tochter Mimi ging nahtlos auf Lotte Ulbricht über. Diese hielt den Kontakt zur französischen Verwandtschaft bis in die 90er Jahre.

Zu den Eltern soll Walter, so lesen wir es in vielen Biographien, auch kein besonders inniges Verhältnis gehabt haben. Mutter Pauline (1868-1926), eine geborene Rothe, und Ernst Ulbricht (1864 bis 1943) hätten allenfalls den politischen Background hergegeben. (Lotte Ulbricht: »Walters Eltern gehörten der SPD an, die Mutter sogar früher als der Vater.«) Carola Stern repetierte es 1964 sogar ein wenig melodramatisch. Drei Wochen nach einem schweren Luftangriff auf Leipzig, bei dem der 79jährige Schneidermeister Ulbricht schwer verletzt worden war, verstarb er zu Weihnachten 1943 in einem Krankenhaus. »Keiner seiner nächsten Angehörigen war bei ihm. Seine Frau war lange vor ihm gestorben. Die einzige Tochter* wohnte in Hamburg, der jüngere seiner beiden Söhne** war schon lange vor dem Krieg in die USA ausgewandert. Der ältere lebte in der Sowjetunion.«

Damit schlug Carola Stern das Grundmotiv an.

Gleichwohl ist auch diese Behauptung, die gern zitiert wird, nicht ganz wahr. Nichte Flavin schrieb mir, daß ihre Mutter – also Ulbrichts Schwester – seinerzeit nach Leipzig gefahren sei. »Es ist mir ganz klar in Erinnerung, daß meine Mutter gleich nach dem Dezember-Angriff benachrichtigt wurde und sofort nach Leipzig fuhr. Meine Schwester und ich waren zu Weihnachten allein. Ich habe das nie vergessen.«

Das Verhältnis zwischen ihrer Mutter und deren Bruder Walter fand offenkundig ein versöhnliches Ende. Die Bundesbürgerin habe ihn wenige Tage vor seinem Tod 1973 in Berlin besucht. »Dieser Besuch war von einer Cousine meiner Mutter in Halle arrangiert worden. Über Einzelheiten des Besuches hat meine Mutter nie gesprochen, der Besuch war ihr letzter Wunsch.«

Die Geschwisterliebe war, glaubt man dem Gedruckten, im Hause Ulbricht nicht sehr groß. Bruder Erich, der Walter (vermutlich) 1928 letztmalig traf, erklärte in den 60er Jahren in New York angeblich gegenüber dem *Stern*: »Mit meiner Schwester stehe ich auch nicht in Verbindung.«

Das war offenkundig so unwahr wie die meisten anderen Angaben. Erich Ulbricht war zu Beginn der 20er Jahre dem Kommunistischen Jugendverband in Leipzig beigetreten. Ein Mitgenosse – Herbert Eichhorn –, arbeitslos wie er, wollte mit ihm nach Sowjetrußland auswandern. Das Vorhaben scheiterte, entfernte Verwandte in den USA besorgten ihm aber die Einreise in die Staaten. 1928 holte er Erich und dessen Frau nach. 1933 besuchten Erich Ulbricht, seine Frau Erna und ihre Tochter ihre alte Heimat. Inzwischen war auch Vater Ernst Ulbricht ohne Arbeit. Sein Sohn nutzte den Aufenthalt in Leipzig, um die alte KJVD-Gruppe als Kunden für ihn zu akquirieren. Es gibt Berichte von einigen Personen, die erstmals in ihrem Leben im Sommer 1933 eine Hose angepaßt bekamen – von Schneidermeister Ulbricht. Nach dem Krieg kamen Care-Pakete aus Übersee auch nach

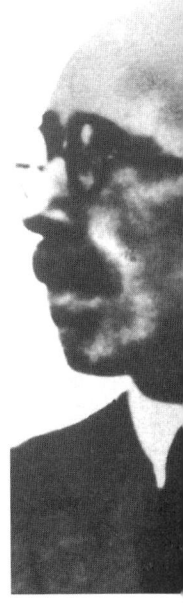

Ernst August Ulbricht (1864-1943), der Vater. Er stammte aus einer Bergarbeiterfamilie. Als Schneider war er zeitweilig bei der Firma Glubka & Sohn angestellt und hatte dort einen guten Ruf. Seine Arbeit wurde von Dirigenten wie von Kaufleuten sehr geschätzt, berichten Zeitzeugen.

Wahlgrabstelle von Ulbrichts Eltern auf dem Leipziger Südfriedhof. Entwurf des Steins und der Inschrift wurden von Walter Ulbricht beim Bildhauer Liebold per Skizze vorgelegt. Die Aufnahme stammt aus dem Besitz der Ulbricht-Nichte Luise Flavin/USA.

76

Eine kurze Notiz in einer Lübecker Lokalzeitung informierte über den Tod von Hildegard N., geborene Ulbricht (1899-1973). Sie hatte ihren Bruder um keine drei Monate überlebt. Auch Bruder Erich starb in jenem denkwürdigen Jahr 1973.

NAMEN des Tages

HILDEGARD NIENDORF — Die einzige Schwester des ehemaligen DDR-Staatsratsvorsitzenden Walter Ulbricht ist jetzt im Alter von 74 Jahren in Bad Segeberg gestorben. Frau Niendorf, die als Korrektorin in der mittelholsteinischen Kreisstadt tätig war, hatte über 40 Jahre lang keinen Kontakt zu ihrem Bruder. Erst wenige Tage vor dem Tod Ulbrichts im August dieses Jahres besuchte sie ihn in Ost-

Der siebenjährige Walter mit seiner Schwester Hildegard in Leipzig, 1900.

Leipzig. Um nicht Zoll bezahlen zu müssen, nutzte man den innerdeutschen Postverkehr: Die Pakete von Herbert Eichhorn liefen über Bad Segeberg. Schaltstelle war Hildegard Niendorf, die Ulbricht-Tochter ... Diese Beziehungsgeflecht bestand bis 1973, als nacheinander alle drei Ulbricht-Kinder, als hätten sie sich verabredet, verstarben.

Daß sich Walter Ulbricht 1943 nicht am Sterbebett seines Vaters einfand, kann man bei halbwegs objektiver Betrachtung nicht ihm anlasten. Schließlich hatten ihn die Nazis außer Landes getrieben. 1961 ließ er die Asche seiner Eltern, die sich im Urnengarten der IV. Abteilung des Leipziger Südfriedhofs befand, umbetten. Die Friedhofsleitung hatte 1906, um die Attraktivität des Gottesackers zu erhöhen und dem Reputationsbedürfnis des Leipziger Bürgertums entgegenzukommen, die Möglichkeit von Wahlgrabstellen eingeführt. (Derzeit weist der Friedhof über 400 repräsentative Wahlgräber auf – vom jüdischen Musikverleger Max Abraham bis zum OB Erich Zeigner. Und bedeutende Leipziger Bildhauer, darunter Max Klinger und Carl Seffner, arbeiteten dort für die Nachwelt.)

Zunächst erfüllte Ulbricht die rechtlichen Voraussetzungen der Umbettung. Da er keine Sterbeurkunde seiner Eltern vorlegen konnte, unterschrieb er für beide Urnengräber einen sogenannten Sicherungsschein, der den Sohn verpflichtete, »alle Einsprüche und Ansprüche anderer, die [...] wegen dieses Grabes geltend gemacht werden sollten, selbst zu vertreten und die Stadtgemeinde deswegen schadlos zu halten«. Dann kaufte er zu dem damals üblichen, noch aus dem Jahre 1934 stammenden Preis – 1.800 Mark – eine Wahlstelle für 50 Jahre.

Die Nutzungszeit für dieses Grab endet am 30. April 2011. Wie es dann mit dieser Grabstelle weitergeht, die derzeit vom Südfriedhof im Rahmen der Anlagenunterhaltung gepflegt wird, vermag zur Stunde niemand zu sagen. Eine Städtische Kommission hat gerade mit der Überprüfung von rund 350 erhaltenen Grabstellen begonnen, die nicht unter das Sächsische Denkmalschutzgesetz fallen und dennoch erhaltenswert sind. Die Entscheidung über das Ulbricht-Grab wird vermutlich von parteipolitischen Konstellationen in der Messestadt und nicht zuletzt von der Bewertung Walter Ulbrichts in der Gesellschaft abhängen.

Die Umbettung der Urnen erfolgte am 25. März 1961. Die Rechnung Nr. 19740 des VEB Bestattungs- und Friedhofswesen Leipzig über diese Dienstleitung (inklusive Einrichtung der neuen Grabstelle) belief sich auf 12.198,34 Mark, die Ulbricht umgehend bezahlte. Anfang April 1961 wurde auch der Grabstein errichtet, den Ulbricht bereits im Sommer 1960 beim Leipziger Bildhauer und Steinmetzmeister Gerhard Liebold in Auftrag gegeben hatte. Den Entwurf mit der Goethe-Zeile »Edel sei der Mensch, hilfreich und gut« lieferte Ulbricht gleich mit. Liebold haute sie in Porphyr, der aus einem sächsischen Steinbruch kam. Kostenpunkt: 8.657,56 Mark.

Alles in allem hatte den Sohn die Maßnahme an die 21.000 Mark gekostet. Unter DDR-Verhältnissen war das selbst für einen Partei- und Staatsratsvorsitzenden eine Menge Geld. Zudem lagen die Urnen zunächst in unmittelbarer Nähe des später eingerichteten »Sozialistischen Ehrenhains«. (Daß dieser nach der Wende »zurückgebaut« werden würde, konnte Ulbricht damals ja nicht ahnen.)

Er hätte, wäre er denn tatsächlich jener gefühllose und beziehungsunfähige Parteiarbeiter gewesen, als der er dargestellt wird, sich diese Ausgaben wirklich sparen können.

Daß er sie dennoch aufbrachte, spricht eher *für* als *gegen* seinen Familiensinn.

Es gibt noch eine weitere Frau Ulbricht. Vater Ernst Ulbricht heiratete am 12. Juli 1929 eine Witwe, die zwanzig Jahre jünger war als er. Diese Ida Martha Romanus, geborene Möbius, eine Arbeiterin, hat vermutlich auch veranlaßt, daß ihr 1943 verstorbener Mann im Urnengrab seiner ersten Frau bestattet wurde.

1962

… Ehemann

Walter Ulbricht lebte mindestens mit drei Frauen zusammen, mit zweien war er formell verheiratet. Die längste Zeit – 38 Jahre – brachte er mit Lotte Ulbricht zu, obgleich er offiziell nur 23 Jahre mit ihr verheiratet war. Bekanntlich betrachteten sich beide seit 1935 als Mann und Frau. Der Papierform nach währte die Ehe mit Martha Schmellinsky am längsten. In allen Biographien wird die Ehe als flüchtig beschrieben, allenfalls am Rande oder als Beleg für die Unstetigkeit Ulbrichts erwähnt. Auch dieses Urteil erweist sich bei näherem Hinsehen als falsch.

Die Verbindung hatte eine Vorgeschichte: Walter war seit Jahren mit Martha, die fast anderthalb Jahre älter war, befreundet. Im Frühjahr 1915 schenkt er ihr einen Gedichtband deutscher Autoren, aus seiner Widmung (»Meiner Freundin«) wissen wir von der innigen Beziehung. Am 7. Februar 1920 wurde geheiratet*, ein Kind war unterwegs. Drei Wochen später – zum zweiten Mal seit 1919 – erging Haftbefehl, weil er »kommunistisch-spartakistische Flugblätter« verbreitet hatte. Der Haftbefehl blieb bis Herbst 1921 in Kraft, Ulbricht lebte illegal. Und dann machte er Parteikarriere. So ging die Ehe auseinander, schließlich war die Tochter eines Klavierbauers unpolitisch. Das ist die bisher übliche Lesart.

* Ulbricht brachte sein Gesellenstück als Tischler – eine Küche – in die Ehe mit ein. Diese blieb im Besitz von Martha Ulbricht bis 1970, als sie ins Altersheim ging. Siehe auch Seite 267.

Tatsache ist, daß die Näherin Emma Luise Martha Schmellinsky seit 1920 der KPD angehörte (später SED) – wie ihre Schwester Anna (Jahrgang 1893), ihr Bruder Walter (Jahrgang 1896) und der jüngste Bruder Paul (Jahrgang 1905). Ihre beiden anderen Schwestern – Marie (Jahrgang 1890) und Klara (Jahrgang 1899) – und der älteste Bruder Fritz (Jahrgang 1895) blieben parteilos.

Die gelernte Näherin mußte wie ihre Geschwister bereits in jungen Jahren zum Lebensunterhalt der Familie beitragen – der Vater war

Der „hochverräterische" Reichstagsabgeordnete

Zwei Jahre Festung für „literarischen Hochverrat"

Leipzig, 28. September.

Auf der Anklagebank des vierten Strafsenates Reichsgerichtes saß am Freitag der kommu- ...ische Reichstagsabgeordnete Walter Ulbricht, der sich wegen Vorbereitung zum Hoch- ...rat, begangen in den Jahren 1927 bis 1930, so- ... wegen Zugehörigkeit zu einer staatsfeindlichen ...rbindung zu verantworten hatte.

Ulbricht gehört der KPD. seit ihrem Bestehen ... Als gelernter Holzarbeiter übt er seinen Beruf ...t 1924 nicht mehr aus, sondern ist seit dieser ...it Parteiangestellter. Von 1926 bis 1929 ...hörte er dem sächsischen Landtag an und war auch ...itglied des Reichstages. Nach der vom Gericht ...ngeholten amtlichen Auskunft soll Ulbricht Orga- ...isations- und Propagandaleiter, Mitglied des Zen- ...tral-Komitees der KPD. und politischer Leiter des ...zirkes Berlin-Brandenburg sein. Außerdem be- ...leidet er noch verschiedene Funktionärposten. Ueber ...ll diese Parteifunktionen verweigert der Ange- ...klagte dem Gericht die Aussage. Bereits 1928 war ...gegen Ulbricht ein Hochverratsverfahren eingeleitet worden, das aber durch die Amnestie eingestellt wurde.

Der Verteidiger des Angeklagten, der kommu- nistische Reichstagsabgeordnete Rechtsanwalt Lö- wenthal, versuchte diesen Prozeß zu verhindern. Vor Eintritt in die Verhandlung lehnte der Ver- teidiger zunächst einmal den Vorsitzenden, Reichs- gerichtsrat Baumgarten, sowie einen Beisitzer des Senates, Reichsgerichtsrat Drechsler, wegen Be- sorgnis der Befangenheit ab, weil diese beiden Reichsrichter in einem Haftprüfungstermin in einer anderen Sache mitgewirkt haben, in dessen Beschluß- begründung etwa festgestellt wurde, daß Mitglieder der KPD. als Zeugen vernommen, falsch aussagen würden, um ihre angeklagten Parteigenossen zu entlasten.

Nach längerer Beratung wurde dieser Antrag der Verteidigung abgelehnt, da sich beide Rich- ...

wenthal, daß die kommunistische Fraktion des Reichstages Klage beim Staatsgerichts- hof für das Deutsche Reich eingereicht und dort beantragt hat: Der Staatsgerichtshof möge be- schließen: Die Beschlüsse des Reichstages, die Auf- hebung der Immunität der Reichstagsabgeordneten zur Strafverfolgung betreffend, verstoße gegen Ar- tikel 37 der Reichsverfassung und ist demgemäß verfassungswidrig.

Bis zur Entscheidung dieser Frage durch den Staatsgerichtshof müsse daher der Prozeß aus- gesetzt werden, denn es gehe nicht an, daß der vierte Senat dem Staatsgerichtshof vorgreife. — Mit diesem Antrag sollen in keiner Weise die ange- klagten kommunistischen Reichstagsabgeordneten besser gestellt werden, als die übrigen kommunisti- schen Angeklagten. Wenn Abgeordnete der KPD. ihre parlamentarische Immunität verteidigen, so geschehe dies nur auf der berechtigten Auffassung, daß jeder Kommunist verpflichtet sei, seinen Geg- nern — in diesem Falle der bürgerlichen Klassen- justiz — das Verfahren zu erschweren.

Das Gericht beschloß: Der Antrag auf Aus- setzung des Verfahrens bis zur Entscheidung des Staatsgerichtshofes wird abgelehnt. Der Reichstag habe am 10. März 1930 dem Antrag auf Aufhebung der Immunität des Abgeordneten Ulbricht zur Strafverfolgung stattgegeben. Die neue Immunität, die im September 1930 erwor- ben wurde, stehe dem Strafverfahren nicht im Wege, da es vor Eintritt der neuen Immunität bereits eingeleitet war.

Nun endlich konnte in die Verhandlung eingetreten werden. Man erfuhr, daß Ulbricht eine ganze Reihe Artikel mit angeblich hochverräterischem Inhalt teils selbst verfaßt, teils als Verantwort- licher gezeichnet hat. Außerdem stand aber auch noch eine Rede gegen den imperialistischen Krieg, die der Angeklagte am 7. Dezember 1930 vor kom- munistischen Funktionären in Berlin gehalten hat, mit zur Anklage.

Der Reichsanwalt war der Meinung, daß ...

Der Senat setzte die Urteilsver... bis Sonnabend aus und verkündete ... des Urteil:

Der Angeklagte Walter Ulbricht ... Vorbereitung eines hochverräterisch... ...mens in Tateinheit mit Zugehörigkeit ... staatsfeindlichen Verbindung ... zu zwei Jahren ... haft verurteilt. Sämtliche Druckschriften werden unbrauchbar ...

Nach Ueberzeugung des Senates, ... der Begründung, dienen die beanst... der Vorbereitung zum Hochverrat ... sei damit erfüllt. Mildernde ... dem Angeklagten nicht zugebilligt ... seinen Ungunsten habe gesprochen, ... hochverräterische Tätigkeit auch wä... fahrens fortgesetzt, und im Gerichts... daß er nach seiner Verurteilung ... desselben will. Dem Angeklagten wur... Ueberzeugungstäterschaft zugebil... wegen konnte nicht auf Zuchthaus ...

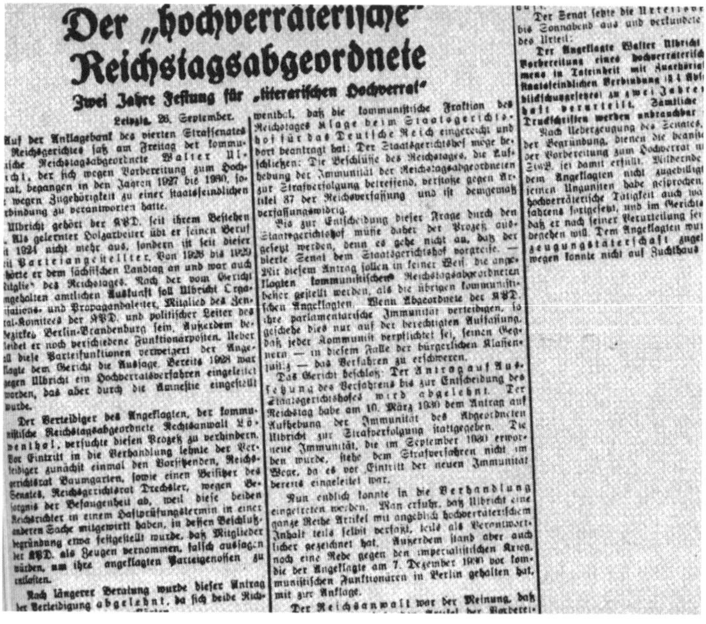

Der *Dortmunder Generalanzeiger* berichtet in seiner Ausgabe am 29. September 1931 vom Verfahren gegen Walter Ulbricht vor dem Reichsgericht. So werden »vaterlandslose Gesellen« kriminalisiert und aus der Gemeinschaft der Demokraten öffentlich ausgeschlossen.

1902 gestorben. Die Verbindung mit Ulbricht erleichterte ihr Schicksal nicht. Er sei dauernd Verfolgungen und Verhaftungen ausgesetzt gewesen, berichtete sie in den 50er Jahren, doch sie habe ihn davor geschützt, so gut es gegangen wäre. 1924 sei sie ihm unter falschem Namen nach Wien und Prag gefolgt, wo er illegal arbeitete. In Wien* sei er verhaftet und sie von Genossen zunächst versteckt worden. Später habe man sie über die Grenze gebracht. 1926 lebte sie ein halbes Jahr lang mit Walter und der Tochter Dorle in Moskau. 1927 war Walter wieder in Berlin, inzwischen geschützt durch parlamentarische Immunität. Gleichwohl war er offiziell bis 1933 unter ihrer Leipziger Adresse (Geißlerstraße 2) polizeilich gemeldet.

Gegenüber der Partei erklärte Martha Ulbricht in den 50er Jahren, daß sie seinetwegen auch im Dritten Reich »große Schwierigkeiten« gehabt habe, sie sei bespitzelt und observiert worden. Doch trotz aller Drohungen und Schikanen der Nazis sei sie standhaft und pflichtbewußt ihrem Mann und der Partei gegenüber gewesen. In diesem Kontext verwies sie auch auf den Hochverratsprozeß vorm Reichsgericht. Die Prozeßkosten wurden ihr aufgebürdet, und weil sie nicht in der Lage war, die 385,24 Mark zu zahlen, habe das Amtsgericht das Klavier und das Herrenzimmer beschlagnahmt, um es zu versteigern. Sie konnte unter großen Mühen die Möbel jedoch beizeiten auslösen.

Walter ging 1933 in die Emigration. Damit blieben die regelmäßigen Zuwendungen aus. Martha Ulbricht mußte wieder als Näherin arbeiten und vermietete ein Zimmer in der bescheidenen Zweieinhalb-Raum-Wohnung an eine Jüdin, die bald auswanderte. Als die Rote Armee im Sommer 1945 einrückte, habe sie sich sofort der KPD zur Verfügung gestellt.

1949 aber habe sie »das Schwerste« in ihrem Leben erleiden müssen. »Ich habe meinen Mann, ohne ihn und die Partei zu schädigen, auf freundschaftlicher Basis freigegeben.« Die Einwilligung zur Scheidung habe sie aus Parteidisziplin und aus Ergebenheit gegenüber der Partei gegeben, versicherte sie.

So erklärt man sich nicht, wenn eine Ehe zerrüttet ist. Martha Ulbricht war ihrem angetrauten Mann auch nach den vielen Jahren der Trennung durchaus zugetan.

Damit war das Kapitel für Walter Ulbricht und seine neue Frau jedoch nicht erledigt. Lotte Ulbricht regelte auch das. Sie schloß bei der Vereinigten Großberliner Versicherungsanstalt eine Lebensversicherung ab und setzt als Begünstigte »Marta Ulbricht, Leipzig C 5, Geißlerstr. 2« ein. Am 28. November 1959 schickte sie an die »Werte Marta!« die Quittungen für das 2. Halbjahr 1959, aus denen ersicht-

* Im Sommer 1924 wurde Ulbricht als Mitarbeiter der Komintern zu seinem ersten Auslandseinsatz nach Wien geschickt. Als »Stefan Subkowiak, Zeichner aus Potsdam« mietete er sich in der Kirchengasse 38 ein. Neben ihm waren auch noch andere Kominternfunktionäre angereist, darunter auch der damals noch unbekannte Georgi Dimitroff. Der Versuch, einen Metallarbeiterstreik politisch zu instrumentalisieren, scheiterte. Ulbricht wurde am 24. September verhaftet und zu sechs Wochen Arrest wegen Betrugs, in der Berufung zu zwei Monaten Kerker verurteilt und am 8. Dezember nach Prag abgeschoben. Die Wiener Polizei korrespondierte in dieser Sache auch mit den Kollegen in Leipzig. (Siehe Seite 263).

lich war, daß »die gesamte Lebensversicherung bezahlt und die Versicherungssumme (10.000 DM) zum 1.1.60 fällig« ist. Am zweckmäßigsten wäre es, so rät Lotte, »wenn Du Dir ein Bankkonto anlegst, auf das zur gegebenen Zeit die Versicherungssumme überwiesen werden kann. Mit bestem Gruß Lotte«.

Am 1. November 1971 wies sie die Berliner Volksbank an, ab sofort einen Dauerauftrag einzurichten. Bis auf Widerruf sollten monatlich 400 Mark auf das Konto von Martha Ulbricht bei der Kreissparkasse Leipzig gezahlt werden. Der Widerruf erfolgte zum 1. Juli 1974. Im Juni war Ulbrichts erste Ehefrau verstorben.

Mitte der 20er Jahre trat Rosa Michel in Ulbrichts Leben. Die gebürtige Polin (Maria Wacziarg) war 1920 in die französische KP eingetreten. Ulbricht lernte sie als Mitarbeiterin der Kommunistischen Jugendinternationale und des Exekutivkomitees der Kommunistischen Internationale (KI) in Moskau kennen. Die beiden waren etwa ein Jahrzehnt liiert. Aus der Verbindung ging eine Tochter hervor. Und auch die Verbindung zu Lotte Kühn riß nicht ab. Sie bestand über den Tod von Ulbricht hinaus und endete erst mit dem Ableben Rosa Michels. Ihre Urne wurde zunächst in der Berliner Gedenkstätte der Sozialisten beigesetzt, auf Wunsch der Familie Ende der 90er Jahre nach Paris übergeführt.

Rosa Michel war als Korrespondentin des FKP-Organs »l'Humanité« recht oft in der DDR, machte hier Urlaub oder kurte. Dann gab es regelmäßig Begegnungen, und die Korrespondenz wurde ein wenig intensiver.

Rosa Michel (1900 bis 1990), die französische Lebensgefährtin Ulbrichts in den 20er und 30er Jahren, bei der Hochzeit ihrer gemeinsamen Tochter, 1951. Obgleich Lotte Kühn 1935 in Ulbrichts Leben trat, blieb die Verbindung zu Rosa Michel bestehen.

z. Z. Bad Liebenstein, 5. September 1955
Lieber Walter,
Herzlichen Dank für Deine Zeilen vor Deinen Ferien. Ich war zur Zeit, als Du mich gesucht hast, auf dem Presse-Fest in Erfurt. Seitdem war ich viel unterwegs, darunter auf den Pressefesten von Halle, Magdeburg, Dresden, Cottbus etc.

Augenblicklich habe ich viel zu tun an einer Reportage über die DDR – nachdem ich einige Tage an verschiedenen Stellen war. Ich habe heute früh einen Brief von Mimi erhalten, die sich für Eure Grüße bedankt und mir die Absicht mitteilte, Euch zu schreiben.

Anbei einige schnell zusammengesuchte Fotos als Vorschuß. D[...] *(Tochter Mimis, Ulbrichts Enkelin – d. Hrsg.)* ist hier ca. 20 Tage alt: Ich habe sie bei ihrer häufigsten Beschäftigung überrascht. A[...] *(Sohn Mimis, 1952 geboren – d. Hrsg.)* spielt im Wasser – übrigens in jenem Bad bei Paris, das Du vor etlichen Jahren selbst auf-

gesucht hattest. Mehr – später, wenn ich wieder etwas Luft bekomme.
Mit Grüßen für Euch beide
Rosa

Berlin, den 10. April 1966

Lieber Walter! Liebe Lotte!
Herzlichen Dank für Euren Brief, für das, was darin enthalten war
und für den Mantel, über den sich Mimi riesig freuen wird. Für die
Kinder habe ich sehr schöne Sachen bekommen. Mimi junior (11) –
in Wirklichkeit: D[...] – und A[...] (12 und halb) freuen sich immer,
wenn ich in die DDR fahre, und noch mehr, wenn ich zurückkehre.
Diesmal wird es großes Staunen geben! Beide Kinder befinden sich
gegenwärtig in den Osterferien in einem Ferienlager für Kinder, deren
Eltern im Lehrwesen tätig sind.

Die Mama hat sich nur eine Woche Ferien genommen (sie war in
den Bergen Skifahren) und ist sicherlich jetzt dabei, für ihr Examen zu
büffeln. Sie bereitet die sogenannte »Agregation« für russische Sprache vor, der höchste Grad im Lehrwesen, wo aus Hunderten nur eine
Handvoll zugelassen wird. Mimi (senior) ist eine zierliche, elegante,
charmante, attraktiv aussehende junge Dame, die mit 35 Jahren immer
noch 25 scheint und stets mit »Mademoiselle« angesprochen wird,
auch im Beisein der Kinder, da niemand ahnt, daß sie deren Mutter

Dieser recht ausführli-
che Brief enthält eine
sehr präzise Darstel-
lung des Lebens der
Ulbricht-Tochter. Diese
war seit Sommer 1960
Witwe. Ulbrichts
Schwiegersohn war
beim Bergsteigen am
Montblanc mit fünf
weiteren Sportlern töd-
lich verunglückt.
Wenn Rosa Michel bei
den Ulbrichts auf Des-
interesse gestoßen
wäre, hätte sie sich
den ausführlichen pri-
vaten Exkurs gewiß
gespart.

1966, Leipziger Messe.
Ulbricht studiert sehr
interessiert Konstruk-
tionsunterlagen.

ist. Vor wenigen Jahren, als sie an der Riviera ein Wasser-Fahrrad für sich und die Kinder mieten wollte, wurde es ihr abgelehnt mit der Begründung, es sei Backfischen nicht gestattet, Kinder mit sich mitzunehmen. Beruflich genießt Mimi bei ihren Schülern und deren Eltern großes Ansehen. Mit den letzteren, soweit ich darüber urteilen kann, geht sie streng und mit Distanz um. Die Väter (die meist der Intelligenzia der Atominstitute, die in ihrer Gegend arbeiten und wohnen, angehören) werden bei der ersten Begegnung mit dem kleinen Persönchen, die die Frau Professor ist, einen Schock bekommen, wenn sie Mimi rufen läßt, um sie auf die Unzulänglichkeiten, die ihre Sprößlinge im Studium der russischen Sprache an den Tag legen, aufmerksam zu machen.

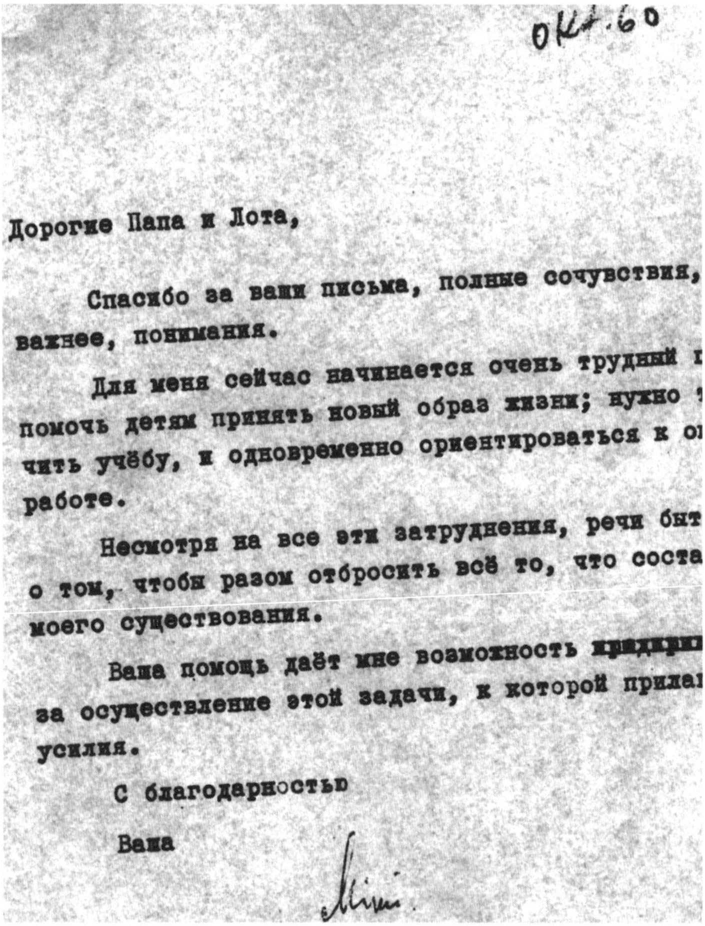

Brief von Mimi an den »lieben Papa und Lotte« vom Oktober 1960. Da die französische Tochter kein Deutsch sprach, kommunizierte man auf russisch – was Walter Ulbricht wiederum nicht beherrschte. Also übersetzte ihm Lotte den Brief aus Frankreich.

okt. 60

Дорогие Папа и Лота,

Спасибо за ваши письма, полные сочувствия, важнее, понимания.

Для меня сейчас начинается очень трудный г помочь детям принять новый образ жизни; нужно чить учёбу, и одновременно ориентироваться к о работе.

Несмотря на все эти затруднения, речи быт о том, чтобы разом отбросить всё то, что соста моего существования.

Ваша помощь даёт мне возможность за осуществление этой задачи, к которой прида усилия.

С благодарностью

Ваша

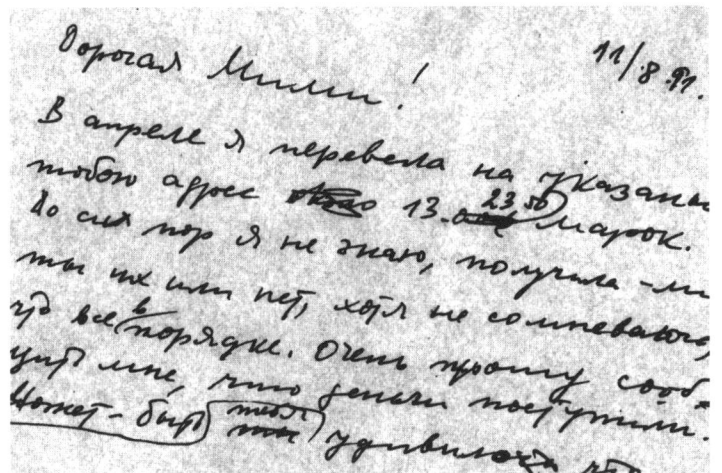

Briefentwurf Lotte Ulbrichts vom 11. August 1991. Im Schreiben an die »liebe Mimi« geht es um eine Überweisung von 13.023,50 DM an die Tochter.

Wenn Mimi mir oder ihrem Schwiegervater darüber erzählt, spricht sie darüber mit höchster Selbstverständlichkeit und Selbstbewußtsein. Sie ist ein sehr ernster Mensch, mit großem Pflichtbewußtsein, sowohl beruflich als ihren Kindern gegenüber. Sie ist in ihrer Zeiteinteilung sehr streng und auch gegenüber ihren Kindern wie der Hilfskraft, die das Haus in Ordnung zu halten hat.

Mimi fährt jeden Tag (außer sonnabends und sonntags) um 8 Uhr in dem kleinen von ihr gefahrenen Wagen zum ganz in der Nähe liegenden Lyzeum. Sie nimmt die beiden Kinder mit, die in der gleichen Anstalt lernen. Sie arbeitet bis ca. 13.30 Uhr, nimmt an der Arbeitsstelle ihre Mahlzeiten ein (wie übrigens auch die Kinder) – das vereinfacht den Haushalt – und arbeitet zu Hause weiter. Sie bereitet sich sehr sorgfältig, ich möchte sagen: wissenschaftlich, auf ihre Unterrichtsstunden vor und arbeitet an der theoretischen Weitergestaltung der russischen Grammatik. Sie hat auch die Schulaufgaben zu korrigieren, Dissertationen über sowjetische Bücher, Filme usw. für die Schüler vorzubereiten, empfängt die Eltern nach streng im voraus festgelegten Zeiten usw.

1964

Von Zeit zu Zeit wird sie auch von sowjetischen Stellen bei der akademischen Behörde als Begleiterin für Künstler angefordert. Eine Reise mit Oistrach und anderen gab ihr die Möglichkeit, französische Kunststätten kennenzulernen.

Die Kinder kommen gegen 5 Uhr nachmittags mit der Bahn nach Hause. Gelegentlich holt sie sie mit dem Wagen ab. Nachdem sie die ruhigen Stunden im Hause ausnützen konnte, um ihr Studium fortzusetzen, widmet sie sich nach 5 Uhr hauptsächlich den Kindern. Es

ist für sie eine schwere Aufgabe, ihnen bei ihrem Studium zu helfen, denn Mimi hat unter ganz anderen Umständen in der Sowjetunion studiert, es fehlt ihr Latein, Englisch und die bürgerliche Art und Weise des Lernens. Sie muß also auch Hilfslehrer heranziehen.

Sie widmet sich sehr der sorgfältigen Ausbildung wie der Erziehung der Kinder. Manchmal sehe ich darin den unausgesprochenen Vorwurf an ihre eigene Mama, daß diese mit ihren Parteipflichten zu beschäftigt war, um ihren Aufgaben als Mutter im genügenden Maße nachzukommen. Bei einem »Abitur für Mütter« hätte sie mir die Zensur »mittelmäßig« erteilt, sagte sie mir einmal, mit echt französischer Höflichkeit.

Mimi ist ein sehr organisierter Mensch, der sich in ihrer Entscheidung von äußeren Einwirkungen kaum beeinflussen läßt, und führt konsequent aus, was sie sich vornimmt. Sie ist so sehr beschäftigt, daß sie kaum abends ausgehen kann, es sei denn sonnabends. Da mache ich die Vertretung und versuche als Großmama das gut zu machen, was ich als Mama verbrochen habe. Ich habe zu den Kindern einen sehr guten Kontakt.

Sonntags fährt die ganze Familie, wenn es das Wetter nur erlaubt, zum Walde von Fontainebleau, wo sich eine größere Gruppe von Sportlern trifft. Dort sind Felsen vorhanden, wie kaum anderswo in ganz Europa, und diese werden nach allen Regeln der Kunst, mit vorgeschriebenen Griffen (und zünftiger teurer Kleidung) erklommen. Die Kinder machen selbstverständlich mit. Die Angehörigen dieser Gruppe sind die gleichen Atomwissenschaftler, Ingenieure usw., alles links eingestellte Leute.

Sie kommen mit Wagen und Kindern und Kochtöpfen sowie entsprechender Ausrüstung, verpflegen sich im Walde, lesen die »Humanité-Dimanche« die auf dem ganzen Gelände zu finden ist, diskutieren, manchmal sehr »weise«, wie es sich für Intelligenzler gehört. Alles in allem: eine sehr interessante Gesellschaft.

Ihre Ferien verbringt Mimi meistens mit gleichaltrigen Sportlern: auf Skiern, bei Kletter-Touren usw. Oder sie zeltet an der See in der gleichen Gesellschaft wie in Fontainebleau. Ein Teil der großen Sommerferien wird mit den Kindern gemeinsam verlebt, dann gehen die Kinder in Ferienlager für Lehrer-Kinder, und sie fährt zu einem »Club« im Süden (Italien, Griechenland, franz. Riviera usw.) unter Verhältnissen, die halb Camping, halb Hotel sind, also zu erschwinglichen Preisen. Zweimal war sie in Jugoslawien, da sie als »Agregationsstudierende« ein Stipendium für 4 Wochen erhielt. (Sie studierte als zweite slawische Sprache Serbokroatisch). Es werden Vorlesungen, Studium

und Ferienunterhaltung miteinander verbunden. (Die Eindrücke, die
sie von dort mitbringt, scheinen mir manchmal nicht ganz einwand-
frei.) [...]

Ich sprach mit ihr vor meiner Abfahrt, wann sie Euch besuchen
wolle. In diesem Jahr ließe sich das vor ihrem Examen nicht durchführen. Sie äußerte aber den Wunsch, bei einem späteren Termin es zu
tun, wenn Eure Zeit, die Ihr dafür bestimmen könnt, mit ihren Ferien
(langen oder kurze) zusammenfällt. Wenn ich sie richtig verstanden
habe, so kommt es ihr vor allem darauf an, für einige Tage mit Euch
zusammen zu sein, Euer Leben zu teilen usw.

Was die Kinder betrifft, die ich Euch seit Jahren so gern vorgestellt hätte, habe ich mit Mimi nichts Konkretes besprochen. Einige
»formelle« Schwierigkeiten tauchen auf. Doch vielleicht ließe sich ihre
Reise später mit einer Gruppe von französischen Kindern organisieren.

Und nun einiges über mich selbst, wie von Euch gewünscht.
Gesundheitlich habe ich nicht zu klagen. Ärztlicherseits wird der
Zustand als »stabilisiert« bezeichnet. Das letzte EKG weise – angeblich – keine Spuren des Infarktes vor zwei Jahren mehr auf. Wenn es
stimmt – um so besser.

Bei sehr langen Arbeitstagen, wie es manchmal der Fall ist, muß
ich eben Pausen einlegen. Wenn das nicht möglich ist, merke ich es
kaum, muß es aber beim Eintreten von Mattigkeit am nächsten Tag
eben berücksichtigen. Sonst fühle ich das Herz genau so wenig wie die
Lunge oder das sonstige Innere.

Arbeitsmäßig macht sich die Kompliziertheit der Lage gezwun-
genermaßen bemerkbar. Es gibt selbstverständlich keine Unterschiede
– weder in der Einschätzung der inneren noch der äußeren Politik de
Gaulles*. Verschieden eingeschätzt wird lediglich hier und dort das
Verhältnis der einen und der anderen Seite zur gesamten Politik, in der
Darlegung der Dinge. Bei den Schwierigkeiten in der laufenden Arbeit
spielen auch zweifellos subjektive Unzulänglichkeiten mit, bei mir vor
allem, womöglich auch bei anderen. Manchmal habe ich das Empfinden, daß hier und da, die Tendenz sich bemerkbar macht, in der
Richtung eines gewissen »mit dem Kopf durch die Wand«, Zeichen
von Ungeduld, usw.

Das Reagieren in der französischen Öffentlichkeit auf Fragen, die
hier Schwerpunktfragen sind, ist nicht immer so eindeutig und rasch,
wie es wünschenswert wäre. Die französische bürgerliche Presse verschweigt noch sehr stark die großen internationalen Initiativen der
DDR, wenn auch die Verschwörung des Schweigens durchbrochen ist.

* Charles de Gaulle
(1890-1970), General
und Präsident der
Fünften Französischen
Republik (die Vierte
war nach einer Staats-
krise im Mai 1958
zusammengebrochen).
Gewählter Staatspräsi-
dent vom 21. Dezember
1958 bis zum 28. April
1969 (Rücktritt). Unter
seiner Ägide entließ
Frankreich seine
afrikanischen Kolonien
in die Unabhängigkeit,
wurden die »Force de
frappe« (Atomstreit-
kräfte) aufgebaut und
Frankreich aus der
militärischen Orga-
nisation der NATO
gelöst. Er stellte den
Führungsanspruch der
USA infrage, verbes-
serte die Beziehungen
zur UdSSR und zu
China und strebte
nach einem »Europa
der Vaterländer« mit
nationaler Souve-
ränität. 1963 wurde
mit der Unterzeichnung
des Deutsch-Französi-
schen Vertrages die
nach 1945 von ihm als
Ministerpräsident ein-
geleitete »Aussöh-
nung« vollzogen.

Unsere Presse auf der anderen Seite kann diesen Zustand alleine nicht umwerfen, ganz ohne davon zu sprechen, daß die Innenpolitik einen entscheidenden Platz einnimmt. Nichts kann aber verhindern, daß das Interesse und die Liebe zur DDR zusehends wachsen. Immer mehr hört man in Frankreich den Wunsch, mehr Menschen aus der DDR nach Frankreich kommen zu lassen, sie anzuhören, sich die Politik der DDR von ihnen darlegen zulassen.

Die christlichen Mitglieder der Romain Rolland-Gesellschaft wußten nicht, daß DDR-Mitglieder nach Frankreich nicht zugelassen werden und waren darüber sehr empört, denn es sei gar nicht gerecht.

In den letzten Wochen wurde ich ganz spontan bei Veranstaltungen, wo von der DDR die Rede war, aufgefordert, über die DDR im Namen der DDR zu sprechen. Das war einmal bei einer Ausstellung von Grafiken der DDR, und ein anderes Mal bei einem Kongreß, wo Genosse Leo eingeladen war und – nicht erschien, zum größten Bedauern aller. Da kommt mir mein langer Aufenthalt in der DDR zugute. Das ist sehr schön und macht viele Schwierigkeiten weg.

Über diese Schwierigkeiten habe ich selbstverständlich mit »meinen« zuständigen Stellen hier gesprochen. Es wurde mir sogar die Möglichkeit gegeben (zum ersten Mal in den fünf Jahren, seit ich die jetzige Arbeit mache!), mit einem Mitarbeiter des ZK zu sprechen und mein Herz sozusagen auszuschütten.

Entschuldigt bitte diese lange Plauderei. Es tut mir leid, daß ich euch um wenige Stunden verpasse, denn ich fliege Montag früh ab. Ich komme aber am 1. August zur Kur (in Falkenstein, wahrscheinlich) wieder.

Mit besten Grüßen und für alles recht herzlich dankend,
Eure Rosa

z. Z. Altenhof am Werbellinsee, den 24. August 1973
Liebe Lotte!

Herzlichen Dank für Walters Bild – das schönste in der Tat, das seine Gesichtszüge und sein ganzes Wesen so frei wiedergibt. Ich bin in Gedanken mit Euch, an dieser wunderschönen Stätte der Natur, wo Ihr miteinander sicherlich viele Zukunftspläne erwogen habt, deren Verwirklichung Du mit ihm erleben durftest.

War es nicht sein wesentlicher Charakterzug, Blicke und Gedanken immer nach vorne zu richten? Und wenn er sich rückwärts wandte, so um die getane Strecke abzumessen, um die weitere abzustecken und bevorstehende Ziele besser zu erreichen. Ebenso zu handeln – das ist das Vermächtnis, das ich mir von ihm nahm.

* Gerhard Leo, Jahrgang 1923, Frankreich-Emigrant und lange Zeit Korrespondent des Neuen Deutschland in Paris.

1972

Alles was ich von ihm las bzw. hörte, das habe ich stets von diesem Gesichtspunkt, ja unter dieser Regel aufgenommen und versucht in Aktion umzuwandeln. Darin habe ich als Kommunistin – auch unter schweren Schicksalsschlägen – jene Ausgeglichenheit geschöpft, ohne welche Schöpferisches nicht geleistet werden kann.

Ich schätzte mich stets glücklich, diesem hervorragenden Menschen einige Jahre zur Seite gestanden zu haben. Ja, jedes Jahr, jeder Tag, jede Stunde, gab mir zusätzlich Kraft und ein wachsendes Gefühl größerer Verpflichtung der Partei gegenüber. Dieses Gefühl der größeren Pflicht, das ich in seinem Beispiel schöpfte, ist in mir nicht mehr auszulöschen. Das habe ich Walter zu verdanken.

Und es ist kein Zufall, wenn ich im letzten Vierteljahrhundert bei meiner Arbeit stets danach strebte, der deutschen Arbeiterklasse und ihrer Partei zu dienen. Der französische Volksmund besitzt einen weisen, tiefsinnigen Spruch: »On ne peut á la fris, être et avoir été«.

1950

Seit unserer letzten Unterhaltung vor knapp zwei Wochen auf dieser Terrasse, auf der allein Du seine Gedanken und Pläne mitbekommen hast, verläßt mich der Gedanke nicht, welche überaus reichen und schöpferischen Jahre Dir bevorstehen, wenn Du Dir zur Aufgabe stellst, den Menschen Walter Ulbricht der gegenwärtigen wie der künftigen Generationen zu zeigen. Wie er war, wie nur Du ihn kennst – den Menschen, der die Partei und seine Klasse höher als alles andere stellte, den Menschen, der auf Familie und persönliches Glück verzichtete, um sich voll und ganz der Sache seines Volkes zu widmen.

Wer kann das besser als Du? Für wen ist diese Verpflichtung größer als für Dich? Eine solche Aufgabe scheint mir groß und dankbar genug, um Dein Leben und Schaffen auszufüllen. Vielleicht schlage ich mit meinem Vorschlag eine offene Tür ein? Wir können jedenfalls, wenn Du willst, bei einer neuen Unterhaltung unsere Gedanken darüber austauschen.

Auf Wiedersehen, also!

Rosa

Ich bleibe im Heim voraussichtlich bis Montag den 3.9. Dann unmittelbar danach Rückkehr nach Paris!

Bad Liebenstein, den 28. Juli 1982

Liebe Lotte!

Ich werde am Montag, den 2. August, vormittags abgeholt und treffe im Laufe der Nachmittagsstunden in Berlin ein. Bist Du dort noch zu erreichen? Ich versuche jedenfalls gleich bei meiner Ankunft Dich telefonisch zu erreichen. Vielleicht klappt es.

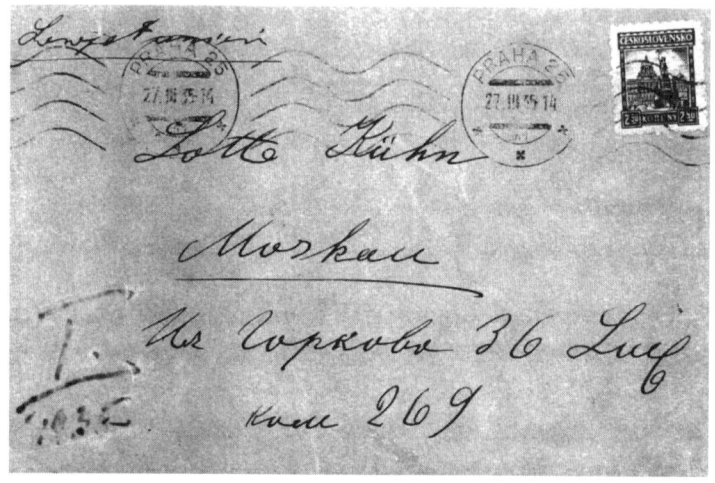

Ich habe in diesem Jahr meine Kur um einen Monat vorgezogen, weil ich mich sehr müde fühlte. Sie ist mir sehr gut bekommen. Der Auto-Unfall des vorigen Jahres hat keine Spuren hinterlassen. Ich habe neue Kräfte gesammelt. Zu Hause hat sich nicht viel verändert. Nun hat D[...] *(die Enkelin – d. Hrsg.)* ihr Studium als Architektin beendet, eine hervorragende Diplomarbeit geliefert und gleich darauf eine Arbeit, die ihr sehr viel Spaß machte, bekommen. Doch mit dem Eintritt in die Sommermonate und der damit verbundenen Flaute war es aus mit der Stelle. Weitere Nachrichten habe ich nicht.

F[...] *(die Urenkelin, D.s Tochter – d. Hrsg.)* – 3 $^{1}/_{2}$ Jahre – wächst und gedeiht. Sie geht in den Kindergarten und kommt demnächst in eine höhere Klasse, worüber sie sich sehr freut. Sie scheint in der höheren Mathematik sehr begabt zu sein, denn sie kann schon bis 5 zählen, und zwar in russisch, englisch und »indi«. In Französisch ist sie viel weiter. Papa und Mama sind sehr stolz. Großmutter – Mimi – auch, nicht zu reden von der Urgroßmutter.

Mimi selbst ist dieses Jahr, wie immer, viel gereist. Zu Ostern war sie in Nepal. Während der Großen Ferien ist sie wahrscheinlich in Leningrad wie sonst. A[...] *(Sohn Mimis – d. Hrsg.)* und seine Freundin sind auch immer unterwegs.

Nun weißt Du alles über die ganze Familie. Ich hoffe, diese Zeilen erreichen Dich in Berlin. Wenn ich keine telefonische Verbindung dort bekomme, rufe ich in Bad Liebenstein an.

Mit besten Grüßen

Rosa

Walter Ulbricht war der leibliche Vater zweier Töchter. Eine dritte adoptierte er zusammen mit Lotte. Diese, Beate (1944-1991), genoß die ganze Zuneigung, wenngleich diese in dem Maße schwand, wie die in sie gesetzten Erwartungen sich nicht erfüllten.

Beate, Juni 1962.

Schreiben von Walter Ulbricht an Dorle oder Mimi sind nicht überliefert. Als Beate vor dem Abitur in Pankow nach Leningrad geschickt wurde, um dort in russischer Sprache ihren Abschluß zu machen, gingen viele Briefe hin und her. Die Mitteilungen, mal von Lotte, mal von Walter, waren durchdrungen von spürbarer Fürsorge. Einfühlsam wie fordernd ging man auf die Probleme des Teenagers ein. Wiederholt reiste Lotte Ulbricht als Privatperson an die Newa, um die Tochter zu besuchen. Eine ehemalige Kommilitonin aus Leipzig berichtete mir unlängst, daß sie wiederholt Beate suchen mußten, wenn ihre Mutter erschien. Deren Interesse an den Internaten und deren Bewohnern schien größer als das an den Vorlesungen. Lotte Ulbricht bat die DDR-Studenten, sich ein wenig um Beate zu kümmern, damit sie nicht derart über die Stränge schlüge.

Sowohl als Schülerin wie auch später während des wiederholt unterbrochenen Studiums war Beate privat untergebracht. Daraus erwuchsen gewisse Probleme, auf die Lotte einging.

Berlin, den 3. Oktober 1960

Mein liebes Mädel!
Dein Brief kam erst nach 11 Tagen (vom Poststempel an gerechnet) vorgestern hier an. Du stellst eine ernste Frage, und ich habe mir lange überlegt, was ich Dir antworten soll. Ich will es jedenfalls versuchen.

Ganz allgemein denke ich, Du solltest das Verhalten Deiner Leningrader Familie nicht so tragisch nehmen. Margarita Wladimirowna hat Dich sehr gern. Wenn sie jetzt, in Deinem zweiten Schuljahr, etwas strenger ist als im vorigen, so ist das ganz verständlich. Im vorigen hat sie manches durchgehen lassen. Was in einem sowjetischen Internat beziehungsweise bei seinen Schülern nicht üblich ist. Jetzt muß sie mit dafür sorgen, daß auch Du Dich in jeder Beziehung so verhältst, daß die Ordnung im Internat nicht gestört wird. Wir sind überzeugt, daß Du – nachdem Du unter so großen Anstrengungen mit den Anfangsschwierigkeiten fertiggeworden bist – auch diese Schwierigkeiten überwinden wirst.

Dein Brief zeigt, daß der Hauptgrund Deiner Mißstimmung Dein Verhältnis zu Jura ist. Du fragst, ob Du noch mit ihm befreundet sein darfst. Warum sollt Ihr nicht befreundet sein? Jura ist ein guter Junge und ein fleißiger Schüler. Niemand, weder hier noch in Leningrad, ist gegen diese Freundschaft. Das heißt, soweit es eine wirkliche Freundschaft ist, die dem anderen hilft, besser zu lernen, zu wachsen, vielseitiger zu werden. Das heißt eine wirkliche Jugendfreundschaft ohne Küssen usw., eine Freundschaft, wo einer den anderen achtet und ihn nicht als Spielzeug betrachtet. Darüber, scheint es, haben wir schon offen gesprochen. Denn schließlich ist in diesen Jahren eure Hauptaufgabe, gut zu lernen, euch zu nützlichen und vor allem bewußt handelnden Sozialisten zu entwickeln.

Daß Du aufgrund der sprachlichen Lage besondere Anstrengungen machen mußt und Deine Kraft nicht für Tändeleien aufwenden darfst, hast Du sicher inzwischen schon verstanden. Denn schließlich hast Du ja selbst über die nächsten Jahre Deines Lebens mitbestimmt.

Überlege einmal selbst, meine liebe Große, ob Du nicht selbst zu den Spannungen beiträgst. Ich stellte mir zum Beispiel vor, wie ihr beide, Galja und Du, nach stundenlangem Herumlatschen nach Hause gekommen seid, das heißt in die Wohnung Margarita Wladimirownas, die Dich so gastfreundlich aufgenommen hat. Ihr seid nicht nur mürrisch vor Müdigkeit, sondern legt euch auch beide hin. Weißt Du, keiner Mutter wäre das recht gewesen. Warum ist Galja nicht nach Hause gegangen?

Und hast Du Dich überhaupt darum gekümmert, was Du evtl. helfen kannst, oder hast Du wenigstens ein gutes Buch genommen, zu dem Du doch so wenig kommst? Nimm es mir nicht übel, aber Dein Verhalten im Urlaub hat mich in dieser Beziehung sehr nachdenklich gemacht. Schließlich möchte es Margarita Wlad. an ihrem freien Tag auch etwas gemütlich zu Hause haben.

Dann beklagst Du Dich, daß sie Dich mit Jura nicht allein spazierengehen läßt. Warum könnt ihr nicht zu mehreren gehen? Glaube mir, es ist nicht üblich, daß Internatsschüler zu Paaren spazierengehen. Darum kann sie es auch Dir nicht gestatten. Außerdem, hast Du ihr nicht manchmal Grund gegeben? Oder hast Du alles vergessen, was Dir Deine Pädagogen seit dem Frühjahr mehrere Male gesagt haben? Es ist in eurem Alter nicht gut, wenn man sich von der Hauptsache – in diesem Falle das Lernen – ablenken läßt.

Aber laß Dich von alledem nicht unterkriegen, Mädchen. Ich weiß aus meiner eigenen Jugend, daß man in diesem Alter manche Dinge tragischer nimmt als sie sind. Ein halbes Jahr später sieht man sie viel ruhiger. Du selbst siehst doch heute viele Dinge ganz anders

Lotte Ulbricht, 1962

als vor zwei Jahren, als Dich Deti *(Lottes Schwester Margarethe – d. Hrsg.)* manchmal etwas verwöhnt hat, nicht wahr?

Deine Entwicklung geht doch ganz gut vorwärts, und Deine Lehrer waren mit Deinem Fleiß sehr zufrieden – davon haben wir uns beide überzeugt. Also Kopf hoch, laß Dich nicht von vorübergehenden Fragen bedrücken und ablenken. Alles wird wieder gut werden. Bis zu den Novemberfeiertagen ist es nur noch kurze Zeit, und dann können wir alles ruhig und sachlich besprechen, ja?

Mit Papa habe ich gesprochen. Er meint auch, daß Du das, was Du Dir vorgenommen hast, sicher gut erreichen wirst.

Ich umarme und küsse Dich herzlich und hoffe, daß Du schon wieder obenauf bist.

Deine Dich liebende Mutti

Ich habe mit der Maschine geschrieben, damit Du es besser lesen kannst. M.

Berlin, den 27. Januar 1962

Liebe Beate!

Wir haben uns über Deinen Brief vom 16. Januar sehr gefreut. Wir hatten richtig Sehnsucht nach einem solchen Brief. Du mußt doch bedenken, daß wir schon über zwei Monate keinen Brief von unserem lieben Sputnik hatten. Aber dieses Mal hast Du uns wirklich einen schönen Brief geschrieben.

Wir freuen uns mit Dir, daß Du die Neujahrsferien so vergnügt und nützlich verbracht hast, wenn wir Dich auch sehr vermißt haben und gern wieder einmal Dein fröhliches Singen gehört hätten. Das

Oma Lotte Ulbricht mit Enkelin Patricia und Tochter Beate in Leningrad (Zarskoje Zelo), 29. Mai 1968.
Die 1963 mit dem italienischen Studenten Matteoli geschlossene Ehe ist 1966 geschieden worden. Seit dem 31. März 1968 heißt sie Polkownikow.

Mittagessen im Schnee war sicher interessanter als in der Stolowaja, besonders wenn man vor der Skitour selber einkaufen kann und das Essen selber zubereitet hat. Was das Skilaufen betrifft, so ist es dabei wie mit jeder Sache: Das größte Vergnügen hat man, wenn man sie beherrscht. Wenn Du es bei uns gelernt hättest, könntest Du allen vormachen, wie man die Abhänge runterkommt. Statt dessen hast Du die Notbremse gezogen und den Hosenboden strapaziert,

Opa Walter mit Enkelin Patricia 1967, die sich offenkundig nicht sonderlich wohlfühlte. Daneben Grüße und Glückwünsche von Beate und ihren beiden Kindern zum 80. von Walter Ulbricht, 26. Juni 1973

was im übrigen für die Knochen sehr gefährlich sein kann. Also das nächste Mal, wenn Du im Winter zu Hause bist, wirst Du sicher auf der »Idiotenwiese« trainieren, nicht? Daß Du während der Ferien auch gelernt hast, ist für Dich sehr nützlich. Deine Mitteilung, daß die Noten sich etwas verbessert haben, freut uns, besonders die Vier* in Chemie. Das ist ja doll. Wir wundern uns aber, daß Du in Sport nur eine Zwei hast. Das sieht Dir gar nicht ähnlich. Hattest Du irgendwelche Mucken? Wir hoffen, daß das nur vorübergehend war. Leider wird sicher auch diese Note am Jahresende berücksichtigt. Vergiß jedenfalls nicht, daß alles, was Du jetzt versäumst, später nur schwer nachzuholen ist. Übrigens weißt Du so gut wie wir, daß für den Übergang zum Hochschulstudium die Dreien nicht genügen, also mußt Du Dich tüchtig anstrengen. Wir sind überzeugt, daß Du es gut schaffen kannst, wenn Du Dich genügend auf das Lernen konzentrierst.

Was den Theaterbesuch betrifft, würden wir Dir raten, ab und zu in das Thater des Leninschen Komsomol zu gehen, weil dort interessante Stücke mit Gegenwartsthemen gespielt werden.

Bei uns gibt es jeden Tag etwas Neues. Wie Du weißt, waren wir Weihnachten Skilaufen. Vor einigen Tagen hat aber der Gegner entdeckt, daß Papa in der gleichen Zeit in Warschau, Prag und sonstwo gewesen sei. Dabei haben wir uns die Welt vom Fichtelberg angesehen. Das nur zu Deiner Erheiterung.

Vorige Woche hat die Volkskammer die Einführung der allgemeinen Wehrpflicht beschlossen. Das ändert am Umfang unserer Armee nichts, aber der Friede wird dadurch noch besser gesichert. Und das ist ja nötig.

Am 14. Januar** war wieder Demonstration und Kundgebung in Friedrichsfelde. Das war diesmal eine so mächtige Kundgebung wie noch nie und zum ersten Mal bei verhältnismäßig trockenem Wetter. (Anliegend eine Aufnahme)

Wir sind alle gesund. Deti wird immer jünger, jetzt hat sie Dauerwellen und sieht viel jünger aus. Auch Omi ist immer noch auf dem Damm, strickt immer noch etc.

Im übrigen ist es hier so warm geworden, daß man fast an den Frühling denken möchte. Aber noch ist ja die Winterzeit nicht vorbei. Für die Landwirtschaft bzw. die Ernte ist dieses warme Wetter sehr gefährlich.

So, lieber Sputnik, das sind für heute alle Neuigkeiten. Wir hoffen, daß Du bald wieder einmal schreibst und uns aus Deinem Leben berichtest. Wir freuen uns immer sehr.

* In der Sowjetunion war die 5 die beste, die 1 die schlechteste Note.

Lotte Ulbricht und Nina Chruschtschowa beim Bummeln in Moskau, 1964.

** Die traditionelle Liebknecht-Luxemburg-Demonstration, mit der an die Ermordung der beiden Arbeiterführer am 15. Januar 1919 erinnert wird.

Grüße bitte alle unsere dortigen Bekannten, besonders Margarita Wlad., Marina und Mann, Tatjana Nikolajewna, Deine Erzieherinnen etc. Grüße bitte auch die Direktorin.

Sei aber Du vor allem recht herzlich gegrüßt und geküßt von Deinen Eltern.

PS Schreibe bitte, welche Sachen Du brauchst. Es gibt hier manchmal nette, moderne (helle) Halbschuhe mit Gummisohle – ausl.*(ändische – d. Hrsg.)*, leicht, aber m. flachem Absatz. Soll ich solche kaufen?

Sonntag, den 11. November 1962

Meine liebe Beate!

Mutti hat mir von dem Besuch bei Dir erzählt und davon, wie Du Dein Studium begonnen hast. Außerdem haben wir inzwischen Deinen Brief erhalten, den Du am Ende vorigen Monats geschrieben hast. So kenne ich jetzt endlich etwas Näheres über Dein Leben. Weißt Du, jeden Tag haben Mutti und ich über Dich gesprochen und uns vorzustellen versucht, was Du machst, wie Du lebst. Wir verstehen ja, daß es gar nicht so einfach für Dich ist, sich in einen neuen Lebensabschnitt gleich hineinzufinden. Da ist die neue Umgebung, da sind Studenten, die Du erst kennenlernen mußt, eine neues Wohnheim, und da sind vor allen Dingen neue, schwere Anforderungen beim Studium. Jeder von uns hat in seinem Leben Ähnliches durchgemacht.

Beate beim Urlaub auf der Krim, Sommer 1962.

Was ist nach meinen Erfahrungen das Wichtigste?

Das Wichtigste ist, sich einen festen Arbeits- und Studienplan zu machen und danach zu leben, damit man seine Zeit nicht verplempert, denn beim Studium kann man das Verlorene nicht durch kurzfristiges »Pauken« nachholen. Das zweite ist das Leben in der Gemeinschaft der Studenten. Sobald man sich von der Gemeinschaft isoliert, verliert man. In den Gesprächen mit den anderen Studenten, im gemeinsamen Besuch von Theatern und Klubs lernt jeder einzelne, und der Charakter bildet sich weiter. Außerdem zwingt das Leben im Kollektiv jeden einzelnen, eine bestimmte Ordnung einzuhalten. Du kennst das ja aus dem Internat, wie die Kritik des Kollektivs hilft, manche Dinge, die man einseitig oder falsch sieht, allseitiger und im Zusammenhang zu sehen.

Ich verstehe vollständig, daß jetzt viel Neues auf Dich eindringt. Aber so, wie Du im ersten Schuljahr im Internat Dich »am Riemen« gerissen hast, so mußt Du es auch jetzt tun. Manches ist jetzt vielleicht sogar schwieriger. Jetzt hilft Dir nicht mehr die Disziplin des Internats, jetzt bist Du eine Studentin, die ihr Studium und ihre Zeit selbst organisieren muß, die sich einen bestimmten Plan machen und das notwendige Pensum erfüllen muß. Ich bin überzeugt, daß Du das genau so fertigbringen wirst, wie es Dir im Internat gelungen ist. Das erfordert selbstverständlich angestrengte Arbeit, und was wir tun können, um Dir zu helfen, werden wir tun.

Du solltest auch die Bedeutung der Studentenversammlung nicht unterschätzen. Wenn Versammlung ist, sollte es selbstverständlich sein, daß Du, wie Du das früher auch gemacht hast, teilnimmst und zwar bis zu Ende. Gute Freundschaft mit den Studenten ist sehr wichtig und wird Dir noch von großem Nutzen sein.

Ich bin über Deine Erkrankungen sehr beunruhigt. Selbstverständlich kann das vorkommen. Aber Du mußt Dich auch so kleiden, daß Du möglichst schnell gesund wirst und nicht mehr erkrankst, denn

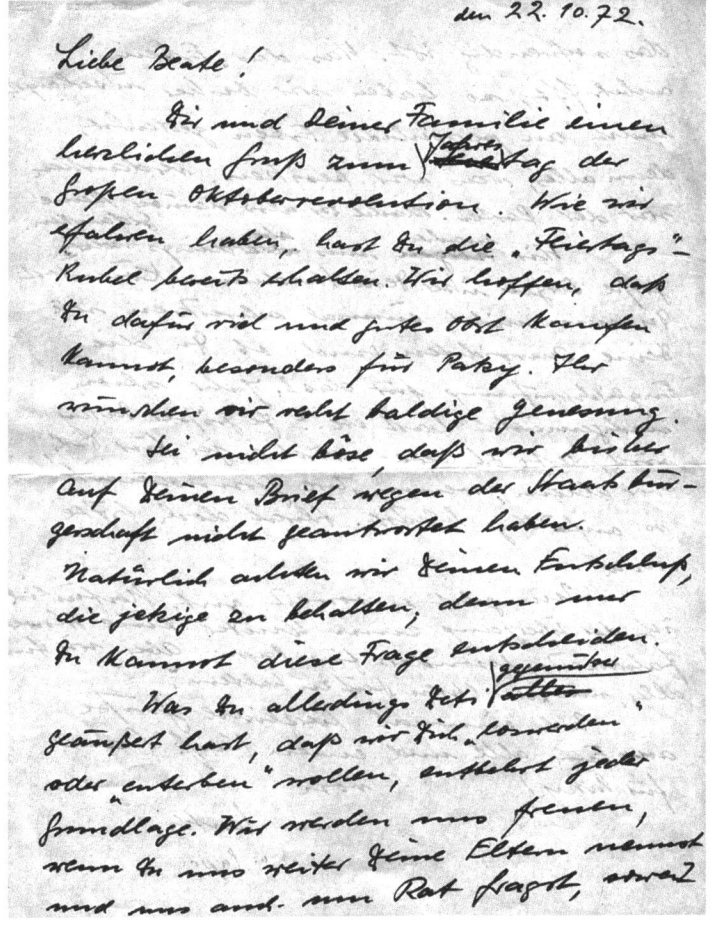

Briefentwurf Lotte Ulbrichts, in dem die Staatsbürgerschaft thematisiert wird. Da es sonst keine Hinweise gibt, steht zu vermuten, daß Beate Polkownikowa die Frage nach Übernahme der sowjetischen Staatsbürgerschaft erwogen hatte – wohl um sich abzunabeln.

das stört doch Dein ganzes Leben. Ich bitte Dich dringend, Dir Deine Zeit so zu organisieren, daß Du richtig ißt, und regelmäßig. Wenn Du das vernachlässigst, dann bist Du selbstverständlich leichter für Krankheiten anfällig.

Liebe Beate! Nun wirst Du vielleicht denken, jetzt hat mir der Papa wieder eine Lektion gelesen. Tatsächlich wiederhole ich das, was wir Dir am letzten Tag auf der Krim gesagt haben. Es ist immer gut, die Lebenserfahrungen anderer Menschen zu beachten, um möglichst nicht alle Fehler zu wiederholen. Solche Lebenserfahrungen zu nutzen ist immer billiger als der Versuch, alles selber auszuprobieren und zu bezahlen.

Noch eins. Ich habe Mutti gefragt, wie Du mit dem Geld zurechtkommst. Offenkundig fällt Dir das Rechnen noch schwer. Du kannst

Rückseite des Entwurfes eines Schreibens an Beate vom 22. Oktober 1972.
Beate studiert noch immer in Leningrad. Im Herbstsemester 1962 – vor nunmehr zehn Jahren – hatte sie damit begonnen. Inzwischen brachte sie zwei Kinder zur Welt. Eine Ehe ist zerbrochen, die zweite wurde 1968 geschlossen, doch diese scheint inzwischen auch zu Ende. Die Geduld bei den Eltern ist nahezu aufgebracht, worauf die offenkundig vorausgegangene Debatte um das »Erbe« hinweist. Der Ton, wenngleich im Tenor versöhnlich, ist erkennbar scharf.

selbstverständlich Geschenke oder andere größere Sachen erst kaufen, wenn Du am Monatsende noch Geld übrig hast. Ich schlage vor, daß Du uns Ende November berichtest, wie Du mit Deinem Geld auskommst. Jedenfalls wollen wir, daß Du monatlich die Summe hast, damit Du normal leben und gut studieren kannst, ponjatno?

Über die politischen Geschehnisse will ich heute nichts weiter schreiben. Die Amerikaner* versuchen, eine Entspannung mit allen Mitteln zu verhindern. Aber ich denke, die weise Politik der Sowjetregierung und vor allem Nikita Chruschtschows, die aller Welt klargemacht hat, wo die wahren Friedensfreunde und wo die Kriegstreiber stehen, wird sich letzten Endes auf die Weltlage günstig auswirken. Auf jeden Fall hat sie einen Atomkrieg verhindert, dessen Ausbruch tatsächlich an einem Haar hing. Wir werden weiter alles tun, um die Sache des Friedens zu stärken – so viel Anstrengungen das auch kosten möge. Denn alles ist billiger als ein neuer Krieg.

Jetzt ist aber wirklich Schluß, meine liebe Tochter. Ich wünsche Dir gute Gesundheit und viel Erfolg beim Studium. Denn von diesem Jahr hängt ja entscheidend viel ab. Grüße bitte auch Deine bekannte Familie von mir.

Ich umarme Dich herzlich und wünsche Dir alles Gute,

Dein Papa

* Im Oktober hatte die Kuba-Krise die Welt an den Abgrund geführt. Die USA hatten atomar bestückte Mittelstreckenraketen in der Türkei stationiert, darauf hatte Moskau mit der Stationierung von Mittelstreckenraketen auf Kuba reagiert. Die USA hoben die Seeblockade auf, nachdem Moskau seine Raketen abgezogen hatte.

1969

den 15. Mai 1963

Liebe Beate!

Dein Brief von Ende April wurde uns nach Karlsbad nachgeschickt. Vielen Dank! Mutti hat sich sehr gefreut, daß Du sie »molodetz« genannt hast und hofft, daß Du auch einer wirst.

Unsere Kur geht dem Ende zu. Sie ist wieder ziemlich anstrengend, weil jeden Tag Prozedur ist; außerdem laufen wir, soviel wir können. Das Wetter ist entsprechend dem Monat kühl und feucht, manchmal scheint auch die Sonne. Wir sind ja schon zum wiederholten Male hier, aber es ist immer wieder interessant zu beobachten, daß die übergroße Mehrzahl der Kurgäste sich aus arbeitenden Menschen zusammensetzt, auch unter den sowjetischen sind viele Arbeiter. Früher konnten nach Karlsbad nur reiche Leute fahren. Darum konnte sich Karl Marx, der ein schweres Leberleiden hatte, nur einmal eine Kur mit Hilfe seiner Freunde leisten, obwohl die Wiederholung der Kur sein Leben vielleicht bedeutend verlängert hätte.

Nun zu Deinem Brief. Wir sind froh, daß Du – wenn auch mit großer Verspätung – die Prüfung abgelegt und gut bestanden hast.

* Ivanko Matteoli, Sohn eines italienischen KP-Funktionärs. In einem Interview mit einem Boulevardmagazin im Sommer 1991, wenige Tage vor ihrer Ermordung, erklärte Beate, daß die Verbindung das Mißfallen der Ulbrichts ausgelöst habe. Dennoch fand am 20. Oktober 1963 im Standesamt Berlin-Pankow die Trauung statt. Danach habe die 19jährige als Löterin im VEB Stern-Radio, später bei ADN arbeiten »müssen«. Das Ehepaar habe nach Leningrad »flüchten« wollen, was nur Matteoli gelang, ihr sei der Paß abgenommen und erst wieder ausgehändigt worden, als sie sich scheiden ließ. In Leningrad habe sie später Matteoli nicht gefunden, stattdessen ihren Schulfreund Jurij, den sie heiratete, als sie schwanger war ... Die von der Zeitschrift 1991 publizierten Auskünfte Beates sind sehr widersprüchlich und darum nur eingeschränkt glaubhaft.

Das Ergebnis bestätigt uns, daß Du bei guter Vorbereitung auch gute Leistungen erreichen kannst, das heißt daß Du absolut die Fähigkeit zum Studium hast. Andererseits zeigt uns Dein Brief, daß Du immer noch nicht ganz zu begreifen scheinst, in welche schwierige Lage Du Dich durch Dein nachlässiges Arbeiten gebracht hast.

Wir wissen, daß Dekan, Prorektor und wer weiß noch versucht haben, Dir klarzumachen, daß Du Deine Arbeitsmethoden ändern mußt, das heißt einen exakten Plan haben und Konsultationen besuchen mußt, wenn Du die Prüfungen bestehen willst. Es tut uns leid, daß Du uns nichts davon schreibst, auch nicht davon, daß Du seit Oktober den Russisch-Unterricht nicht wieder aufgenommen hast, obgleich Du wußtest, daß eine Prüfung erfolgt. Warum informierst Du uns nicht über das alles, wo Du doch weißt, daß uns die Fragen Deines Studiums sehr interessieren? Wir wollen Dir doch helfen, daß Du Erfolg im Leben hast.

Wenn Du diesen Brief erhältst, haben die Vorprüfungen bereits begonnen. Das erfordert, daß Du Dich die kommenden Wochen den Prüfungen widmest und auf alle Ablenkungen verzichtest. Das Wichtigste ist, den Studienplan streng einzuhalten und die Konsultationen regelmäßig zu besuchen. Das wird einige Anstrengungen kosten. Dafür wird am Ende als Lohn die Fortsetzung des Studiums stehen.

Voraussetzung zum Bestehen der Prüfungen ist aber auch, daß Du regelmäßig ißt. Du hast ein größeres Stipendium als andere Studenten von uns. Natürlich kannst Du damit nicht monatelang eine Studentin miternähren, die ganz offensichtlich nicht ordnungsgemäß an der Universität ist – sonst würde sie ein Stipendium erhalten. Teile Dir also Dein Geld richtig ein und lebe entsprechend Deinen Verhältnissen. Mit hungrigem Magen schaffst Du die Prüfungen nicht, das sollten Dich doch Deine Erfahrungen aus dem Internat lehren.

Nun zur Frage Deiner italienischen Bekanntschaft*. Ganz abgesehen davon, daß in den nächsten Wochen bis zum Abschluß der Prüfungen jede Tändelei von der Hauptaufgabe ablenkt, möchten wir Dich darauf aufmerksam machen, daß engere Freundschaften zwischen unseren im Ausland studierenden Studenten und Angehörigen anderer Nationen in der Regel mit dem Zerwürfnis enden, da jeder andere Verpflichtungen gegenüber der Familie und dem Staate hat. Da Dich der Staat zum Studium entsandt hat, bestimmt er auch Deinen zukünftigen Arbeitsort. Wir denken, Du machst Dir das rechtzeitig klar. Du weißt, daß gerade Du keine Ausnahme machen kannst, und Du sollst auch wissen, daß sowohl die deutschen als auch die sowjetischen Stellen unseren Standpunkt kennen.

Eine letzte Frage – Du siehst, wir beantworten alle Fragen offen ohne diplomatische Zurückhaltung – ist Dein Verhalten zur Landsmannschaft bzw. zur Parteileitung. Auch hierin hast Du Deine falschen Vorstellungen offensichtlich noch nicht überwunden. Deswegen wiederholen wir Dir noch einmal das oft Gesagte, daß die dortige Parteileitung nicht nur unsere Partei vertritt, sondern auch unseren Staat. Sie hat auch ein Recht, auf die Frage nach dem Studium oder Nichtstudium der Studenten der DDR Einfluß zu nehmen. Du kannst also nicht Einladungen der Parteileitung bzw. des Parteisekretärs mißachten. Indem Du Dich isolierst, erschwerst Du Dir selber das Studium. Natürlich gehört es sich auch für jeden Studenten, allen Anweisungen des Dekanats bedingungslos Folge zu leisten. Das sind unsere Studenten schon aus Anstand dem Gastland gegenüber schuldig. Und was für alle anderen gilt, gilt natürlich in erster Linie auch für Dich.

Lieber Sputnik! Wir wissen, daß dieser Brief eine harte Nuß für Dich ist. Und vielleicht gerätst Du erst einmal in Wut. Wir bitten Dich trotzdem, Dir ernsthaft zu überlegen, was wir Dir hier geschrieben haben. Alles liegt in Deiner Hand. Wir sind fest überzeugt, daß Du die Kraft hast, den Berg, der jetzt vor Dir liegt, zu bezwingen, wenn Du Deinen ganzen Willen und alle Kraft darauf konzentrierst. Wir möchten gern, daß Du das zweite Semester gut beendest und Dein Studium weiterführen kannst.

Dabei wünschen wir Dir von ganzem Herzen guten Erfolg! Wir umarmen Dich herzlichst

Deine Dich innigst liebenden Eltern.

Hochzeit in Leningrad am 31. März 1968: Beate Ulbricht, geschiedene Matteoli, heiratete ihren alten Schulfreund Jurij Polkownikow, einen Alkoholiker, dessen Beispiel sie folgte. In der DDR wurde ihr das Sorgerecht für die beiden Kinder entzogen.

... Gespenst des Kommunismus

Die Tatsache, mit Walter Ulbricht verwandt zu sein, war im »Freien Teil« der Welt nicht unbedingt ein Empfehlungsschreiben. Zwei Jahrzehnte vor Entdeckung der Hitler-Tagebücher entdeckte der *Stern* im New Yorker Stadtteil Queens den 60 Jahre alten Bruder Erich. Dieser hatte 1928 Leipzig verlassen und war seit 1933 Bürger der USA. Er arbeitete als Bandagist, seine zehn Jahre jüngere Frau Erna stammte wie er aus dem Alten Europa. Ihre drei Kinder sprachen kaum deutsch. Was Wunder: Sie waren in den Vereinigten Staaten geboren und trugen auch dort übliche Namen (Eleanor, Roger und Leonard).

Der *Stern* hatte zur selben Zeit in der Nähe von Hamburg auch Ulbrichts Schwester Hildegard ausfindig gemacht. Diese lebte unter dem Namen Niendorf – das war der ihres geschiedenen Mannes.

* Franz Dahlem (1892
bis 1981), 1913 SPD,
seit 1920 Mitglied des
ZK der KPD, ab 1929
des Politbüros, MdR
1928-33, Reichsleiter
RGO 1930-32, Emigra-
tion Prag, Paris,
Auslandsleitung der
KPD, 1937/38 Spanien,
1939-42 in Frankreich
interniert, 1943-45 KZ
Mauthausen. Polit-
büromitglied 1949-53.
Im Mai 1953 Ausschluß
aus dem PB und dem
ZK. Nach Rehabilitie-
rung 1956 wieder ZK-
Mitglied bis zu seinem
Tode. 1964-77 Präsi-
dent der Deutsch-Fran-
zösischen Gesellschaft.
** Paul Merker (1894
bis 1969), 1920 KPD,
1926-30 Mitglied des
ZK und des Politbüros.
Emigration, Mitbegrün-
der der Bewegung
»Freies Deutschland«
in Mexiko. 1946-50
Mitglied des ZK und
des PB. 1950 Aus-
schluß aus der SED.
1955 zu acht Jahren
Zuchthaus verurteilt,
1956 freigesprochen
und Wiederaufnahme
in die SED, ab 1957
Lektor im Verlag »Volk
und Welt«.
*** Willy Kreikemeyer
(1894-1950), 1919
KPD, 1933 Emigration
Schweiz, Spanien
1937-39, illegale
Arbeit in Frankreich.
1949/50 Generaldirek-
tor der Deutschen
Reichsbahn, Verhör
durch die ZPKK und
Verhaftung durch das
MfS. Tod bis heute
nicht aufgeklärt.

Die investigativen *Stern*-Reporter hatten sich deshalb auf den Weg gemacht, um nachzuweisen, daß der erste Mann der DDR Westverwandtschaft 2. Grades hatte, die er unterschlug. Und zweitens: Nach dem Mauerbau gab es kein Hinüber und kein Herüber. Zwar zielte man im Falle Ulbricht keineswegs auf Mitleid, doch man wollte mit der Nachricht suggerieren, daß der vermeintliche Mauerbauer nicht einmal vor der Trennung der eigenen Familie zurückschreckte. Drittens – und das war der Kern der Botschaft, weshalb auch Befehl Nr. 2 der Sowjetischen Militäradministration (SMAD) zitiert wurde – wollte man damit Ulbricht aus seinen Ämtern kippen. In der Anweisung der Besatzungsmacht hatte es nämlich seinerzeit geheißen, daß einstige Westemigranten, ehemalige Internierte in Kriegsgefangenenlagern der Westalliierten sowie Personen mit Verwandten im westlichen Ausland nicht mit wichtigen Staats- und Parteifunktionen betraut werden durften. Die Folge war, daß einige Hundert Funktionsträger der DDR in die Wüste geschickt wurden, darunter sogar Spitzenfunktionäre wie Franz Dahlem*, Paul Merker** oder Willy Kreikemeyer***.

Walter Ulbricht aber war als Erster Sekretär des ZK der SED, als Vorsitzender der Staatsrates und als Vorsitzender des Nationalen Verteidigungsrates noch immer in Amt und Würden. »Gerechtigkeit« rief also der *Stern* und verlangte die Durchsetzung des SMAD-Befehls, an den sich in der DDR allenfalls noch Historiker erinnerten.

Beiläufig aber verriet, vermutlich unbeabsichtigt, das Hamburger Magazin etwas anderes: Daß es im Westen so etwas wie »Sippenhaft« gab. Bruder Erich beteuerte nicht nur, daß er seit über dreißig Jahren keinen Kontakt zu seinem großen Bruder gehabt habe und diesen auch nicht wolle. Und dann, nachdem er versicherte – wieso eigentlich? –, seinetwegen »keine Schwierigkeiten« in Amerika zu haben, sagte er: »Ich glaube, ich wurde vom FBI eine Zeit überwacht, aber man tat mir nichts.«

Luise Flavin erinnert sich, daß sie, als sie 1966 mit ihrer damals siebenjährigen Tochter nach Frankfurt am Main flog, um sich mit ihrer Mutter – also Ulbrichts Schwester Hildegard – zu treffen, ganztägig von einem Herrn observiert wurde. Selbst im Zoo verfolgte sie sie. Erst als sie am Abend in den Zug stiegen, um Freunde zu besuchen, hätten sie den Schatten verloren.

»Es ist schwer zu beweisen, wie weit in den Jahren des Kalten Krieges politische Fühler in mein Privatleben gereicht haben«, schrieb sie mir. Vor allem nicht auseinanderzuhalten, ob dies an Walter Ulbricht lag, an ihrer eigenen aktiven Haltung zum Vietnam-Krieg oder am politischen Engagement ihres Vaters. Der war schon vor der

Nazizeit aktiver Sozialist gewesen und hatte in Berlin in der Leitung der Bauarbeitergewerkschaft gearbeitet. 1934 mußte er nach Großbritannien emigrieren. Dort wurde er 1940 mit Hunderten anderen Emigranten interniert und mit dem Gefangenenschiff »Dunera«* nach Australien deportiert. 1946 kehrte er nach Lübeck zurück und arbeitete wieder in der Gewerkschaft.

»Wenn ich in den 50er/60er Jahren meine Familie besuchte – meist via London –, hatte ich das Gefühl, besonders lange bei den Kontrollen warten zu müssen, weil die Herren in ihrem schwarzen Buch nach mir suchten.«

Luise Flavin ging 1951 mit 19 Jahren als Kindergärtnerin nach England. Dann wollte sie ihr Französisch verbessern und bewarb sich – von dieser Stelle wußte sie von ihrem Vater, der wiederum gute Kontakte zu französischen Gewerkschaftern hatte – bei einer amerikanischen Familie. Der Mann, ein Regierungsbeamter, bat sie zum Gespräch. »Am Ende des Interviews fragte er mich, ob ich Verbindung zur kommunistischen Partei habe oder Verwandte oder sonstige Verbindungen dorthin. Ich erwähnte meinen Onkel, worüber er höchst erstaunt war und erklärte, er werde mir am nächsten Morgen Bescheid geben.« Offenkundig nahm er Rücksprache mit seiner vorgesetzten Dienststelle, ob er ein Kindermädchen beschäftigen könne, deren Onkel Walter Ulbricht heiße. Zwar habe sie ihn noch nie gesehen, und auch sonst scheine es keine Verbindungen zu geben – aber man wisse ja nie.

Nun, die Prüfung fiel offenbar gut aus, Luise bekam den Job. Später habe sie ihren Arbeitgeber als Pensionär getroffen und ihn gefragt,

* Die Deportation der Internierten – mehrheitlich Menschen, die aus politischen oder rassischen Gründen aus Hitlerdeutschland geflohen waren – erwies sich als politischer Skandal und beschäftigte schließlich das britische Unterhaus. Das traf die Entscheidung, die verschifften Antifaschisten freizulassen und es ihnen freizustellen, entweder zurückzukehren oder in den australischen Streitkräften gegen die Japaner zu kämpfen. Der Transporter mit den Heimkehrern wurde von einem deutschen Torpedo versenkt. Unter jenen, die wie Niendorf erst später nach Hause kamen, war auch der Berliner Klaus Wilczynski, dessen im Jahr 2000 erschienene Erinnerungen (»Das Gefangenenschiff«) die einzige authentische Beschreibung dieser nahezu vergessenen Weltkriegsepisode darstellen.

102 was er in jener Nacht getan habe. Er hatte, so gestand er ihr, sich »mit einem vertrauten Politiker in Amerika besprochen«.

Und warum? Damit er, falls er einmal wegen seiner Personalentscheidung Schwierigkeiten in seiner Funktion bekommen würde, sich notfalls auf dieses Telefonat berufen konnte. Mithin: ein Rückversicherer. Erstaunlich, welche Schrecken der Name Ulbricht auslöste. »Seine Verwandten leben ohne Furcht in Frieden und Freiheit in der Bundesrepublik und in den USA«, schloß der *Stern* seinen Enthüllungsbeitrag.

... Patriot

* Im Verständnis der KI waren Kommunisten wirklich keine Patrioten ihres Landes (»Heil Moskau!«). Damit gaben sie jenen, die die Kommunisten aus der Landesgeschichte drängen wollten, Argumente in die Hand.

** Im September 1931 verurteilte der Vierte Strafsenat des Reichsgerichts in Leipzig Ulbricht zu zwei Jahren Festungshaft. Man warf dem sächsischen Landtagsabgeordneten (1926-28) und Reichstagsabgeordneten der KPD »literarischen Hochverrat vor«. In der Anklage hieß das: »Vorbereitung eines hochverräterischen Unternehmens in Tateinheit mit Zugehörigkeit zu einer staatsfeindlichen Verbindung«. Und im Urteil: »Sämtliche beanstandeten Druckschriften werden unbrauchbar gemacht.« Die Haft wurde wegen seiner Immunität als MdR ausgesetzt und erledigt sich im September 1932 durch Amnestie.

Seit Bebels und Liebknechts Tagen leben deutsche Sozialisten mit dem Stigma, sie seien vaterlandslose Gesellen. Während der Existenz der Sowjetunion wurden sie überdies als Moskaus 5. Kolonne denunziert. Deutschen Kommunisten, so hieß das, stünde das internationalistische Hemd näher als der nationale Rock. So sollten sie aus der deutschen Geschichte herausgedrängt werden.*

Bei Ulbricht wurde dieses Verdikt angereichert mit der Behauptung, daß er als Opportunist besonders willfährig Moskaus Interessen durchzusetzen versucht habe.

Wer vor dem Ersten Weltkrieg sich der SPD und nach diesem der KPD anschloß, kann von dem Verdacht freigesprochen werden, sich opportunistisch verhalten zu haben. Als Kommunist mußte man mit öffentlicher Ausgrenzung rechnen, mit Ächtung, mit Haft.**

Auch die Ermordung gehörte zu den denkbaren Perspektiven. Mancher Kommunist verstand sich darum als Toter auf Urlaub.

Wer sich unter solchen gesellschaftlichen Umständen politisch in der kommunistischen Bewegung engagierte, hatte anderes im Blick als das eigene Fortkommen oder ein bürgerliches Dasein.

Am 14. April 1937 wurde Ulbricht wegen Vorbereitung zum Hochverrat ausgebürgert, im Januar 1938 siedelte er nach Moskau über. Bis dato hatte er dort nur in dienstlicher Mission und lediglich zeitweise zu tun gehabt.

Die deutschen Kommunisten lebten in der UdSSR mit dem nur selten laut ausgesprochenen Vorwurf, sie hätten 1933 jämmerlich versagt. Es ist eine Zusammenkunft einiger Kominternfunktionäre überliefert, in der Dimitroff über Erfolge und Mißerfolge der einzelnen kommunistischen Parteien berichtet und dabei einige abfällige Bemerkungen

über die Arbeit der deutschen Kommunisten gemacht haben soll. Dies hätte bei Pieck eine wütende Reaktion ausgelöst (»So etwas kann man einfach nicht sagen!«). Man habe ihn zu beruhigen versucht, doch Pieck soll weiter erklärt haben: »Moskau hat uns befohlen aufzugeben. Ich muß das hier vor diesen Genossen klarstellen, weil wir mit Hohn überschüttet werden: ›Warum habt Ihr nicht gekämpft wie die Spanier? Ihr seid die Schande des Weltkommunismus!‹ Wir Deutschen sind keine Feiglinge, Genossen! Wir sind nicht unwürdig, mit spanischen oder chinesischen Kommunisten an einem Tisch zu sitzen.« Dimitroff soll nach diesem Ausbruch die Sitzung übereilt abgebrochen haben.

In dieser heftigen Replik brach der latente, aber nur unterschwellig spürbare Konflikt auf: Moskau dirigierte und regierte die Sektionen der Komintern. Es betrieb nationale Großmachtpolitik, die anderen Parteien wurden dabei als Hilfstruppen benutzt – was dort zunehmend auf Ablehnung stieß. Auch kommunistische Parteien empfanden sich zunehmend als nationale Parteien und ihrem eigenen Volk gegenüber verantwortlich. Aber sie waren von Stalin und der KPdSU moralisch und materiell abhängig. Nur in Momenten wie diesen brach der Dissens unterhalb der Losung »Die Interessen der Sowjetunion haben Vorrang« auf.

Die Jahre in Moskau haben Ulbrichts Verhältnis zu Deutschland und zur Sowjetunion nachhaltig geprägt. Natürlich hat sich das deut-

DES KREMLS KREATUR

So titelte 1961 der *Stern* eine Serie über Ulbricht, »des Mannes, der von Millionen Deutschen gefürchtet, gehaßt und verflucht wird. Walter Ulbricht hat alles getan, um die Spuren seiner Vergangenheit zu verwischen und zu verfälschen. Er wußte, weshalb. Die Genossen, die er an Gestapo und GPU ausgeliefert hat, sie können nicht mehr gegen ihn zeugen. Sie wurden liquidiert. Aber einige kamen durch. Aus ihren Schicksalen, aus Dokumenten und Aufzeichnungen entstand eine einzigartige Chronik: die blutige und tragische Geschichte des deutschen Kommunismus.«

12. Dezember 1942: Ulbricht mit dem Dichter Erich Weinert (r.) an der Stalingrad-Front. Um das Sterben deutscher Soldaten zu beenden, fordert er sie zum Überlaufen auf.

Im Winter 1942/43 mit Nikita Chruschtschow an der Stalingrad-Front. Ulbricht gehörte mit zu den Initiatoren des Nationalkomitees »Freies Deutschland«, in dem sich Hitlergegner aller Professionen und politischer Richtungen unter den Farben »schwarz-weißrot« sammelten. Da das NKFD im Juli 1943 unter maßgeblicher Mitwirkung deutscher Kommunisten und noch dazu in Krasnogorsk gegründet worden war, stand es stets unter Verdacht, Moskaus Werkzeug zu sein. Die Mitglieder engagierten sich aber für die Befreiung ihres deutschen Vaterlandes auch in anderen Staaten der Antihitlerkoalition.

sche Volk schuldig gemacht am Überfall auf die UdSSR – allerdings scheint dies für Ulbricht kein zwingender Grund gewesen zu sein, daß Moskau diese Moralkeule bis in alle Ewigkeit einsetzte und Botmäßigkeit forderte. Ulbricht ist *deutscher* Kommunist.

Ob er will oder nicht: Deutsche Emigranten werden in Mithaftung genommen für alles, was in und durch Deutschland geschieht. Sie haben die Heimat verloren und werden in der neuen dafür ins

Sommer 14 Jahre später: mit Chruschtschow im Mais. Die beiden Parteichefs besuchen am 11. August 1957 den volkseigenen Saatgutzuchtbetrieb Schwaneberg-Altenweddingen.

Unrecht gesetzt.»Warum habt ihr das zugelassen?« Zwölf Jahre ist
Ulbricht gleichsam entwurzelt: er lebt in Paris, Prag und Moskau.
Seit 1935 hatte er in Lotte Kühn zumindest in menschlicher Hinsicht
wieder so etwas wie Heimat gefunden.

Vor diesem Hintergrund scheint erklärlich, warum er sich gegen
den Vorwurf wehrt, er habe nach seiner Ausbürgerung die sowjetische Staatsbürgerschaft angenommen. Als Dulles, Außenminister der
USA, ihn im Februar 1954 als »Sowjetbürger Ulbricht« denunziert,
reagiert Ulbricht mit einer ADN-Erklärung. Er habe »weder die
sowjetische Bürgerschaft erhalten noch jemals einen sowjetischen
Paß besessen«. Alle von den Nazis ausgebürgerten deutschen Antifaschisten, er eingeschlossen, hätten ihre Ausbürgerung nicht akzeptiert.»Auch die sowjetischen Organe waren der gleichen Meinung
wie wir, daß die ungesetzlichen Maßnahmen des Hitlerstaates nicht
anerkannt werden können, weshalb sie es für unzweckmäßig hielten, daß führende antifaschistische Funktionäre Deutschlands die
Sowjetbürgerschaft annahmen.«

Otto Grotewohl ging 1958, in einem Beitrag zum 65. Geburtstag
von Ulbricht, neuerlich auf diese diskreditierende Vorhaltung ein und
stellt die Haltung des Geschmähten als patriotisch heraus.»Genosse
Ulbricht hat diese ›Ausbürgerung‹ nie anerkannt. Er hat sich gerade
in dieser Zeit als ein wahrer Patriot des deutschen Volkes erwiesen.«
Und der DDR-Ministerpräsident wußte auch, warum Ulbrichts Ausbürgerung durch die Faschisten im Westen gern thematisiert wurde:
nämlich um ihn »des nationalen Verrats zu bezichtigen. Sie behaupten, daß er nicht deutscher, sondern sowjetischer Staatsbürger sei und
die Interessen der Sowjetunion vertrete. Der revolutionäre Kampf und
die patriotische Haltung von Walter Ulbricht allein weisen jedoch diese
Verleumdung mit Verachtung weit zurück.«

Zu Ulbrichts 70. Ge-
burtstag 1963 erschien
im Staatsverlag diese
»biographische Skizze
aus seinem Leben«
von Lieselotte Thoms
und Hans Vieillard.

... Finanzer

Walter Ulbricht war, wie seine Frau Lotte, in finanziellen Dingen sehr
korrekt und, typisch deutsch, warf Belege nie weg. Jeder Steuerbe-
rater heutzutage hätte seine Freude an solchen Mandanten.

Bekanntlich hatte Lotte Ulbricht nach der Wende ohne jede Not
ihren Mietvertrag von 1973 über das Einfamlienhaus Majakowskiring 12 gekündigt. Der neue des Bundesvermögensamtes, das die
Immobilie 1990 übernommen hatte, führte dazu, daß die von Lotte
Ulbricht im Testament benannten Personen das Erbe ausschlagen

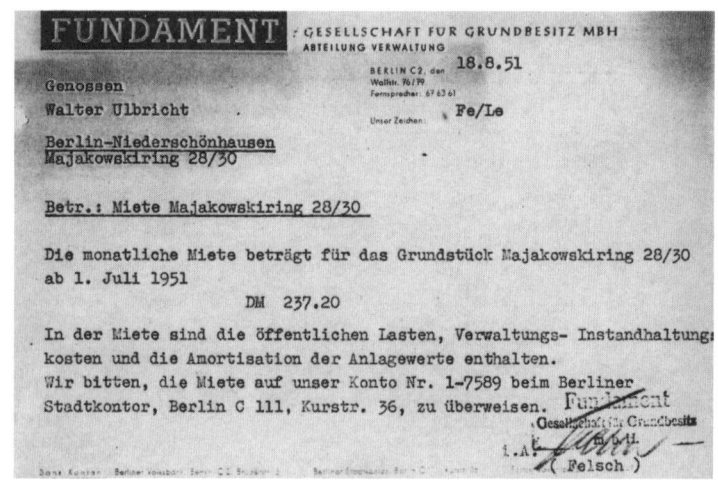

Der Mietvertrag über
das Haus in Pankow
von 1951

mußten, um nicht für eine Totalsanierung des Hauses in Haftung genommen zu werden. Am Ende betrugen die monatlichen Ausgaben für das Haus – Miete, Gas und Elektronenergie, Straßenreinigung, Müllabfuhr etc. – weit über 1.000 Euro.

Verglichen damit waren die Ausgaben für das Haus, das die Ulbrichts seit 1951 bewohnten, geradezu preiswert. Allerdings waren diese 237,20 DM für DDR-Verhältnisse wahnsinnig hoch.

Noch teurer wurde es in Wandlitz. Laut dem Mietvertrag mit der Objektverwaltung »Waldsiedlung« für das »Einzelhaus Nr. 7«, den »Charlotte Ulbricht« am 7. November 1966 unterzeichnete (Mietbeginn: 1. Oktober 1966), zahlten die Ulbrichts insgesamt 635,00 MDN. Heute hieße das Nettokaltmiete 529,41, zu der »20 % Zuschlag für Warmwasser und Heizung« kamen.

Das Haus Nr. 7, das größte am Platze*, zählte zwölf Zimmer, drei Bäder, einen Wintergarten, eine Küche, zwei WC, eine Terrasse, zwei Kammern, einen Balkon sowie neun Kellerräume und einen Hausgarten. Die Räume wiesen Zentralheizung auf, das Mobilar wie auch eine Einbauküche waren bereits vorhanden.

Die Miete wurde monatlich auf das angegebene Konto bei der Deutschen Notenbank überwiesen.

Als sie noch in Pankow wohnten, ließ sich Ulbricht eine Tischtennisplatte mit zwei Böcken liefern (die berühmte, an der in den 60er Jahren die Filmaufnahmen entstanden). Sie kostete ihn 140 DM. Hinzu kamen noch zwei Dutzend »Turnierbälle« für 39 DM. Die Rechnung vom 13. Oktober 1951 wurde am 26. Oktober per Überweisung beglichen.

* Es wurde nach dem verordneten Auszug der Ulbrichts 1970 von Gerhard Schürer, dem Vorsitzenden der Staatlichen Planlommission (seit 1965) und Kandidaten des Politbüros (ab 1973) bezogen – weil dieser die meisten Kinder hatte. Schürers mußten, wie alle Bewohner, die »Waldsiedlung« 1889/90 verlassen. Diese ist heute ein Rehabilitationszentrum mit verschiedenen medizinischen Einrichtungen.

Im Spätsommer 1954 entspann sich ein kurzer, aber heftiger
Schriftwechsel zwischen dem Verlag Neues Leben Berlin und dem
Autor Walter Ulbricht. Die dortige Abteilung Rechnungswesen teilte
mit Schreiben vom 19. August mit, daß man am Vortage auf sein
Konto bei der Berliner Volksbank 18.240,60 DM überwiesen habe.
Das sei das »anteilige Honorar für das Werk ›An die Jugend‹ und
wurde wie folgt errechnet:

50.500 Expl. á DM 4,20 = 212.100,00
10% Honorar DM 21.210,00
abzgl. 14% Steuern 2.969,40«

Am 22. September teilte Ulbricht erbost mit: »Die mit Eurem Brief
vom 19.8. angekündigte Überweisung eines Honorars für das Buch
›An die Jugend‹ beruht offenbar auf einem Irrtum. Soweit es sich bei
den Beiträgen um Artikel handelt, wurden diese seinerzeit bereits
honoriert, soweit es Reden sind, ist für diese eine Honorierung im allgemeinen nicht üblich.« Ulbricht schickte noch selbigentags die Summe retour.

1972

Solche Autoren wünscht sich jeder Verlag.

Diese heute in der Politik unübliche Bescheidenheit bestimmt sein
Leben bis zum Ende. Am 7. April 1972 ließ er den Sekretär des Staatsrates, Heinz Eichler, wissen: »Ich bitte, der zuständigen Finanzstelle
mitzuteilen, daß ich als Vorsitzender des Staatsrates auf die von der
Volkskammer beschlossene Aufwandsentschädigung verzichte, da ich
in meinem Alter keine Aufwandsentschädigung brauche.«

Auch Lotte verfuhr so, wobei manche ihrer Zuwendungen durchaus einen diabolischen Kontext hatten. So schrieb sie am 29. April
1975 – Ulbricht war inzwischen verstorben, sie hatte wieder die Stadt-
wohnung in Pankow bezogen – an die Verwaltung der Waldsiedlung:
»Wie ich Ihnen bereits mündlich mitteilte, verzichte ich auf das am
Liepnitzsee liegende und meinem Mann gehörende Ruderboot samt
Zubehör. Ich schlage vor, daß die Verwaltung es in Eigentum übernimmt und es zur Benutzung durch PB-Mitglieder am jetzigen Platz
beläßt.«

Den Liepnitzsee, ein inmitten einer hügeligen Landschaft und
dichten Buchenwäldern gelegenes langgestrecktes Gewässer unweit
von Wandlitz, das aber – im Unterschied zur Waldsiedlung – öffentlich war und darum auch von den Bernauern genutzt wurde, fre-
quentierte das Politbüro natürlich nicht. Es ist kein Fall bekannt, daß
dieses Boot jemals, außer eben von den Ulbrichts, benutzt worden
wäre. Doch die korrekte Lotte Ulbricht wollte nach dem Ableben ihres
Mannes auch das geregelt wissen.

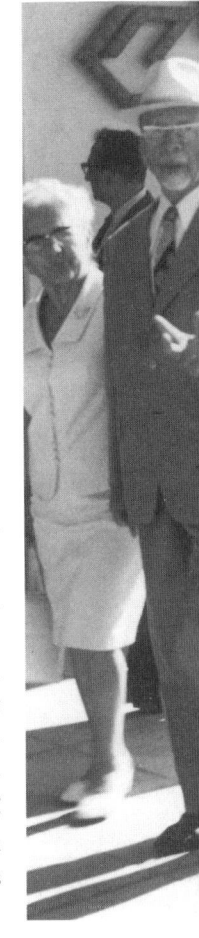

Ulbrichts auf dem Liepnitzsee. Das Ruderboot, so verfügte es Lotte nach Ulbrichts Tod, sollte von Politbüromitgliedern genutzt werden.

Was hat Walter Ulbricht verdient? Ab Mitte Mai 1946: 1.300 RM (Lotte Ulbricht: 1.100). Laut Sekretariatsbeschluß vom 15. November 1950 erhielten alle Mitglieder und Kandidaten des Politbüros (inklusive des Generalsekretärs W.U.) monatlich 1.750 plus 200 Mark Wohngeld und 2.500 plus 200 Mark Wohngeld ab Mitte 1955. Im Januar 1967 kamen noch einmal 400 Mark steuerfrei dazu. Und am 28. Januar 1969 wurde beschlossen: für alle 2.500 Mark Gehalt plus 1.500 Aufwand. Als Staatsratsvorsitzender bezog Ulbricht nur Aufwandsentschädigung.

Auszug aus der Geschenkeliste zum 80. Geburtstag von Ulbricht. Der Womacka (»Roter Mohn«) hängt inzwischen im Schlafzimmer der Haushälterin. Wo die Pantoffeln abgeblieben sind, ist nicht dokumentiert. Lotte Ulbricht war stets äußerst freigebig.

Nicht minder penibel waren die Inventurlisten bei den runden Geburtstagen. Es wurde genauestens Buch geführt über die Geschenke, vor allem über deren Verbleib (»1 Ausstellungsflasche ›Nordhäuser Doppelkorn‹ – bei Richtfest verbraucht«) Neben etlichem Tinnef waren mitunter ansehnliche und durchaus nützliche Präsente, die entweder in den Bestand des Gästehauses in Dölln, wo in der Regel auch gefeiert wurde, oder in den eigenen Hausstand übergingen.

2.) Zum 80. Geburtstag des Vorsitzenden des Staatsrates wurden nach unserer Aufstellung folgende Geschenke nach Dölln gegeben:

- 1 Pergamentkassette "Berlin" mit 10 Federzeichnungen – vorhanden
- 1 Porzellanbodenvase - für Dölln abverfügt,
- 1 Geschenkkiste mit _ nach Wohnung gebracht
  12 Fl. Tokaier
- 1 Schallplatte "Solidarität jetzt erst recht" - mitgenommen
- 1 Wildpalette) für Soldaten zubereitet, Rest Wandlitz
  2 Präsentkörbe)
- 1 Ölgemälde "Roter Mohn" v. Prof. Womacka - für Dölln abverfügt, nach Wohnu... gebracht

- 1 Paar Pantoffeln, 1 Bluse, 1 Tuch   dto.
  1 Holzkasten mit Souvenirs

3.) Folgende Geschenke wurden bei unserer Inventur aufgenommen, die auf Grund anderer Anlässe wie z. B. Reisen des Vorsitzende... in die SU ect. oder auch bei entsprechenden Gegenbesuchen über... geben wurden:

- 1 Ölgemälde "Baikal"
- 1 Stereo-Anlage mit Fernseher (Regalwand im Festsaal)
- 1 Fernsehtruhe, dunkler Schrank   (Radio)

Unter den Papieren, die normalerweise, nicht aber bei den Ulbrichts, im Müll landen, befand sich auch die Anmeldung bei der »polizeilichen Meldebehörde« vom 14. September 1945. Ulbrichts waren von der Wallstraße 71 nach Pankow in die Viktoriastraße 23 gezogen.

Das Politbüro befaßte sich bereits am 3. August 1973 mit dem »Nachlaß und Ehrungen des Genossen W. Ulbricht«. In der »Vertraulichen Verschlußsache« wurde folgendes festgelegt:
»1. Der literarische Nachlaß des Genossen W. Ulbricht ist dem Institut für Marxismus-Leninismus beim ZK der SED zu übergeben.
2. Die Orden des Genossen W. Ulbricht sind an das Museum für Deutsche Geschichte zu übergeben.
3. Das Institut für Marxismus-Leninismus beim ZK der SED wird beauftragt, ausgewählte Werke des Genossen W. Ulbricht herauszugeben.
4. Das Ministerium für Post- und Fernmeldewesen wird beauftragt, eine Trauerbriefmarke zu Ehren des Genossen W. Ulbricht herauszugeben.
5. Zum Staatsakt am 7. August 1973 ist eine Delegation des VEB Leuna-Werke ›Walter Ulbricht‹ einzuladen.«
Der Genosse W. Ulbricht hätte die Regelung seines Nachlasses zurecht für ein wenig unsystematisch gehalten.

Die Adressen der Ulbrichts in Berlin:
– Ab 9. Mai 1945 Prinzenallee 80 (heute Einbecker Str. 41), zugleich Sitz des ZK der KPD, danach
– Wallstraße 71, Sitz des ZK der KPD,
– ab 14. September '45 Viktoriastraße 23 (später Majakowskiring 28). Das blieb bis November 1973 die offizielle Adresse trotz zeitweiligen Aufenthaltes in Haus Nr. 7 in der »Waldsiedlung« und – nach dem Sturz – im Gästehaus am Dölln-See.
– Von 7. Januar 1974 bis zu ihrem Tod am 27. März 2002 wohnte Lotte Ulbricht Majakowskiring 12.

Der Lebenslauf

Walter Ulbricht füllte, wie alle Parteimitglieder, wiederholt Fragebögen aus. Das tat er anfänglich noch selbst. Seine breitlaufende, ein wenig krakelig wirkende, wenngleich durchaus ausgeschriebene Handschrift war schwer zu lesen, zumal er die damals üblichen Stahlfedern benutzte. Das Schriftbild zerlief dann mitunter, weil es die Tinte tat. Auffällig ist, daß er beispielsweise die Frage nach der wissenschaftlichen Qualifikation grundsätzlich unbeantwortet ließ, obgleich er doch auch bei anderen Angaben entweder mit »nein« oder

Fragebogen

für die Mitglieder des Parteivorstandes

Name : *Ulbricht*

Vorname : *Walther*

Wohnort : *Berlin*

Strasse und Hausnummer :

Geburtsdatum : *30. 6. 93*

Geburtsort : *Leipzig*

Beruf : *Möbeltischler*

Jetzige Tätigkeit :

Seit wann politisch organisiert *SPD 1908*
SPD : *1912*
KPD : *Spartak. KPD 1918*
Jugend :

Seit wann gewerkschaftlich organiert : *1910*

In welcher Gewerkschaft : *Deutscher Holzarbeiterverband. Zentralverband. Angestelltenverband.*

W. Ulbricht

mit einem Strich reagierte. Das vermittelt den Eindruck, als wollte er anderen das Urteil überlassen. Andererseits wird auch sichtbar, daß er die Westverwandschaft, entgegen der Behauptung mancher Biographen, keineswegs verschweigt.

Sozialistische Einheitspartei Deutschlands –
Fragebogen für Mitglieder (17. März 1951)

1. Name: Ulbricht
2. Vorname: Walter Ernst Paul
3. Geburtsdatum, Ort, Kreis, Nationalität, Staatsbürgerschaft: 30. Juni 1893
4. Seit wann Mitglied der Partei, wo eingetreten, von welcher Grundorganisation aufgenommen?: 1912 S.P.D. Leipzig, 1946 SED Berlin
5. Welche Schulbildung? a) Allgemeine, b) Spezialbildung, c) Politische: Volksschule 8 Klassen, Gewerbeschule
6. Welche selbständige wissenschaftl. Arbeit bisher geleistet, mit welchen Ergebnissen? An welcher wissenschaftl. Forschung gegenwärtig beteiligt? Welchen wissenschaftl. Grad oder Titel? [Keine Angaben]
7. Welche Fremdsprachen werden beherrscht? Bis zu welchem Grad? keine
8. Erlernter Beruf, Dauer der Lehrzeit? Möbeltischler, 4 Jahre, 1907-1910 Lehrzeit.
9. Sozialer Stand (...) zum Zeitpunkt des Eintritts in die Partei? [Keine Angaben]
10. Jetziger sozialer Stand? Parteiarbeiter
11. Welche Auszeichnungen erhalten und wann? Orden des Vaterländischen Krieges der Sowjetunion, II
12. Wo beschäftigt? Zentralkomitee der SED
13. Name und sozialer Stand der Eltern:
Ernst Ulbricht, Arbeiter
Pauline Ulbricht, Hausangestellte
14. In welcher Partei und in welcher Organisation sind die Eltern Mitglied? Vater: KPD, Mutter: KPD
15. In welcher Partei und in welcher Organisation ist der Ehepartner Mitglied, und seit wann? Lotte Ulbricht, KPD. SED seit Gründung
16. In welcher Partei und in welcher Organisation sind die Kinder Mitglied, und seit wann? Beate, Verband Junger Pioniere

1954

17. Mitglied welcher Arbeiterpartei? 1908 Sozialistische Arbeiterjugend, 1912 Überführung in SPD, 1914 Liebknechtgruppe in Leipzig, 1919, Januar KPD
18. War Kandidat der SED, wo eingetreten, von welcher Grundorganisation aufgenommen? Gestrichen
19. Gehörte einer Jugendorganisation an und welcher? Vor 1945, Nach 1945: 1908 Soz. Arbeiterjugend
20. Teilnahme an wählbaren Parteileitungen, Leitungen der Massenorganisationen? In welchen parlamentarischen und Staatsorganen? Bis 1933, Von 1933 bis 1945, Von 1945
1910 Leitung SAJ Leipzig
1919 KPD-Bezirksleitung Westsachsen
1921-1923 Bezirkssekretär für Großthüringen

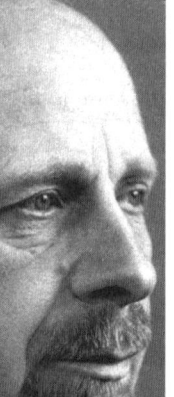

1923/24 Mitglied und Sekretär des ZK der K.P.D.
1929-1932 Bezirkssekretär für Berlin-Brandenburg
Herbst 1932 Sekretär des ZK
Sächsischer Landtag 1923
Reichstag 1928-33
Volkskammer
21. Mitglied welcher Massenorganisation? FDGB, FDJ, Deutsch-Sowjetische Freundschaft, Deutsch-Poln. Freundschaft
22. An welcher illegalen antifaschistischen Arbeit nach 1933 teilgenommen? 1933 als Sekretär des ZK in Berlin bis 3. Oktober. Dann Organisierung der Arbeit vom Ausland
23. An welcher der antifaschistischen internationalen Widerstandsbewegungen teilgenommen und wo (Von/bis): Bei Stalingrad und an 1. Weißrussischer Front
24. Welche Parteistrafen erhalten? Von wem und wann wurde die Parteistrafe verhängt? Von wem und wann wurde die Parteistrafe aufgehoben? keine
25a. An welchen oppositionellen Gruppen teilgenommen? Wann, wo? keine
25b. Welcher anderen Partei angehört? Vor 1933, nach 1945? Keiner
26. Welchen Verhaftungen und gerichtlichen Verfolgungen ausgesetzt? Bzw. Familienangehörige? Bestraft durch Militärgericht 3 Monate Gefängnis, 1919 verfolgt durch Reichswehr, 1923 Haftbefehl, 1924 Wien 3 Monate Gefängnis, Reichsgericht 2 Jahre Festung (amnestiert), 1933 Anklage Hochverrat
27. In Emigration? Wo? Von/bis: 1933 Tschechoslowakei, 1935 Paris, 1938 Moskau

28. Zum Militär einberufen, welcher Truppenteil, welcher Dienstgrad? 1915 Train-Kolonne 218, Gefreiter Leipzig

29. Zum Arbeitsdienst oder zur Organisation Todt einberufen, welchen Dienstgrad? Gestrichen

30. In welchen Ländern als Soldat, Arbeits- oder OT-Mann*? In welcher Zeit und in welcher Funktion? Welche Auszeichnungen erhalten und wofür? 1915-1918 Polen – Serbien – Belgien. Keine Auszeichnungen

31. In Kriegsgefangenschaft, von/bis und wo, in welchen Lagern, und welche Tätigkeit ausgeübt? An welchen Lagerkursen oder Schulen teilgenommen? Nein

32. Mitglied der NSDAP oder einer ihrer Gliederungen? Von/bis und welche Funktion? Nein

33. Aufenthalt im Ausland? Bzw. Familienangehörige? Wo, zu welcher Zeit? Welche Tätigkeit wurde ausgeübt?

Bruder Erich in USA, seit 1932 keine Verbindung

1924 Wien

1925 Prag, Parteitag in England

1936 Spanien

34. Angaben über die nächsten Angehörigen

Ulbricht, Charlotte, 48 Jahre, Frau, Mitarbeiterin Sekretariat ZK, Kollegium »Einheit«

Ulbricht, Erich, 53 Jahre, Bruder, USA, Adresse unbekannt

Ulbricht, Hildegard, 52 Jahre, Schwester, Aufenthalt unbekannt (Westdeutschland)

Ulbricht, Beate, 7 Jahre, Tochter, Berlin-Niederschönhausen

Angaben über die hauptsächlichsten Arbeitsstellen seit Beendigung der Schulzeit:

Leipzig, Tischlerei, Lehrling, 1907-1910

Reichenberg, Tischlerei, Tischler, 1910

Oberbayern, Tischlerei, Tischler, 1910

Garmisch, Tischlerei, Tischler, 1910

Luzern, Tischlerei, Tischler, 1911

Neckarsgmünd, Tischlerei, Tischler, 1911

Leipzig, Tischlerei, Tischler, 1912-1914

Leipzig, Propagandist des Arbeiter- und Soldatenrates 1918/19

Leipzig, Tischlerei 1919-1920

Leipzig, Lokalredakteur, 1920-1921

Erfurt, Parteisekretär, 1921

Berlin, einer der Sekretäre des ZK der KPD, 1923-1924

Wien-Prag, Instrukteur, 1924-1925

* Die von Fritz Todt (1891-1942) gegründete OT war eine technische Spezialtruppe für das militärische Bauwesen im Hitlerreich. Todt war ab 1933 Generalinspekteur für das deutsche Straßenwesen, leitete den Bau der Reichsautobahnen, ab 1938 des sogenannten Westwalls. Ab 1940 war er Reichsminister für Bewaffnung und Munition. Starb bei einem Flugzeugabsturz in der Nähe von Hitlers »Wolfsschanze« bei Rastenburg in Ostpreußen.

Moskau, 1925
<u>Jetzige Wohnadresse:</u> Berlin-Niederschönhausen
Die gemachten Angaben können bestätigen:
[keine Angaben]
gez. Walter Ulbricht

Lotte Kühn, 1941

Am 26. März 1954 füllte Walter Ulbricht den »Ergänzungsbogen« für Mitglieder und Kandidaten des Zentralkomitees, die »Genossen Staatsminister und Staatssekretäre der Regierung der DDR« aus. Dort gab er die Nummer seines Parteimitgliedsbuches mit »0.000.003« an. (Im Fragebogen vom 28. August 1970 zum Umtausch der Dokumente wurde ihm die Nummer »0.000.001« zugeteilt.)

Abweichend von allen übrigen Erhebungen führte er bei der Frage nach der selbstständigen wissenschaftlichen Arbeit an »Ehrenmitglied der Akademie für Bauwesen«. Und bei den Auszeichnungen sind inzwischen »Held der Arbeit« und der Karl-Marx-Orden hinzugekommen. Seine hauptamtliche Tätigkeit gab er korrekt an: »1. Sekretär des ZK. der S.E.D.«

Seine vierjährige Tischlerlehre mutierte im Fragebogen für Delegierte mit beschließender Stimme zu den Parteiwahlen 1957/58 zur Facharbeiterausbildung, im Fragebogen zum VI. Parteitag 1963 gar zum Besuch der »Fachschule Möbeltischler«. Die Bögen haben andere mit der Schreibmaschine ausgefertigt – aber er hat sie eigenhändig abgezeichnet und damit zugestimmt.

Und noch eine Merkwürdigkeit: Im Fragebogen für Delegierte des VII. Parteitages 1967 erscheint in der Spalte »Parteischulbesuch«, die bislang immer jungfräulich geblieben war, erstmals die Aussage: »Parteischule der SPD im Bezirk Leipzig«. Bei der beruflichen Qualifikation las die Mandatsprüfungskommission erneut: »Fachschule für Tischler«.

Seinen letzten vollständigen Fragebogen füllte Walter Ulbricht am 28. August 1970 aus. Die Sekretärin schrieb mit Maschine sauber alle Zeilen voll, und dort, wo der Raum nicht reichte (»Auszeichnungen«), verwies sie auf die beigefügte Anlage. Die bekannten Angaben wurden präzisiert (»Tischler-Fachschule 1911«) und aufgestockt – so wurde beispielsweise aus dem Vierteljahreslehrgang von 1967 inzwischen ein Halbjahreskursus: »SPD-Bezirksparteischule (6 Monate) 1913«.

Unter der Frage 33, die nach Familienangehörigen (»Ehepartner, Kinder, Vater, Mutter und Geschwister«) werden zwar korrekt die im Westen lebende Tochter Dora Heyden und »Adoptivtocher

Polkownikowa, Beate, Studentin, Leningrad« aufgelistet, aber es fehlen wie in allen Fragebögen zuvor die französische Tochter Rose Michel sowie der Bruder Erich in den USA und Schwester Hildegard in der Bundesrepublik.

Am 4. April 1972 reichte Ulbricht eine Änderungsmeldung ein, Ordnung muß schließlich sein. Der Apparat hatte vorgearbeitet, mit Maschine waren alle relevanten Angaben bereits eingetragen, Ulbricht sollte lediglich signieren. Trotzig fügt er jedoch handschriftlich in der Rubrik »Jetzt tätig als« hinzu: »Vorsitzender der SED seit 8. Parteitag«. Das offenbart mindestens zweierlei. Erstens war die eigens für Ulbricht geschaffene Funktion des Parteivorsitzenden völlig bedeutungslos und darum auch im Apparat kein protokollwürdiges Amt. Abweichend davon – zweitens – hatte sie für den gestürz-

Ulbrichts letzte Änderungsmeldung, von eigener Hand ergänzt, 4. April 1972.

Ulbricht und der Kronprinz Honecker, der bald zum Königsmörder werden wird.

ten Ulbricht jedoch einigen Wert. Zudem signalisiert der ausgeschriebene Vorname: Ulbricht hat inzwischen sehr viel Zeit. Formal war er auf dem VIII. Parteitag »in Ehrung seiner Verdienste« zum Vorsitzenden der SED bestimmt und als Mitglied des ZK gewählt worden. Auf der 1. Tagung des Zentralkomitees am 19. Juni 1971 wählte man ihn auch ins Politbüro.

Lebensdaten

1893, 30. Juni	Geburt in Leipzig
1899-1907	Besuch der 5. Bezirksschule (Volksschule)
1907	Eintritt in den Arbeiterturnverein »Eiche«
1907, April	Beginn der vierjährigen Tischlerlehre
1908	Eintritt in die Sozialistische Arbeiterjugend
1910	Mitglied des Jugendausschusses des Leipziger Arbeiterbildungsinstituts, Eintritt in den Deutschen Holzarbeiterverband

1912	Eintritt in die SPD
1915, 23. Mai	Einberufung als Infanterist
1918, Oktober	Verurteilung durch das Leipziger Militärgericht
1919, 4. Januar	Gründung der Ortsgruppe Leipzig der KPD
1919	Mitglied der KPD-Leitung Westsachsen (bis 1921)
1920, 7. Febr.	Hochzeit mit Martha Schmellinsky
1920, 18. Mai	Geburt der Tochter Dora
1920/21	Redakteur der KPD-Bezirkszeitung Halle-Leipzig »Klassenkampf«
1921, April	Politischer Leiter der KPD Großthüringen (bis März 1923)
1922	Teilnahme am IV. Weltkongreß der Komintern in Moskau (5. November bis 5. Dezember)
1923, 28. Jan.	8. Parteitag der KPD, Wahl in die Zentrale
1923, 23. Nov.	Verbot der KPD, Haftbefehl u. a. gegen Ulbricht
1924/25	Instrukteur des Exekutivkomitees der Komintern (EKKI) und der KPD in Wien und Prag
1926	Org.-Abteilung des EKKI in Moskau
1926, 31. Okt.	Wahl in den Sächsischen Landtag
1927, März	Wahl zum Kandidaten des Politbüros
1928, 20. Mai	Wahl in den Reichstag (Wahlkreis Westfalen-Süd)
1928, Sommer	Teilnahme am VI. Weltkongreß der Komintern
1928, Nov.	Vertreter der KPD beim EKKI in Moskau
1929, Juni	Wahl zum Mitglied des Politbüros des ZK der KPD
1929, 24. Nov.	Politischer Leiter der KPD-Bezirksorganisation Berlin-Brandenburg-Lausitz-Grenzmark (3 Jahre)
1930, 14. Sept.	Wahl in den Reichstag (Wahlkreis Potsdam II)
1931, 26. Sept.	Zwei Jahre Festungshaft, Amnestie
1932, 31. Juli	Wahl in den Reichstag
1932, 6. Nov.	Wahl in den Reichstag
1933, 7. Febr.	Teilnahme an der illegalen Funktionärskonferenz, der letzten mit Thälmann, in Ziegenhals
1933, 5. März	Wahl in den Reichstag
1933, 5. August	Haftbefehl des Amtsgerichts Berlin
1933, 27. Okt.	Flucht nach Paris. Dort bilden Franz Dahlem, Wilhelm Florin, Wilhelm Pieck, Walter Ulbricht und andere die Auslandsvertretung der KPD
1935, 30. Jan.	Beginn der Verbindung zu Lotte Kühn
1935, Sommer	Teilnahme am VII. Weltkongreß der Komintern
1935, Okt.	Brüsseler Konferenz der KPD. Pieck wird zum KPD-Vorsitzenden gewählt, Ulbricht ins PB

118

1935	Verantwortlicher Leiter der Operativen Leitung des ZK der KPD in Prag (bis Februar 1937) und ab
1936, Dez.	auch in Paris. Dort Mitglied des Ausschusses zur Vorbeitung einer deutschen Volksfront, die aber nicht zustande kommt
1936, Dez.	Madrid und Barcelona, Internationale Brigaden
1937 Febr.	Leiter des Sekretariats des ZK der KPD in Paris (bis Mai 1938)
1937, 14. April	»Reichsanzeiger« veröffentlich Nachricht von Ulbrichts Ausbürgerung
1938, Juni	Vertreter des ZK der KPD beim EKKI in Moskau (bis zur Auflösung der Komintern im Juni 1943)
1941	Nach Überfall auf die Sowjetunion im Juni Vertreter der KPD bei der Politverwaltung der Roten Armee, Frontarbeit (bis Kriegsende)
1941, 23. Okt.	Evakuierung des EKKI inkl. Ulbricht nach Ufa
1943, 12. Juli	Gründungsmitglied des Nationalkomitees »Freies Deutschland« (NKFD)
1943, Ende	1. Belorussische Front (bis Anfang 1944)
1945, 29. April	Rückkehr nach Deutschland
1945, 20. Dez.	erste »Sechziger-Konferenz« von KPD und SPD
1946, 26. Febr.	zweite »Sechziger-Konferenz« von KPD und SPD

Am 14. August 1961 ist Ulbricht bei den Soldaten an der Grenze. »Manche Genossen waren der Meinung, der 13. August und die wütende Reaktion der westdeutschen Militaristen auf unsere Maßnahmen zur Sicherung der Grenzen hätten die sozialistische Demokratie eingeengt. Ich halte eine solche Auffassung für grundfalsch und auch für gefährlich. Genau das Gegenteil ist wahr. Die Sicherung unserer Grenzen gibt uns den Weg frei für eine breitere Entfaltung der sozialistischen Demokratie, als es vorher möglich war. Schon deshalb, weil es für den Gegner jetzt schwerer ist als vorher bei ungeschützter Grenze, unsere Gesetze zu verletzen, uns zu bestehlen, unseren sozialistischen Aufbau und unsere Entwicklung zu stören.«

In einem Interview im *Neuen Deutschland*, 21. Februar 1962.

1946, 21. April	Vereinigungsparteitag, Ulbricht wird ins Zentralsekretariat gewählt
1946, 20. Okt.	Wahl in den Sächsischen Landtag
1947, 20. Sept.	Wahl zum Stellv. Parteivorsitzenden der SED
1948, 15. April	Wahl zum Vorsitzenden des Wirtschaftsausschusses des Deutschen Volksrates
1949, 25. Febr.	1. Parteikonferenz, Wahl ins neugebildete PB des Parteivorstandes der SED
1949, 12. Okt.	Berufung in die erste DDR-Regierung als einer der drei Stellvertreter des Ministerpräsidenten
1950, 25. Jan.	Eheschließung mit Lotte Kühn
1950, 25. Juli	Wahl zum Generalsekretär des ZK der SED
1950, 15. Okt.	Wahl in die Volkskammer (Abgeordneter bis 1973)
1952, 9.-12. Juli	2. Parteikonferenz, Aufbau der Grundlagen des Sozialismus proklamiert
1953, 24. Juli	Das 15. ZK-Plenum zieht Konsequenzen aus dem 17. Juni, eine davon: Ulbricht ist nicht mehr Generalsekretär, sondern Erster Sekretär des ZK (das bleibt er bis Mai 1971)
1960, 11. Febr.	Ernennung zum Vorsitzenden des Nationalen Verteidigungsrates der DDR
1960, 12. Sept.	Wahl zum Vorsitzenden des Staatsrates der DDR (Präsident Pieck war am 7. September verstorben.)
1961, 13. Aug.	Sicherung der Staatsgrenze (»Mauerbau«)
1963, Jan.	Der VI. SED-Parteitag beschließt das Reformkonzept zur Korrektur des sowjetischen »Grundmodells« (»Neues Ökonomisches System«)
1968, 6. April	Annahme der neuen Verfassung per Volksentscheid
1968, 21. Aug.	Militärische Intervention des Warschauer Paktes in der Tschechoslowakei, Ulbricht verhindert die Teilnahme von NVA-Einheiten
1971, 3. Mai	16. ZK-Plenum, Ulbricht wird zum Rücktritt von der Funktion des Ersten Sekretärs und des Vorsitzenden des Nationalen Verteidigungsrates gezwungen
1971, 15. Juni	Wahl zum Vorsitzenden der SED
1971, 19. Juni	Wahl ins Politbüro des ZK der SED
1973, 27. Mai	Absage der Teilnahme an der PB-Sitzung
1973, 30. Juni	80. Geburtstag. Endgültige Demontage durch ein Protokollbild in Morgenrock und Filzlatschen
1973, 24. Juli	Schlaganfall
1973, 1. Aug.	12.55 Uhr verstorben

Beim Besuch der Ostseewoche, 1967; links Willi Stoph.

Zwischen Bewunderung und Personenkult

In der deutschen Arbeiterbewegung wurden deren Führer durchaus verehrt. Jedoch behandelte man die Granden keineswegs kritiklos wie Götter. Es gibt nicht ein Bilddokument bis zu Beginn der 20er Jahre, das eine Demonstration zeigte, bei der Bildnisse von Parteifunktionären mitgeführt wurden.

Anders in Sowjetrußland. Es schien, als habe man gleichsam die Heiligen- und Zarenbilder, die man bis 1917 bei Prozessionen herumtrug, gegen die Bildnisse der neuen Herrscher getauscht. Mit der sogenannten Bolschewisierung der KPD, die eine Stalinisierung war, kam auch diese Praxis nach Deutschland. Ehe sie sich aber hierzulande wie in der Sowjetunion zur Blüte entfalten konnte, brach die Nacht des Faschismus über Deutschland herein.

Die Rote Armee brachte 1945 allerdings nicht nur Frieden und Brot nach Zentraleuropa, sondern auch den sowjetischen Führerkult, der fatale Ähnlichkeit mit dem besaß, was man zwölf Jahre lang in Hitlerdeutschland hatte erleben müssen. Allein dieser Umstand

Ulbricht zwischen Stalin und Mao-Tsetung in Moskau, 1949.

verursachte nicht nur beim aufgeklärten Bürgertum erhebliche Ressentiments. Ulbricht war ein gelehriger Schüler Moskaus, auch wenn man ihn vermutlich vom Verdacht freistellen kann, er habe Stalin kopieren wollen. Maßlosigkeit war ihm fremd. Und das in jeder Hinsicht. Stalin trank und rauchte, Ulbricht war das zuwider. Gleichwohl wußte Ulbricht, daß Popularität – und er wollte populär sein und vom Volk geliebt werden – nicht von allein kam. Dafür mußte etwas getan werden. Vielleicht erklärt sich auch daraus sein Ehrgeiz, in den 50er und 60er Jahren nahezu jede LPG, jeden größeren Betrieb des Landes, Kunstausstellungen und Theateraufführungen, Pionierlager und Bergwerke zu besuchen. Dort sah man nicht nur, sondern wurde auch gesehen. Man konnte mit Menschen sprechen (was er nachweisbar gern tat) und hören, was sie bewegte.

Das Fernsehen steckte seinerzeit noch in den Kinderschuhen, kein Vergleich mit der heutigen Medienpräsenz unserer Polit-Entertainer. Vornehmlich Zeitungen und andere Publikationen, Rundfunk und physische Präsenz gaben der Politik Gesichter. Die Personalisierung war auch deshalb notwendig, um Vertrauen zu gewinnen: für die neue Politik und deren Vertreter.

Die an anderer Stelle (S.196) erzählte Episode, daß Lotte Ulbricht 1950 in der Berliner Hufelandstraße in die Häuser ging, um mit den Mietern zu diskutieren, und sie dabei nicht erkannt wurde, belegt das in der Führung durchaus erkannte Defizit. Auf sehr unterschiedliche Weise und mit Hilfe auch abstruser Anlässe wollte man nun die Bilder der Parteiführer dem Volk vermitteln. So kam beispielsweise das Sekretariat des ZK der SED auf die Idee, den 60. Geburtstag des Generalsekretärs am 30. Juni 1953 zum Anlaß zu nehmen, diesen ein wenig bekannter zu machen – ganz im Sinne des Gedichtes von Bert Brecht über die Teppichweber von Kujan-Bulak, die Lenin ehrten, indem sie sich selbst nützten. Am 19. Juli 1952 trat das Sekretariat zusammen, diskutierte eine von ZK-Mitarbeiter Hermann Axen eingereichte Vorlage und beschloß diese mit einigen Änderungen. So sollte eine Kommission gebildet werden (Fred Oelßner, Lotte Kühn, Hans Lauter, Paul Wandel), die folgende Aufgaben beraten und vorbereiten sollte:

»a) Herausgabe von zwei Auswahl-Bänden der Reden und Aufsätze des Genossen Walter Ulbricht,

b) Herausgabe einer offiziellen Biographie,

c) Herausgabe einer Broschüre unter dem Arbeitstitel ›Begegnungen mit Walter Ulbricht‹, in der Parteifunktionäre, Aktivisten, werktätige Bauern, Wissenschaftler, Künstler aus ganz Deutschland ihre Begegnungen mit Walter Ulbricht schildern,

1. Mai 1959: Auf der Tribüne – dem Volk ein wenig entrückt?

Am 14. April 1953 beschließt die SED-Bezirksleitung Leipzig »in Liebe und Verehrung« für den »großen Sohn der deutschen Arbeiterklasse, den mutigen Mitkämpfer Ernst Thälmanns und Wilhelm Piecks für Frieden, Demokratie und Sozialismus, den Kämpfer gegen Unterdrückung und Ausbeutung, den Lehrer der deutschen Arbeiterklasse und den großen Internationalisten, den Freund der Deutschen Jugend, den Förderer des Sports und den Initiator unseres gewaltigen Fünfjahrplanes«, Walter Ulbricht, ihn zum 60. Geburtstag so zu ehren: a) Umbenennung des Ringes in der Leipziger Innenstadt in Walter-Ulbricht-Ring, b) Verleihung seines Namens an die 43. Grundschule, c) Verleihung seines Namens an die LPG »Fortschritt« in Eythra, d) Großveranstaltung mit Fackelzug am 30. Juni auf dem Karl-Marx-Platz, e) eine Ausstellung über sein Leben. Im weiteren ergehen an Verbände und Institutionen entsprechende Aufträge, darunter an den Verband deutscher Schriftsteller, Texte über den Jubilar zu verfassen. Namentlich verantwortlich gemacht wird Erich Loest.

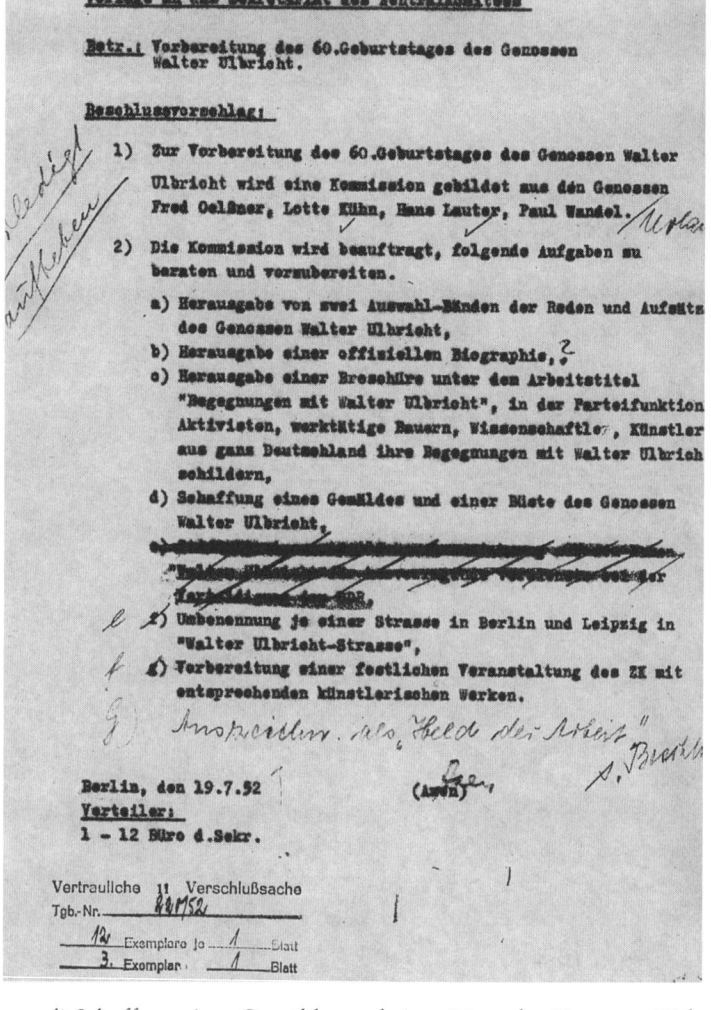

d) Schaffung eines Gemäldes und einer Büste des Genossen Walter Ulbricht,

e) Stiftung einer staatlichen Auszeichnung auf den Namen ›Walter Ulbricht‹ für hervorragende Verdienste bei der Verteidigung der DDR,

f) Umbenennung je einer Straße in Berlin und Leipzig in ›Walter-Ulbricht-Straße‹,

g) Vorbereitung einer festlichen Veranstaltung des ZK mit entsprechenden künstlerischen Werken.«

Nach Diskussion wurde Punkt e) gestrichen und ein weiterer hinzugefügt:»Auszeichnen als ›Held der Arbeit‹«

Sechs Tage später beriet die Kommision erstmals, Paul Wandel war noch immer im Urlaub.

Man legte fest, daß die dreiköpfige Redaktionskommission zur Herausgabe der beiden Bände von Lotte Kühn (erstaunlich: Seit 1950 hieß sie offiziell Ulbricht, doch nun taucht sie in den Unterlagen immer unter ihrem Mädchennamen auf) geleitet werden sollte. Ihr gehörten ferner Grete Keilson und Paul Wandel an. Bis Ende Februar 1953 sollten die Manuskripte vorliegen.

Bei der »Lebensbeschreibung« hatte man noch keinen Autor, wohl aber den Vorwortschreiber. Der hieß Wilhelm Pieck. Konsultiert sollten werden Abusch, Lindau und Axen. Als Termin setzte man den 31. Januar 1953, der Umfang sollte 7 bis 8 Bogen betragen, und hinter »Illustrationen« setzte man ein Fragezeichen. (In der Folge sprach Lotte Ulbricht den jungen Historiker Lothar Berthold an, wie wir noch lesen werden. Auch Johannes R. Becher wurde gebeten.)

Für die Publikation »Begegnungen mit Walter Ulbricht« berief man eine sechsköpfige Kommission, der auch Friedrich Wolf angehörte, und Beiträge sollten kommen von Heinz Hoffmann, Johannes R. Becher, Franz Dahlem, Elli Schmidt, Anton Ackermann und einigen Ausländern sowie unbekannten Genossen.

Punkt 4 (»Gemälde, Büste«) wurde knapp abgehandelt. Die Büste sollte René Graetz anfertigen, ein Bildhauer und Grafiker des Jahrganges 1908, der zwischen 1929 und 1946 als Autodidakt in Afrika, Großbritannien, Frankreich und Kanada gearbeitet hatte und dann in den Osten Deutschlands zurückgekehrt war. Er sollte – wir greifen der

Richtfest für das Hochhaus an der Berliner Weberwiese 1952. Ulbricht neben Pieck und Grotewohl (in hellen Anzügen). Links von Hermann Matern der ZK-Mitarbeiter Hermann Axen, der die Vorlage für die Ehrungen zum 60. Geburtstag erarbeitet und eingereicht hatte.

Zeit vor – die frühe DDR-Kunst profilieren. (Von ihm stammen die Stelen in Buchenwald und die Hauptgruppe in Sachsenhausen). Der Auftrag für das Gemälde (»Porträt Walter Ulbricht im EKO«) ging an einen Künstler namens Hartig. Sein Name ist heute vergessen. Die Kommissionsleiterin entwickelte beachtliche Geschäftigkeit, die Aktennotizen und Vorlagen, die sie nur mit »Lotte« unterzeichnet, gingen hin und her. Davon weitgehend unberührt lief aber das Leben in der DDR, und das lief nicht gut. Die Sowjetunion erhöhte dramatisch die Forderungen an ihre Besatzungszone. Westdeutschland verweigerte die im Postdamer Abkommen fixierten Leistungen, also mußte Ostdeutschland diese aus der Kriegsniederlage resultierenden Wiedergutmachungspflichten übernehmen. Zudem erfuhr der Kalte Krieg zwischen den Großmächten eine dramatische Zuspitzung durch den heißen Krieg in Korea. Moskau forderte von Ostberlin eine Erhöhung der Verteidigungsanstrengungen. Zähneknirschend – was blieb der DDR-Führung auch anderes übrig – stimmte sie zu. Die Konsequenz waren Normerhöhungen und Kürzungen im sozialen Bereich. Das verstärkte die schwelende innenpolitischen Krise, die mit der Umsetzung der Beschlüsse der 2. Parteikonferenz begonnen hatte. Allein die Bildung der 15 Bezirke führte zu einer Verdreifachung des Verwaltungspersonals, das anderenorts fehlte. Junge Männer, die in die Kasernierte Volkspolizei (KVP), aus der später die Nationale Volksarmee (NVA) hervorgehen sollte, delegiert wurden, kamen der Industrie abhanden.

Hinzu kam die dramatische Abwanderung in den Westen. Die Sektorengrenze in Berlin war offen, die grüne Grenze nur mäßig gesichert. Die USA pumpten Milliarden Dollar nach Westdeutschland, dort wuchsen die Wirtschaft und der Lebensstandard – die UdSSR hingegen forderte Milliarden zur Begleichung der Reparationen. Sie demontierte in Ostdeutschland Betriebe und Eisenbahngleise und bezog Güter und Dienstleistungen, die der DDR-Bevölkerung fehlten. Das war ihr legitimes Recht. Schließlich hatte die Sowjetunion am meisten unter dem Hitlerkrieg gelitten. Ihre Verluste und Schäden waren am größten, ihre Menschen litten noch immer Not, vielerorts hausten sie in Erdlöchern und Ruinen. Doch in bezug auf die Auseinandersetzung zwischen West und Ost, zwischen Kapitalismus und Sozialismus in Deutschland machte Moskau fortgesetzt gravierende Fehler. Das hohe Ansehen, das sich die Sowjetunion für ihre Anstrengungen in der Antihitlerkoalition weltweit erworben hatte, wurde nahezu aufgezehrt durch die Berlin-Blockade 1948/49, auf die die Amerikaner mit der Luftbrücke reagierten. Die Sympathie schwand mit jedem Nadelstich

Werbeplakat für die Deutsche Grenzpolizei in der DDR, 1955.

DIE DEUTSCHE
RENZPOLIZEI

in Richtung Westen und jeder Forderung in Richtung Osten. Moskau vermochte es nicht, die Siegerpose abzulegen.

In dieser angespannten internationalen Großwetterlage entwickelte sich auch eine bedrohliche innenpolitische Situation. Da hätte eine Jubelfeier zu Ehren Ulbrichts – als Generalsekretär der Partei und Vize-Ministerpräsident einer der Hauptveranwortlichen für die innenpolitische Lage – gewirkt, als gösse man Öl ins Feuer. Soviel Instinkt hatte die DDR-Führung durchaus und versagte sich die Lobhudelei.

Am 11. Juni 1953, also eine Woche bevor sich der Unmut im Lande kollektiv entlud, richtete Ministerpräsident Grotewohl an Otto Schön, den Leiter des Büros des Politbüros, ein Schreiben. Obgleich den Briefkopf Grotewohls Privatadresse zierte (Majakowskiring 48), war die Nachricht durchaus dienstlicher Natur. Das Politbüro habe sich noch einmal mit dem 60. Geburtstag des Genossen Walter Ulbricht beschäftigt und beschlossen, die »vorher gefaßten Beschlüsse, Vereinbarungen und Vorbereitungen [...] zu annullieren und bereits getroffene anderweitige Vorbereitungen einzustellen.

Die vorbereitete Arbeit des Genossen Johannes R. Becher über eine Biographie soll als dokumentarisches Material übernommen werden. Der Genosse Becher ist entsprechend zu honorieren. Über die weitere Verwendung dieser Arbeit muß später entschieden werden.«

Das gleiche Schicksal erfuhr der Dokumentarfilm. Er starb.

Seite 2 des Schreibens von Ministerpräsident Grotewohl an den Büro-Leiter Otto Schön, mit dem alle Vorbereitungen für den 60. Geburtstag von Ulbricht beendet wurden. Teil des allgemeinen Rückzuges ist auch der von Lotte Ulbricht aus der ersten Reihe, den ihr Mann selbst vorgeschlagen hat.

Die Ulbrichts 1951 in Oberhof zum Winterurlaub.

* Die Sowjetunion erhöhte 1952 – nicht zuletzt wegen der Zuspitzung des internationalen Kalten Krieges – ihre Forderungen an die DDR. Erstens wurden die Reparationen angehoben (Westdeutschland bzw. die BRD hatten deren Zahlung vertragsbrüchig beendet), zweitens verlangte Moskau höhere Verteidigungsausgaben. Insgesamt kostete das die DDR sechs Milliarden Mark – ein Fünftel des Jahreshaushaltes. Notgedrungen hatte die DDR-Führung zugestimmt und entsprechende Maßnahmen erlassen (Erhöhungen bei Normen und Abgaben, Kürzungen bei Sozialleistungen etc.). Deren Durchsetzung führte zu einer schweren innenpolitischen Krise. Sie wurde durch den eigentlichen Auslöser am 17. Juni militärisch behoben: Die Besatzungsmacht verhängte den Ausnahmezustand und ließ Panzer rollen.

Über den 17. Juni 1953* ist inzwischen unendlich viel publiziert worden. Es gibt kein zweites deutsches Ereignis, das derart umfangreich und intensiv beleuchtet und gedeutet wurde. Der 50. Jahrestag stellte zudem alles in den Schatten, was im letzten halben Jahrhundert auf deutschem Boden auf dem Felde der Geschichtspropaganda bei Gelegenheit eines Großereignisses geleistet wurde. Flächen-

Werter Genosse Ulbricht,

die Geschichte wird der revolutionären Ungeduld der Sozialistischen Einheitspartei Deutschlands ihren Respekt zollen.

Die grosse Aussprache mit den Massen über das Tempo des sozialistischen Aufbaus wird zu einer Sichtung und zu einer Sicherung der sozialistischen Errungenschaften führen.

Es ist mir ein Bedürfnis, Ihnen in diesem Augenblick meine Verbundenheit mit der Sozialistischen Einheitspartei Deutschlands auszudrücken.

Ihr

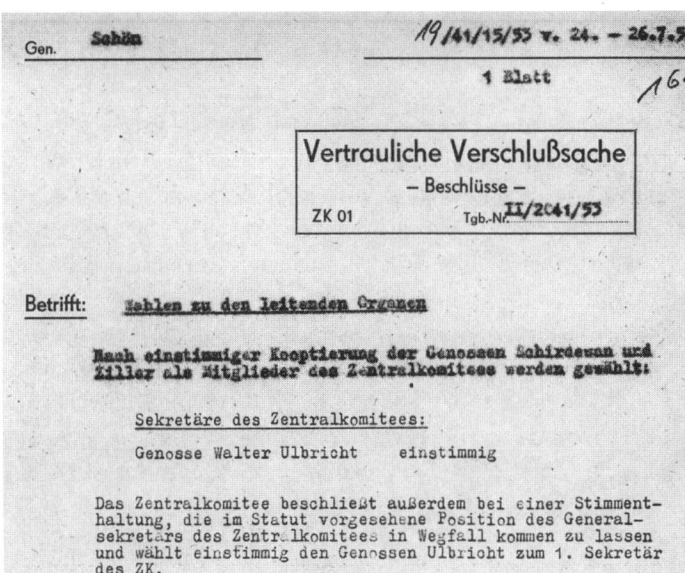

Gen. **Schön** · *19/41/15/53* v. 24. - 26.7.53

1 Blatt 161

Vertrauliche Verschlußsache
— Beschlüsse —
ZK 01 · Tgb.-Nr. **II/2041/53**

Betrifft: **Wahlen zu den leitenden Organen**

Nach einstimmiger Kooptierung der Genossen Schirdewan und Ziller als Mitglieder des Zentralkomitees werden gewählt:

Sekretäre des Zentralkomitees:

Genosse Walter Ulbricht einstimmig

Das Zentralkomitee beschließt außerdem bei einer Stimment-
haltung, die im Statut vorgesehene Position des Generalsekretärs des Zentralkomitees in Wegfall kommen zu lassen
und wählt einstimmig den Genossen Ulbricht zum 1. Sekretär
des ZK.

Eine der Konsequen-
zen, die auf dem ZK-
Plenum am 26. Juni
1953 gezogen wurden:
Walter Ulbricht ist
nicht mehr General-
sekretär, sondern nur
noch Primus inter
pares, Erster unter
Gleichen — also Erster
Sekretär des ZK der SED.
Nachdem die innen-
politischen Wogen
geglättet waren, lenkte
die Führung ihr Augen-
merk wieder auf das
Wesentliche:

deckend und multimedial drängte das Thema in jeden deutschen Winkel. Daher ist eine Wiederholung der Fakten nicht nötig, allenfalls eine Anmerkung.

Die Verve, mit der die Thesen verbreitet wurden, scheint weniger in der Erkenntnis zu wurzeln, daß die offizielle Bundesrepublik dem 17. Juni bis dato nur mäßige Beachtung schenkte, sondern wohl eher im Unmut darüber, daß diese DDR noch bis 1990 existiert hatte. Niederlagen in der Geschichte, erlebten wir neuerlich, werden oft lauter bejubelt als Siege. Zudem war es eine gute Gelegenheit – so viele, das ist absehbar, wird es nicht mehr geben –, noch einmal Front zu machen gegen die DDR und ihr damaliges politisches Personal mit der Unperson Ulbricht an der Spitze.

Der internationale Kontext, in dem die innenpolitische Krise der DDR sich entwickelte und als dessen Folge sie stattfand, wurde weitgehend ausgeblendet. Als habe gleichsam ein desorientiertes Politbüro mit dem Despoten Ulbricht aus blanker Willkür und mit rüdem Eigensinn so gehandelt, wie es handelte. Aus Jux und Unvernunft, mit Hochmut und Verachtung fürs Volk.

Von Bertolt Brecht wird zum Beweis dann auch immer jene Zeile zitiert, daß sich die Regierung ein anderes Volk wählen solle, wenn dieses nicht so wolle wie die Regierenden. Allerdings gibt es vom 17. Juni 1953 auch einen Brief Brechts an Ulbricht, in welchem dieser Verständnis für dessen Politik und darum Solidarität bekundet. Doch auch

In seiner Rede als
amtierender Minister-
präsident zitierte
Ulbricht Adenauer, der
am 7. September —
einen Tag nach den
Bundestagswahlen —
erklärt hatte: »Bis jetzt
hat man immer von der
Wiedervereinigung
Deutschlands gespro-
chen. Wir sollten aber
lieber sagen: Befrei-
ung.« Die *Frankfurter
Neue Presse* darauf am
14. September 1953:
»Die Befreiung ist
theoretisch nur
möglich durch Krieg.«

128

Rudolf Herrnstadt
(1903-1966), KPD 1929,
seit 1930 Mitarbeiter
der sowj. Aufklärung,
Journalist, 1940-43 Mit-
arbeiter im sowj. Gene-
ralstab, 1945-49 Chef-
redakteur der *Berliner
Zeitung*, 1949-53 des
ND, 1950 Kandidat des
PB, im Juli 1953 aus ZK,
im Jan. 54 aus SED
ausgeschlossen.

dieses Schreiben hat wieder eine Geschichte, die bei Bedarf gegen den Empfänger (meist auch gegen den Absender) gerichtet wird. Ulbricht gab dieses Schreiben (S. 126) an das *Neue Deutschland* zur Veröffentlichung. Dessen Chefredakteur Rudolf Herrnstadt machte daraus eigenmächtig eine Meldung, die von ADN verbreitet wurde. Brecht war darin lediglich mit einem Satz zitiert worden. »Es ist mir ein Bedürfnis, Ihnen in diesem Augenblick meine Verbundenheit mit der Sozialistischen Einheitspartei Deutschlands auszudrücken. Ihr Bertolt Brecht.«

Der Absender fand sich zurecht mit dieser Nachricht verstümmelt wiedergegeben und monierte das am 5. Juli in einem Gespräch mit einem ZK-Mitarbeiter der Abt. Schöne Literatur und Kunst. Da dies fast drei Wochen nach der Veröffentlichung und zudem an einem Sonntag, also außerhalb der Dienstzeit, geschah, ist zu vermuten, daß BB dem Vorgang nicht jene Bedeutung beimaß, wie es später einige Interpretatoren taten. Ulbricht wurde per Hausmitteilung am 7. Juli über Brechts Bemerkung informiert.

Er reagierte schon anderentags darauf. Ulbricht dankte Brecht für die »Erklärung vom 17. Juni, die ein mutiges Bekenntnis für Frieden, Einheit, Demokratie und Sozialismus ist« und bat ihn zum Gespräch. »Ich hatte die Absicht, mit Ihnen persönlich einige Fragen zu besprechen. Ich hoffe, daß es nächste Woche möglich ist. Mit freundlichen Grüßen, W. Ulbricht«

Die Reaktion verriet den Fuchs. Ulbricht ging mit keiner Silbe auf Brechts Monita ein und tat so, als wäre der Brief und nicht dessen Behandlung für ihn Anlaß, sich mit dem Dichter zusammenzusetzen.

Das Gespräch wird vermutlich stattgefunden haben.

Allerdings war die Begebenheit damit noch nicht erledigt. Elf Jahre später informierte Kulturminister Hans Bentzien Walter Ulbricht über eine Nachricht von Helene Weigel, der Brecht-Witwe, der dessen Archiv verwaltete. Sie hätte von Verleger Unseld (Suhrkamp) erfahren, daß die in der Bundesrepublik erscheinende Zeitschrift »Theater heute« einen Brief Brechts an Ulbricht – eben jenen vom 17. Juni 1953 – im Wortlaut veröffentlichen werde. Die Weigel zeigte sich über diese Ankündigung deshalb irritiert, weil die Kopie des bis dato unveröffentlichten Schreibens im Brecht-Archiv läge und sie diese nicht herausgegeben habe. Wo also, so ließ sie über den Kulturminister bei Ulbricht anfragen, sei die undichte Stelle? Sie räumte zwar ein, daß Brecht seinerzeit »immer mehrere Durchschläge seiner Arbeiten anfertigen ließ«, aber unterschwellig klang der Verdacht durch, das Schreiben könnte aus dem ZK stammen. Später sollte man eine Kopie auch im

Ulbricht auf dem IV. Parteitag der SED, April 1954. In der Mitte Präsident Pieck. Der wiedergewählte Erste Sekretär referierte zur Deutschlandpolitik, das wichtigste Dokument des Konvents war »Der Weg zur Lösung der Lebensfragen der deutschen Nation«.

Archiv von *Sinn und Form* finden, doch es konnte nie eruiert werden, wie das Brecht-Schreiben an *Theater heute* gelangt war, zumal nicht sicher ist, ob überhaupt. Denn in der zwischen Weihnachten und Neujahr 1964 ausgelieferten Ausgabe liest man zwar etwas von der »Sicherung der sozialistischen Errungenschaften« – die »Sichtung« fehlte.

Mit Vorsatz oder weil man es wirklich nicht besser wußte, da die Vorlage fehlte.

Der öffentliche Umgang mit dem ersten Mann in Staat und Partei sprengte namentlich in den 60er Jahren die bis dahin geltenden Maßstäbe. Der schmale Grat zwischen Verehrung und Personenkult wurde oft verlassen. Die Peinlichkeiten, für die wohl eher das Umfeld und nicht Ulbricht selbst die Verantwortung trug, versuchte der Verehrte gelegentlich mit aufgesetzter Volkstümlichkeit zu unterlaufen. Das ging zuweilen ins andere Auge.

So erinnert sich Hans Bentzien einer Begebenheit während der Ostseewoche. Das Wetter sei schlecht gewesen und Ulbricht habe beschlossen, das Ausflugsprogramm zu ändern. Er zog es vor, einem soeben eröffneten Kindergarten in einem Neubaugebiet einen Besuch abzustatten. Die Wagenkolonne fuhr vor, die Kinder sangen mit ihren Erzieherinnen ein Lied von Bummi, dem besten Freund der Kinder. Dann wollte die Leiterin des Kindergartens ein paar freundliche Worte sagen, doch sie verhedderte sich vor Aufregung beim Absetzen des Akkordeons und bekam einen roten Kopf. Um die Pause auf beiden Seiten zu beenden, nahm Ulbricht das Wort.

»Und das sind die Kinder, ja?«

Am 17. Dezember 1954 erinnerte das ZK der SED alle Bezirks- und Kreisleitungen schriftlich daran, daß das Politbüro am 9. Juni 1953 beschlossen habe, daß die Benennung von Betrieben, Institutionen, Straßen usw. »nach lebenden Genossen … in Zukunft unterbleiben« solle. Außerdem sei das ZK nicht der Auffassung, »daß jeder Platz und jede Straße« den Namen Thälmanns tragen müsse. Es gebe auch noch andere bedeutende Persönlichkeiten der deutschen Geschichte. Nicht zu vergessen die Dichter, Künstler und Wissenschaftler. Die Entscheidungen sollten zudem vor Ort getroffen werden. Zunehmend gingen Anträge in Berlin ein. Das ZK müsse »sich damit wirklich nicht« beschäftigen.

Nie wieder aber wurden solche Dimensionen bei runden Geburtstagen erreicht, wie sie damals zu seinem 60. geplant worden waren. Auf welch niedrigem Niveau man zwanzig Jahre später angekommen war – wohl kaum aus Bescheidenheit und weil Honecker dem Personenkult abhold gewesen wäre –, verriet die Sekretariatsvorlage im Vorfeld des 80. Geburstages. Sie umfaßte neun Punkte – von 1. (»Das Zentralkomitee richtet eine Grußadresse an den Jubilar«) über 2. (»Das ZK überreicht dem Jubilar ein Geschenk aus dem Bereich der Bildenden Kunst«), 3. (»Dem Jubilar wird zum 2. Male der Große Stern der Völkerfreundschaft überreicht«) bis 9. (»Die Beantwortung der schriftlichen Gratulationen erfolgt durch den Staatsrat und das MfAA«). Die Honecker-Führung hatte alles im Griff. Nichts sollte ungeplant sein. Punkt 6: »Es wird 2 Tage vor dem Geburtstag in der Presse und den Nachrichten eine Mitteilung der Protokollabteilung des Staatsrates veröffentlicht, daß der Vorsitzende des Staatsrates bittet, von persönlichen Besuchen im Zusammenhang mit seinem bevorstehenden Geburtstag Abstand zu nehmen.«

Geregelt war auch der Umgang mit Grußadressen von außerhalb. Honecker wollte nicht noch einmal eine Situation erleben wie 1972. Breshnew hatte im Vorjahr zu Ulbrichts 79. Geburtstag ein Schreiben an den »teuren Genossen Walter« gesandt und ihm bescheinigt, daß seine Arbeit für den Frieden und den Sozialismus in Europa sicht-

Anschreiben Ulbrichts an Honecker mit Bitte um Veröffentlichung des Breshnew-Grußes.

Oben: 1969 in der Schorfheide zur Jagd – mit Leonid Breshew (der hier im Bild allerdings fehlt).

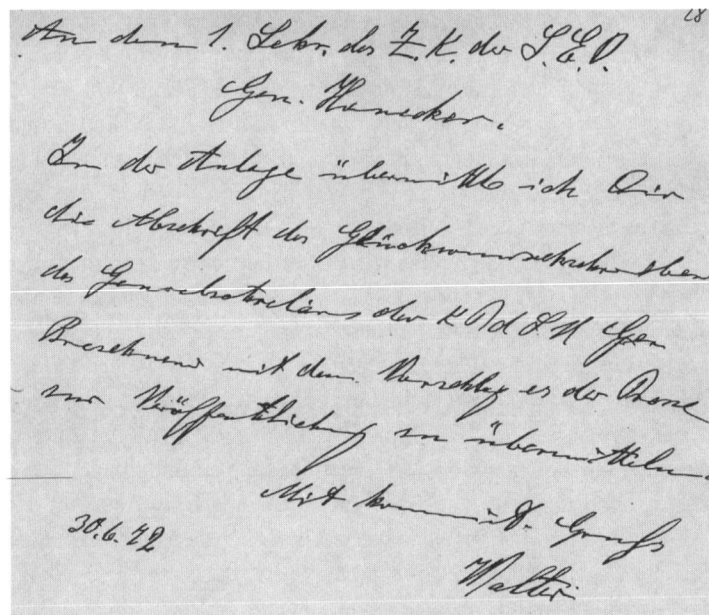

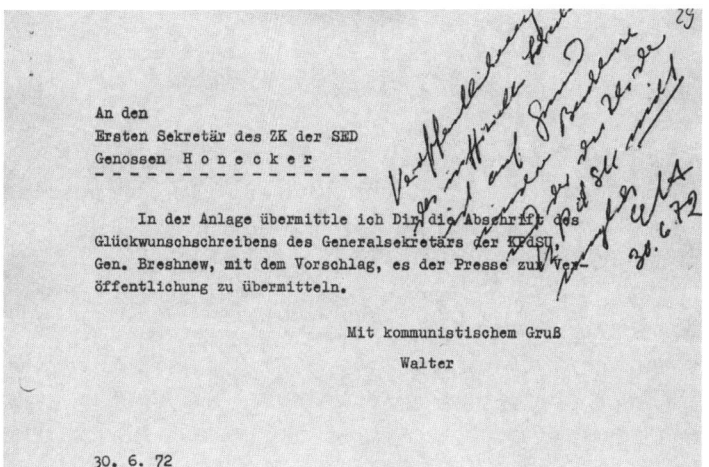

An den
Ersten Sekretär des ZK der SED
Genossen H o n e c k e r
- - - - - - - - - - - - - - - -

In der Anlage übermittle ich Dir die Abschrift des Glückwunschschreibens des Generalsekretärs der KPdSU, Gen. Breshnew, mit dem Vorschlag, es der Presse zur Veröffentlichung zu übermitteln.

Mit kommunistischem Gruß

Walter

30. 6. 72

Ulbrichts Brief wurde zur Vorlage an EH noch einmal von Gisela Trautzsch abgeschrieben. Als Gisela Glende leitete sie das Büro des Politbüros von 1968 bis 1986. Danach übernahm Edwin Schwertner diese Funktion bis zum Rücktritt des PB im Dezember 1989.

bar Früchte zu tragen beginne.«Deine langjährigen Erfahrungen werden zweifellos auch künftig der großen Sache des Sozialismus und Kommunismus dienen und nach wie vor beim Volk der DDR und bei allen aufrichtigen Freunden des sozialistischen deutschen Staates das Gefühl der Anerkennung und Achtung hervorrufen. Mit kommunistischem Gruß L. Breshnew. Moskau, 29. Juni 1972«

Selbst wenn man man die Floskeln abzog und vergaß, daß Breshnew maßgeblich zur Absetzung Ulbrichts beigetragen hatte: Der Respekt vor dem deutschen Staatsmann war nicht zu überlesen. Der gedemütigte Ulbricht sah dies dankbar und schickte den Gruß, von Lotte übersetzt, an Honecker. Sein handschriftliches Anschreiben wurde zur Vorlage für E. H. von seinem Vorzimmer noch einmal mit Maschine geschrieben. Der versah es mit seiner Paraphe und der Bemerkung: »Veröffentlichung des inoffiziellen Schreibens ist auf Grund unserer Beschlüsse und der des ZK der KPdSU nicht möglich.«

Zum 80. Geburtstag Ulbrichts, so hatte Honecker am 21. Juni 1973 entschieden, habe die »offizielle Gratulation« ausschließlich »auf der Ebene des Staatsoberhauptes« zu erfolgen. Und da es bereits »Anfragen von Bruderparteien über die Form der Gratulation« gab, wurde das Außenministerium (!) angewiesen zu erklären, daß »keine Delegationen eingeladen werden« – und Honecker fügte handschriftlich ein: »und empfangen«. Den SED-Ehrenvorsitzenden gab es also nicht mehr. Und Honecker wies ferner an: »Entsprechend des Beschlusses des Politbüros wird nur über die offiziellen Telegramme berichtet, d. h., daß über persönliche Telegramme weiterer Funktionäre des Auslandes keine Meldung erfolgt.«

30. Juni 1963: Gratulation zum 70. Geburtstag

Ulbricht und Honecker

Die beiden waren neunzehn Jahre auseinander. Das Verhältnis zwischen ihnen war wie das zwischen Vater und Sohn, allerdings vergleichsweise geschäftsmäßig. Menschlich kamen sich der Tischler aus Sachsen und der Dachdecker aus dem Saarland nicht sonderlich nah. Aber das traf auf alle Beziehungen im Politbüro zu. Die Gemeinschaft war ein Zweckbündnis. Man war aufeinander angewiesen. Die Mittelmäßigen ohne eigene Ambitionen waren froh, wenn sie sich hinterm breiten Rücken des Ersten verstecken konnten. Dieser

1967 auf dem Roten Platz in Moskau: die Ulbrichts, links Honecker, rechts Stoph, rechts außen Friedrich Ebert, Sohn des einstigen Reichspräsidenten, dahinter Günter Mittag.

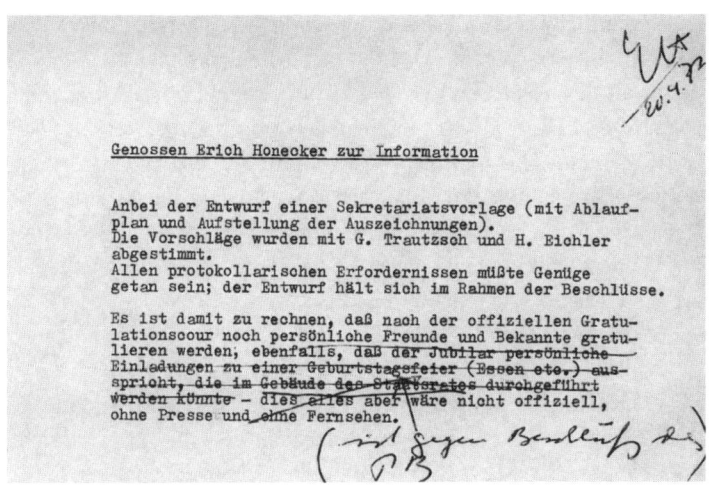

Am 20. April 1973 weist Honecker das Ansinnen zurück, daß Ulbricht zu seinem 80. Geburtstag persönliche Einladungen zur Geburtstagsfeier ausspricht. Das »ist gegen Beschluß des PB«, vermerkt er und streicht den entsprechenden Passus in der Vorlage.

hat jene weggebissen, die glaubten, es besser machen zu können und es vermutlich doch nicht konnten, und für Ruhe gesorgt. Und der Erste wußte, was er von ihnen zu halten hatte. Wenn er sich in den 60er Jahren zunehmend des externen Sachverstandes versicherte, dann wohl auch deshalb, weil er diesen in der kollektiven Führung nicht glaubte finden zu können.

Honecker war sein Kronprinz. Seit 1960 benannte Ulbricht einen aus dem Politbüro, der für die Dauer seiner Abwesenheit im Politbüro den Ton angab. Ab 1963 traf es meist Honecker. Ist der Erste Sekretär auf Dienstreise, im Urlaub, zur Kur oder krank, führt er die Geschäfte. Aber so ganz von der Leine ließ der Alte seine Vertretung nicht.

Als er beispielsweise mit Lotte im Mai 1963 in Karlovy Vary weilt (siehe auch seinen Brief an Beate auf Seite 97), bekommt auch der »liebe Erich« regelmäßig Post. »Besten Dank für Deinen Brief«, schreibt er am 5. Mai. Dann gibt es zwei Seiten Anmerkungen zum aktuellen Metallarbeiterstreik in der Bundesrepublik und wie man damit umgehen solle. Sodann gibt es noch zwei konkrete Aufträge.

»Zum Vorschlag des Genossen Florin, betreffend Einladung des Genossen Dr. Fidel Castro, schlage ich vor, daß ich ihm einen vertraulichen Brief mit der Einladung nach Moskau schicke. Auf Grund dieser Einladung kann Genosse Dölling mit den sowjetischen und kubanischen Genossen sprechen.« Die Mitteilung war ein wenig kryptisch. Offenkundig wollte Ulbricht Castro, der in Moskau weilte, zu einem Besuch in die DDR einladen, was offenkundig aber nur mit Zustimmung Moskaus ging.

Die Historikerin Monika Kaiser personalisiert in ihrem Buch (»Machtwechsel von Ulbricht zu Honecker«, 1997) die beiden politischen Strategien im Politbüro. Sie machte damit nicht nur klar, daß der Kampf zwischen Ulbricht und Honecker Jahre währte, sondern forderte zudem »eine Neubewertung der Politik und der Person Walter Ulbrichts. Im Vergleich zu Honecker sei Ulbricht in den 60er Jahren der »reformfreundlichere und flexiblere, für die Probleme der modernen Industriegesellschaft sowie die Möglichkeiten einer gewissen ›Liberalisierung‹ aufgeschlossenere und für die Regelung der deutsch-deutschen Beziehungen kompromißbereitere Politiker« gewesen. Ulbricht habe sich »an die Spitze des Reformflügels« gestellt.

134

Wesentlich verständlicher dann schon der folgende Punkt:»Ich habe dem Genossen Prof. Berthold meine Bemerkungen zur Schlußredaktion des ›Grundriß der Geschichte der deutschen Arbeiterbewegung‹ zugesandt. In der Sitzung des Politbüros am Dienstag, den 7.5.1963, kann das Dokument endgültig verabschiedet werden. Das ist sehr wichtig, damit das Dokument auf dem Parteitag unserer Bruderpartei und auch auf dem Jugendkongreß verbreitet werden kann. Meine Bemerkungen zu den Vorlagen des Politbüros habe ich auf die Vorlagen selbst geschrieben. Mit freundlichen Grüßen W. Ulbricht«

Erich Honecker antwortete darauf schon am 6. Mai handschriftlich, als habe er keine Sekretärin. Vielleicht aber wollte er es Ulbricht nur gleichtun, denn der schrieb ihm schließlich auch mit der Hand.

»Lieber Walter!

Das Präsidium des ZK der KPdSU bittet um Mitteilung, zu welchem Zeitpunkt die Einladung zu Deinem offiziellen Staatsbesuch in die SU erfolgen kann. Unter Beachtung verschiedener Umstände schlagen sie vor, diesen Besuch noch im Juni 1963 durchzuführen. Die Konferenz der 1. Sekretäre wird am 26., 27. und 28. Juni stattfinden. Fidel Castro wird bis Ende Mai in der SU weilen. Die sowjetischen Genossen empfehlen, <u>Deinen Staatsbesuch</u> noch vor der Konferenz der 1. Sekretäre durchzuführen. Desweiteren bitten sie um Mitteilung, welche Personen Dich in Deiner Eigenschaft als Vorsitzender des Staasrates der DDR begleiten werden sowie um Deinen Vorschlag für die Dauer Deines Aufenthaltes in der SU.

Genosse Abrassimow läßt Dich und Lotte herzlich grüßen und bat darum, möglichst bis Dienstag eine Entscheidung zu treffen. Die

Fidel Castro, 1974

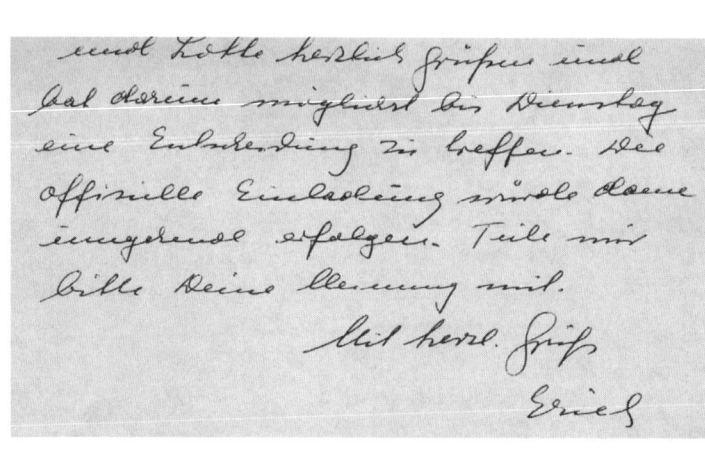
Zweite Seite des Briefes von Honecker an Ulbricht in Karlovy Vary vom 6. Mai 1963.

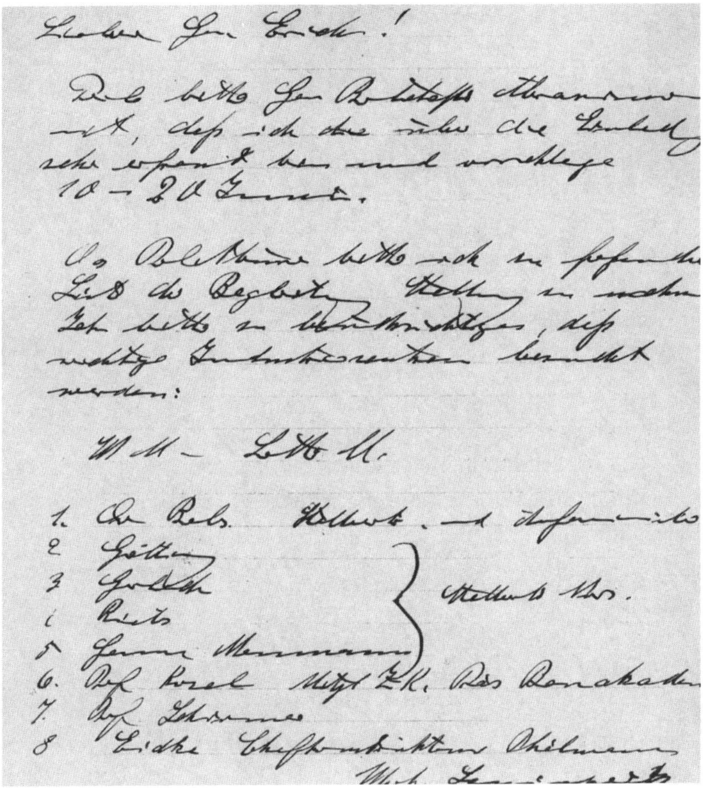

Brief von Ulbricht an EH aus Karlovy Vary, 6. Mai 1963. Um die Schrift besser lesen zu können, ließ sich Honecker den Text mit der Maschine noch einmal schreiben, um dann wie gewohnt diese rechts oben mit der Bemerkung zu verzieren: »erl. EH 7.5.63«.

offizielle Einladung würde dann umgehend erfolgen. Teile mir bitte Deine Meinung mit.

Mit herzl. Gruß

Erich«

Die Antwort erfolgt noch selbigentags.

»Lieber Gen. Erich!

Teile bitte Gen. Botschafter Abrassimow mit, daß ich über die Einladung sehr erfreut bin und vorschlage: 10.-20. Juni.

Das Politbüro bitte ich zu folgender Liste der Begleitung Stellung zu nehmen. Ich bitte zu berücksichtigen, daß wichtige Industriezentren besucht werden:

W. U. – Lotte U.

1. Dr. Bolz, Stellvertr. und Außenminister
2. Götting
3. Gerlach
4. Rytz
5. Gen. Neumann

DDR-Außenminister und Vizeministerpräsident Dr. Lothar Bolz bei Indiens Ministerpräsident Nehru, Januar 1959.

6. Prof. Kosel, Mitgl. ZK, Präs. Bauakademie
7. Prof. Schirmer
8. Eidke, Chefkonstrukteur »Thälmann-Werk«, Leninpreisträger
9. Botschafter Dölling
Mitarbeiter: Gen. Kegel, Eberlein, Eichler
Ein Mitarbeiter Büro Industrie beim PB
Ein Redakteur des ND, der russisch spricht
ADN, der russisch spricht
Moskauer Vertreter des Rundfunk/Fernsehen
Mit sozialist. Gruß
W. Ulbricht
Herzliche Grüße an Gen. Abrassimow!
6. Mai 63«

Die Liste erfuhr nur eine einzige Ergänzung, die Erich Honecker eigenhändig vornahm. Er vergrößerte die neun- auf eine zehnköpfige Delegation. Auf Platz 7 setzte er – worauf die nachfolgenden Personen eine Nummer weiterrutschten – Erich Mielke, Minister für Staatssicherheit.

Im Frühjahr des folgenden Jahres kurten die Ulbrichts wieder. Am 21. März bekam der »liebe Erich« wieder Post mit ziemlich vielen Aufträgen. Siebenmal vermerkte er später an den Rand: »erl.«

Schiffsreise auf dem
Dnepr 1964.
Neben den Ulbrichts
Willi Stoph.

»Ich bitte Dich, den Beschluß vom 16. März zur Politik der KP Chinas sowie den Bericht vom 13.3. an die Bezirks- und Kreisleitungen Genossen Abrassimow zu übermitteln.

Gen. Hager hat die Rede des Gen. Iljitschow vom 18. Oktober im Präsidium der Akademie der Wissenschaften den PB-Mitgliedern gesandt. Ich halte diese Rede für sehr wichtig und schlage die Veröffentlichung in der Akademie-Zeitschrift und als Sondernummer der ›Einheit‹ vor. Es sollte ein Plan ausgearbeitet werden über die Durchführung wissenschaftlicher Konferenzen oder Kolloquien im Winterhalbjahr.

Was die Frage des <u>Aufenthaltes für westdeutsche Transitreisende</u> betrifft, so sollten wir Aufhebung der Maßnahmen gegen den Sportverkehr, gegen Delegationsbesuche in Westdeutschland und der Schikanen gegen die westdeutschen Besucher der DDR fordern. Nur durch gleichberechtigte Verhandlungen Regelungen möglich.

Was den <u>Entwurf der Entschließung des Frauenkongresses</u> betrifft, so habe ich folgende Bemerkungen. Ich nehme an, es soll der Entschließungsentwurf des Kongresses sein, der jetzt zur Diskussion gestellt wird.

Abschnitt II und III sind wenig wirksam. Die Wendung an die westdeutschen Frauen gehört in einen besonderen Brief oder Appell des Kongresses. In II kann man nicht damit beginnen, was die westdeutschen Frauen nicht erkannt haben, sondern man muß <u>überzeugend sagen</u>, wie es dort den Frauen geht und was die Ursache der minderen Rechte usw. ist.

Im Entwurf fehlt die überzeugende Beweisführung, daß Atomrüstungspolitik und die Außenpolitik der Adenauer-CDU/CSU antinational und zum Bankrott verurteilt ist. Es fehlt der Weg zur Wiedervereinigung beider Staaten über Entspannung, Abrüstung, Konföderation.

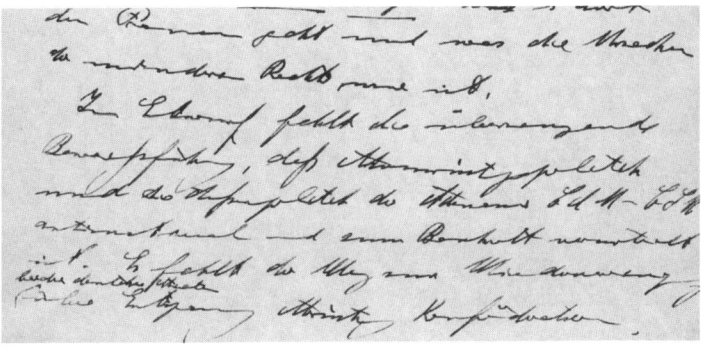

Aus Ulbrichts Brief an E. H.: »Im Entwurf fehlt die überzeugende Beweisführung, daß Atomrüstungspolitik und die Außenpolitik der Adenauer CDU-CSU antinational und zum Bankrott verurteilt ist. Es fehlt der Weg zur Wiedervereinigung beider deutscher Staaten über Entspannung, Abrüstung, Konföderation.«

138

Die Ministerin für Volksbildung, Margot Honecker, geborene Feist, Hallenserin, Jahrgang 1927, seit 1953 mit Erich H. verheiratet. Von 1963 bis 1989 Ministerin und Mitglied des ZK der SED – hier bei einem Besuch einer Bildungseinrichtung 1965.

Das Dokument ›Grundsätze für die Gestaltung des einheitlichen sozialistischen Bildungswesens‹ ist eine gute Grundlage für die öffentliche Aussprache und für die praktischen Vorbereitungsmaßnahmen.

Es ist richtig, daß im Dokument vom Programm des Sozialismus und der Perspektive des Bildungswesens ausgegangen wird. Die Kommission hat nicht genügend beachtet, daß die nächsten Aufgaben in der Periode des umfassenden Aufbaus des Sozialismus durchzuführen sind. Es ist erforderlich, die gegenwärtigen Probleme des Schulwesens in ihrem Wesen zu beleuchten. Ohne eine kritische Einschätzung des gegenwärtigen Enwicklungsstandes wird es schwer sein, die im Dokument entwickelten großen Aufgaben durchzuführen. Vielleicht ist es möglich, die Abschnitte I 2 und 3 umzuarbeiten und zu sagen, wie die Lage ist und was geändert werden muß.

Im Teil B I und II ist nicht konkret genug gesagt, wie in Zukunft das Ministerium für Volksbildung und das Staatssekretariat für Hochschulwesen auf neue Art leiten sollen. Wenn ich die Berichte über das Auftreten von Studenten in einigen Fakultäten der Humboldt-Universität lese und Berichte im ›Sonntag‹ und ›Horizont‹, die sehr viel Unklarheit widerspiegeln, so zeigt das große Mängel in der Leitung der Hochschularbeit.

Es genügt nicht, das Ideal des Bildungswesens darzustellen, sondern es ist erforderlich zu zeigen, wie in der jetzigen Lage begonnen wird, das Dokument durchzuführen.

Die Feststellungen in B IV sind teilweise schematisch. Man muß das noch gründlich durcharbeiten.

Es ist notwendig, die Politik des CDU-Parteitages *(der West-CDU – d. Hrsg.)* auch vom christlichen Standpunkt zu kritisieren. Die CDU *(in der DDR – d. Hrsg.)* sollte sich an die christlichen Arbeiter, Bauern und Geistesschaffenden in Westdeutschland wenden.

Adenauer und Erhard haben wieder die Frage gestellt, was die Lösung der deutschen Frage kostet.

Wie hoch ist der Preis?

Der Preis für die gewaltsame Eingliederung ganz Deutschlands in die NATO ist der Krieg.

Eine friedliche Unterordnung der DDR unter die Diktatur der Monopolherren und Hitlergenerale wird es nie geben.

Welches ist der Preis für die friedliche Lösung der deutschen Frage? Ich schlage vor, die Vorschläge und Forderungen aus Dokumenten der UdSSR und der DDR zusammenzustellen. Etwa in folgendem Sinne:

– Verständigung über alle Fragen durch Verhandlungen zwischen beiden deutschen Regierungen
– Normalisierung der Beziehungen zwischen beiden Staaten durch Vereinbarungen in Regierungskommissionen
– Nichtangriffspakt zwischen beiden Staatengruppen
– Verzicht auf multilaterale Atomrüstung
– Rüstungsstopp
– Abschluß eines Friedensvertrages, unterschrieben von beiden deutschen Staaten (Regelung der Westberlinfrage)
– Verzicht auf Revanche
– Einschränkung und Kontrolle der Rüstungsproduktion
– Entfernung früher aktiver Nazis aus Staats- und Militärapparat unter Kontrolle der demokratischen Öffentlichkeit
– Konföderation
– Austritt aus Pariser Verträgen und NATO

Da gegenwärtig in der westdeutschen Bundesrepublik die Voraussetzungen für diese Lösung noch nicht vorhanden sind, haben wir die bekannten 7 Punkte vorgeschlagen. Das ist die nächste Aufgabe.
Ich wünsche euch gute Erfolge!
Mit freundschaftlichen Grüßen an alle
W. Ulbricht
21. März 1964«

»Ulbrichts Verdienst bestand darin, als erster Partei- und Staatsführer im östlichen Blocksystem erkannt zu haben, daß von der Bewältigung dieser neuen Herausforderungen (Modernisierung und Anpassung an die Zwänge moderner Industriegesellschaften unter den Bedingungen der wissenschaftlich-technischen Revolution - d. Hrsg.) die propagierte Überlegenheit und letztlich die Überlebensfähigkeit der ›sozialistischen‹ über die ›kapitalistische‹ Gesellschaft abhängen werde«, meint Monika Kaiser. Der Konflikt zwischen der Gruppe um Ulbricht (»strategische Clique«) und der um Honecker (»institutionalisierte Gegenelite«) habe sich im Kern auf die Frage reduziert, »ob eine Reform des Systems überhaupt notwendig und ohne Machtgefährdung möglich sei. Ulbricht habe das bejaht – Honecker nicht. Er habe darum »zielstrebig« den 1963 begonnenen Reformversuch untergraben.

Ulbricht bei der Truppe. Besuch bei Soldaten des Manövers »Oktobersturm« mit Armeen der Warschauer Vertragsstaaten.

Im Februar/März 1965 weilten die Ulbrichts zum Staatsbesuch am Nil. Die Visite bei Ägyptens Präsident Nasser war für die DDR und insbesondere für Ulbricht ein außenpolitischer Erfolg. Erstmals wurde außerhalb des Ostblocks eine Abordnung mit allen Ehren empfangen.

Im Sommer 1965 erholten sich die Ulbrichts. Das erste Halbjahr war gleichermaßen angestrengend wie erfolgreich gewesen. Und wie üblich bekam Honecker fortgesetzt Urlaubspost. Am 11. August lobte der aushäusig weilende erste Mann seinen Statthalter, was nicht eben häufig passierte. »Besten Dank für die Informationen. Die Weisungen des Sekretariats zur Durchführung der Ernte sind gut.« Allerdings mahnte er im gleichen Atemzug an, die Tätigkeit der volkseigenen Erfassungs- und Aufkaufbetriebe (VEAB) »in einigen Kreisen komplex zu kontrollieren«. Vertrauen sei gut, Kontrolle besser …

In der Anlage befanden sich wieder stapelweise Dokumente, die Ulbricht durchgearbeitet und mit Bemerkungen versehen hatte. Der größte Teil seines handgeschriebenen Briefes kreiste jedoch um die

Sitzung des Staatsrates, geleitet von dessen Vorsitzendem.

Lotte und Walter Ulbricht am Modell der künftigen Neubaugebiete von Karl-Marx-Stadt (Chemnitz), 1965.

Politik des westlichen Nachbarn. Wie siamesische Zwillinge hingen die beiden deutschen Staaten zusammen, wechselseitig beäugten sich die in Berlin und Bonn Regierenden. Die regierende Union war bereits in den Wahlkampf gestartet, was Ulbricht zum Anlaß nahm zu bemerken, es sei »an der Zeit«, daran teilzunehmen. Inhaltlich führte er aus: »Im Zusammenhang mit meiner Bemerkung über die Gefahren nach 20 Jahren sollte man das Buch von Haffner ›Die sieben Todsünden des Deutschen Reiches‹ ausnutzen.«

Wir müßten beweisen, so Ulbricht weiter, »daß CDU/CSU Unsicherheit, Abbau der Grundrechte und neue sinnlose Militärlasten« bringen. Und: »Wir sollten uns in einfacher Weise mit den 12 Thesen von Erhard beschäftigen und begründen, warum in der Zeit der technischen Revolution die <u>Mitbestimmung</u> der Arbeiter und ihrer Gewerkschaften in der Leitung der Wirtschaft zu einer Lebensfrage des arbeitenden Volkes geworden ist. Wir sollten uns besonders an die Frauen wenden und die Forderungen des Arbeiterinnenkongresses des DMV verbreiten. Ebenso sollten wir eine besondere Propaganda unter den Jungwählern führen.

Vielleicht kann man unsere Propaganda mit der Wahlbewegung der KPD-Führung* koordinieren.

In allem müssen wir das nationale Interesse des deutschen Volkes für Frieden durch Abrüstung, Verständigung und Wiedervereinigung hervorheben und beweisen, daß die CDU die Partei der Spaltung und Kriegsrüstung ist.

Herzliche Grüße zugleich an alle Genossen der Führung.
Walter«

* Die KPD war 1956 in der Hochzeit des Kalten Krieges in der Bundesrepublik verboten worden, obgleich sie von 1949 bis 1953 im Deutschen Bundestag vertreten war. Max Reimann, der die Partei seit 1948 leitete, und andere Spitzenfunktionäre hatten im ZK der SED Arbeitsräume und -möglichkeiten und waren auch in den Führungsgremien der SED vertreten. Das entsprach dem nationalen Selbstverständnis der Sozialistischen Einheitspartei Deutschlands. In den Augen Bonns hingegen war die KPD eine 5. Kolonne. Deshalb wurde sie liquidiert.

Das Ende

Die Zeit arbeitete gegen ihn. Nicht nur die biologische Uhr lief ab, auch die politische. Der Reformer Ulbricht war Moskau zu selbstbewußt und zu souverän geworden. Und die Moskau-Fraktion im Berliner Politbüro sah es auch so. Das ließen sie Ulbricht spüren. Und er bemerkte das.

Am 28. Juli 1970 war Honecker bei Breshnew in Moskau gewesen und hatte sich über Ulbrichts Deutschland-Politik mokiert. Im März hatten sich Bundeskanzler Brandt und Ministerpräsident Stoph in Erfurt und im Mai in Kassel getroffen. Die Initiative zu diesen ersten deutsch-deutschen Gipfeltreffen war, natürlich, von Ulbricht ausgegangen. Moskau witterte Ungemach angesichts des Alleingangs des Satelliten, der sich nicht mehr wie ein Satellit verhielt. Da man die Begegnungen schon nicht verhindern konnte, durfte das innerdeutsche Tête-à-tête auf keinen Fall greifbare Resultate bringen. Das gelang – alles ging aus wie das Schießen zu Hornberg.

Vor diesem Hintergrund fand Honecker im Juli bei Breshnew ein offenes Ohr. Am 21. August, drei Wochen später, las Breshnew Ulb-

Erich Honecker ritt in der mongolischen Steppe auf einem Kamel – und bereitete zugleich den Machtwechsel in Berlin vor.

Die unmittelbare Zusammenarbeit mit W. U. hatte für meine eigene polit. Entwicklung große Bedeutg. Ich lernte von ihm die Zielstrebigkeit, die kameradschaftliche Zusammenarbeit mit anderen, seine Anträge zur Beachtung einer... Entwickl. – Anträge kennen u. achten.

Lotte Ulbricht 1966: »Die unmittelbare Zusammenarbeit mit W. U. hatte für meine eigene polit. Entwicklung große Bedeutung. Ich lernte von ihm Zielstrebigkeit und kameradschaftliche Zusammenarbeit …« Die Kameradschaft endete allerdings im Politbüro.

Die Ulbrichts auf der »Arbeiterkonferenz der Ostseeländer« in Rostock am 16. Juli 1970. Unabgestimmt mit Moskau und dem eigenen Politbüro gab er in seiner Rede der sozialliberalen Regierung in Bonn Gesprächsinteresse zu verstehen.

richt im Kreml vier Stunden lang die Leviten. Honecker, Stoph, Hager, Mittag und Axen saßen draußen vor der Tür.

Im Herbst 1970 war Breshnew in Berlin. Lotte Ulbricht erinnerte sich 1996 : »Vor seiner Rückreise traf er sich mit dem Politbüro in unserem Haus. Vor der Abfahrt standen wir auf der Straße zusammen. Da bat Walter Ulbricht Breshnew zur Seite und forderte mich auf, diesem seinen Wunsch vorzutragen: er wolle als Generalsekretär zurücktreten. Breshnew bat meinen Mann, damit zu warten. Angesichts der Unruhen in Polen *(seit den Streiks im August 1968 befand sich das Nachbarland in einer schweren innenpolitischen Krise, sie sollte zur Ablösung von PVAP-Chef Gomulka im Dezember 1970 führen – d. Hrsg.)* sei der gegenwärtige Zeitpunkt sehr ungünstig. Walter versprach zu warten.«

Am 21. Januar 1971 wurde Ulbricht mit einem siebenseitigen Schreiben bei Breshnew und beim Moskauer Politbüro angeschwärzt. Unterschrieben hatten die Denunziation Axen, Grüneberg, Hager, Honecker, Mittag, Sindermann, Stoph, Verner, Mückenberger, Warnke, Jarowinsky, Lamberz und Kleiber. In dieser Reihenfolge.

»Teure Genossen!

Wie Ihnen bekannt ist, kam es bei uns in den letzten Monaten in wachsendem Maße zu einer außerordentlich schwierigen Lage im Politbüro. Das hat seine Ursache darin, daß seit Mitte 1970 von Genossen Walter Ulbricht immer wieder Einschätzungen gegeben und

* Erich Honecker, von Ulbricht seit Beginn des Jahrzehnts als Kronprinz aufgebaut und in der Partei hinter dem Ersten Sekretär inzwischen faktisch der zweite, entwickelte sich zunehmend als Bremser. Er blockierte die Wirtschaftsreformen, hatte die damit in Verbindung stehende Korrektur der Kultur- und Jugendpolitik zu Fall gebracht und sabotierte Ulbrichts neue Deutschlandpolitik. Dieser holte zum Gegenschlag aus: Auf der von ihm am 30. Juni einberufenen Politbürositzung löste er Honecker von dessen Funktion als zweiter Mann in der Partei ab. Honecker informierte umgehend Moskau. Breshnew fühlt sich auch übergangen und intervenierte mit Botschafter Abrassimow bei Ulbricht. Mit Erfolg. Auf der PB-Sitzung am 7. Juli 1970 setzte dieser Honecker wieder in seine Funktion ein.

** Am 16. Juli hatte Ulbricht auf einer »Arbeiterkonferenz der Ostseeländer« die am Vortag veröffentlichte Rede von Bundesaußenminister Scheel explizit gewürdigt und damit signalisiert, daß er den deutschdeutschen Dialog fortsetzen wolle.

Foto: 1967 mit PVAP-Chef Gomulka.

Fragen aufgeworfen werden, die nicht mit der realen Lage der Deutschen Demokratischen Republik und unseren Aufgaben in Übereinstimmung stehen.

Das erfüllt uns mit großer Sorge, weil dadurch die politische und organisatorische Führungstätigkeit der Partei in einer Situation geschwächt wird, in der sowohl angespannte innere Probleme als auch komplizierte außenpolitische Aufgaben unsere ganze Aufmerksamkeit und Kraft verlangen. Genosse Walter Ulbricht hält sich gar nicht an Beschlüsse und getroffene Vereinbarungen.* Er geht nicht von den ZK- und Politbürobeschlüssen aus, sondern stellt gefaßte Beschlüsse immer wieder infrage und zwingt dem Politbüro ständig Diskussionen auf, die es in nicht mehr zu vertretender Weise von der konkreten Arbeit bei der Lösung der wichtigsten Aufgaben abhalten.

Wir haben uns bemüht und bemühen uns, die im August 1970 in Moskau getroffenen Vereinbarungen konsequent durchzuführen und faßten dementsprechend für die Stabilisierung der Lage in der Deutschen Demokratischen Republik bereits am 8. September 1970 einen grundlegenden Beschluß. Genosse Walter Ulbricht trat mehrfach außerhalb des Politbüros vor einem breiten Auditorium gegen diesen Beschluß auf.**

Nachdem die 14. Tagung des Zentralkomitees (9. bis 11. Dezember 1970) eine realistische Einschätzung der inneren, insbesondere der

wirtschaftlichen Entwicklung und eine entsprechende Zielstellung erarbeitet und gebilligt hatte, hielt Genosse Walter Ubricht ein Schluß-wort, das in seiner Grundtendenz nicht mit dem, was auf dieser Tagung gesagt wurde, und unserer gemeinsamen Linie übereinstimm-te. Das Politbüro war gezwungen, die Veröffentlichung dieses Schluß-worts abzulehnen. Das selbe war bereits mit einer Rede eingetreten, die Genosse Ulbricht auf einer erweiterten Sitzung der Bezirksleitung Leipzig im November 1970 gehalten hatte.

Das Politbüro mußte auch im Januar 1971 ein von Genossen Ulb-richt überraschend eingebrachtes Material ablehnen, das zur Vorbe-reitung des VIII. Parteitages der SED an alle Bezirks- und Kreisleitun-gen sowie an die Grundorganisationen der Partei versandt werden sollte. Auch darin wurden zwar die Beschlüsse der 14. Tagung des Zentralkomitees der Sozialistischen Einheitspartei Deutschlands und vorangegangener Politbüro-Sitzungen verbal anerkannt, in der Tat aber versucht, eine andere Einschätzung der Lage zu geben und erneut die Partei auf irreale Ziele zu orientieren.

In diesem Material ist vorgesehen, zum VIII. Parteitag eine Orien-tierung zu geben und Beschlüsse zu fassen, die nicht auf die Fragen des Lebens Antwort geben und um das gültige Programm entsprechend der Entwicklung zu konkretisieren, sondern durch lebensfremde, pseu-dowissenschaftliche, teilweise ›technokratische‹ Theorien einer soge-nannten Vorausschau bis 1990 und darüber hinaus ersetzt werden sol-len.

In der Einschätzung internationaler Fragen wird von ihm teilweise in den Formulierungen hinter die Beschlüsse der Moskauer Beratung

Breshnew (Mitte),
Ulbricht und Honecker
während des VII. Par-
teitages der SED, 1967.

Auf der Internationalen
Gartenbauausstellung
(iga) in Erfurt, 1968.

der kommunistischen und Arbeiterparteien *(von 1967 – d. Hrsg.)* und der verschiedenen Beratungen der Staaten des Warschauer Vertrages zurückgegangen. Das würde dazu führen, daß wir zum VIII. Parteitag nicht mit einer einheitlichen Meinung kommen, sondern mit der Meinung der Mehrheit des Politbüros und des Zentralkomitees auf der einen und der des Genossen Walter Ulbricht auf der anderen Seite. Sein ganzes Verhalten behindert in der letzten Zeit unsere Vorarbeiten zum Parteitag.

Nicht nur in der Innenpolitik, sondern auch in unserer Politik gegenüber der BRD verfolgt Genosse Walter Ulbricht eine persönliche Linie, an der er starr festhält. Damit wird ständig der zuverlässige Ablauf des zwischen der KPdSU und der SED koordinierten Vorgehens und der getroffenen Vereinbarungen gegenüber der BRD gestört.

Leider sind die Meinungsverschiedenheiten nicht nur in unserer Partei, sondern dank der Umgebung des Genossen Walter Ulbricht auch im Westen bekannt geworden.

Wir sehen die Ursachen für die zunehmenden Schwierigkeiten, die für unsere Partei durch die Handlungsweise des Genossen Walter Ulbricht entstehen, auch im Zusammenhang mit seinem hohen Alter. Hier geht es sicherlich um ein menschliches und biologisches Problem. Wir verstehen – und jeder in unserer Partei wird verstehen –, daß es im Alter von 78 Jahren äußerst kompliziert ist, den großen Umfang von Arbeiten und Verpflichtungen wahrzunehmen, die sich aus der Funktion des Ersten Sekretärs des Zentralkomitees der SED und des Vorsitzenden des Staatsrates der DDR ergeben, insbesondere wenn man berücksichtigt, daß die gegenwärtige und künftige politische Situation an uns hohe Anforderungen stellt.

Wir können mit voller Verantwortung sagen, daß wir alles getan haben, um Genossen Walter Ulbricht zu helfen. Wir schätzen auch seine Verdienste in der Vergangenheit hoch ein. Leider können wir nicht umhin festzustellen, daß sich bei Genossen Walter Ulbricht in der letzten Zeit bestimmte negative Seiten seines auch ohnehin schwierigen Charakters immer mehr verstärken. In dem Maße, in dem er sich vom wirklichen Leben der Partei, der Arbeiterklasse und aller Werktätigen entfremdet, gewinnen irreale Vorstellungen und Subjektivismus immer mehr Herrschaft über ihn. Im Umgang mit den Genossen des Politbüros und mit anderen Genossen ist er oft grob, beleidigend und diskutiert von einer Position der Unfehlbarkeit. Es tritt immer stärker hervor, daß Genosse Walter Ulbricht, von dem Gefühl seiner Unfehlbarkeit geleitet, für kommende Jahrzehnte, ja, bis zum Jahr 2000 politische und andere Prognosen vorlegt, die sich keine andere Partei der sozialistischen Staatengemeinschaft stellt. Aus vielen Bemerkungen und manchem Auftreten geht hervor, daß sich Genosse Walter Ulbricht gern auf einer Stufe mit Marx, Engels und Lenin sieht. Genosse Walter Ulbricht betrachtet es als eine seiner wesentlichsten Aufgaben, den Marxismus-Leninismus auf den verschiedensten Gebieten ›schöpferisch weiter zu entwickeln‹.

Seine Haltung gipfelte in einer Behauptung im Politbüro, daß er ›unwiederholbar‹ sei. Die übertriebene Einschätzung seiner Person überträgt er auch auf die DDR, die er immer wieder in eine ›Modell‹- und ›Lehrmeisterrolle‹ hineinmanövrieren will. So stellte er allen Ernstes der Partei und dem Staat die Aufgabe, in den nächsten Jahren eine jährliche Zuwachsrate der Industrieproduktion und der Arbeitsproduktivität von 10 % unter allen Umständen zu erreichen, weil das angeblich objektiv notwendig sei.* Gleichzeitig vertrat er den Standpunkt, daß es darauf ankomme, ›bisher Nichtgedachtes‹ einzuschätzen und zu bilanzieren.

Sicherlich waren auch wir in der Vergangenheit der nicht angebrachten übertriebenen Selbstbewertung des Genossen Walter Ulbricht gegenüber nicht immer kritisch und konsequent genug.

In der Haltung und im öffentlichen Auftreten von Genossen Walter Ulbricht liegen ernste Gefahren für die Beziehungen unserer Partei zur Kommunistischen Partei der Sowjetunion und zu den Bruderparteien. Deshalb mußte das Politbüro sich schon mehrfach mit ihm auseinandersetzen. Wir berücksichtigen dabei auch bestimmte Lehren aus den Ereignissen in Volkspolen und in der ČSSR.

* Die Forderung – ob realisierbar oder nicht, sei dahingestellt – war begründet. Die Kritiker offenbarten damit nur, daß sie von Wirtschaft wenig bis nichts verstanden. Das stellten sie ja nach 1971 auch sichtbar unter Beweis: Die »Differenz« wurde mit massiven Westdarlehen gleichsam kompensiert. Wo sich Ulbricht als energisch fordernd zeigte, präsentierte sich Honecker als Beglücker des Volker, was – zumindest anfänglich – besser ankam als der unablässige Appell für harte Arbeit. Auf Dauer erwies sich diese Linie aber als offenkundig falsch.

Angesichts der Verantwortung unserer Partei in der gegenwärtigen inneren und internationalen Situation und auch angesichts der Erfahrungen, daß sich trotz vieler Diskussionen und Bemühungen die mit der Haltung des Genossen Walter Ulbricht verbundenen Belastungen nicht mindern, sondern im Gegenteil erhöhen, halten wir es für unsere internationalistische Pflicht, das Politbüro des ZK der KPdSU über die bei uns entstandene Lage zu informieren und zu bitten, uns bei der Lösung dieser komplizierten Frage zu helfen.

Wir sind der Ansicht, daß eine solche Lösung darin bestehen könnte, daß die Funktion des Ersten Sekretärs des Zentralkomitees der SED sehr bald von der des Vorsitzenden des Staatsrates der DDR getrennt wird und Genosse Walter Ulbricht nur die Funktion des Vorsitzenden des Staatsrates der DDR ausübt. Dabei wäre es gleichzeitig geboten, die bisher übertriebenen und künstlich ausgeweiteten Befugnisse des Staatsrates zu beschränken. Die Tätigkeit des Staatsrates, die heute oft dazu benutzt wird, um ohne das Politbüro Entscheidungen zu treffen, wäre der Kontrolle des Politbüros zu unterstellen. Der Staatsrat müßte seine Aktivitäten auf den Gebieten einstellen, die voll zum Verantwortungsbereich der Regierung der Deutschen Demokratischen Republik gehören.

Bei unseren Erwägungen können wir auch nicht daran vorbeigehen, daß nach offiziellem ärztlichem Befund die gegenwärtige arbeitsmäßige Belastung des Genossen Walter Ulbricht unverantwortlich ist. Es wurde ihm von den ihn betreuenden Ärzten dringend und wiederholt empfohlen, täglich nur vier Stunden zu arbeiten, sich mittwochs, sonnabends und sonntags zu erholen und nur einmal in der Woche abends für zwei Stunden an Veranstaltungen teilzunehmen. Zu unserer Sorge hält sich Genosse Walter Ulbricht nicht an diese und andere ärztliche Ratschläge. Dadurch kann sowohl für Genosse Walter Ulbricht persönlich als auch für Partei und Staat eine komplizierte Lage entstehen.

Wir lassen uns bei unseren Vorschlägen auch davon leiten, daß Genosse Walter Ulbricht möglichst lange für unsere Sache erhalten bleibt. Im Interesse unserer Partei und in seinem eigenen Interesse ist

Im Staatsrat, 1970.

Sitzung des Politbüros, präsidiert vom Ersten Sekretär (Ulbricht) und vom zweiten (Honecker), 1968. Bezeichnenderweise gibt es kein Foto von einer nach 1971 von Honecker geleiteten PB-Sitzung.

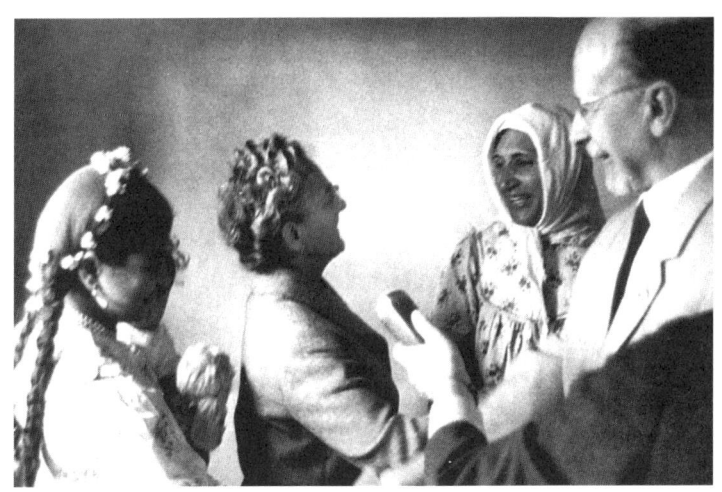

Lotte und Walter
Ulbricht zu Gast bei
einer ägyptischen Bau-
ernfamilie, 1965.

eine möglichst baldige Lösung wünschenswert, da sonst der Schaden
für unsere Partei, der dann schwer wieder gutzumachen ist, immer
größer wird, aber auch eine offene Austragung der Differenzen vor
der Partei und die Zurückweisung seiner falschen Auffassungen immer
schwieriger zu verhindern ist.

Deshalb wäre es sehr wichtig und für uns eine unschätzbare Hilfe,
wenn Genosse Leonid Iljitsch Breshnew in den nächsten Tagen mit
Genossen Walter Ulbricht ein Gespräch führt, in dessen Ergebnis
Genosse Walter Ulbricht von sich aus das Zentralkomitee der Sozialistischen Einheitspartei Deutschlands ersucht, ihn auf Grund seines
hohen Alters und seines Gesundheitszustandes von der Funktion des
Ersten Sekretärs des Zentralkomitees der Sozialistischen Einheitspartei Deutschlands zu entbinden. Diese Frage sollte möglichst bald gelöst
werden, das heißt, unbedingt noch vor dem VIII. Parteitag der SED.

Indem wir Ihnen diese große Bitte unterbreiten, gehen wir davon
aus, daß immer zwischen unseren Parteien und Staaten seit der Zeit
Thälmanns und Piecks eine gute, feste, unverbrüchliche Kampfge-
meinschaft bestand und auch heute besteht, die sich auf den Marxismus-Leninismus gründet, und daß die Lösung der uns außerordentlich bewegenden Frage dazu beitragen wird, all das Große und Gute,
das unsere Beziehungen bestimmt, weiter zu vertiefen.

Wir erwarten Ihre Antwort und Hilfe.

Mit kommunistischem Gruß.«

Dann folgen die dreizehn Unterschriften.

Selbst wenn unterstellt würde, die dreizehn Unterzeichner – also
die Mehrheit des Politbüros – hätten mit all ihren Aussagen recht: Es

bleibt dennoch ein infames, intrigantes Papier. Der Vortrag gleicht dem Verhalten eines ins Unrecht gesetzten Kindes, das heulend zum Vater läuft und hofft, daß dieser die Sache in seinem Interesse richten möge. Breshnew, der Übervater, soll erledigen, wozu sie selbst keinen Mut haben.

Natürlich, das ist das zentralistische System, an dessen Ausgestaltung sie alle beteiligt waren. Dies sah einen demokratischen Wechsel an der Spitze nicht vor. Doch selbst im Kollektiv ist man zu feige, dem Ersten die Meinung ins Gesicht zu sagen, und bittet stattdessen um auswärtige »Hilfe«.*

Breshnew hat, im Unterschied zu Honecker, offenkundig noch Respekt vor Ulbricht. Er setzt durch, daß er Ehrenvorsitzender der SED wird und Staatsratsvorsitzender mit voller Befugnis bleibt. Er soll

* Wenig später schon, an 26. Oktober 1971, wird Stoph Ulbrichts Kritik an Honecker mit dem Satz niederbügeln: »Es ist nicht erlaubt, gegen den Ersten Sekretär des ZK der SED zu polemisieren.«

Das »Organ des Zentralkomitees der Sozialistischen Einheitspartei Deutschlands« teilt am 4. Mai 1971 den Machtwechsel mit.

A b l a u f der 16. Tagung des Zentralkomitees

10.00 Uhr Beginn

    Eröffnung durch Genossen Walter Ulbricht und Bestätigung
    der Tagesordnung.

    Verlesen des Protokolls

Bereits am 1. Mai, drei Tage vor der 16. Tagung des ZK der SED, redigierte Erich Honecker das Protokoll der Sitzung (Blatt 2 des Protokolls auf der folgenden Seite).

Punkt 1 der Tagesordnung

Genosse Fritz Ebert erteilt Genossen Walter Ulbricht das Wort
zu einigen politisch-organisatorischen Fragen der Partei

Erklärung des Genossen Walter Ulbricht

Genosse Friedrich Ebert:
Die Erklärung des Genossen Walter Ulbricht haben wir entgegen-
genommen. Da keine Wortmeldungen vorliegen, kommen wir zur
Beschlußfassung:

1. Der Erklärung des Genossen Walter Ulbricht wird zugestimmt.

2. Dem Beschluß über das Ersuchen des Genossen Walter Ulbricht,
ihn aus Altersgründen von der Funktion des Ersten Sekretärs
des Zentralkomitees zu entbinden, wird zugestimmt. Genosse
Ulbricht wird als Vorsitzender der SED gewählt. Er wird
weiter als Vorsitzender des Staatsrates der DDR tätig sein.

Honecker mit der Bemerkung beschwichtigt haben: »Du bist doch sowieso die entscheidende Person. Laß doch die Funktion des Ehrenvorsitzenden, du entscheidest doch alles.«

Am 23. April 1973 trug Ulbricht im Politbüro seine »Bitte« um Entlastung vor, der am 3. Mai 1971 auf der 16. ZK-Tagung entsprochen wurde.

Selbigen Tags noch ließ Honecker den »Strategischen Arbeitskreis« auflösen und Ulbrichts Arbeitsräume in der 2. Etage des Hauses am Werderschen Markt für sich herrichten. Der »Ehrenvorsitzende« bekam ein Arbeitszimmer mit Sekretariat und Aufenthaltsraum für den Fahrer zugewiesen.

Ulbricht versuchte dennoch Haltung zu bewahren.

Genosse Erich Honecker wird als Erster Sekretär des Zentralkomitees der SED gewählt.

(Vorlage des Politbüros an das ZK Nr. 1)

~~Genosse Erich Honecker hat das Wort.~~

Genossen Willi Stoph ~~wird~~ *hat* das Wort.~~erteilt.~~

~~Beschlußfassung~~

3. Der von Genossen Willi Stoph im Namen des Politbüros vorgetra-
gene Brief des Zentralkomitees an Genossen Walter Ulbricht
wird bestätigt.

(Vorlage des Politbüros an das ZK Nr. 2)

Genosse Erich Honecke hat das Wort

4. Der vorgeschlagenen Tagesordnung des VIII. Parteitages
wird zugestimmt.

(Vorlage des Politbüros an das ZK Nr. 3)

Bemerkung des Tagungsleiters:

Die Beschlüsse werden erst nach der Sitzung des Zentralkomitees, frühestens 19.00 Uhr im Rundfunk und 19.30 Uhr
im Fernsehen veröffentlicht. Sie sind bis dahin intern zu
behandeln und nicht weiterzugeben. *Der Beschluß über*
die Tagesordnung des Parteitages wird
am 5. Mai veröffentlicht.

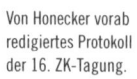

Von Honecker vorab redigiertes Protokoll der 16. ZK-Tagung.

Am Abend des 14. Juni, so gegen 22.30 Uhr, mußte Lotte Ulbricht den Arzt ins Haus Nr. 7 nach Wandlitz rufen. Ihr Mann war mit
einem Kreislaufkollaps zusammengebrochen. Einige Stunden zuvor
hatte er noch mit dem Politbüro in Schönefeld auf dem Flugplatz
gestanden und Breshnew begrüßt. Am nächsten Tag sollte der VIII.
Parteitag beginnen. Honecker hatte, als der KPdSU-Generalsekretär
die Gangway herunterschritt, Ulbricht ziemlich unsanft beiseitege-
schoben, um als erster dem Russen um den Hals zu fallen. Das war
zuviel. Den anschließenden Empfang für auswärtige Parteitagsgäste
absolvierte Ulbricht noch mit Anstand, dann fuhr er nach Hause.

Seine vorbereitete Parteitagsrede trug anderentags Hermann Axen
in der Werner-Seelenbinder-Halle vor.

Ulbricht lag unterdessen im leerstehenden Haus Nr. 8, das man eilig zur Intensivstation hergerichtet hatte. Lotte wich nicht von seiner Seite. Gleichwohl erlitt er in der Nacht vom 18. auf den 19. Juni eine weitere Herzattacke. Er klagte seinem Arzt Arno Linke die Schmerzen in der Brust. Der wußte, was die Glocke geschlagen hatte. Linke behandelte ihn schon geraume Zeit. Bis auf altersbedingte Verschleißerscheinungen und Probleme mit dem Blutdruck war Ulbricht bis Ende der 60er Jahre in guter Verfassung. Die einzige Operation – ein Eingriff an der Gallenblase – war vor langer Zeit im Kreml-Krankenhaus erfolgt. Anfang 1966 und im Sommer des Jahres hatte es jedoch erstmals Durchblutungsprobleme am Herzen gegeben. Nichts Ernstes, aber Fingerzeige. Im Herbst 1969 jedoch reduzierte ein grippaler Effekt die Leistungsfähigkeit erkennbar, hinzu kam ein stetig steigender Blutdruck. Kuren in Barwycha bei Moskau – die letzte erfolgte im Frühjahr 1971 – besserten nur kurzzeitig das Befinden. Die Kurve ging bergab. Daß ein kausaler Zusammenhang mit dem extremen psychischen Druck bestand, dem Ulbricht seit 1968 ausgesetzt war, sahen auch Nichtmediziner. Ulbricht ahnte es und bat Linke wiederholt zu Jahresbeginn 1971: »Bis Ende Juni muß ich durchhalten, dann machen Sie mit mir, was Sie wollen, Doktor!«

Jetzt war Juni. Aber eben erst Mitte.

Am Nachmittag des 19. Juni kam Breshnew nach Wandlitz. Er blieb länger, als es die Ärzte gestattet hatten.

Am 20. Juni erschien Honecker für eine halbe Stunde.

Am 25. kam er noch einmal und blieb etwas länger.

Am 30. Juni fuhr das Politbüro vor und gratulierte zum 78. Geburtstag. ADN verbreitete ein peinliches Foto. Es zeigte Ulbricht im Morgenmantel und mit Pantoffeln. Sonst bewies die DDR-Propaganda beachtliche Übung beim Verschweigen von Details. Hier nicht.

In der Nacht vom 14. auf den 15. Juli erlitt Ulbricht einen Herzinfarkt. Erst jetzt stimmte er einem Krankenhausaufenthalt zu. Durch den Infarkt waren Teile des Gehirns ungenügend durchblutet worden. Dadurch traten in der Folge halbseitige Lähmungserscheinungen auf. Hinzu kamen Probleme mit dem Verdauungstrakt. Ulbricht hatte, um für den Parteitag das erforderliche Sitzfleisch zu haben, viel Obst und Gemüse gegessen und Abführmittel genommen. Die Selbstbehandlung begann sich zum Darmverschluß zu entwickeln, was aber ohne operativen Eingriff behoben werden konnte. Gleichwohl hatte Lotte Ulbricht Grund zu Sorge. »Schon bei einem Wetterwechsel können Kreislaufkomplikationen – auch mit tödlichem Ausgang – auftreten«, hatte man ihr vor der Krankenzimmertür gesagt.

Die Jagd war erfolgreich – der alte Fuchs ist zur Strecke gebracht. Honecker mit Marschall der Sowjetunion Viktor Kulikow,

Gratulationscour am 30. Juni 1971. Das Foto wurde absichtsvoll verbreitet, um die Hinfälligkeit Ulbrichts zu zeigen und ihn der öffentlichen Heiterkeit auszusetzen.
Im Hintergrund Lotte Ulbricht. Vorne rechts außen: Hermann Axen. Daneben Werner Jarowinsky, Georg Ewald und Kurt Hager.

* Das Foto veranlaßte den Dichter Peter Hacks zu einem Gedicht. Als Entstehungszeit gibt er selbst 1983, »spätestens am 17. März« an.

Der Fluch
*Von Peter Hacks**

Als das Pack mal wieder nach ihm langte,
Schlug er zu wie immer. Doch die Klaue,
Plötzlich, riß nicht mehr. Er wars, der wankte.
Und der Schlag verlief ins Ungenaue.
Fast belustigt da ward der Erkrankte
Seiner Ohnmacht inne, hob die Braue,
Und indem versagte sein vergreistes
Hirn die Gegenwart des mächtigen Geistes.

Und da hatten sie ihn denn. Ihr schlechter
Stil empfahl, daß man Humor benütze.
Kein Geschrei sein sollt er, ein Gelächter,

Clown, nicht Opfer. Eine Zipfelmütze
Ward ihm angetan, ein maßgerechter
Schlafrock, der die Taperglieder schütze,
Und so war er in die sanfte Kuhle
Eingepaßt von einem Sorgenstuhle.

Wie er endlich saß, so hergerichtet,
Wagten sie sich kühn in seine Nähe.
Auch ein Photokünstler war verpflichtet,
Daß sein Zeugnis an die Presse gehe
Und die Menge, kenntlich abgelichtet,
Wie sie ihn besichtigten, besähe.
Doch der Oberste der Dilettanten
Machte sich zum Festtagsgratulanten.

Und er sah das Glück in ihren Mienen.
Schafsgesichter sah er, siegessatte,
Und er sah sie in die Linse grienen,
(Denn sie wollten alle auf die Platte),
Und er kannte jedes doch von ihnen,
Weil er jedes oft gedroschen hatte.
Aus dem Ekel da vor dem Besuche
Formte heimlich sichs in ihm zum Fluche.

– Oh, mein Bau steht fest, hat Dach und Wände.
Kein bestauntes oder schnelles Ende
Hab ich deiner Wut vorherzusagen.
Selbst ein Narr braucht Zeit, den abzutragen.
Zehn, zwölf Jahre geb ich dir, ein langes
Dauerleiden deines Niederganges.
Gönner, der du bist, von Sklavenseelen.
Kein Begriff erhelle Deine Welten,
Keine Gutschrift soll, kein Eid soll gelten
Und berichtet sein in ungelesnen
Zeitungen von Dingen, nie gewesnen.
Keine Straße soll dein Land verbinden,
Keine Post soll den Empfänger finden,
Und nichts soll in deinen Telephonen
Als ein Brausen und ein Grausen wohnen.
Rost wird ganze Industrieanlagen,
weil ein Zahnrad mangelt, niedernagen,

Während ab die Blätter, die entfärbten,
Von den Bäumen gehn, den schmutzverderbten.
Gräßlich hören in den Meiereien
Wird das Volk das Vieh nach Futter schreien
Oder, unterm Dung verborgen, kleine
Ferkel finden, kleine tote Schweine.
Also zwischen Abfällen und Müllen
Soll sich deine Jammerzeit erfüllen.
Aber dann, am Rande der Vernichtung,
Folgt des Vaterlandes Neuerrichtung
Ruhmumglänzt auf meinen unzertrennten
Unerschütterbaren Fundamenten. –

Keine Silbe sprach er. Doch verstanden
Alle sie den Inhalt seines Schweigens.
Und sie wünschten dringend sich abhanden
Aus dem Gruppenbilde, das sie eigens
Angeordnet hatten, und verschwanden
Rasch und äußerst müde des Sichzeigens.
Doch in ihren Herzen blieb ein Beben.
Denn ein Fachmann flucht nicht leicht daneben.

Langsam rappelte sich der »Fachmann« jedoch wieder auf, und
Honecker versuchte ihm die Zustimmung zu einer Meldung über
seinen Gesundheitszustand abzutrotzen. Verner und Jarowinsky, die
Ulbricht den Entwurf vorlegten, flogen aus dem Krankenzimmer.
Ulbricht formulierte nach Konsultationen mit den Ärzten selber eine,
Lotte tippte sie ab. Handschriftlich fügte er hinzu:«Lieber Erich!
Vorstehend der Entwurf der Pressemitteilung, die nach Konsultation
der Ärzte vorgeschlagen wird. Ich bitte die Genossen des Politbüros
um Zustimmung. 9.8.71. Mit freundlichen Grüßen. Walter«

Honecker setzte anderentags seine Paraphe hinzu
und gab die Nachricht an die Presse. Es hinderte ihn
jedoch nicht daran – vielleicht war es auch die Retour-
kutsche –, auf dem Septemberplenum Walter Ulbrichts
Krankenakten seit 1966 in Umlauf zu geben. Eine derartige Niedertracht war in der Geschichte der deutschen
Arbeiterbewegung ohne jedes Beispiel. Honecker wollte damit den Eindruck vermitteln, als seien Ulbrichts
Tage gezählt und er müsse folglich von allen öffentlichen
Auftritten ferngehalten werden.

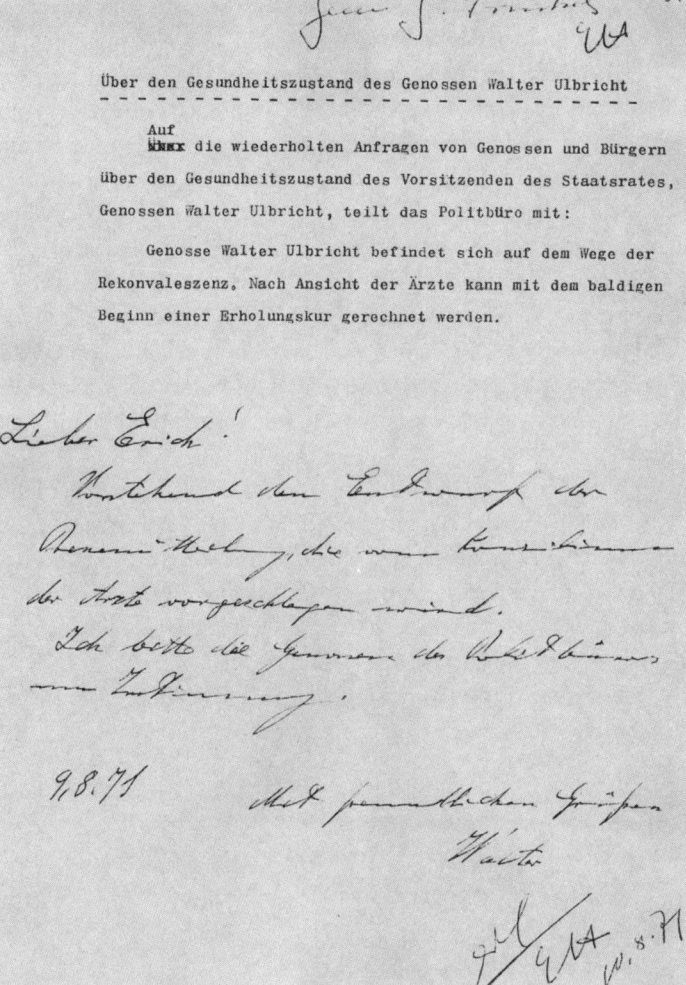

Über den Gesundheitszustand des Genossen Walter Ulbricht
- -

Auf
die wiederholten Anfragen von Genossen und Bürgern über den Gesundheitszustand des Vorsitzenden des Staatsrates, Genossen Walter Ulbricht, teilt das Politbüro mit:

Genosse Walter Ulbricht befindet sich auf dem Wege der Rekonvaleszenz. Nach Ansicht der Ärzte kann mit dem baldigen Beginn einer Erholungskur gerechnet werden.

Zitate von der Politbürositzung am 26. Oktober 1971:

Auch du, Genosse Ulbricht, hast dich an die Parteibeschlüsse, an das Parteistatut zu halten, und es ist nicht erlaubt, gegen den Ersten Sekretär des ZK zu polemisieren.
Willi Stoph

Genosse Ulbricht soll hier erklären, daß er seine verleumderische, intrigantenhafte Tätigkeit einstellt. [...] Es ist erforderlich, daß du klar sagst, daß du falsch gehandelt hast.
Günter Mittag

[...] Oder zu deinem Geburtstag, deine Bemerkung, »einen wie mich findet ihr nicht wieder«. Das hat mich tief erschüttert.
Kurt Hager

In unserer Partei gibt es keine Heiligen und keine Päpste.
Werner Jarowinsky

Gleichsam um Honecker Lügen zu strafen, erschien Ulbricht zur Poltibürositzung am 26. Oktober. Er kritisierte scharf die Veröffentlichung seiner Krankengeschichte, die gegen geltendes Recht und gegen die Leninschen Parteinormen verstoßen habe. Und Ulbricht attackierte Honecker dafür, daß dieser – ohne ihn gefragt oder abgewählt zu haben – sich an die Spitze des Nationalen Verteidigungsrates gesetzt hatte. In den nachfolgenden acht Stunden schlug das Politbüro zurück. Nicht einer unter den 21 Mitgliedern und Kandidaten fand ein freundliches, ermunterndes, anerkennendes Wort für Ulbricht. Damit war er endgültig politisch tot und erledigt.

Es gab auch Diskussionen zum Verhalten der Genossin Ulbricht auf dem Parteitag. Der ganze Parteitag war empört. Alle haben gesehen, sie saß da. Hat sich aber nicht zustimmend geäußert. Sie ist vom Parteitag weggegangen.
Werner Lamberz

In den letzten Monaten schien den Genossen Mut und Tapferkeit bislang ungeahnten Ausmaßes gewachsen.

Honecker legte am Ende der politischen Hinrichtung fest, daß Ulbricht als Staatsratsvorsitzender täglich nur noch drei bis vier Stunden arbeiten, aber nicht mehr reisen dürfe. Die Teilnahme an Sitzungen wurde auf zwei Stunden, seine Redezeit auf eine Viertelstunde begrenzt. Dann sprach der Königsmörder das Schlußgebet: »Das bedeutet, daß wir keine weiteren Diskussionen führen werden.«

Im November 1971 wählte die Volkskammer Ulbricht noch einmal zum Staatsratsvorsitzenden, obgleich doch Günter Mittag auf der Politbürositzung erkennen ließ, daß das nicht gewünscht war (»Ist es überhaupt richtig und zweckmäßig, daß du wieder als Vorsitzender des Staatsrates vorgeschlagen wirst? Dein Verhalten rechtfertigt das nicht.«).

Zur Sicherung erfand man ein Amt, das die Verfassung der DDR gar nicht vorsah – das des amtierenden Staatsratsvorsitzenden. Friedrich Ebert*, der wegen seines Vaters schon lange auf das höchste Staatsamt prätendierte, nahm fortan Ulbrichts Aufgaben wahr. Und wenn dieser am Platze war, so hielt sich Ebert im Nebenraum zur Verfügung, um im Bedarfsfalle sofort an seine Stelle zu treten.

Sukzessive wurden Walter und Lotte Ulbricht kaltgestellt. Sie fanden in der Öffentlichkeit einfach nicht mehr statt.

* Friedrich Ebert (1894-1979), Sohn des gleichnamigen ersten Reichspräsidenten der Weimarer Republik. SPD 1913, MdR 1928-33, KZ 1933, bis 1945 unter Polizeiaufsicht, 1945/46 SPD-Vorsitzender in Brandenburg. 1946 bis 1979 Mitglied des PV bzw. ZK der SED, seit 1947 Politbüro, von 1971 bis 1979 Stellvertreter des Vorsitzenden des Staatsrates.

1968: Ulbricht nimmt in seinem Arbeitszimmer, das diese Bezeichnung auch verdient (siehe Bücherschrank) den letzten Band der vom IML edierten 40bändigen Ausgabe der Marx-Engels-Werke (MEW) entgegen.
Links neben ihm: Prof. Lothar Berthold, Leiter des Herausgeberkollektivs. Er wurde noch im gleichen Jahr als Direktor des IML abgelöst, weil seine Tochter, wenige Tage nach ihrem 18. Geburtstag, gegen die Intervention in Prag protestiert hatte. In Briefen von der »Parteibasis« wurde daraufhin seine Ablösung gefordert.

Das ging sogar soweit, daß nicht einmal von ihnen beförderte Leserbriefe in der Provinzpresse erschienen. Ein Vorgang, der vor wenigen Monaten undenkbar gewesen wäre. Am 20. Oktober 1971 sandte Ulbricht die deutsche Übersetzung eines Briefes von Lew Kerbel an den Chefredakteur der *Freien Presse* in Karl-Marx-Stadt mit Bitte um Veröffentlichung und Zustellung eines Belegexemplares. Kerbel war der Schöpfer des Marx-Kopfes (»Nischel«).

Als nichts passierte, ließ Ulbricht am 3. November in der Redaktion anrufen. Der Chefredakteur, Dr. Kessel, erklärte am Telefon, daß die Zeitung den Brief nicht veröffentlichen würde, da es »ein bißchen spät« sei. Man habe bereits im Vorfeld der Übergabe des Monuments sehr viel veröffentlicht und nun, nach seiner Einweihung, das Thema aus der Zeitung genommen. Zumal man voll mit der Wahlvorbereitung beschäftigt sei.

Der Skandal kommentierte sich selbst.

Die Ulbrichts wurden von Einladungslisten gestrichen, nicht mehr zu Protokollveranstaltungen geladen und von bestimmten Zusammenkünften ferngehalten. Mehr noch: Minister Mielke wurde von Honecker beauftragt, auf den Staatsratsvorsitzenden und Ehrenvorsitzenden der SED ein waches Auge zu haben, was über das übliche Maß des Personenschutzes hinausging. Das Politbüro reflektierte die Vorgänge allerdings anders.

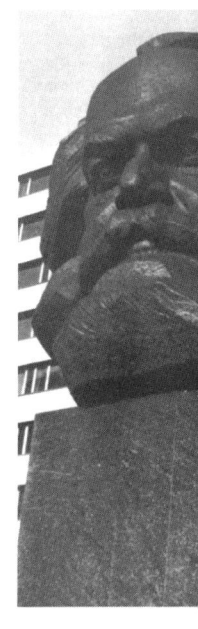

1972: Übergabe des »Stern der Völkerfreundschaft« an Dimitri Schostakowitsch im Arbeitszimmer des Staatsratsvorsitzende. Obgleich Ulbricht unverändert im Amt war, hatte man seinen Bücherschrank bereits geräumt und mit dem üblichen Polit-Tinnef – Gastgeschenke von Dienstreisen – gefüllt. Rechts: Kulturminister Hans-Joachim Hoffmann (1929-1994) und Kurt Hager (1912-1998).

»Die Ablösung war kein Komplott«
Von Hermann Axen*

* Hermann Axen
(1916–1992), Leipziger,
1930 KJVD, 3 Jahre
Zuchthaus, Flucht
nach Frankreich, Inter-
nierung dort seit 1940,
Auslieferung nach
Deutschland, Ausch-
witz und Buchenwald
bis 1945. ND-Chef-
redakteur von 1956 bis
1966, Mitglied des ZK
von 1950 bis 1989, ab
1963 Kandidat, von
1970 bis 1989 Mitglied
des Politbüros.
Am 3. Dezember 1989
aus der SED ausge-
schlossen.
Die Auskünfte stam-
men aus seinem Buch
»Ich war ein Diener der
Partei«, das vier Jahre
nach seinem Tod er-
schien. Axen war Mit-
unterzeichner des Brie-
fes an Breshnew und
wies aus Gründen des
Selbstschutzes den
Vorwurf des Komplotts
von sich.

Uns fehlte vieles, was zu einem entwickelten kapitalistischen Land, wie es Deutschland war, gehörte. Das Land wurde gespalten, noch bevor es zur Gründung der BRD kam. Es begann mit der sozialen, der gesellschaftlichen, der klassenmäßigen Spaltung, als es darauf ankam, den Antifaschismus durchzusetzen. All diesen Bedingungen mußte die Politik der Partei und insbesondere das Bemühen Walter Ulbrichts an der Spitze der Partei Rechnung tragen. Er hatte frühzeitig begriffen, daß es unter den Bedingungen des Kampfes zweier Weltsysteme län-gerer Zeit bedarf, um zum Sozialismus voranzukommen, daß es not-wendig war, eine Einheit auf antifaschistischer, revolutionär-demo-kratischer Grundlage zustande zu bringen und gleichzeitig keinen Illusionen zu erliegen. Das imperialistische, faschistische Deutschland war das Zentrum der Reaktion und der Aggressivität gewesen, was uns eine Bürde und Verpflichtung auferlegte. Ulbricht war kein Geg-ner der deutschen Einheit. Die Partei verfolgte die Linie der Erklärung vom Juni 1945.**

Das fand auch Billigung der Sowjetunion, ungeachtet der Wider-sprüchlichkeit der Stalinschen Deutschlandpolitik. [...] Walter Ulb-richt war klar, daß unser strategisches Ziel Zeit brauchte, daß die

** Die Erklärung der
KPD vom 11. Juni 1945
gestand die Mitschuld
der Kommunisten am
Zustandekommen der
Nazidiktatur ein und
orientierte, als
Konsequenz, auf die
Herstellung eines brei-
ten Bündnisses aller
antifaschistischen,
demokratischen Kräfte
in Deutschland.

1985: Treffen der Vete-
ranen mit der Partei-
führung. Lotte Ulbricht
neben Honecker, da-
hinter Hermann Axen.

nationale Frage eingebettet und untergeordnet war dem Weltgegensatz zwischen Sozialismus und Kapitalismus. Ihm war bewußt, daß wir uns an der Hauptkonfrontationslinie dieses Gegensatzes befanden.

Hinzu kam, daß Walter Ulbricht das Wesen dieses Widerspruches begriff und deshalb sein Eintreten für die deutsche Einheit stets der Klassenfrage untergeordnet hat. Er ging von der marxistischen Erkenntnis aus, daß die Frage der Nation zugleich eine Klassenfrage sei. Daraus ergab sich für die Kommunisten die Schlußfolgerung, daß dem deutschen Imperialismus nicht mehr die Führung der Nation überlassen werden dürfe. Dieser Imperialismus hatte zweimal die Welt in die Katastrophe gestürzt und dabei den Untergang der deutschen Nation riskiert.

Ulbricht sprach von den zwei Staaten deutscher Nation, womit er vom Fortbestehen der deutschen Nation und ihrer Spaltung ausging.

1967

Das stimmt, dabei war er aber der Meinung, daß die Frage nach der Führung der deutschen Nation durch die Geschichte bereits entschieden worden sei – daß durch die Verbrechen und die besondere Aggressivität des deutschen Imperialismus die Großbourgeoisie den Führungsanspruch verspielt habe. Das fand ja sogar im Potsdamer Abkommen seine Widerspiegelung.

Ich möchte ein weiteres Verdienst von Walter Ulbricht nennen. Im Zusammenhang mit dem Konföderationsgedanken hielt er am Bemühen um Verständigung zwischen der DDR und der BRD, die ja beide noch nicht hochgerüstet waren, fest. Des weiteren vertrat er die Auffassung, daß die DDR eine eigene sozialistische Ökonomik schaffen müsse. Wir hatten anfangs nicht mal einen intakten Hochofen im Vergleich zu 47 intakten Hochöfen in Westdeutschland. Uns fehlten auch die nötigen Rohstoffe. Ulbricht orientierte deshalb auf eine enge Zusammenarbeit mit der Sowjetunion und die Bildung des RGW.

Das entsprach auch einer Idee von Chruschtschow, der in der Mitte der 50er Jahre für die Schaffung einer internationalen Planungskommission als Direktivkomitee mit einer Art Währungsfonds plädierte. Wir waren dafür. Rumänien und Bulgarien waren dagegen, weil sie befürchteten, daß die Russen und die Deutschen in der weiteren Entwicklung die Vorhut, sie selbst aber die Nachhut bilden würden. Da der Vorschlag Chruschtschows auf Ablehnung stieß, entwickelte er später zusammen mit uns das Komplexprogramm des RGW.

Bei der Schaffung einer sozialistischen Ökonomik ging es Ulbricht nicht nur um die Entwicklung der Produktivkräfte, sondern auch um die Schaffung eines entsprechenden ökonomischen Überbaus, um die Durchsetzung wirkungsvoller ökonomischer Mecha-

* Im Sommer 1957 be-
suchte Chruschtschow
die DDR. Im Magdebur-
ger Haus des Hand-
werks fand ein
Gespräch im kleinen
Kreis statt, an dem
Bruno Kiesler teilnahm,
Werner Eberlein
dolmetschte. Das
Gespräch kreiste um
das sowjetische
Gesellschaftsmodell.
Beide Parteichefs
zeigten sich – zum
Erstaunen der anderen
– darin einig, daß der
Sozialismus in der DDR
anders gestaltet
werden müsse.»De-
mokratischer«, über-
setzte Eberlein. Man
müsse nicht nur die
Regeln der Demokratie,
sondern auch die
Gesetze der Ökonomie
stärker berücksichti-
gen, meinten beide.
Das zentralistisch-diri-
gistische Modell sei
zwar in Kriegs- und
Krisenzeiten notwendig
und nützlich, aber kein
erträglicher Zustand
auf Dauer. Die UdSSR
sei aber für gesell-
schaftliche Experi-
mente nicht geeignet.
»Die DDR ist klein und
überschaubar, Genosse
Ulbricht. Ihr solltet es
versuchen, den Sozia-
lismus zu modernisie-
ren, ihn umzugestal-
ten.«
Das war, möglicher-
weise, die Geburts-
stunde des Ostberliner
Frühlings und des
Neuen Ökonomischen
Systems der Planung
und Leitung.

nismen und Prozesse. Das war der eigentliche Sinn des Neuen Ökonomischen Systems.

Ulbricht wollte hier unter den Bedingungen der kleinen und relativ schwachen DDR einen Durchbruch erzielen.* Das verlangte eine
starke politische Partei, eine straffe Disziplin, einen straffen demokratischen Zentralismus. Dabei verfügten wir über eine hochent-
wickelte Arbeiterklasse. Dem gesamten Bemühen diente auch die
Schul-, die Bildungs-, die Hochschulreform. Es kann nur ein Idiot sein,
der die Anstrengungen unterschätzt, die wir in der DDR unternom-
men haben, unter den gegebenen Bedingungen eine eigene, eine spe-
zifische Ökonomik zu schaffen. Dazu gehörten die drei Stufen der
landwirtschaftlichen Genossenschaften, die Orientierung auf die wissenschaftlich-technische Revolution, die Schaffung halbstaatlicher
Betriebe, die Beibehaltung der Warenproduktion. All das steht auf der
Haben-Seite von Walter Ulbricht.

Ulbricht stellte stets die Frage, was es Neues gäbe. Das betraf unsere eigene Entwicklung wie auch die Politik in Moskau, die Politik
Adenauers usw. Darüber wurde, häufig sehr streitbar, im Politbüro
diskutiert.

Zugleich neigte er dazu, alles zu überspitzen. So geschah das mit
bestimmten Erkenntnissen der Wissenschaft, mit der Heuristik usw.
Schon Heiner Rau, Bruno Leuschner, Ali Neumann, Erich Apel, Otto
Grotewohl, Willi Stoph und andere haben ihn gelegentlich auf die Realitäten und unsere tatsächlichen Möglichkeiten bei der Entwicklung
neuer Technik hingewiesen. Allen ging es um das »Einholen und Überholen«. Walter Ulbricht hingegen sprach bald vom »Überholen ohne
einzuholen«.

Er war dabei sehr ungeduldig und vernachlässigte einen Aspekt,
der als Gefahr überhaupt bei der Führung, auch bei uns, vorhanden
war: Er hat immer nach vorn gedrängt, ohne Aufschub. Das führte
dazu, daß er mit der Zeit zu wenig auf die konkrete Lage, auf die Aus-
gangsbedingungen für die Verwirklichung neuer Beschlüsse Rücksicht nahm. Das war negativ. So überschätzte er die realen Möglichkeiten. Sein Engagement für Wissenschaft und Technik führte zur
Überbeanspruchung des Nationaleinkommens für diese Zwecke bei
Vernachlässigung anderer Erfordernisse, zum Beispiel der Konsum-
bedürfnisse. […] Einerseits wurde die Wissenschaft vorangetrieben,
ihre Erkenntnisse umgesetzt, andererseits mangelte es an elementaren
Erzeugnissen.

Zum Beispiel leisteten wir einen großen Beitrag zur Weltraum-
forschung, aber im Lande fehlten Scheuerlappen oder Gläser, um neue

1969: Weltneuheit Datenfernübertragung auf der Leipziger Messe, über die Günter Herlt (rechts außen) später berichtete: Günter Mittag (nicht Ulbricht!) hatte den Ehrgeiz, über Tausende Kilometer hinweg mit einer Zeichnung aus der UdSSR eine Fertigungsmaschine in der DDR in Gang zu setzen. Das Fernsehen sollte das live übertragen. »Es waren unsagbare Anstrengungen in Berlin und Moskau, Leipzig und Kiew, in Rechenzentren, Richtfunkstationen und Ingenieurbüros nötig, um beim Messerundgang Walter Ulbrichts das Wunderwerk der Technik vorführen zu können. Selbst Atheisten begannen zu beten.« Am Ende kam ein Lochstreifen mit einem Gruß an Ulbricht heraus. Alle applaudierten und glaubten, daß alles gelaufen sei. Die Öffentlichkeit (inklusive Ulbricht) erfuhr nie, daß keine Daten aus Kiew gekommen waren. Nicht nur, daß die Leitung zusammengebrochen war – es gab auch keine gemeinsame Computersprache mit den Sowjets, was man aber erst kurz vorher gemerkt hatte. Der Gruß war eine Improvisation und kam auch nicht aus Kiew, sondern aus Karl-Marx-Stadt.

Senfsorten auf den Markt bringen zu können. Was er tat, geschah nicht aus Größenwahn, sondern aus Einsicht in neue Erfordernisse. Dabei wollte er einen anderen Weg gehen, als ihn der Westen ging.

[...] Bei allen Fortschritten auch auf dem Gebiete des Konsums und der sozialen Absicherungen kam es unter Ulbricht immer wieder zu Anspannungen und Engpässen. Auslandsverschuldungen gab es damals jedoch nicht. Natürlich wurden auch Kredite aufgenommen, die aber rasch, rechtzeitig oder sogar vorfristig zurückgezahlt werden konnten. Das betraf zum Beispiel die Kredite, die wir von der Sowjetunion für die Ausrüstung der Nationalen Volksarmee und die Schaffung eines Rüstungs- und Reparatursektors erhielten.

Zwischen dem 13. Plenum im Juli oder August 1970, auf dem Günter Mittag ein sechsstündiges Referat hielt, und dem 14. Plenum im Dezember, auf dem Paul Verner einen zweistündigen Bericht des Politbüros vortrug, fanden im Politbüro riesige Auseinandersetzungen statt. Da spielten die Fragen nach den Senfgläsern und den Scheuertüchern eine Rolle.

Es ging um seine Politik. Zumal er manchmal in der Strategischen Kommission, die ja neben den gewählten Gremien, außerhalb des Parteistatuts und den verfassungsmäßigen staatlichen Organen existierte, wesentliche Entscheidungen treffen ließ, und weil er aus dieser Kommission ein Direktivorgan gemacht hatte. Diese Kommission hatte sich über die Jahre hinweg verselbständigt.

Unter Ulbricht begann die Verfilzung, daß der Staatsapparat nur noch untergeordnetes Instrument des Parteiapparates war. Das hing auch mit seiner eigenen Rolle zusammen, er war ja zugleich 1. Stellvertreter von Ministerpräsident Otto Grotewohl und stets in der Regierung für die Belange des Staatsapparates und für die Wirtschaftsfragen verantwortlich.

Auf diese Weise wurden staatliche Kompetenzen in die Parteiführung gezogen.

Leuschner, Rau, Gregor und Handke, Rumpf als Finanzminister usw. unterstanden direkt dem Walter. Auch als er dann nicht mehr Stellvertretender Ministerpräsident war, hatte er im Staatsapparat einen Kreis von Leuten, die er sich heranzog. Das hing auch damit zusammen, daß zum Beispiel Otto Grotewohl sich kaum mit Wirtschaftsfragen beschäftigte. Er fühlte sich mehr für die Deutschlandpolitik, für die Kultur und andere Bereiche zuständig. Mit dem Kurs Walter Ulbrichts war man im allgemeinen einverstanden, nur häufig nicht mit dem von ihm verlangten Tempo. Ihm war zwar geläufig, daß die Partei nicht an die Stelle des Staatsapparates treten könne, doch wirkten da einige Faktoren ein: etwa das Beispiel Sowjetunion. Dort wie in anderen Ländern bemühte man sich wiederholt um Korrekturen. So war Chruschtschow anfangs Erster Sekretär der Partei und Malenkow Ministerpräsident. Dann wurde wieder alles in einer Hand vereinigt. Gierek wurde aus Moskau kritisiert, weil er – als Erster Sekretär der Partei – nicht zugleich Staatsratsvorsitzender werden wollte. Spychalski blieb Staatsratsvorsitzender. Auch Kádár hat das sowje-

Ulbricht und Grotewohl im Kreml zum Gespräch bei Chruschtschow, 1959.

tische Beispiel nicht nachgeahmt. Einerseits war ihnen bewußt, daß man Partei und Staat trennen mußte, andererseits zwang die Situation, die Macht in einer Hand zu konzentrieren. Das war schon bei Stalin in Anbetracht des faschistischen Überfalls so.

Es gab eine weitere Sache. Walter wurde mit der Zeit nörglig, was mit seiner Ungeduld und einer gewissen Alterssturheit zusammenhing. Er überschätzte die Erfolge.

Ich habe ihm mal folgendes sehr übelgenommen: Ende der 50er, Anfang der 60er Jahre prägte er die Formel, die Zeit der Erfolge sei gekommen.* Es war die Zeit, als wir die Lebensmittelkarten abgeschafft hatten und sich die Lebenslage der Bevölkerung merklich verbesserte. Dem habe ich widersprochen. Das ist mir dann nochmals passiert zur Zeit des IX. Parteitages (1976), als Erich Honecker in die gleiche Diktion verfiel und davon sprach, daß wir die höchste Arbeitsproduktivität besäßen. Damals habe ich auch dem Erich gesagt, daß wir das besser machen, nicht aber darüber reden sollten. Derartige Neigungen zum Übertreiben besaß auch Chruschtschow, der ja verkündet hatte, kurzfristig die USA wirtschaftlich überholen zu können.

Neben diesen Gründen, die die Hauptgründe für seine Ablösung waren, kam noch, daß Walter Ulbricht in der Frage der deutschen Einheit ungeduldig wurde. Während er früher einer der ersten war, die begriffen hatten, daß man sich auf eine längere Existenz der zwei deutschen Staaten, zweier Staaten deutscher Nation, einrichten müsse, daß man keine Aussage über eine Überwindung der Spaltung machen könne, unterlag er dann gewissen Schwankungen in bezug darauf, daß man eine deutsche Konföderation mit völlig gleichberechtigten Staaten anstreben müsse. So hat er auf dem 13. Plenum, auf dem Mittag seinen Bericht von sechs Stunden gehalten hat, im Schlußwort von der Nichtanerkennung der DDR gesprochen. Von diesem Schlußwort ist mehr als 40 Prozent nicht veröffentlicht worden. Zusammen mit Paul Verner habe ich das im Auftrage von Erich und Willi (Stoph) redigiert und gekürzt. Walter war gesundheitlich schon sehr angeschlagen und erschöpft. Ich habe ihm gesagt, daß wir nicht gegen die Positionen der Sowjetunion auftreten könnten. [...]

Beim Thema Nichtanerkennung der DDR wurden alle hellhörig. Das war der Punkt, an dem die Freunde aufmerksam und mißtrauisch wurden. Es ging um die Punkte, die dann in Helsinki vereinbart worden sind. Es kam schon in Kassel zum Ausdruck, daß wir bei unseren alten Losungen stehengeblieben waren. Wir hatten sie nicht weiterentwickelt. Das fehlte auch schon bei dem vorgeschlagenen Redneraustausch. Es war nicht klar formuliert, was herauskommen sollte.

* Hatte bisher die Politik alle Belange, auch die der Wirtschaft, dirigiert und reguliert, sollten nunmehr auch in der sozialistischen Wirtschaft die Gesetze der Ökonomie gelten. Ulbricht erklärte dazu im Dezember 1962 in Leipzig: »Die These vom Vorrang der Politik hat zeitweise auch bei uns dazu geführt, daß die politischen Zielstellungen und bestimmte Wünsche bei der Festlegung der ökonomischen Aufgaben vorherrschten, daß die Pläne nicht immer ausreichend technisch und ökonomisch begründet waren, daß sie nicht immer den materiellen Möglichkeiten entsprachen.« Ulbricht wollte die wissenschaftlich-technische Revolution zur Stärkung der DDR nutzen. Der Markt sollte Betriebe und Beschäftigte zu höheren Leistungen stimulieren. Das setzte zwingend mehr Mitsprache, mehr demokratische Rechte und individuelle Freiheiten sowohl der Unternehmen als auch des einzelnen Werktätigen voraus. Die DDR sollte so fitgemacht werden für den internationalen Wettbewerb. Ulbricht sammelte Wirtschaftsfunktionäre und junge Fachleute von außerhalb des Parteiapparates um sich.

166

Zwischen dem 13. und dem 14. Plenum gab es einen neuen Vorschlag von Walter zu einem neuen Treffen zwischen Stoph und Brandt, das aber wiederum ein neuer Aufguß der alten Teeblätter bedeutete. Enthalten war in diesem Vorschlag, daß wir vor der Anerkennung der DDR einen gemeinsamen Schritt in Richtung auf einen – nicht möglichen – Kompromiß machen sollten. [...]

Walter Ulbricht schlug aber zunächst Otto Winzer vor, sich mit dem Außenminister der BRD zu treffen. Diesen Vorschlag hatte er mit niemandem, weder mit Winzer noch mit Peter Florin und mir, besprochen. Winzer war mit dem Vorschlag nicht einverstanden. Er ging auch nicht über die vorhergehenden Vorschläge hinaus. Darüber kam es bei uns und mit Moskau zu einem großen Krach. Dieses Problem war dann auch in der Schlußrede Walters auf dem 13. Plenum enthalten, wurde aber von uns herausgestrichen. Walter Ulbricht war somit auch in der deutschen Frage ungeduldig geworden.

Auf der Abschlußfeier des III. Landjugendkongresses in Schwerin wagt Ulbricht mit einer FDJlerin ein Tänzchen, Dezember 1957.

Er blockierte nicht nur die sowjetische Strategie, sondern auch die Wahrnehmung der nationalen Interessen der DDR. Ich möchte davor warnen, alle Probleme bei der Sowjetunion zu suchen. Die Sowjetunion war damals zum Beispiel noch nicht für die Formulierung von den zwei deutschen Nationen. Dies war erst eine Schlußfolgerung aus der neuen Lage. Die DDR hat die sowjetische Entspannungspolitik gefährdet. Es wäre ohne den Kompromiß nicht zu den Moskauer Verhandlungen zwischen Bahr und Gromyko, der Reise von Brandt und Scheel nach Moskau und zum Moskauer Vertrag mit der BRD gekommen, wenn also zunächst nicht die Frage der deutschen Einheit ausgeklammert worden wäre. Bahr hatte Gromyko eine Formel vorgeschlagen, die Fred Oelßner nach der Gründung der BRD gebraucht hatte, als er begründete, daß sich die BRD aus dem deutschen Nationalverband gelöst habe. Dies Formel lautete: Die deutsche Einheit kann nur auf demokratischer Grundlage wiederhergestellt werden. Gromyko hat darauf geantwortet, daß dies seit Jahrzehnten die Auffassung der Sowjetunion gewesen wäre, daß man aber heute, solange die BRD Mitglied der NATO sei, nicht von der Herstellung der Einheit reden könne.

Es gab bei Walter Ulbricht auch andere Dinge noch, die der Realität nicht entsprachen, so zum Beispiel seine These von der sozialistischen Menschengemeinschaft in der DDR. Als weiterer Grund für seine Ablösung kam dann seine Unbeherrschtheit hinzu; er stieß zuweilen alle vor den Kopf.

Wie dem auch sei, ich muß sagen, daß er ein guter Kommunist war. In Moskau hatte Breshnew vor seiner Ablösung fünf Stunden mit ihm gesprochen. Dabei hat er sich sehr anständig verhalten.

Ich denke auch daran, wie er auf die breite Masse des Volkes gewirkt hat. Er war nicht beliebt. Dies hing nicht nur mit seinem sächsischen Akzent zusammen. Er machte, wenn er so verschmitzt lächelte, den Eindruck eines verschlagenen Politikers mit einer Portion Zynismus. Er war nicht die beliebte Vaterfigur, die er hätte sein müssen und wohl auch sein wollen, um allgemeine Zustimmung zu erhalten, wie das zum Beispiel bei Pieck und Grotewohl der Fall war. Das war uns in der Führung bewußt. Hinzu kamen bei ihm auch Neigungen zum Personenkult. In diesem Sinne hat ihn ein wenig die Lotte verdorben wie auch Leute, die um ihn herum waren, beispielsweise Mittag. Er hat natürlich eine große Spur in der Geschichte hinterlassen, weit mehr als Erich Honecker. Als Arbeiter und Autodidakt – er hatte ja nur die Volksschule besucht – eignete er sich eine große Bildung an. Er war stets sehr fleißig und zielstrebig. Nur fremde Sprachen konnte er nicht.

Im Unterschied zu Erich ließ er Diskussionen und Kollektivität zu. Jemand, der ihm in den Hintern gekrochen ist, war Lamberz. Er hatte zu Ulbrichts 70. Geburtstag einen Artikel geschrieben, der selbst der Lotte zu viel war. Walters Anfälligkeit für Lob wurde zunehmend stärker. [...] Es häuften sich Mängel und Fehler, die auf das Konto von Walter kamen, und sich in einer Verschlechterung der Lage ausdrückten. Die Überbetonung der Technik*, die Nichtbeachtung der wirtschaftlichen Proportionalität unter den realen Bedingungen und Möglichkeiten der DDR und in Anbetracht der Stimmungslage in der Bevölkerung, das Mißverhältnis zwischen den erhöhten Anforderungen an die sich stürmisch entfaltende wissenschaftlich-technischen Revolution, an die Produktivkräfte, an die entsprechend erforderlichen Aufwendungen für Wissenschaft, angewandte Forschung und Technik einerseits und den realen Möglichkeiten unseres Landes, die unvertretbaren immensen Ausgaben für den Import von Technik aus dem Westen – all das machte neue Entscheidungen notwendig. Im Lande wuchsen die Unzufriedenheit und die Kritik an der Führung, worüber es viele alarmierende Berichte aus den Bezirksleitungen der Partei gab. Es entstanden erneut elementare Fragen, die zuvor längst gelöst gewesen waren.

Es ging also nicht um ein Komplott. Im Politbüro hatten wir offen darüber gesprochen, als Heinz Hoffmann meinte, wir seien wahrscheinlich eher an einem Raumschiff beteiligt – wie er das genau formuliert hat, weiß ich allerdings nicht mehr –, als daß es uns gelingt, die Bevölkerung mit Scheuerlappen und Konsumgütern zu versorgen. Es war ein großes Mißverhältnis zwischen Wirtschafts- und Sozial-

Hermann Axen, 1989

* Ein nicht näher benannter Wirtschaftsexperte und Berater des US-Präsidenten Johnson soll in den 60er Jahren erklärt haben: »Das Neue Ökonomische System mit rechentechnischer Basis, Marxismus plus Mathematik sind der Untergang der USA.« Nun ist ja bekannt, daß die USA stets dazu neigen, Gefahren für das eigene Land zu dramatisieren, um den eigenen Widerstandswillen zu stärken. Doch die Einschätzung war nicht falsch, daß Ulbrichts Reform-Politik Kräfte mobilisieren würde, die zu ernsthafter Konkurrenz führen könnten.

politik entstanden. Deshalb kamen wir alle zu dem Schluß, eine Übereinstimmung von Wirtschafts- und Sozialpolitik durch eine Korrektur der Politik, die zur Verschlechterung geführt hatte, herbeizuführen. Diese Korrektur bestimmte die Orientierung des VIII. Parteitages. Dies war der rationelle Kern. Es ging um mehr Realismus. [...] Es bestand ein großer Druck auf die Partei, auf den man reagieren mußte. Das 13. Plenum mit dem Bericht von Günter Mittag mit den Ausführungen über Heuristik usw. bewegte sich noch weiter in der Richtung der Zuspitzung, der Verletzung der Proportionen. Verschlechtert wurde die Situation noch dadurch, daß wir in jenem Jahre wegen der Witterungsbedingungen keine gute Ernte hatten. Das machte es erforderlich, zusätzlich Nahrungsmittel zu importieren.

Unmittelbar nach dem 13. Plenum kam es im Politbüro zu einer offenen Aussprache, was beweist, daß es kein reines Komplott war. Insgesamt fanden vier solche Aussprachen statt. In der ersten Sitzung des Politbüros wurde allgemein das 13. Plenum eingeschätzt. Auf ihr hat Heinz Hoffmann etwa folgendes gesagt: Genosse Ulbricht, ich bin dagegen, daß ein Genosse des Politbüros, der den Bericht des Politbüros erstattet, länger spricht als der Generalsekretär. Wir haben mit Pausen über sieben Stunden dem Genossen Mittag zuhören müssen, ohne daß es zur Diskussion gekommen ist. Das widerspricht der innerparteilichen Demokratie und den Gepflogenheiten der SED. Das längste Referat von Wilhelm Pieck auf einem Parteitag dauerte viereinhalb Stunden. Er hat noch hinzugefügt, daß in diesem langen Referat einige inhaltliche Fragen nicht beantwortet worden wären, daß man darüber noch sprechen müsse. Und darüber wurde dann auf einer Sitzung im September 1970 gesprochen. Dies geschah anläßlich der Begründung des Quartalsplanes. [...] Im Oktober war dann eine Politbürositzung, an der Otto Winzer, ZK-Mitglied und Außenminister, teilnahm. Auf ihr gab es wieder eine Auseinandersetzung. Wir – Verner, Stoph, Honecker und ich – haben dort nochmals begründet, weshalb wir sein Schlußwort redigiert und gekürzt haben, um nämlich Schaden abzuwenden. Weil Walter Ulbricht aus gesundheitlichen Gründen schon abgefahren und nicht mehr zu sprechen war, konnten wir dies nicht mehr mit ihm besprechen. Es mußte ja am nächsten Tag veröffentlicht werden.

Für die Ablösung, die kein Komplott war, sprach auch folgendes: In diesem halben Jahr war Walter Ulbricht in Oberhof zur Kur, wo er den dritten Herzinfarkt hatte. Wir bekamen von den Ärzten einen Hinweis, daß Walter unbedingt geschont werden müsse, daß man ihn nicht mehr aufregen dürfe. Hermann Matern, der kurz danach verstarb, Willi Stoph, Erich Honecker und Paul Verner bekamen den Auftrag, mit ihm zu sprechen, daß er sich zurückziehen solle. Es sollte ihm nahegelegt werden, ob er nicht selbst, von sich aus im Hinblick auf den nächsten Parteitag, das heißt in Vorbereitung darauf, bereit sei, sein Amt aufzugeben.

Das Gespräch hat stattgefunden. Walter hat gesagt, daß er das Anliegen verstünde. Er hat das Gespräch gut aufgenommen. Es kam

Die Führung des MfS im Staatsrat, Minister Mielke bringt einen Toast aus. Rechts außen: HVA-Chef Markus Wolf, 1969.

aber eine weitere Auseinandersetzung hinzu, bei der Walter sehr hart den Erich angegriffen hat. Er war über ihn aus irgendeinem Grunde verärgert. Anlaß war ein runder Geburtstag von Mückenberger *(der 60. am 8. Juni 1970 – d. Hrsg.)*, Mitglied des Politbüros und Bezirkssekretär von Frankfurt/Oder.

Vorgesehen war, Mückenberger aus Altersgründen als Bezirkssekretär abzulösen und ihn anstelle des erkrankten Hermann Matern mit der Leitung der Parteikontrollkommission zu beauftragen. Das war eine bewußte Entscheidung, weil Mückenberger neben Fritz Ebert in der Führung noch der einzige war, der aus der Sozialdemokratie kam. Es standen einige Umbesetzungen aus Alters- und Krankheitsgründen an. Ebert hatte das Amt des Berliner Oberbürgermeisters schon abgegeben. Herbert Warnke mußte in seiner Funktion als Vorsitzender des FDGB abgelöst werden. Albert Norden war auch sehr krank.

Mückenberger sollte zum zweiten Male den Karl-Marx-Orden bekommen. Da Walter selbst den Glückwunsch nicht überbringen konnte – er war mit Nimeri*, der in der DDR zu Besuch weilte, zusammen –, hatte er Erich damit beauftragt, nach Frankfurt zu fahren. Stoph war auch verhindert. Dabei waren Ali Neumann und andere, so auch Manfred Gerlach als stellvertretender Vorsitzender des Staatsrates, denn Mückenberger war auch Mitglied des Staatsrates. Und Gerlach als Mitglied des Staatsrates, nicht Honecker als Mitglied des Politbüros, hatte von Ulbricht den Auftrag erhalten, den Karl-Marx-Orden zu übergeben. Niemand hatte das, da es sich um den Karl-Marx-Orden handelte, verstanden.

Erich Honecker hat die Glückwunschadresse des Zentralkomitees verlesen und Mückenberger umarmt, was dann auch alle anderen taten. Danach sollte Gerlach vortreten und den Orden überreichen. Er hat das auch getan und die Urkunde verlesen. Doch er hat gezittert und war so aufgeregt, daß er die Seiten vertauschte. Was er verlas, gab keinen Sinn. Um die Situation zu retten, hat dann Erich Honecker den Karl-Marx-Orden überreicht und am Jackett angeheftet. Walter Ulbricht war über das Verhalten Erich Honeckers empört. Er warf ihm vor, er hätte überhaupt eine Neigung, sich vorzudrängen usw. Zwar war etwas Richtiges dran, doch der Vorfall war kein Anlaß für diesen Vorwurf. Selbst Ali Neumann, der sonst zu Walter hielt, hat ihm gesagt, daß seine Empörung nicht gerechtfertigt sei. Er hatte ja alles miterlebt. Mückenberger hingegen hatte sich gefreut, daß ihm Erich den Orden angeheftet hat.

Auf den Angriff hat Erich Honecker seinerseits mit Empörung reagiert. Es sei eine Beleidigung, ein Angriff auf seine proletarische Ehre.

Günter Mittag (1926 bis 1994), ZK-Mitglied von 1962-89, des Politbüros seit 1966, 1958-61 Sekretär der Wirtschaftskommission beim Politbüro, ZK-Sekretär für Wirtschaft 1962-1973 und 1976 bis 1989. Im November 1989 aus der SED ausgeschlossen.

*Gaafar Muhammad Nimeri (*1930), sudanesischer Politiker; 1969/71 Vors. des Revolutionsrates, 1971 Präsident, 1985 aller Ämter enthoben.

Ulbricht und Honecker im Atelier eines sowjetischen Bildhauers in Moskau, 1962. Links Dolmetscher Werner Eberlein (1919 bis 2002).

Es mußten nach dem 13. Plenum mehrere Anordnungen Walter Ulbrichts aufgehoben werden, deren Urheber vor allem Mittag war. Doch Mittag hatte inzwischen gemerkt, daß sich der Wind gedreht hatte. Als sich die Situation zuspitzte, hat er die Fronten gewechselt. Vor der Ablösung gab es also Auseinandersetzungen. Diese wurden fortgesetzt bei der Vorbereitung auf das 14. Plenum. Das betraf den Bericht des Politbüros, den Paul Verner zu erstatten hatte. Über diesen Bericht, der eine Kritik an Überspitzungen in der Wirtschaft enthielt, gab es wiederum Auseinandersetzungen. Denn die Linie dieses Berichts war eine Korrektur der Linie des 13. Plenums.

Auf dem 14. Plenum wurde ich Vollmitglied des Politbüros, weil jemand* gestorben war. Es geht aber noch weiter. Es wurde in Moskau der XXIV. Parteitag der KPdSU vorbereitet. Bei der Besprechung mit Walter Ulbricht, wo ihm der Rücktritt nahegelegt wurde, war ihm vorgeschlagen worden, dies unverzüglich mit der KPdSU abzustimmen. Solche Entscheidungen haben wir nicht allein getroffen. Walter sollte nach Moskau fahren und selbst unseren Vorschlag unterbreiten, daß Erich Honecker an seine Stelle treten solle. Im Februar 1971 fand dann das 15. Plenum statt, also noch vor dem KPdSU-Parteitag, der Ende Februar/Anfang März stattfand. Bis dahin hatte er aber noch immer nicht mit Breshnew gesprochen, obwohl wir gedrängt hatten. Breshnew hat sich, das muß man sagen, für derartige Gespräche stets Zeit genommen, er war stets höflich, hat sich nie im Ton vergriffen.

Der sowjetische Botschafter Abrassimow bekam inzwischen aus Moskau den Auftrag, mit einzelnen Politbüromitgliedern zu sprechen, was sie über Walter Ulbrichts Situation denken. Gesprochen hat er

* Hermann Matern verstarb am 24. Januar 1971 (geb. 1893).

aber nicht mit allen Politbüromitgliedern, so nicht mit Albert Norden, der im Krankenhaus lag, nicht mit Herbert Warnke, so glaube ich, und zwar ebenfalls aus Gesundheitsgründen, nicht mit Ali Neumann.

Walter Ulbricht hatte damals, als Erich Honecker von der Parteischule aus Moskau zurückkam, festgelegt, daß Ali Neumann den Vorsitz des Volkswirtschaftsrates und Erich Honecker seine Vertretung im Sekretariat des ZK sowie die Verantwortung für Kader- und Sicherheitsfragen übernimmt. Walter hat damals gesagt, mit seinen Festlegungen sei keine Vorentscheidung für die Zukunft gefällt.

Bevor Alfred Neumann zum Volkswirtschaftsrat ging und 1. Stellvertretender Ministerpräsident wurde, hatte er in der Parteiführung den Org.-Apparat unter sich. Diese Aufgabe ging aber nun an Erich Honecker über. Bei irgendeiner Gelegenheit aber, ich glaube anläßlich des Empfangs eines ausländischen Genossen, hatte Walter Ulbricht Ali Neumann vorgestellt mit der Bemerkung, auf ihn kämen mal große Aufgaben zu, wenn er nicht mehr sein werde. Offiziell, im Politbüro, hat er dies nicht gesagt. Ob Ali das gehört hat oder nicht oder ob er es nicht hören wollte, weiß ich nicht. Ich jedenfalls habe es gehört.

Abrassimow hat sicher eine Mitteilung über seine Gespräche nach Moskau geschickt. Wir hatten ihm auch mitgeteilt, daß bei uns bereits ein entsprechendes Gespräch mit Walter Ulbricht geführt worden war, und er im Prinzip einverstanden sei, das Amt zur Verfügung zu stellen. Offen geblieben war allerdings das Wie und das Wann. Er sollte selbst die Initiative hierzu ergreifen.

[…] Initiator und Organisator des Briefes an Breshnew war Abrassimow. Wir haben unterschrieben, weil wir sehr böse über das Verhalten Walter Ulbrichts waren. Uns ging es darum, daß Walter Ulbricht so rasch wie möglich nach Moskau fahren sollte, um mit Breshnew die Lage zu klären.

Ich kann nicht mehr konkret sagen, was die Position war, die Walter Ulbricht auf dem 15. Plenum dargelegt hat und die wir als vermeintlichen Rückfall sahen. Es handelte sich um eine der alten Geschichten. Ich glaube, es bezog sich auf die Wirtschaft. In diesem Zusammenhang möchte ich nochmals betonen, daß die Grundfragen der Auseinandersetzung die inneren Probleme der DDR waren. Die Beziehungen zur BRD waren nicht die wichtigsten.

Während Walter früher im Politbüro stets gerecht und beherrscht war sowie Diskussionen, auch Widerspruch zuließ, war er nunmehr ungeduldig, unbeherrscht, ungerecht. Früher war das anders. Ich selbst habe ihm gelegentlich widersprochen, wovon ich einige Beispiele anführen könnte. So hatte ich nach der Beratung *(der kommunistischen*

Alfred Neumann (1909-1999), Tischler, Arbeitersportbewegung, 1929 KPD, 1934 Emigration (Dänemark, Schweden, Finnland, UdSSR), Interbrigaden Spanien (1936-38), Internierung in Frankreich, Auslieferung an Deutschland, bis 1945 Zuchthaus Brandenburg, dann Strafbataillon 999, übergelaufen zur Roten Armee, Kriegsgefangenschaft, 1951 Stellv. OB von Berlin, 1953-57 1. Sekretär der SED-Bezirksleitung Berlin, Mitglied des ZK 1954-89, des Politbüros 1958-89, 1. Stellv. Ministerpräsident 1968-89. Januar 1990 Parteiausschluß. Foto: Nov. 1961 in Lützkendorf.

und Arbeiterparteien – d. Hrsg.) von 1969 einen Krach mit ihm, weil er in seiner Rede den Vorschlag gemacht hatte, den er mit uns zuvor nicht abgesprochen hatte, daß man mit China reden solle; er sehe nicht ein, daß man das nicht könne.* Um das vorzubereiten, solle man eine Delegation nach Peking schicken. Diese Passage hatte er einfach angehängt, frei gesprochen. Im schriftlichen Text der Rede waren diese Sätze nicht enthalten, und sie wurden auch nicht veröffentlicht. [...] Immerhin war es so zu interpretieren, daß sich die SED als Vermittler anböte. [...] Wie dem auch sei: Heiner Rau, Fritz Ebert und die anderen, die zur Delegation gehörten, waren empört. Breshnew war ebenfalls wütend und hat Walter Ulbricht nicht zur Rede beglückwünscht, wie er das in vielen Fällen tat. Eins kam zum anderen.

Nach dem 15. Plenum wurde dann die Delegation bestimmt, die zum XXIV. Parteitag der KPdSU fuhr. Zu ihr gehörten Walter Ulbricht als Delegationsleiter, Willi Stoph, Erich Honecker, Paul Verner und ich. Werner Eberlein fuhr als Dolmetscher mit. Gleich bei der Ankunft auf dem Flugplatz wandte sich Kossygin oder Mikojan an uns, daß sie für Genossen Ulbricht eine Mitteilung hätten. Genosse Breshnew sei auf Bitte des Genossen Ulbricht bereit, nach den Berichten an den Parteitag in der Zeit, in der dann die Diskussion stattfinden würde, einen ganzen Nachmittag mit ihm zu sprechen. Es fanden schließlich zwei oder drei Unterredungen statt.

* Die Beziehungen zwischen Moskau und Peking waren nachhaltig gestört. Seit den 50er Jahren rangen die KPdSU und die KP Chinas um die Führung in der internationalen kommunistischen Bewegung. Maos KP sah sich nicht nur aufgrund der Größe (fast 1 Milliarde Menschen), sondern auch wegen ihrer Erfahrungen bei der nationalen Befreiung des Landes legitimiert. Der Dissens ging bis zu militärischen Auseinandersetzungen bei Grenzkonflikten. Die DDR folgte wie alle anderen Ostblockstaaten (bis auf Albanien, das sich dann aber selbst mit Peking überwarf) der Linie Moskaus. Ulbricht jedoch wollte nunmehr ausbrechen. Die SED hatte mit der KPCh direkt keine Probleme: Warum sollte sie also nicht mit den chinesischen Genossen sprechen?

Vor Ort im Mansfelder Kupferbergbau, Februar 1956.

Aufbauschicht im Rahmen des Nationalen Aufbauwerkes (NAW), 1952.

1964

[...] Breshnew hat ihm gesagt, daß es richtig wäre, wenn er sein Amt übergeben würde. Es sei ja nicht vorgeschrieben, daß Generalsekretäre im Amt sterben müßten.

Breshnew soll auf bestehende Meinungsverschiedenheiten zwischen der KPdSU und Ulbricht hingewiesen haben. Die seien offen zur Sprache gekommen. Das Schicksal der SED läge ihnen wie das keiner anderen Partei sehr am Herzen. Die SED stehe der KPdSU so nahe. Und Ulbricht sei für sie eine Verkörperung der Thälmannschen Partei, der Partei von Karl Liebknecht und Wilhelm Pieck. Er habe große Verdienste. Breshnew schlug vor, daß Walter Ulbricht Parteivorsitzender werden solle. Das entspräche auch den Traditionen der deutschen Partei. Er solle auch Mitglied des Politbüros und Vorsitzender des Staatsrates bleiben. Sorgen mache auch der Gesundheitszustand, der aus den Urteilen der Ärzte bekannt sei. Honecker sei nicht mehr im Komsomol-Alter und könne an seine Stelle treten.

Nach langem Reden hat Ulbricht das akzeptiert. Die sowjetischen Genossen meinten, daß es ein sehr schwieriges Gespräch gewesen sei, bevor er die Argumente eingesehen hätte.

Das wissen wir von Breshnew, der uns danach informiert hat. Breshnew habe Ulbricht auch gesagt, er solle uns unterrichten. Doch sollte noch nichts beschlossen werden, bevor er, Breshnew, mit Erich Honecker gesprochen habe. Ob Ulbricht mit einem solchen Gespräch einverstanden sei, habe er gefragt. Ein, zwei Tage danach, noch während des Parteitages, haben dann Breshnew und Kossygin mit Erich Honecker gesprochen. Walter Ulbricht hatte uns schon zwischen seinem zweiten und dritten Gespräch mit Breshnew zu sich eingeladen und uns informiert. Nach der Rückkehr Erich Honeckers haben wir erneut beraten. Dabei haben wir Walter Ulbricht zum Ausgang der Gespräche gratuliert und ihm versichert, daß wir der Welt ein gutes Beispiel geben würden für eine faire Ablösung. Wir haben in Moskau vorgeschlagen, ein 16. Plenum vorzubereiten.

Es gab den Entwurf eines Beschlusses, den ich vorbereitet hatte. Erstens: Bericht über den XXIV. Parteitag, Berichterstatter: Erich Honecker; zweitens: Kaderfragen, Fragen der Leitung der Partei. Diese Beschlußvorlage, so wurde vereinbart, bringt Walter Ulbricht selbst ein. Er hat sie, ohne ein Wort zu ändern, gebilligt. Auf dem 16. Plenum, auf dem Erich Honecker über den XXIV. Parteitag und Walter Ulbricht zu Fragen der Führung der Partei sprach, wurde dann die Vorlage des Politbüros beschlossen. Die Rede Walter Ulbrichts, in der er selbst Erich Honecker zu seinem Nachfolger als Ersten Sekretär vorgeschlagen hat, ist veröffentlicht worden. Infolgedessen wurde auf dem 16. Plenum auch beschlossen, daß Erich Honecker als neuer Erster Sekretär den VIII. Parteitag der SED leitet und dort den Rechenschaftsbericht des ZK hält. Eröffnen sollte den Parteitag Walter Ulbricht. Seine Rede habe ich vorgelesen, weil er nicht anwesend war. Er war krank und verärgert und hatte inzwischen einen vierten Herzinfarkt* gehabt.

Die Rede, die ich vortrug, war von ihm selbst. Sie war in seinen großen Buchstaben geschrieben. Wir haben daran kein Wort geändert. Ich habe die Rede mit dem Bedauern eingeleitet, daß der Vorsitzende der Partei schwer erkrankt und ich vom Politbüro beauftragt sei, seine Begrüßungsrede zu verlesen.

Ich hatte dann auch gleich die Leitung der ersten Sitzung, auf der sich der Parteitag konstituierte und die Kommissionen gewählt wurden usw. Dann habe ich dem Erich das Wort zum Rechenschaftsbericht erteilt.

Eins möchte ich unterstreichen: Darin besteht der Wert unserer Partei, und das gereicht uns zur Ehre, indem wir uns immer kommunistisch benommen haben, daß die Gespräche in Moskau mit Breshnew korrekt verliefen und sich auch Walter Ulbricht sehr korrekt verhielt. Walter Ulbricht kannte auch den Bericht an den VIII. Parteitag und billigte ihn. Am Vortage hatte er sogar noch auf dem Flugplatz Delegationen empfangen, so zum Beispiel auch Shiwkow, was wirklich nicht nötig war. Dies verstieß gegen die Anordnungen der Ärzte, da er schwer krank war. Auch wir hatten ihn gebeten, dies nicht zu tun.

Die Ablösung war kein Coup, kein Komplott. Es war nicht gemanagt. Hätten wir dies nicht getan, wäre Walter Ulbricht früher gestorben; wir haben sein Leben verlängert. Leicht ist ihm die Korrektur, die

* Hier irrt Axen nicht zum ersten Male, Ulbricht hatte einen einzigen Herzinfarkt, und zwar in der Nacht vom 14. auf den 15. Juli 1971.

der VIII. Parteitag vornahm, und die Tatsache, daß er nicht mehr Erster Sekretär der Partei war, natürlich nicht gefallen. Schon auf dem 16. Plenum hatte er die Entscheidung ehrlich akzeptiert und Erich Honecker als seinen Nachfolger umarmt und beglückwünscht.

Soweit Hermann Axen in seinen Erinnerungen. Der Auschwitzüberlebende gehörte zu den Intelligentesten im Politbüro. Gleichwohl war er Partei. Er hatte den denunziatorischen Brief an Breshnew unterschrieben und hätte sich selbst belastet, wenn er den Vorwurf des Komplotts in den 90er Jahren bestätigt hätte. Deshalb wiederholte er mehrmals, daß es keines gegeben habe.

Prof. Herbert Häber, Mitte der 80er Jahre als Politbüro-Mitglied gleichfalls mit einer Intrige ausgeschaltet, gehörte als Leiter der Westabteilung des ZK (1973-85) knapp ein Jahrzehnt der Honeckerschen Parteiführung an. Den Sturz Ulbrichts erlebte er als Stellvertretender Staatssekretär für gesamtdeutsche Fragen. Für ihn war dessen Ausschaltung ein Komplott – und das ohne jede Einschränkung.

Nachdem die Ulbrichts aufs Abstellgleis geschoben worden waren, bedeutete dies keineswegs, daß auch Honeckers Interesse an ihnen erloschen wäre. Alle, die mit den beiden in der Folgezeit zu tun hatten, mußten schriftlich (oder mündlich) über die Gespräche berichten. Nur drei Beispiele.

Am 22. August 1972 informierte ein nicht näher bekannter G. Zimmermann über ein zweieinhalb Stunden währendes Gespräch, das er mit den beiden Ulbrichts in seiner Datsche in Neuhaus, Bezirk Rostock, am 29. Juli hatte. Der in Dierhagen weilende Ulbricht hatte Zimmermann am Strand getroffen und sich von diesem einladen lassen. Zimmermann scheint entweder im Berliner Parteiapparat oder Ministerrat beschäftigt gewesen zu sein.

Als Fidel Castro im Juni 1972 die DDR besucht, darf Ulbricht zwischen Honecker und Lamberz mit am Gesprächstisch sitzen.

»Zunächst wurden anläßlich des Besuches allgemeine Fragen besprochen«, rapportiert ein Genosse Zimmermann den Besuch der Ulbrichts in seinem Wochenendhaus. »Solche Fragen betrafen den Gesundheitszustand, den Aufenthalt an der Ostsee, den Stand der Einbringung der Ernte. Damit im Zusammenhang stellte ich die Frage, wie lange Gen. Ulbricht noch in Urlaub im Gästehaus bleiben würde.

Gen. Ulbricht sagte: Sein Gesundheitszustand sei gut, er gehe schon wieder schwimmen und am Strand spazieren und fühle sich sehr wohl. Er würde am nächsten Donnerstag abreisen.

Danach fragte Gen. Ulbricht, wie es mir geht und welche Probleme ich habe.

Eingehend auf diese Frage machte ich einige längere Bemerkungen über die große Initiative, die sich gegenwärtig bei der Erfüllung des Planes durch unsere Menschen im Bereich des Ministeriums zeigt. So konnte der Plan per 30. Juni 1972 mit 100 Mio. in der Warenproduktion übererfüllt werden. Diese große Bewegung sei zweifellos auf die richtige Politik unserer Partei in Durchführung der Beschlüsse des VIII. Parteitages zurückzuführen. Diese gute Entwicklung vollzieht sich nicht gleichermaßen im Schiffbau. In diesem Bereich bestehen gegenwärtig die größten Schwierigkeiten. Der Plan wurde im Jahre 1971 in Größenordnungen nicht erfüllt. Im 1. Halbjahr 1972 wurde eine sehr geringe anteilige Erfüllung zum Jahresplan erreicht. Durch die unsolide Arbeit des Generaldirektors Gen. Dudzus wurde der Industriezweig nicht stabilisiert. Verpflichtungen aus dem Abkommen mit der Sowjetunion wurden nicht eingehalten. Die großen Programme, wie sie anläßlich der Ostseewoche vom Generaldirektor entwickelt

wurden, sind nicht erfüllt worden. Als Beispiel wurde von mir die pro-zeßgesteuerte Herstellung von Schiffskörpern genannt. Dafür wurde viel Geld ausgegeben – es ging Zeit verloren, die Effektivität trat nicht ein. [...] Zusammengefaßt sagte ich, im Schiffbau ist eine ähnliche Lage wie im VEB Carl Zeiss Jena.

Gen. Ulbricht ging auf meine Gedanken zum Schiffbau nicht ein. Er sagte: Im VEB Carl Zeiss Jena seien die Ingenieure auf diese gro-ßen Aufgaben nicht vorbereitet gewesen. [...]

Dann wandte sich Gen. Ulbricht den Problemen der chemischen Industrie zu. Er machte umfangreiche Ausführungen über die Ent-wicklung des Chemienanlagenbaus und der chemischen Industrie. [...]

Eingehend auf die Frage der Energie wurde von Gen. Ulbricht die Frage aufgeworfen, wann und zu welchem Zeitpunkt wir in der Lage seien, mit den 440 MW-Kernreaktoren für die chemische Industrie den benötigten Dampf unter gleichzeitiger Verwendung des angewärmten Kühlwassers zur Verfügung zu stellen. In Ludwigshafen/Westdeutsch-land gibt es ein solches Verfahren. Es wäre notwendig und richtig, diese Frage durch den Schwermaschinenbau schnell aufzugreifen.

Ich erklärte, diese Frage nach meinem Urlaub aufzugreifen und entsprechende Aufträge zur Untersuchung des Problems zu erteilen. [...]

Darauf eingehend sagte ich, daß eine Arbeitsgruppe unter Leitung von Genossen Sindermann die Arbeitsweise des Ministerrates in der UdSSR studiert hat. Im Ergebnis dieser Reise wurde die Arbeitsweise des Minsterrates und seiner Organe neu festgelegt. Ich sagte im Ge-spräch , daß es sehr gut sei, daß Genosse Sindermann 1. Stellvertreter

des Vorsitzenden des Ministerrates wurde. Es wäre nur gut, so sagte
ich, noch mehr Sindermanns zu haben.

Dazu äußerte sich Genosse Ulbricht nicht.«

Da auch Rudi Georgi am 22. August 1982 seinen Bericht zu Papier brachte, in welchem er über seine Begegnungen mit den Ulbrichts berichtete, ist zu vermuten, daß an eben jenem Tage Order an alle erging, die mit den Ulbrichts das Gästehaus in Dierhagen teilten. Georgi, seit 1966 Minister für Verarbeitungsmaschinen- und Fahrzeugbau und Kandidat des ZK, machte mit seiner Frau und den beiden Kindern auf dem Darß Urlaub und wohnte zwei Wochen mit den Ulbrichts unter einem Dach.

»Am Strand sprach mich Genosse W. Ulbricht an und erkundigte sich nach meinem Gesundheitszustand. Ich erzählte ihm in Gegenwart seiner Gattin, daß ich mich sehr wohl fühle. Durch intensives Schwimmen, mehrmaliges Volleyballspiel am Strand und ausgedehnte Strandwanderungen würde ich mir im Urlaub die notwendige Kondition erarbeiten.

1966

Genosse W. Ulbricht gab mir eine Reihe von Ratschlägen, wie er sagte, aus seinen persönlichen Erfahrungen. Er empfahl mir, außer den genannten Sportarten Tennis zu spielen und aktiven Rudersport zu treiben. Er sagte, daß dadurch die Leistungsfähigkeit weiter erhöht werden könnte, allerdings nur dann, wenn unter einem Trainer dies regelmäßig erfolge. Er bot mir an, evtl. sein eigenes Ruderboot zu benutzen.

Ich habe diese Empfehlung zur Kenntnis genommen; Reaktionen habe ich nicht gezeigt.

Das Gespräch hatte keine Berührungspunkte zu dienstlichen Fragen.«

Der Smalltalk am Strand von Dierhagen offenbarte weniger Staatsgeheimnisse oder abfällige Bemerkungen über Honecker und die Seinen als vielmehr die Suche Ulbrichts nach Gesprächspartnern. Es läßt sich nur spekulieren, weshalb Honecker sich Berichte dieser Art vorlegen ließ und sie mit seinem Kürzel versah. Fürchtete er, daß die Ulbrichts eine Fronde in den Sandburgen des Ostseestrandes schmiedeten? Weidete er sich an der Einsamkeit des von ihm Gestürzten? Empfand er Genugtuung, daß die berichtenden Funktionäre ihr Mäntelchen inzwischen in seinen Wind hängten?

Das eine Jahr, das Ulbricht noch verbleiben sollte, war angefüllt mit Protokollterminen ohne Bedeutung: Empfang der bei den Olympischen Sommerspielen in München erfolgreichen DDR-Mann-

Bericht von Karl Mewis (1907-1987), zu jener Zeit wissenschaftlicher Mitarbeiter am IML. Der gelernte Schlosser aus Hessen kam 1924 zur KPD, war Kursant der Leninschule in Moskau (1932-34), Rückkehr nach Deutschland und illegale Arbeit, 1935/36 Politischer Leiter des KPD-Bezirks Wasserkante, Spanien 1936/37, verschiedene Funktionen, u. a. Vorsitzender der KPD-Auslandsleitung in Schweden, wiederholt Haft. 1945 Rückkehr nach Deutschland. 1950-52 Chef der SED-Landesleitung Mecklenburg, 1952-1961 1. Sekretär der SED-Bezirksleitung Rostock, 1952-1981 Mitglied des ZK der SED, 1958-63 Kandidat des Polit-büros, 1963-68 Botschafter in Polen.

Berlin den 1.9.1972

Lieber Genosse Honecker

Im Juli und August befand ich mich mit meiner Familie in Dierhagen. Nach der Ostseewoche kam Walter ins Heim nebenan. Er promenierte, wie früher, gern am Strand. Lotte kam wiederholt zur Burg unserer Familie, schließlich auch Walter, fragte nach mir und beim zweiten Besuch sagte er, daß er mich gern sprechen möchte. Da ich aber zu den Zeiten seines Spazierganges nie am Wasser war, rief er schließlich an. Wir verabredeten, daß er am nächsten Tage zum Kaffee kommen solle. Das geschah. Auf der Veranda erzählte er gute zwei Stunden. Anfangs mit schwerer Zunge, später etwas flüssiger. Fühlbar war, daß er noch immer mit völliger Genesung rechnet.

Der Zweck des Besuches schien hauptsächlich der zu sein, herauszufinden worüber Franz Dahlem schreibt und wieweit dabei das von Walter publizierte Geschichtsbild verändert werden könnte. Es interessierte ihn sehr, welche Genossen des Polit.Büros beim Geburtstag Franz Dahlems zugegen waren. Der Einfachheit halber behauptete ich, das ganze PB. Das verschlug ihm die Sprache. Lotte behauptete: "Das kann doch nicht sein." Einige waren bestimmt nicht da." Offenbar befürchtete Walter, daß die völlige Rehabilitierung von Franz Dahlem den Beginn einer Revision seiner Darstellung der Parteigeschichte bedeutete. Von welchen 2 - 3 Personen er erwartet hatte, daß sie an der Geburtstagsfeier nicht teilgenommen hätten, konnte ich nicht erfahren.

Auf meine Frage, weshalb er nicht an der Ostseewoche teilgenommen habe, erklärte er:" Es gab einen Beschluß, daß nur drei Genossen des PB fahren sollten. Warum dann mehr da waren weiß ich nicht."

Zu aktuell politischen Fragen sagte er nichts.

Dies zu Deiner Information

Mit sozialistischem Gruß

schaft, Verleihung von Orden, Gespräche mit auswärtigen Politikern und einheimischen Künstlern, Unterzeichnen von Patenschaftsurkunden für das sechste Kind einer Familie, Kranzniederlegungen, Glückwunschschreiben, Fernsehauftritte. Er wollte auch beginnen, seine Erinnerungen zu Papier zu bringen ...

Doch am Ende des achten Lebensjahrzehnts war der Vorrat an Energie aufgezehrt. Der physische und psychische Verfall war weder aufzuhalten noch zu verdrängen. Drei Wochen nach dem 80. Geburtstag – sein Auftritt im Staatsratsgebäude am 30. Juni sollte sein letzter öffentlicher sein – erlitt Ulbricht einen Schlaganfall. Danach fiel er ins Koma. Hinzu kamen Nieren- und Lungenprobleme. Lotte Ulbricht wußte, was dies bedeutete. Resolut wie sie nun einmal war, akzeptierte sie das Unabänderliche. Und handelte. Wenn schon ein Überleben nicht mehr möglich war, sollte ihr Mann daheim, in ihrem Beisein, von dieser Erde gehen. Selbst wenn die Geräte im Krankenhaus Buch das Leben noch um einige Stunden oder Tage verlängerten – es war vorbei. Sie setzte sich über die Auffassung der Ärzte hinweg und holte ihn nach Hause.

Am 1. August 1973, 12.55 Uhr, starb Ulbricht.

Erst am 7. August wehten die Fahnen auf Halbmast. Wegen der Weltfestspiele. Honecker ließ erklären, das sei im Sinne des Toten.

Eine der letzten Amtshandlungen des Staatsratsvorsitzenden Walter Ulbricht ist die Verleihung des Großen Sterns der Völkerfreundschaft an Angela Davis. Die aus der Haft freigekämpfte amerikanische Bürgerrechtlerin und Kommunistin war im Sommer 1973 zu den Weltfestspielen der Jugend und Studenten nach Berlin gekommen. Ulbricht selbst war bei einem Festakt im Staatsratsgebäude zu seinem 80. Geburtstag von Honecker ebenfalls der Große Stern der Völkerfreundschaft überreicht worden.

Ein Volk nimmt
Abschied. Die Kolonne
auf der Karl-Marx-
Allee, dichtes Spalier
säumt den letzten Weg,
7. August 1973.

Man mag diese Entscheidung folgerichtig und kaltschnäuzig nennen, weil sie konsequent der Linie des Umgangs mit dem lebenden Ulbricht in den letzten drei Jahren entsprach. Man kann sie im Interesse des Welttreffens der Jugend auch für vertretbar halten. Vielleicht hätte die einmalige Fröhlichkeit auf den Straßen der Hauptstadt wirklich gelitten und die DDR wäre um eines ihrer historisch herausragenden Ereignisse gebracht worden.

Tatsache bleibt, daß die SED-Führung um Honecker sich getäuscht sah. Man hatte angenommen, daß Ulbricht fast vergessen sei und – da man in der Vergangenheit nichts unversucht gelassen hatte, ihn zu diskreditieren, und andererseits spürbar bessere Zeiten angebrochen schienen – die Sache damit ohne großes Gewese über die Bühne zu bringen wäre.

Das Volk besaß ein feines Gespür für wahrhafte Größe und ließ sich nicht zum Narren machen. Seit dem verregneten Morgen des 7. August 1973 standen Tausende und Abertausende vor dem Staatsratsgebäude und wollten von Ulbricht Abschied nehmen. Die Schlange der Wartenden wand sich durch die Innenstadt. Auch wenn mancher meinte, Abordnungen zu entdecken, die nicht dem eigenen Antriebe, sondern der Weisung der vorgesetzten Dienststelle folgten, so überraschte es Freund wie Feind gleichermaßen: Die Mehrheit trauerte wirklich und wahrhaftig aus freien Stücken um einen bedeutenden Mann. Die geplante Zeit der Aufbahrung mußte verlängert werden, damit alle, die am offenen Sarg vorbeidefilieren wollten, dies auch konnten.

Im Krematorium Baumschulenweg erfolgte selbigentags die Einäscherung. Am 17. September 1973 wurde die Urne in der Gedenkstätte der Sozialisten in Friedrichsfelde beigesetzt.

Überführung der Urne zur Gedenkstätte der Sozialisten in Berlin-Friedrichsfelde am 17. September 1973.

Andere über Ulbricht

Hans Bentzien, Jahrgang 1927, Greifswalder, britische Kriegsgefangenschaft, 1945 KPD, Lehrer 1946 bis 48, Studium der Gesellschaftswissenschaften in Jena und Moskau. Sekretär für Kultur und Volksbildung der SED-Bezirksleitung Gera, Mitglied der Kulturkommission beim Politbüro 1954-1966, Minister für Kultur 1961-66, Direktor des Verlages »Neues Leben« 1966-75, danach Rundfunk und Fernsehen, 1989/90 Generalintendant des Fernsehens der DDR.

Bei der Zusammenstellung des Buches habe ich Zeitzeugen gebeten, eine charakterisierende Begebenheit mit den Ulbrichts zu Papier zu bringen. Nicht wenige hatten sich, animiert durch das Buch von Lotte Ulbricht, bereits freiwillig mit Texten und Fotos gemeldet. Wie sich zeigte, waren die geschilderten Episoden positiv. Ich bezweifelte nicht, daß sie sich so zugetragen hatten. Jedoch mußte man den zeitlichen Abstand zum Ereignis wie auch die damalige Nähe der Schreiber zum Gegenstand berücksichtigen. Je länger etwas zurückliegt, desto milder pflegt man zu urteilen. Noch dazu, wenn weitaus Unangenehmeres nachfolgte. Angesichts der Materiallage rief ich Hans Bentzien an. Er war nach dem berüchtigten 11. ZK-Plenum im Jahre 1965 als Kulturminister entlassen worden und würde, so vermutete ich, auf Ulbricht nicht gut zu sprechen sein – selbst wenn man berücksichtigte, daß die kulturpolitische Attacke damals von Honecker geritten worden war. Aber Ulbricht hatte sich dem gefügt und auch im Falle Bentzien dem Druck nachgegeben.

Sein Verhältnis zu Ulbricht sei sehr ambivalent, erklärte der Ex-Kulturminister und Ex-Fernsehchef am Telefon. Das vermutete ich, deshalb riefe ich ihn auch an. Ich benötige eine Negativgeschichte im Interesse der Glaubwürdigkeit.

Also, hob Bentzien sofort an, ich fuhr mal mit Ulbricht im Auto nach Rostock zur Ostseewoche. In der Nähe von Güstrow bat er den Fahrer, von der Hauptstraße abzuweichen und in ein bestimmtes Dorf zu fahren. Dort gäbe es hervorragende Kartoffeln, erklärte er uns, wir sollten in der dortigen LPG-Kantine zu Mittag essen. Wir fuhren also mit der Staatskarosse vor, gingen in den Speisesaal, stellten uns an und ließen uns, als wär's die normalste Sache der Welt, eine Kelle Gulasch und ordentlich Kartoffeln auf den Teller geben.

Es dauerte nicht lange, dann erschien der LPG-Vorsitzende am Tisch. Ein wenig aufgeregt, vermutlich hatte er die Nachricht, unten in der Kantine säße Ulbricht, für einen Witz gehalten. So und so. Ulbricht lobte die Kartoffeln, sie seien der Grund, weshalb er überhaupt vorgefahren sei. Und nachdem er das Besteck abgelegt hatte, bat er den Vorsitzenden, ihm zu folgen. Er wolle ihm etwas zeigen. Ulbricht ging zum Wagen, öffnete die Kofferraumklappe und holte einen Beutel mit Kartoffeln hervor. Einige waren bereits faulig, es roch unangenehm. Die habe Lotte in Pankow in der Kaufhalle bekommen, sagte Ulbricht ohne große Aufregung.

Der LPG-Vorsitzende hatte verstanden. Aber eben nicht richtig. Er werde, beeilte er sich zu versichern, dem Genossen Ulbricht umgehend einige Säcke mit Kartoffeln schicken.

Nicht mir sollst du sie schicken, sondern den Kaufhallen, widersprach Ulbricht heftig. Wieso bekommen wir es nicht hin, daß in den Städten genießbare Kartoffeln im Handel angeboten werden?

So erzählte Bentzien.

Da käme aber Ulbricht auch gut bei weg, warf ich ein: der Landesvater, der sich in seinem Staat auskenne… Ich wollte doch eine Negativ-Geschichte, das wäre keine.

Na schön, sagte Bentzien, da müsse er länger nachdenken.

Walter Ulbricht und die Kunst
Von Hans Bentzien

Ich habe mich – notgedrungen – bereits 1963 zu seinem Einfluß auf die Kulturpolitik geäußert. Der Artikel erschien damals zu seinem 70. Geburtstag nicht. Vielleicht galt noch der Beschluß von 1953 über Ehrungen lebender Politiker. Fünf Jahre später, zu seinem 75., tauch-

Walter Ulbricht auf dem Lande, 1958.

* Alexander Abusch,
(1902-1982), Krakau,
1919 KPD, journalis-
tische Tätigkeit 1921
bis 33, Chefredakteur
der *Roten Fahne* 1930
bis 32, Emigration
1933-45 (CSR, Frank-
reich, USA, Mexiko),
1950 Sekretär des ZK
der SED, wegen der
»Noël-Field-Affäre«
Funktionsverlust,
Staatssekretär bzw.
Stellv. Minister für Kul-
tur 1954-58, Kultur-
minister 1958-61,
Vizeministerpräsident
1961-71, Mitglied des
ZK bis 1982.

te der Artikel in einem Sammelband auf, den sein Leibschreiber, Alexander Abusch*, herausgab. Da war ich schon gefeuert als Kulturminister. In der Zeitung stand: wegen zugelassener Fehler, in mündlicher Mitteilung durch Stoph hieß das »wegen Sabotage der Parteibeschlüsse«.

Ich will jedoch betont sachlich bleiben, wenn nach der Beziehung Ulbrichts zur Kunst gefragt wird. Sein Kulturverständnis beruhte auf der Erkenntnis des Leipziger Arbeitersohnes, daß Wissen Macht ist. Es fußte auf Besuchen von Vorträgen in der Volkshochschule und gelegentlichen Theaterbesuchen in der Jugend. Er kannte Balladen von Schiller und hatte Goethes »Faust« gesehen. Feinheiten der Inszenierungskunst hielt er für weniger wichtig, ließ sich aber bei Gelegenheit durchaus informieren. Die neue Formensprache, vor allem in der Musik, hielt er für unverständlich, womit er oftmals Recht hatte.

Im Unterschied zu anderen seiner Politikerriege, z. B. zu Erich Honecker oder Friedrich Ebert, die nie eine Theatervorstellung besucht haben, entschloß er sich häufig und oftmals kurzfristig, mit seiner Frau Lotte die Schauspielhäuser oder Opern zu besuchen. Nachmittags um fünf kam dann meist der Anruf, und das bedeutete für mich natürlich, zur Begrüßung mit den Intendanten anwesend zu sein. Ein gutes Verhältnis hatte er zu den Intendanten Walter Felsenstein und Hans Pischner, ein freundschaftliches zu Helene Weigel, ein gespanntes mit Wolfgang Langhoff. Von ihm erwartete er einen stärkeren Beitrag des Deutschen Theaters zur Gegenwartskunst.

Hier findet man das grundsätzliche Mißverständnis in Ulbrichts Kunstverständnis. Eigentlich beurteilte er künstlerische und literarische Leistungen nach dem Muster: Sind sie repräsentativ für die DDR? Leisten sie einen Beitrag zur Volksaufklärung? Stärken sie das sozialistische Bewußtsein? Ihm schwebte der gebildete Arbeiter als bewußt handelnder Staatsbürger vor, und die Schriftsteller und Künstler wurden danach beurteilt, wie sie daran mitwirkten.

Eine Analyse des 17. Juni 1953 hatte ergeben, daß aufgrund der andauernden sozialen Veränderungen in den Großbetrieben sich die Arbeiterschaft sehr stark von der Grundstruktur vor dem Krieg unterschied. Die aktivsten Gruppen saßen inzwischen in den Verwaltungen. Früher leitende Angestellte, Kriegsteilnehmer und Naziaktivisten waren zwangsweise in praktische Berufe gewechselt. An den Karbidöfen von Buna standen ehemalige Staatsanwälte und Richter, und in der Berliner Stalinallee mauerte mancher, der bis 1945 etwas ganz anderes getan hatte.

Als das Chemieprogramm aufgelegt werden sollte, war der »Bitterfelder Weg«* eine Konsequenz aus der Analyse. So manche Brigade bestand aus ungelernten oder angelernten Arbeitern. Die Kunst sollte helfen, ihren Bildungsstand und überhaupt das Kulturniveau zu heben, sie sollte auch weiterhin Waffe sein.

Mit den Resultaten war Walter Ulbricht recht unzufrieden, besonders die FDJ traf seine Kritik, nachdem das Jugendkommuniqué von 1964 zu einer größeren Freiheit der Jugend bei der Gestaltung ihrer Freizeit geführt hatte. Er meinte allen Ernstes, die Beatmusik aus dem Westen würde zu einer zügellosen Lebensweise führen und verführen, und als beim Konzert der Rolling Stones die Waldbühne in Westberlin zerstört wurde, zog er die Notleine und bereitete das 11. Plenum vor, das zur Folge hatte, die kritischen Stimmen aus der

* »Bitterfelder Weg« – auf Kulturkonferenzen in Bitterfeld 1959 und 1964 beschlossene Methode, wie die Künstler von der Arbeiterklasse und diese von den Künstlern lernen sollten.

Die Ulbrichts und Otto Grotewohl zu Besuch in der 3. Deutschen Kunstausstellung in Dresden, 1. März 1953; von links nach rechts: Otto Nagel, Johanna Grotewohl, Otto Grotewohl, Paul Wandel (etwas dahinter), Lotte und Walter Ulbricht.

Kunst – und wer gehörte nicht dazu? – zum Schweigen zu bringen und das bis dahin intakte Bündnis zwischen Arbeitern und künstlerischer Intelligenz zu sprengen. Er befürchtete, daß Schriftsteller und Künstler westliche Lebensart verbreiten wollten.

Ulbricht als Modell
Von Walter Womacka*

Im Frühjahr 1969, das war zu Beginn meiner Tätigkeit als Rektor der Kunsthochschule Berlin-Weißensee, wurde Lotte Ulbricht telefonisch zum Besuch angemeldet. Ich kannte sie nur flüchtig, händeschüttelnd bei Ausstellungsrundgängen, Empfängen und anderen offiziellen Veranstaltungen. Belanglose kurze Gespräche.

Ihr ging der Ruf voraus, sie hätte eine spitze Zunge.

Der Grund ihres Besuches: Ein Student sollte als Studienaufgabe ein Porträt ihres Bruders Bruno Kühn gestalten. Es gab von ihm nur wenige Fotos und Unterlagen, was mit seiner Biographie zusammenhing. (Erst zwanzig Jahre später sollte Lotte Ulbricht selbst den Ort seines Todes und die Umstände erfahren: Er war als Kundschafter der Roten Armee 1942 mit einem Funkgerät von einer britischen Maschine über Holland abgesetzt worden, nach einem Jahr

* Walter Womacka, Jahrgang 1925, Kriegsdienst und Gefangenschaft, Landarbeiter, Studium in Braunschweig 1946-48, in Weimar 1949-51 und Dresden 1951/52. Von 1963 bis 1968 Lehrtätigkeit, 1965 Professor, Rektor der Hochschule für Bildende Kunst Berlin-Weißensee 1968-88, seit 1959 Vizepräsident des Verbandes bildender Künstler, seit 1959 Akademie der Künste. Bekannteste Werke: »Am Strand« 1962/63; Mosaikfries am Haus des Lehrers in Berlin 1963/64; Alex-Brunnen 1970.
Foto: 1969 Ulbrichts bei Womackas auf Usedom, rechts Ehefrau Hanni, Mitte Schwägerin Jutta.

der Gestapo in die Hände gefallen und 1944 in Brüssel öffentlich hingerichtet worden. Die Sowjetunion ehrte ihn 1988 postum mit dem Orden »Roter Stern«. Lotte Ulbricht machte sein Grab in der belgischen Hauptstadt ausfindig und konnte das Schild »Unbekannt« durch eines mit seinem Namen ersetzen. Das passierte in den letzten Monaten der DDR.)

Die Plastik war fast fertig. Lotte Ulbricht wollte sie sich ansehen und feststellen, ob die Arbeit dem Dargestellten entsprach.

Ich holte sie zur vereinbarten Zeit beim Pförtner ab, und es ergab sich sofort ein zwangloses Gespräch, so als würden wir uns schon lange kennen. Sie erkundigte sich nach der Arbeit der Hochschule und dem Leistungsstand der Studenten.

Wir gingen gleich zu den Räumen der Bildhauerei. Dort stellte der Student seine Arbeit vor. Neben den Lehrern hatte sich eine ganze Reihe von Neugierigen eingefunden. Offenkundig erwarteten manche eine negative Diskussion. Doch Lotte Ulbricht war mit dem, was sie sah, einverstanden. Sie gab diesen oder jenen Hinweis zum Charakter des Porträtierten, doch enthielt sich bei gestalterischen, also künstlerischen Fragen jeglichen Kommentars. Das überraschte einige der Diskutanten. Sie hatten die damals übliche Besserwisserei und Belehrungen durch Staats- und Parteifunktionäre erwartet. Nichts dergleichen geschah. Am Ende des Gespräches bedankte sich Lotte Ulbricht bei dem Studenten für seine Arbeit.

Ich zeigte ihr im Anschluß noch einige Bereiche der Hochschule, und bei der Verabschiedung sagte sie wie beiläufig: »Im übrigen soll ich dich von Walter grüßen, er möchte von dir gemalt werden. Im Moment ist er etwas krank, da hätte er Zeit und könnte Modell sitzen.« Mit dem Büro des Staatsrates könne ich einen Termin vereinbaren.

Das tat ich.

An einem Samstag gegen 10 Uhr suchte ich das Haus Nr. 7 in der Waldsiedlung auf.

Walter Ulbricht empfing mich im Wohnzimmer, das geräumig, aber keineswegs zu groß war. Die Einrichtung war gediegen und glich der in den Gästehäusern der Regierung, die ich schon gesehen hatte. Er wirkte sichtlich gelöst und begrüßte mich freundlich, einen kranken Eindruck machte er nicht gerade. Lotte schien nicht da zu sein, nur eine ältere Haushälterin war zugegen und fragte mich, ob ich etwas essen oder trinken wollte.

Wir tranken Kaffee und sprachen über seine Vorstellungen. Erstaunlich, Ulbricht wirkte ganz anders als bei vorherigen Treffen,

Bruno Kühn (1901 bis 1944). Er war Hilfsarbeiter bei Scherl, Ziegeleiarbeiter in Zehdenick und dann KJVD-Funktionär. Als Pionierleiter (hier 1928 in Hammelspring) organisierte er Ferienlager. Emigration 1933 in die Sowjetunion, Interbrigaden in Spanien, dann Rote Armee.

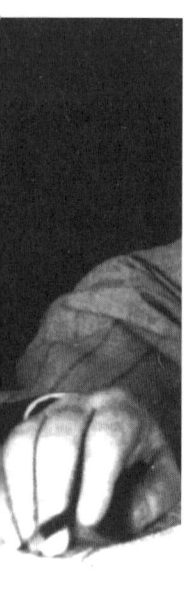

die immer einen offiziellen Charakter besaßen. Er erschien, wie er so über sich und sein Leben erzählte, als ein ganz anderer, als man ihn zu kennen meinte. Ihm schwebe ein repräsentatives Bild vor, sagte er. Über Format und Haltung waren wir uns bald einig.

Während er erzählte, fertigte ich einige Skizzen an. Ich hörte ihm zu. Sein Plauderton wirkte überzeugender als seine offiziellen Reden, die er stets vom Blatt vorzutragen pflegte. Überhaupt: Wenn er frei sprach – was er durchaus konnte – vermochte er seine Zuhörer zu gewinnen. Ich erinnere mich des Empfangs am 30. Juni 1968, den er im Staatsrat zu seinem 75. Geburtstag gab. Er parlierte aus dem Stegreif und dankte in seiner kurzen Rede auch seiner Frau. Sie sei ihm ein guter Freund und Helfer, zitierte man ihn anderentags im Zentralorgan. »Das ist so, wie es auch bei meinen Eltern war. So geht es auch bei uns in der Familie. Da meine Frau selbst eine erfahrene Funktionärin der Arbeiterbewegung ist, ist das für mich alles viel einfacher. Das gehört also auch zu meinem persönlichen Glück.«

Dieser Abend lieferte mir die Bildidee für das Porträt.

Die Sitzung in Wandlitz dauerte an die vier Stunden, dann machte ich mich wieder auf den Weg nach Berlin. In meinem Atelier am Monbijou-Park in Mitte suchte er mich wiederholt in den folgenden Wochen auf, neugierig verfolgte er den Fortgang der Arbeit. Als ich ihm mitteilte, ich würde das Bild im Sommer mit nach Loddin auf Usedom nehmen, um in den Ferien daran zu arbeiten, meinte er, da er in Dierhagen sei, könne er ja mal vorbeischauen.

Das einzige Telefon am Ort hatte der LPG-Vorsitzende. Den rief Ulbricht prompt an und teilte ihm mit, wann er zu Womacka kommen würde. Zur angekündigten Zeit kam der schwarze Tatra, allerdings schaffte er nur den halben Berg hinauf zu unserem Anwesen. Ich holte sie vom Auto ab. Von oben hatte man einen herrlichen Blick zum Achterwasser, die Aussicht schien beide zu begeistern. Dann wollte er das Bild sehen. Es gefiel ihm sichtlich. Ich müsse noch dieses und jenes Detail ergänzen, sagte ich, er möge doch bitte einen Augenblick Modell sitzen.

Unterdessen unterhielt sich draußen Lotte mit meiner Frau und Schwägerin Jutta, die mit meinem Bruder ihren Urlaub bei uns verlebte. Dann aber hielt es auch Lotte Ulbricht nicht mehr aus und wollte unbedingt das Bild sehen. Sie schaute – und machte nicht gerade ein Gesicht, das man als begeistert bezeichnen würde.

Die Hände, sagte sie. Die Hände sind zu groß.

Walter schüttelte den Kopf. Er habe nun einmal solche Hände. Von der Malerei verstünde sie zu wenig.

Doch Lotte blieb bei ihrer Auffassung.

Mit zeitlichem Abstand muß ich einräumen: Sie hatte recht.

Die Hände waren im Bild zu groß geraten. Das habe ich damals nicht gesehen, erst später, mit genügender Distanz, wurde mir das bewußt. Heute weiß ich, daß dieses Porträt Mängel hat. Mir fehlte damals für solche Aufgaben die Erfahrung, und ich war viel zu sehr mit anderen großen Aufgaben beschäftigt.

An diesem Tag haben wir uns noch lange und gut unterhalten. Viele Themen wurden berührt, wir sprachen über Ordentliches und Fehler in der Politik. Beide Ulbrichts konnten gut zuhören.

Ursprünglich waren zwei bis drei Stunden geplant, erst als 16.30 Uhr der Begleiter zum Aufbruch mahnte, merkten wir, daß die Zeit lange überschritten war.

Auf der Peene stauten sich inzwischen die Schiffe. Die Hubbrücke durfte nicht gezogen werden, solange der Staatsratsvorsitzende auf der Insel war. Davon wußte er vermutlich nichts. Sonst hätte er entweder früher zum Aufbruch gedrängt oder diese Anordnung mit großer Hand vom Tisch gewischt.

Auch andere bildende Künstler der DDR bemühten sich um Ulbricht als Modell, wie die nachfolgende Geschichte der Bildhauerin Ruthild Hahne zeigt, die in der »FÜR DICH« 27/1968 veröffentlicht wurde.

Die Sitzung
Von Ruthild Hahne*

* Ruthild Hahne, Bildhauerin, Jahrgang 1910. Sie gehörte mit zum Umfeld der Widerstands- und Kundschafterorganisation »Rote Kapelle«. 1942 von den Nazis verhaftet, Flucht aus dem Zuchthaus und Eintritt in die Rote Armee.

Ich hatte den Wunsch geäußert, Walter Ulbricht porträtieren zu dürfen. Natürlich war mir klar, daß seine Zeit sehr bemessen ist. Aber anderthalb Stunden würde ich sicher brauchen, erklärte ich dem Mitarbeiter, der in Ulbrichts Auftrag einen Termin für die »Sitzung« festlegen sollte. Viel zu viel – erklärte der Mitarbeiter und hielt mir ein kleines Referat über die vielen Verpflichtungen des Staatsratsvorsitzenden. Wir feilschten um jede Viertelstunde ...

Der Tag war da. Ich hatte schon etwas vorgearbeitet. Walter Ulbricht kam. Nach der Begrüßung reagierte er humorvoll auf den »David« mit dem Schwert in der Hand von Donatello, dem Gipsabzug einer Figur des großen Bildhauers der italienischen Renaissance-Zeit, welcher gleich am Eingang des Ateliers stand. »Aha, hier wird man gleich mit dem Schwert empfangen!«

Ulbrichts Ausweis für
den VI. Weltkongreß der
Komintern im Juli 1928
in Moskau.

Die Arbeit begann. Um seine Gesichtszüge in der Bewegung festhalten zu können, suchte ich die Unterhaltung. Ulbricht interessierten meine Arbeiten, so die Porträtköpfe der Arbeiterführer, die im Atelier standen. Auch die anderer Künstler, etwa die Gruppenplastik »Arbeiter und Bäuerin«. Er erkundigte sich, in welchen Museen oder Gedenkstätten der deutschen Arbeiterbewegung die Originale stünden.

Dabei kamen wir auf die illegale politische Arbeit während der Nazizeit zu sprechen, und ich erzählte ihm von meiner abenteuerlichen Flucht aus dem Zuchthaus.

Ich bemerkte während dieser Unterhaltung, daß sich die Gedankenarbeit Ulbrichts vor allem auf der Stirn und in den Augen widerspiegelte, seine Freundlichkeit und Menschlichkeit besonders in den Augenwinkeln. All das war mir wichtig, denn ich wollte nicht nur den erfahrenen Staatsmann darstellen, sondern auch den klugen, liebenswerten, uns allen vertrauten Menschen.

Eine Stunde war vergangen. Aus der Ecke des Ateliers machte mir der Mitarbeiter versteckte Zeichen mit Blicken auf die Uhr. Nun hätte ich natürlich noch Zeit gebraucht, ohne ablenkendes Gespräch intensiv zu arbeiten. Ich bot meinem Modell eine Pause an, ich wolle es nicht ausbeuten. Ach wo, sagte er, ich solle ruhig weiterarbeiten, er würde sich dagegen schon wehren, wenn's an der Zeit sei.

Er nahm eine Broschüre hervor, las, machte Notizen und vergaß mich ganz dabei.

Zwei Stunden waren um. Ich bot Ulbricht an, falls es ihn sehr anstrenge, jetzt Schluß zu machen. Er winkte ab.

Der Mitarbeiter saß erschöpft da. Er hatte es aufgegeben, demonstrativ nach der Uhr zu schauen.

Nach drei Stunden intensiven Arbeitens bat *ich* darum, Schluß machen zu dürfen.

Drei Meter – und er wäre getroffen
Von Michael Sindermann*

Zur Leipziger Herbstmesse 1949 stiegen Pieck, Grotewohl und Ulbricht bei uns ab. Mein Vater war 1. Sekretär der Leipziger SED-Kreisleitung, es gab noch keine Gästehäuser der Partei, die wenigen Hotels waren ausgebucht. Wir bewohnten ein Einfamilienhaus, das aber drei Gästezimmer besaß. Eben für solche Anlässe. Ich erinnere mich daran deshalb so gut, obgleich ich doch gerade mal vier Jahre alt war, weil ich von allen etwas geschenkt bekam. Pieck gab mir Bonbons, Grotewohl Schokolade und Ulbricht einen Apfel. Das hinterließ einen nachhaltigen Eindruck.

Im Jahr darauf zogen wir nach Berlin. Vati war ins »kleine Sekretariat« des Politbüros kooptiert worden. Wir wohnten im »Städtchen« in Pankow, in der Nachbarschaft der Ulbrichts, konkret Majakowskiring 55.**

Ich spielte mit Beate, Ulbrichts Adoptivtochter. Sie war ein Jahr älter als ich und verlor bereits ihre Milchzähne, was uns Jüngeren sehr imponierte. Einmal wackelte ein Zahn, sie wollte ihn ziehen. Ich weiß nicht, ob es ihre oder die Idee eines anderen war: Jedenfalls nahm sie ihre Halskette, zerriß diese und wickelte, nachdem die Holzperlen abgeschüttelt waren, den Faden um den Zahn. Ein kurzer Ruck – und fertig. Am Abend erschien die aufgebrachte Lotte Ulbricht bei uns im Hause und wetterte, als hätten wir sonst etwas getan. Das schien mir doch ein wenig überzogen.

Hingegen blieb in anderer Situation Walter Ulbricht völlig ruhig, obgleich wir ihn fast umgebracht hätten. Und das kam so: Mitten im »Städtchen« befand sich auch ein Sportplatz. Wir Funktionärskinder besuchten die Wilhelm-Pieck-Schule in Pankow, Beate war zwei Klassen über mir. Wir Jungen nutzten diesen Platz in der Freizeit, auch die führenden Genossen spielten dort Volleyball oder Tennis – die Filmsequenzen mit Ulbricht sind bekannt. Einmal, es wird so um 1960 gewesen sein, also kurz bevor der Umzug nach Wandlitz erfolgte, waren Peter Grünstein, Michael Wolf, genannt Mischa wie sein Vater, und ich dort zugange. Mischa Wolf maß inzwischen fast

* Michael Sindermann, Jahrgang 1945, Sohn von Horst Sindermann. Schulbesuch in Halle und Berlin (KJS), Journalistikstudium in Leipzig, Tätigkeit bei der »Freiheit«, Halle, ab 1975 bei der außenpolitischen Wochenzeitschrift »horizont« in Berlin. Von 1981 bis 1983 Pressestelle des Ministeriums für Umweltschutz und Wasserwirtschaft, danach bis 1991 Redakteur für Außenpolitik bei »Neues Deutschland«. Seitdem ABM, selbständig oder arbeitslos.

** In dieses Haus zog später Gerhard Ziller (1912-1957) ein. Der nachmalige Minister für Schwermaschinenbau war seit 1953 auch Sekretär des ZK der SED. Im Zusammenhang mit den Auseinandersetzungen in der SED-Spitze (»Schirdewan-Wollweber-Fraktion«) nahm er sich zehn Tage vor Weihnachten in diesem Haus das Leben.

1,90 Meter, und er schleuderte den Speer über den ganzen Platz, daß er jenseits des Zaunes niederging. Vielleicht drei Meter neben Ulbricht, der gerade vorbeikam. Wir duckten ab, und Mischa, der ohnehin einen leichten Sprachfehler hatte, stotterte nun noch mehr, als er sich bei Ulbricht entschuldigte. Der nahm's gelassen. Entweder war seine Sprachlosigkeit auf den Schock zurückzuführen, oder er war wirklich durch nichts zu erschüttern.

Das Verhältnis der beiden – Ulbricht und Sindermann – war ohne Arg und ehrlich, wiederholt breitete Ulbricht schützend seine Hand über meinen Vater. Die Offenheit zeigte sich auch darin, wenn Ulbricht gelegentlich bei ihm als Abteilungsleiter für Agitation seinen Unmut über das Fernsehprogramm des Vortages ablud. Daraufhin pflegte mein Vater zu fragen: »Hast du das gesehen – oder Lotte?« In der Regel murmelte dann Ulbricht etwas in seinen Bart und zog die Bemerkung zurück.

3. Oktober 1973: Staatsratsvorsitzender Willi Stoph beglückwünscht Ministerpräsident Horst Sindermann zu seiner Wahl durch die Volkskammer. Links außen: Erich Honecker, Erster Sekretär des ZK der SED, neben ihm Manfred Gerlach, Vorsitzender der LDPD, Stellv. Staatsratsvorsitzender wie NDPD-Chef Heinrich Homann (1. Reihe, sechster von links.)

Zwei, drei Jahre später, Vati war nach neun Jahren im ZK als Leiter der Abt. Agitation und Propaganda nach Halle geschickt worden und nunmehr 1. Sekretär der dortigen Bezirksleitung, mußte er Ulbricht zu einer Parteiaktivtagung begrüßen. Die Zusammenkunft im Volkspark war die erste große Veranstaltung, die er zu leiten hatte. Er war derart aufgeregt und nervös, daß er in seiner Begrüßungsansprache die Konferenz bereits für beendet erklärte. Walter Ulbricht kommentierte aus dem Präsidium: »Da kann ich ja gehen, ja!« Und hatte die Lacher auf seiner Seite.

Im Sommer 1965 machten wir zusammen Urlaub in der Sowjetunion. Zunächst waren Hagers, Warnkes und Sindermanns in Gagra

am Schwarzen Meer. Von dort flogen wir nach Kiew, wo die Ulbrichts hinzukamen. Es gab dort, wie stets in der Sowjetunion, ein umfangreichs Programm mit Ausflug auf dem Dnepr und Besichtigung des Pionierpalastes. Bei solchen Terminen schob Ulbricht immer meinen neunjährigen Bruder vor: Du bist hier der wichtigste Mann, sagte er dann. Nun gut, ich war inzwischen 20 und kein Pionier mehr.

In Gagra hatte ich eine flotte Moskauerin kennengelernt, die mir am letzten Tag noch die Metro der Hauptstadt meinte zeigen zu müssen. Es kam, wie es kommen mußte: Als wir am Hotel eintrafen, war die Reisegruppe schon über alle Berge, es hieß, der Abflug sei eine halbe Stunde vorgezogen. Das Mädel organisierte, daß ich rechtzeitig zum Flugplatz kam. Dort herrschte bereits helle Aufregung. Einzig Ulbricht reichte meiner Freundin gelassen die Hand und begrüßte sie mit freundlichen Worten, als wäre das die selbstverständlichste Sache der Welt, wenn zwei junge Menschen das Gefühl für die Zeit verlören. Ist es ja wohl auch.

Eine meiner letzten Begegnungen mit Lotte Ulbricht hatte ich irgendwann in den 80er Jahren in Oberhof. Wir waren wie sie im neuen Gäste-Haus abgestiegen. An einem Abend ging es feucht-fröhlich zu. In der einen Ecke wurde fortgesetzt von einer Runde »Sing, mei Sachse, sing« geträllert, was nicht nur Lotte Ulbricht mit der Zeit auf die Nerven ging. Schließlich ging sie hinüber und erklärte den verdutzten Männern: »Genossen, wir sind hier in Thüringen!«

Dann kehrte sie zu unserem Tisch zurück und forderte mich mit meinem Spitznamen auf: »Micki, du bringst mich jetzt aufs Zimmer!«

Die Mittachtzigerin hakte sich bei mir unter und verabschiedete mich vor ihrer Tür cool, als führte ich etwas im Schilde:

»So, das genügt, jetzt Gute Nacht!«

Silvester 1984/85

Straßenagitation mit Lotte
Von Erika Eberlein*

Ich war ein völlig apolitischer Mensch und arbeitslos. Als ich im Parteiapparat anfing, wußte ich nicht einmal, was das »Zentralkomitee« war, und wer dort alles arbeitete. Dahlems Sekretärin klärte mich auf, indem sie mir diese oder jene Lebensgeschichte erzählt: KZ, Emigration hie, Exil da, Zuchthaus, Illegalität, Nationalkomitee »Freies Deutschland« usw. Eine von den vielen Unauffälligen, die

* Erika Eberlein, Jahrgang 1928, wurde nach einer zweijährigen Lehre als Pelznäherin in Berlin und einem Nachwuchslehrgang für Verwaltungskräfte in der Deutschen Wirtschaftskommission am 15. Februar 1950 als technische Kraft im Apparat des ZK der SED (Lothringer Straße 1) eingestellt. Dort war sie im Sekretariat von Franz Dahlem zwei Jahre tätig.

Lotte Ulbricht 1951 in Oberhof als Gast der Deutschen Skimeister-schaften.

Straßenagitation – egal ob politischer, kommerzieller oder christlicher Natur – setzt bei den Aktivisten ein messianisches Sendungsbewußtsein voraus. Wer es nicht hat, dürfte kaum den Mut aufbringen, an den Türen wildfremder Menschen zu klingeln. Lotte Ulbricht hatte wohl beides: Sen-dungsbewußtsein und Mut. Allerdings dürften die Reaktionen an den Türen auch in anderen deutschen Städten so ausgesehen haben. Nur die wenigsten las-sen sich gern am Abend von Fremden ein Gespräch aufdrängen: egal, welches Thema erörtert werden soll.

dort über die Flure liefen, hieß Lotte Ulbricht. Die Frau des Gene-ralsekretärs, sagte Friedel Bressau. Nun ja, ich hatte nicht den Ein-druck, als wäre sie etwas Besonderes, sie bewegte sich auch nicht so, daß man dies vermuten konnte.

Ich engagierte mich in der FDJ und dort vor allem auf kulturel-lem Gebiet. Lotte wollte mich als jungen Kader aber an die politi-sche Arbeit heranführen. Es war soeben eine Publikation erschienen, die sich mit Nazi- und Kriegsverbrechen auseinandersetzte. Das Thema mußte unter die Leute, denn fünf, sechs Jahre nach Kriegs-ende war das Wissen darüber noch immer vergleichsweise dürftig. Also nahm Lotte Ulbricht mich und das »Weißbuch« und mar-schierte mit mir nach Arbeitsschluß in die Hufelandstraße im Prenz-lauer Berg.

Wir gingen in Häuser, marschierten die Treppe hinauf bis ins Obergeschoß und klingelten an der Tür. Guten Tag, wir möchten uns mal mit ihnen über die Verbrechen der Hitlerdiktatur unter-halten und warum in Westdeutschland solche Leute das Sagen ha-ben, erklärte Lotte. Sie sagte weder, wer sie war, noch woher wir kamen.

Selbst wenn sie das getan hätte: Die Reaktionen der Leute wären vermutlich nicht anders ausgefallen. Die einen reagierten abweisend, die anderen baten uns interessiert in die Wohnung. Einige knallten uns aber die Tür vor der Nase zu. Lotte reagierte gelassen. Das kenne sie schon aus den 20er Jahren, sagte sie. Die Straßenagitation wäre da auch so gelaufen, und mit dem gleichen Echo. Die Berliner hät-ten sich nicht geändert.

So klingelten wir uns von Pforte zu Pforte, von Etage zu Etage,
von Haus zu Haus.

Wenig später bat ich um Aufnahme als Kandidat in die SED.
Zuständigkeitshalber mußte ich in die Parteigruppe 1, das war die
des Politbüros. Frühere Anläufe waren mit dem Hinweis abgewiesen
worden, ich sei Angestellte, also nicht Arbeiterklasse. Es herrsche
ein Aufnahmestopp für Angestellte, hieß es. Aber irgendwie
fand sich doch ein Weg, so daß ich im Januar 1952 zur Versammlung
vorgeladen wurde. Der Parteisekretär begründete und unterstützte
meinen Antrag.

Als er endete, meldete sich Lotte Ulbricht und widersprach. Also,
sie habe wenig Gutes über die FDJ-Leitung im Hause gehört, aus diesem
Grunde wäre sie dagegen, mich aufzunehmen. Was wäre zum
Beispiel mit den Quartalsplänen? Erika solle doch mal einen vorlegen
und dazu etwas sagen.

Quartalspläne? Ich hatte davon noch nie gehört und war den
Tränen nah, als Lotte unablässig insistierte. Der Parteisekretär unterbrach
die Versammlung.

In der Pause muß jemand mit Lotte Ulbricht gesprochen und ihr
erklärt haben, daß ich für die schlechte Arbeit der Leitung nicht haftbar
zu machen sei – schließlich gehörte ich ihr nicht an. Zutreffend
hingegen sei, daß ich eine der umtriebigsten und engagiertesten
FDJlerinnen im Haus wäre.

Die Versammlung wurde fortgesetzt. Lotte stand auf und entschuldigte
sich bei mir in aller Form. Sie sei dafür, mich als Kandidatin
aufzunehmen.

Jahrzehnte später meldete sie sich wieder einmal. Die Uhr ging
bereits auf 23 Uhr zu, als das Telefon klingelte. Ich wollte nicht mehr
rangehen, doch Werner, ein von Natur aus neugieriger Mensch,
nahm den Hörer ab. Sie habe seine soeben erschienenen Erinnerungen
(»Geboren am 9. November«) gelesen und sei mit manchem
nicht einverstanden, erklärte Lotte Ulbricht bestimmt.

Während der nachfolgenden vierzig Minuten blieb Werner ruhig
und gelassen, obgleich, wie es schien, Lotte nicht mit Vorhaltungen
und Kritik sparte. Nein, sagte Werner immer wieder, das ist meine
persönliche Meinung. Wenn Du das anders siehst, ist das Dein gutes
Recht.

Werner hat sie danach zweimal besucht. Dann starb sie im März,
Werner im Oktober 2002.

Er hielt es so wie früher als Dolmetscher: Er schwieg auch über
diese Gespräche.

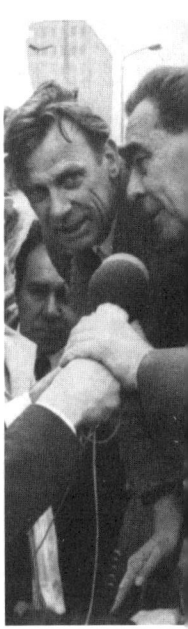

Werner Eberlein (1919 bis 2002) als Dolmetscher von Leonid Breshnew (1906-1982) bei dessen Besuch am 12. Mai 1973 in Berlin.

Der Taktiker

Von Bruno Kiesler*

* Bruno Kiesler, Jahrgang 1925, Ostpreuße, nach Krieg und Gefangenschaft Gutsarbeiter und Traktorist (FDJ-Aktion »Jugend auf die Traktoren«), 1949 Jungaktivist (»Hennecke der Landwirtschaft«). Leiter der Abt. Landwirtschaft im ZK der SED von 1959 bis 1981. Bis 1989 Sekretär der Liga für Völkerfreundschaft.

1959 holte mich Walter Ulbricht nach Berlin. Wir kannten uns seit dem Landjugendkongreß 1949 in Schwerin, wie man sich eben so kannte. Kurz zuvor war er mit Nikita Chruschtschow in Magdeburg gewesen, wo ich seit 1953 der Stellvertreter des Vorsitzenden des Rates des Bezirkes und in dieser Eigenschaft zuständig für die Landwirtschaft war. Der Gast aus Moskau hatte sich einiges im Bördebezirk angeschaut und nun einige Fragen zur Landwirtschaft.

Warum, so erkundigte er sich, wären auch Großbauern in der LPG?

Ulbricht griente, strich sich über den Bart und sagte: »Das kann der Genosse Kiesler beantworten. Der kommt vom Lande und kennt sich aus.«

Ich hatte nicht das Gefühl, daß er sich vor der Antwort drückte. Er glaubte offenkundig, daß ich als ehemaliger Traktorist glaubwürdiger sei.

Ganz einfach, habe ich Chruschtschow geantwortet, weil wir *alle* Bauern brauchen! Die Großbauern sind die besten und qualifiziertesten Landwirte – nicht ohne Grund sind sie groß und erfolgreich. Im

Gruß und Widmung: »Bruno, alles Gute. Lotte Ulbricht«

Foto rechts: Bruno Kiesler (Mitte) mit Walter Ulbricht und Nikita Chruschtschow im Sommer 1957 in Wanzleben in der Magdeburger Börde. Kiesler nahm nicht zum ersten Mal an Gesprächen zwischen beiden teil und meint gehört zu haben, daß Chruschtschow Ulbricht zur Reformierung der DDR direkt aufforderte.

Jungaktivist Bruno Kiesler 1949 auf seiner Raupe, mit der er mehrere Geräte gleichzeitig über den Acker schleppte und damit alle Normen brach.

übrigen halte ich die schematische Einteilung, die wir vorgenommen hätten, für Unsinn. Wer mehr als 20 Hektar Land hat, gilt als Großbauer, wer weniger als 10 besitzt, ist Kleinbauer. Dazwischen sind die sogenannten Mittelbauern. Ein Kleinbauer in unserer fruchtbaren Börde fährt mehr in seine Scheune ein als ein Großbauer in der brandenburgischen Streusandbüchse. Da wächst einfach nicht mehr.

Außerdem müssen wir sie halten und ihnen einen Perspektive in der DDR geben, meinte ich abschließend, und mit Blick auf ihren Umgang mit den sogenannten Kulaken sagte ich noch: Wir haben hier kein Sibirien.

Ulbricht feixte. »Sehr gut!«

Nachdem Eberlein übersetzt hatte, nickte Chruschtschow auch, wenngleich nachdenklich.

So, und jetzt hatte ich also den Salat. Im Frühjahr 1959 fuhr ich nach Berlin. Ich solle mich bei Mückenberger* melden, hieß es, dem für die Landwirtschaft zuständigen Sekretär. Der eröffnet mir, sie brauchten im ZK einen Abteilungsleiter für Landwirtschaft, zwölf habe man in den letzten zehn Jahren schon verschlissen. Ich solle der neue werden. »Wie stehst du dazu, Genosse?«

»Negativ«, antwortete ich, ich fühlte mich bereits als amtierender Ratsvorsitzender in Magdeburg überfordert. Außerdem sei ich nicht gesund.

»Na, das wird schon«, sagte Mückenberger und zeigte mir seine Goldzähne, als habe ich nichts gesagt.

In der 2. Etage im Eckhaus an der Prenzlauer Allee tagte das Politbüro. Tagesordnungspunkt 1 sind wie immer Kaderfragen. Ich werde

* Erich Mückenberger (1910-1999), Schlosser in Chemnitz, 1927 SPD, KZ Sachsenhausen, Strafbataillon 1942-45, nach dem Krieg SPD, dann SED, seit 1949 bis zur Auflösung der Länder 1. Sekretär der Landesleitung Thüringen, von 1954 bis 1989 Mitglied des Politbüros, von 1953 bis 1960 Sekretär des ZK für Landwirtschaft, von 1971 bis 1989 Vorsitzender der Zentralen Parteikontrollkommission (ZPKK), Januar 1990 Ausschluß aus der SED-PDS. 1995 Prozeß wegen »Totschlags und Mitverantwortung für das Grenzregime der DDR«.

August 1957: Empfang im Haus des Handwerks in Magdeburg. Links außen: Bruno Kiesler, Stellvertretender Vorsitzender des Rates des Bezirkes, Ulbricht, dahinter Dolmetscher Eberlein, Chruschtschow und Alois Pisnik, 1. Sekretär der SED-Bezirksleitung Magdeburg.

Ulbricht erklärte in kleinem Kreis: »Das sowjetische Agrarmodell ist für die DDR im ganzen nicht brauchbar.« Bestimmte Auswüchse, die von Mückenberger übernommen wurden – etwa Rinderoffenställe, die Quadratnestpflanzmethode bei Kartoffeln, die Zusatzbestäubung bei Getreide u. ä. –, wurden von ihm eine Weile geduldet, dann aber beerdigt. Ulbricht schickte Kiesler 1960 zu einem Kongreß nach Leipzig, wo er den dort versammelten Bauleuten aus der Landwirtschaft »gefühlvoll« beibringen sollte, daß die Offenstallperiode vorbei sei. In den Dörfern hingegen durfte bis gegen Ende der 50er Jahre gegen sowjetische »Erfahrungen« nicht polemisiert werden. Das wurde verfolgt als »Verhinderung der Durchführung von Beschlüssen«. Damit war nun Schluß.

hineingebeten. Walter Ulbricht fragt mich, wie ich dazu stehe. Ablehnend, sage ich, ich fühle mich krank.

Ulbricht blickt zu Alois Pisnik hinüber. Der ist seit 1952 in Magdeburg 1. Sekretär und seit einem Jahr auch Kandidat des Politbüros. »Sag mal, Alois, ihr pflegt wohl unsere Kader nicht genug?«

Das ist alles. Ulbricht erklärt, mein Einsatz als Abteilungsleiter sei hiermit beschlossen. Ich solle aber umgehend, d. h. von hier aus sofort zur Genossin Wittbrod ins Regierungskrankenhaus in der Scharnhorststraße fahren und mich untersuchen lassen. Dort stellen sie eine nicht ausgeheilte Lungentuberkulose, einen Leberschaden sowie geschädigte Nieren fest. Das ist alles zu reparieren, sagt die Genossin Wittbrod, und weist mich ins Krankenhaus ein. Ich schlucke Pillen, werde auf Diät gesetzt. Nach sechs Woche schickt man mich zur Kur nach Bad Liebenstein. Es gehen weitere Wochen ins Land. Ich fühle mich besser – vor allem wegen der Hoffnung, man habe mich in Berlin vergessen. Irrtum. Es kommt der Anruf: Wann ich gedenke anzufangen?

Am 1. Juli 1959 beziehe ich meinen Schreibtisch. Es dauert nur wenige Tage, um zu erkennen, daß Mückenberger – von Hause aus Schlosser – von Landwirtschaft wenig Ahnung hat und aus Gefallsucht leicht Einflüsterungen folgt. So will er, weil man in der Sowjetunion »Neuland« gewinnt, ebenfalls Neuland untern Pflug nehmen. Und das in der DDR, wo seit Jahrhunderten intensive Landwirtschaft betrieben wird. Er möchte beispielsweise die Auenwälder zwischen Elbe und Dessau an der Autobahn roden lassen, was ich gerade noch verhindern kann. Dann verlangt er, daß ich Bruno Lietz, Heinz Kuhrig, Arno Wendel und andere aus der Abteilung werfen soll. Ich lehne es ab, selbstbewußte Fachleute – Lietz und Kuhrig sollten später sehr ordentliche Landwirtschaftsminister werden – nur deshalb zu feuern, weil Mückenberger es nicht ertragen kann, wenn ihm widersprochen wird. Dann soll ich eine Vorlage fürs Politbüro machen, die ich für überflüssig halte.

Ich gehe zu Ulbricht und trage ihm das Problem vor und frage ihn, ob ich das auch Hermann Matern*, dem Vorsitzenden der ZPKK vortragen solle. »Horche mal«, sagt er, »du machst mal gar nichts. Das überlaß mal mir.«

Es vergehen einige Wochen, dann ruft mich Ulbricht. Im Dezember findet ein ZK-Plenum statt. Mückenberger soll ein Referat halten. Ob ich den Text kenne. Ich verneine.

Gut, sagt Ulbricht. »Du hältst nach dem Referat einen Diskussionsbeitrag.«

»Wozu?«

»Ich werde dir einige Fragen zur Landwirtschaft stellen, die du beantwortest. Das machst du mit links.«

Er plinkert mir zu. »Und wenn du dann am nächsten Tag zur Arbeit kommst, hast du einen neuen Sekretär.«

Der heißt Gerhard Grüneberg** und soll es es über zwanzig Jahre bleiben. Seinem Nachfolger Felfe*** schicke ich meine Kündigung.

* Herrmann Matern (1893-1971), Arbeitersohn aus Burg bei Magdeburg, 1911 SPD, 1919 Mitbegründer der KPD, vor 1933 preußischer Landtagsabgeordneter, Exil in Skandinavien und in der Sowjetunion, Rückkehr nach Deutschland 1945 mit der Gruppe Ackermann, von 1946 bis zu seinem Tode Mitglied des ZK, seit 1949 Vorsitzender der ZPKK.

** Gerhard Grüneberg (1921-1981), Sohn einer brandenburgischen Arbeiterfamilie, Maurerlehre, Wehrmacht, Kriegsgefangenschaft, 1946/47 Org.-Leiter der SED Oranienburg, 1952-1958 1. Sekretär der SED-Bezirksleitung Frankfurt, 1959 Kandidat, 1966 Mitglied des Politbüros, von 1960 bis 1981 Sekretär des ZK für Landwirtschaft.

*** Werner Felfe (1928-1988), Lausitzer, kaufmännische Lehre, Bauhilfsarbeiter, 1945 KPD, 1950-53 1. Sekretär der SED-Kreisleitung Flöha, 1954 Kandidat, 1963 Mitglied des ZK, 1971 bis 1981 1. Sekretär der SED-Bezirksleitung Halle, 1973 Kandidat, 1976 Mitglied des Politbüros, ab 1981 bis zu seinem Tod Sekretär des ZK für Landwirtschaft.

Ich wollte nicht mehr. Nicht mit ihm und auch nicht mehr auf diesem Stuhl. Die Zeiten hatten sich grundlegend geändert.

Auch das Klima im Großen Haus, seit der Alte tot war.

* Anni Posselt, Jahrgang 1914, Weberin in Reichenberg (heute Liberec), KPTsch seit 1930, 1945 KPD, von 1946 bis 1950 Sozialstadträtin in Wismar, von 1952 bis 1975 Vorsitzende der Industriegewerkschaft Textil, Bekleidung, Leder, bis 1989 auch Mitglied des Bundesvorstandes des FDGB. Von 1977 bis 1989 Vorsitzende der FDGB-Veteranenkommission.

»Ist das deine oder meine Flasche, Walter?«

*Von Anni Posselt ***

Eine Vorbereitung gab es nicht. Lediglich Post aus dem ZK, daß ich Mitglied der Partei- und Regierungsdelegation sei, die im Juni die Sowjetunion besuchen werde. Ich solle Kleidung für zwei Wochen mitnehmen, auch festliche, da es einige Protokolltermine gebe. So fand ich mich denn mit Koffer und Papieren in Berlin-Schönefeld ein.

Neben Lotte Ulbricht und Johanna Grotewohl waren eine Lehrerin von der DSF und ich von der Gewerkschaft die einzigen Frauen. Die Männer: Politbüromitglieder, Minister und die Vorsitzenden der Blockparteien und der wunderbare Werner Eberlein als Dolmetscher. Er war wie immer köstlich und übersetzte jeden Seufzer.

Wir wurden auf zwei Flugzeuge verteilt. Sie stiegen in den blauen Sommerhimmel und landeten nach einigen Stunden in Moskau.

Wir besuchten Sehenswürdigkeiten und Betriebe in der sowjetischen Hauptstadt, in Riga, Kiew und Gorki. Es gab Kundgebungen

Anni Posselt im Kreml zwischen Nikita Chruschtschow und Prof. Dr. Peter A. Thiessen, Vorsitzender des Wissenschaftsrates der DDR und »Erfinder« der Losung vom Überholen ohne einzuholen, 1959.

Mit der Delegation auf der Allunionsausstellung, 1959. Links außen: Johanna Grotewohl, die Frau des Ministerpräsidenten.

und jubelnde Spaliere und in der Tat einige offizielle Termine, die aber von Nikita Chruschtschow eher en passant zelebriert wurden. Ich entsinne mich, wie er nach einem Meeting plötzlich erklärte, so, nun sollten wir gleich die Verträge unterzeichnen. Er trug einen leichten, hellen Baumwollanzug, der wenig staatsmännisch wirkte. Ulbricht, der auf Formfragen einigen Wert legte, schien die kurzfristige Einladung wenig zu behagen. Aber was blieb ihm anderes übrig?

Ich glaube aber nicht, daß dies der Grund war, weshalb die hinsichtlich Dauer und personeller Besetzung eigentlich doch wichtige Staatsvisite in den einschlägigen Werken allenfalls beiläufig erwähnt wurde. In der achtbändigen Geschichte der deutschen Arbeiterbewegung, Band 8, beispielsweise findet sich lediglich ein Foto von der Besichtigung des Autowerkes in Gorki am 15. Juni 1959, nur im Bildtext wird über den Besuch einer »Partei- und Regierungsdelegation unter Leitung von Walter Ulbricht und Otto Grotewohl« informiert. Im Text und in den Anlagen: nichts. Stattdessen ein ganzes Kapitel: »Der Kampf der DDR für die Bändigung des westdeutschen Militarismus und die Schaffung einer Konföderation beider deutscher Staaten (1957 bis 1958)«.

In Gorki* schlug mir Lotte vor, wir sollten ruhig die Männer ins Autowerk ziehen lassen und unterdessen zu zweit das Gorki-Museum besuchen. »Was meinst du?«, fragte sie mich.

Der Besuch des Hauses war für uns beide *der* Höhepunkt der ganzen Reise. Wir waren nicht nur von den Erinnerungsstücken sehr berührt, sondern vor allem von der Führung. Die besorgte eine kleine zierliche, weißhaarige Frau: die Peschkowa, Gorkis Witwe. Sie gelei-

* früher Nishni Nowgorod, heute wieder, Geburtsort von Maxim Gorki, eigentlich Alexei M. Peschkow (1868 bis 1936). Werke aus dem Vagabundenmilieu (»Nachtasyl«, 1902) brachten ihm Weltgeltung. Der Freund Lenins schrieb 1907 den ersten Roman des revolutionären russischen Proletariats (»Die Mutter«). Als Vorsitzender des sowjetischen Schriftstellerverbandes (1934) begründete er den sozialistischen Realismus.

Ankunft in Moskau, 1959.

tete uns durch die Räume und erzählte, ein wenig deutsch, ein wenig russisch. Wir beide hingen förmlich an ihren Lippen. Und es bewegte sie sehr, daß ich meinen Sohn Herrmann am 17. Juni 1936, einen Tag vor Gorkis Tod, geboren hatte. Als wir abends den Zug nach Moskau bestiegen, kam sie unseretwegen zum Bahnhof. Das war das erste und einzige Mal, daß ich einer Frau die Hände geküßt habe ...

In Riga lud Chruschtschow alle in eine Regierungsdatscha im Grünen. Wie immer floß der Wodka, was nicht nur Ulbricht nicht sonderlich gefiel. Beide Ulbrichts verdrückten sich, wenn sie es konnten, beizeiten. Laute, lärmende Gesellschaft mochten sie nicht. Doch wenn Chruschtschow Gastgeber war, konnte Ulbricht schlecht kneifen.

Der Direktor eines Großbetriebes im Chemiedreieck Halle-Leipzig-Bitterfeld, nicht mehr ganz nüchtern, trötete lauthals, daß er keiner Partei angehöre und vermutlich auch nie einer beitreten werde.

Ulbricht mißfiel der Auftritt, und auch Chruschtschow schien wenig von der offenherzigen Rede zu halten. Wie Ulbricht hatte er jedoch auch den Grund der Peinlichkeit bemerkt: Der Schreihals hatte sich eine Wodkaflasche gesichert, aus der er sich fortwährend bediente.

Chruschtschow überspielte den unangenehmen Auftritt mit der süffisanten Frage an Ulbricht: »Ist das deine Flasche oder meine?« und nahm sie dem Betrunkenen einfach weg.

Einige Wochen nach unserer Rückkehr wurden wir in die Berliner Luisenstraße bestellt. Wir sollten unser Geschenk abholen. Was sollte denn das sein? Wie sich herausstellte, hatten unsere sowjetischen Gastgeber jedem Delegationsmitglied einen riesigen, um nicht zu sagen klobigen Fernseher als Präsent mit der Bahn hinterher geschickt. Ich habe die Kiste meinem Sohn Herrmann geschenkt. Der besaß das technische Geschick, das Gerät so auf- und umzurüsten, daß es auch in der DDR in Betrieb genommen werden konnte.

Wenn ich mir heute die Fotos von dieser alles in allem doch interessanten Reise anschaue, stelle ich erstaunt fest: Ich bin die einzige von den Abgebildeten, die noch lebt. Und dabei war ich damals selbst schon Mitte 40.

Kritik ist erwünscht
Von Eberhard Fensch*

Im Herbst 1963 erhalte ich einen Anruf aus dem Großen Haus. Das ist keineswegs ungewöhnlich. Seit zwei Jahren leite ich die Wirtschaftsredaktion von Radio DDR. Allerdings überrascht mich in diesem Falle der Anruf durchaus: Es ist das Büro des Ersten Sekretärs. Der Genosse Ulbricht bittet mich zu einer »zwanglosen Aussprache«, heißt es. Es gebe keine Tagesordnung, das Thema sei die Wirtschaftspolitik, es wäre schön, wenn ich es einrichten könnte …

Natürlich kann ich. Einladungen dieser Art lassen keine andere Antwort zu.

Ulbricht, unlängst siebzig geworden, ist mir natürlich nicht ganz fremd. Bei den Messerundgängen in Leipzig bin ich ihm mit meinem Reportergerät immer auf den Fersen. Wir haben gelegentlich ein paar Worte gewechselt, nichts Bewegendes. Man kennt das ja. Als ich noch in Rostock war, hatte ich während der Ostseewoche, die ihm besonders am Herzen lag, ebenfalls mit ihm zu tun. Und da gab es auch diesen Handstreich von Karl Mewis, der mich – das liegt inzwischen fünf Jahre zurück – in der Halbzeitpause eines Fußballspieles aufforderte, das organisatorische und personelle Konzept eines Senders Rostock aufzustellen. Mewis, 1. Sekretär der SED-Bezirksleitung und soeben auf dem V. Parteitag Kandidat des Politbüros geworden, »lieh« sich das Geld in der Valuta-Kasse des VEB See- und Hafenwirtschaft und ließ umgehend den Sitz der Bezirksstaatsanwaltschaft zum Sender umbauen. Die Juristen mußten umziehen. Der Partisan Mewis war von Ulbricht inzwischen nach Berlin geholt worden. Und ich von Mewis hinterher.

Ich fahre also ins Haus am Werderschen Markt und treffe auf etwa zwanzig Kollegen. Wir kennen uns, die DDR ist nicht so groß.

Ulbricht gegenüber sowjetischen Landwirtschaftsfunktionären: »Erst wenn eure Erträge höher und die Leistungen bei der Tierhaltung besser sind als unsere, können wir wieder über eure Vorschläge reden.« Das nahm man ihm in Moskau übel. Trotzdem versagte er einzelnen Projekten in der sowjetischen Landwirtschaft nicht seine Anerkennung. Aber sie galt Einzellösungen. Vor allem kritisierte er die schlechte Ausbildung. Außer den Traktoristen und Melkern besaß kaum ein Bauer eine Berufsausbildung.

* Eberhard Fensch, Jahrgang 1929, Rundfunkjournalist, von 1961 bis 1968 Leiter der Wirtschaftsredaktion von Radio DDR. Danach, bis 1989, Stellvertretender Leiter der Abteilung Agitation im ZK der SED, zuständig für Rundfunk und Fernsehen.

Im Kontext der NÖS wurden auch neue Agrarpeise diskutiert. Erzeuger- und Verbraucherpreise sollten in ein vernünftiges Verhältnis gebracht und unsinnige Subventionen abgebaut werden. Man sprach über leistungsanreizende Gehälter und andere marktwirtschaftliche Elemente. Bruno Kiesler erinnert sich, daß eine entsprechende Vorlage ins Sekretariat des ZK eingebracht, doch vor ihrer Behandlung plötzlich eingesammelt und nie wieder auf die Tagesordnung gesetzt wurde. Einzig die Subventionen bei Schnittblumen wurden gestrichen.

Wirtschaftsredakteure der hauptstädtischen Blätter und Sender sind gekommen, auch einige von außerhalb.

Ulbricht geht reihum, drückt jedem zur Begrüßung die Hand, setzt sich. Er türmt weder einen Stapel Papier vor sich auf, noch nimmt er ein Blatt vor den Mund. Er kommt gleich zur Sache. Wir haben den VI. Parteitag vor einigen Monaten im Januar erlebt, wir wissen um die dort erfolgte wirtschaftspolitische Weichenstellung. Die angestrebte Reform läuft unter dem Namen »Neues ökonomisches System der Planung und Leitung«.

Wir nicken.

Die sozialistischen Produktionsverhältnisse haben gesiegt, die Grenzen sind gesichert. Wir haben gute Voraussetzungen, den wissenschaftlich-technischen Fortschritt stärker als bisher für unser Vorankommen zu nutzen. Jetzt, so Ulbricht in seinem nicht gerade angenehmen Sächsisch, können wir uns daran machen, wirklich und konsequent Sozialismus zu verwirklichen.

Wir nicken. Und was sollen wir dabei?

Das muß in die Köpfe aller: der Leiter wie der Werktätigen. Wir brauchen einen wissenschaftlich-technischen Höchststand in allen Bereichen, sagt Ulbricht, und das bedeutet: sich von Gewohntem zu trennen. Uns hänge viel Ballast am Hacken. Nichts gegen Traditionen. Doch wir alle kennen die Gesetze der Dialektik, jetzt sind wir an dem Punkt, wo die Quantität in eine neue Qualität umschlagen müsse ...

Wenn ich das Neue will, muß ich das Alte kritisieren, meldet sich vorsichtig der erste Wirtschaftsredakteur zu Wort.

So ist es, sagt Ulbricht. Deshalb brauche ich ja die Unterstützung der Medien. Nicht nur das Sein verändert das Bewußtsein, sondern auch, wie dieses Sein widergespiegelt wird. Man muß es deutlich aussprechen und zeigen, was *neu* ist. Ihr versteht?

Heißt das, fragt ein anderer, dem offenkundig noch nicht ganz klar ist, was Ulbricht eigentlich will, wir sollen den Prozeß *kritisch* begleiten?

Ulbricht nickt. So solle es sein.

Ich werfe in die Runde, daß man dann auch endlich gegen die Tonnenideologie vorgehen müsse. Auch wenn ich es nicht ausspreche, weiß jeder, woher diese Neigung kommt, sich an Kennziffern zu berauschen. Es zählt die Menge mehr als die Qualität. Alle bejubeln etwa den Zementberg, der produziert wird, aber über die schlechte Qualität verliert niemand ein Wort. Wir beklatschen den größten Traktor aus der Sowjetunion, obgleich jeder Bauer sich an den Kopf schlägt angesichts der tiefen Furchen, die das Ungetüm mit seinen riesigen Reifen in die Ackerkrume preßt. Da wächst kein Gras mehr. Wir feiern den soundsovielten Rinderoffenstall – und verschweigen die Tiere, die der Frost dahinrafft. Und dann die Bürokratie in den Leitungen der Betriebe …

Ulbricht macht sich Notizen und blickt nur kurz auf. Genau, das müsse man ansprechen. Öffentlich. Aber zugleich auch Alternativen aufzeigen. Und zwar auf wissenschaftlicher Grundlage. Genossen, sagt er, Sozialismus ist wirklich eine Wissenschaft. Und zwar eine angewandte, nicht nur eine behauptete. Zitate helfen uns nicht weiter. Ihr versteht, ja?

Ich kenne Parteisekretäre, meldet sich ein Redakteur aus dem Süden, denen sind technologische Neuerungen nicht nur unangenehm. Wenn wir mehr und rund um die Uhr arbeiten müssen, damit die neuen

Plansilvester bei der Frauenbrigade »Valentina Tereschkowa« im Gerätewerk Karl-Marx-Stadt – mit Sekt am Band vom Chef.

Maschinen sich bezahlt machen, dann hat das nichts mit Sozialismus zu tun, sagen sie. Das ist kapitalistische Ausbeutung. Da machten sie nicht mit.

Das ist anachronistisch und falsch, wirft Ulbricht ein. Das müßt ihr vermitteln. Die menschliche Arbeit muß leichter werden, aber unterm Strich trotzdem mehr herauskommen. Ihr wißt: Der Wirkungsgrad der guten alten Dampflokomotive beträgt elf Prozent. 89 Prozent ist heiße Luft, die entweicht. Nun kann ich vielleicht die Dampflok so verbessern, daß eventuell 13 oder gar 20 Prozent der Energie in Kraft umgesetzt werden. Doch mehr ist nicht drin. Besser ist es also doch, gleich über ein anderes Antriebssystem nachzudenken. Die Kohle beispielsweise kann ich nicht nur in der Lok, sondern auch in einem Kraftwerk verfeuern, und mit der dort erzeugten Energie treibe ich nicht nur eine Lokomotive, sondern viele. Und Betriebe und Haushalte bekommen ebenfalls Strom. Jetzt schrecken manche zurück und sagen: Wie Dampfloks gebaut werden, wissen wir – da haben wir seit Jahrzehnten Erfahrungen gesammelt. Außerdem erfordern E-Loks größere Investitionen, bedenkt die Risiken etc. pp.

Nein, sagt Ulbricht, wir müssen diesen Spurt jetzt wagen.

Und dann höre ich zum ersten Mal jene Losung, die uns die ganzen 60er Jahre begleiten wird: Überholen ohne einzuholen. Wir wollen nicht zum Kapitalismus in der BRD aufschließen, sondern ihn gleich hinter uns lasssen, meint Ulbricht.

Wie soll das gehen?

Ulbricht lächelt verschmitzt. Beim Orientierungslauf gäbe es doch auch Abkürzungen …

Warum ich mich an diesen Nachmittag noch nach vier Jahrzehnten sehr gut erinnere? Weil wir danach im Rundfunk die Aktion »Aus dem Groschen die Mark« ins Leben riefen, die uns lange beschäftigte und landesweit mobilisierte.

Vor allem aber: weil es danach nie wieder eine solch offene Diskussion zwischen Journalisten und dem ersten Manne gab.

* Klaus Paulsen (Mitte), Jahrgang 1936, studierte in den 50er Jahren Wasserwirtschaft und arbeitete 1960 als FDJ-Kader im Jugendobjekt »Altmärkische Wische«. Später war er Parteisekretär im Berliner Tiefbau-Kombinat. Nach der Wende arbeitete er als Polier und Bauleiter in der Ukraine.

Ein Arbeitsbesuch
Von Klaus Paulsen*

Die Wische war ein natürliches Überschwemmungsgebiet der Elbe. Der Preußenkönig Friedrich II. ließ es – ähnlich dem Oderbruch – trockenlegen und besiedeln. Der Boden war fruchtbar wie die Magdeburger Börde und auch ein wenig launisch – bei Regen verwandelte er sich in Schlamm, bei Hitze wurde er steinhart. Es war (und ist) eine Kunst, regulierend einzugreifen. Achtet man nicht sorgfältig auf den Zustand der Be- und Entwässerungsanlagen, saufen in nassen Perioden die Felder und Wiesen ab. Obgleich der Acker fruchtbar ist, galt die Region bis in die 50er Jahre hinein als Notstandsgebiet. Die Infrastruktur war entsprechend schlecht, die Straßen oft unpassierbar. Die FDJ machte sich in höherem Auftrag daran, Ende der 50er Jahre mit einer kollektiven Kraftanstrengung das Entwässerungssystem zu erneuern und zu erweitern. Auch Straßen legten sie an. Ich war für die Entwässerung verantwortlich.

1960 in der Wische

Im Sommer erschien Ulbricht auf dem »Bauplatz der Jugend«. Prominenz hatte sich noch nie zu uns verirrt. Er wollte mal schauen, wie es voranging. Und dann gab es noch einen Termin.

Ich sollte mich auf dem Hof eines Großbauern unweit von Seehausen einfinden, hieß es. Das war ein einzeln stehendes Gehöft. Mich wunderte es schon, daß Ulbricht nicht zu einem der volkseigenen Güter fuhr, von denen es hier etliche gab, oder sich eine LPG ansah. Doch andererseits: Der Bauer, der hier lebte, trug den Beinamen »Wischeprofessor«, er besaß ein Gespür für den Minutenboden und goldene Hände. Der wußte vermutlich mehr über die Besonderheiten als jeder andere hier.

Als ich eintraf, herrschte die übliche Ruhe auf dem Hof. Der Misthaufen in der Mitte war, wie sich das gehörte, das Schmuckstück. Im Geviert wuchs er in die Höhe, die Kanten glatt gekämmt. Oben scharrten die Hühne. Ich unterhielt mich mit dem ältesten Sohn des Bauern, er war wohl mein Jahrgang. So schwatzten wir und warteten. Plötzlich kam Ulbricht durchs Hoftor. Solo, ohne Gefolge und Personenschutz, allein, zu Fuß und ohne großes Gewese. Der Bauer, ein wenig jünger als Ulbricht, begrüßte den Staatsratsvorsitzenden freundlich, aber durchaus distanziert. Dann stellte er uns beide vor. Ulbricht schien das Gespräch mit dem Bauern zu suchen. Dieser berichtete über die Geschichte seines Hofes, über Probleme der Vergangenheit und der Gegenwart. Ulbricht fragte dezidiert nach, er war nicht wie beim Friseur erschienen, sondern vorbereitet und auch sichtlich interessiert. Der Dialog, dem wir beiwohnten, hatte nicht dieses Gestelzt-Höfische, das man immer im DEFA-Augenzeugen sah. Der Bauer, der Vertrauen gewonnen hatte, beklagte schließlich auch die miserable Ersatzteil-Situation für Landmaschinen. Ulbricht hörte sich die begründete Klage geduldig an.

Erst später, in vergleichbaren Situationen, wurde mir bewußt, daß er anders reagiert hatte als nachfolgende Politiker. Ulbricht machte keine Versprechungen. Er antwortete nicht, er werde sich darum kümmern, oder sagte Prüfung zu, wie man das heute üblicherweise tut. Nein, Ulbricht hörte sich die Vorhaltungen ohne Reaktion an. Dennoch hatte sein Gegenüber das Gefühl, daß die Botschaft angekommen war. Ohne große Erklärung und im Wissen darum, daß sich das Problem nicht von heute auf morgen lösen ließe. Aber es hatte die richtige Adresse erreicht.

Ulbricht ging schließlich, wie er gekommen war. Allein. Der Arbeitsbesuch war zu Ende.

Ich vermute, daß man sich noch geraume Zeit auf dem Hof daran erinnert haben wird.

Manchmal erzielen kleine Gesten eine erstaunlich große Wirkung.

* Prof. Dr. Lothar Berthold, Jahrgang 1926, nach dem Krieg Studium in Jena (Geschichte, Deutsch, Philosophie), von 1952 bis 1962 Dozent an der Parteihochschule. Direktor des IML von 1964 bis 1968 und Mitglied der Ideologischen Kommission beim Politbüro, von 1976 bis 1990 Direktor des Akademie-Verlages, seit 1979 auch Verlagschef von Herm. Böhlaus Nachf. Weimar sowie Vorstandsmitglied des Börsenvereins der Deutschen Buchhändler.

»Da habe ich mich wohl geirrt«
*Von Lothar Berthold**

Der Anruf kam immer freitags aus seinem Büro. Die Sekretärin fragte mich, ob ich am Samstag 14 Uhr Zeit habe, und ob man mich abholen solle. Die Frage gestattete natürlich nur eine Antwort, schließlich konnte man dem Ersten Sekretär nicht mitteilen, daß man der Arbeitsbesprechung mit ihm einen Ausflug ins Grüne vorzöge.

Die Beratung, in der Regel zu zweit und nur von gelegentlichen Auftritten Lotte Ulbrichts gestört (vor allem am Ende, damit die Sitzung nicht ausuferte), fand entweder in Ulbrichts Arbeitszimmer im ZK, im Staatsrat oder in Wandlitz statt. Ich präsentierte ihm als Sekretär des Autorenkollektivs die Arbeitsergebnisse und diskutierte sie im Bedarfsfalle mit ihm.

Aus der Debatte um die Thesen zum 40. Jahrestag der Novemberrevolution 1958 war die Idee für eine Geschichte der deutschen Arbeiterbewegung entstanden. Der Titel war bewußt von Ulbricht gewählt worden: Es sollte keine KPD- und keine SED-Geschichte werden. Ursprünglich planten wir drei Bände, doch Ulbricht meinte, den Text der Historiker könne man ja anzweifeln – Dokumente seien nun mal glaubwürdiger. Deshalb wäre es sinnvoll und nützlich, jedem Kapitel relevante Papiere anzufügen. So wuchs das Werk rasch auf acht Bände an.

Die Arbeit erstreckte sich von 1962 bis 1965, wobei die intensivste in den beiden letzten Jahren erfolgte. Dort saß ich oft am Wochenende bei Walter Ulbricht. Unmittelbar beteiligt am Projekt waren an die zweihundert Historiker, Ökonomen, Philosophen, Kulturfunktionäre und andere Fachleute, und aus dem Land arbeiteten uns einige Hundert engagierte Heimatforscher und Hobbyhistoriker zu. Passagen, die die Sowjetunion und andere Bundesgenossen betrafen sowie Fragen, die etwa die FKP oder die IKP berührten, wurden mit den dortigen Parteien und Institutionen geklärt.

Das Werk erschien in verschiedenen Ausgaben: in dunkelrotem Leinen, als Broschüre fürs Parteilehrjahr, in rotes Ziegenleder oder, noch eine Spur repräsentativer, in Safianleder gehüllt. Alles in allem werden wohl eine Millionen Exemplare verbreitet worden sein. Für das Autorenkollektiv gab es den Nationalpreis und neue Aufgaben. Man kann keine Geschichte ohne Fakten schreiben – also entstand eine dreibändige Chronik. Es gibt keine Geschichte ohne Dokumente – wir separierten noch einen Band »Revolutionäre deutsche Parteiprogramme«. Es existiert keine Geschichte ohne Personen – so kam noch eine Reihe wichtiger Biographien hinzu. Das heißt: Um das achtbändige Werk herum entstanden in den 60er Jahren viele wichtige wissenschaftliche Arbeiten, die von Ulbricht angeregt wurden und deren Wert unverändert groß ist. Und letztlich resultierte auch aus dieser Beschäftigung eine neue DDR-Verfassung, nämlich jene von 1968. Sie trug den gesellschaftlichen Veränderungen seit 1949, die wir dokumentiert hatten, Rechnung. Bekanntlich wurde sie in einem Volksentscheid angenommen.

GESCHICHTE
DER
DEUTSCHEN
ARBEITER
BEWEGUNG

8

1966 kam die achtbändige Ausgabe der »Geschichte der deutschen Arbeiterbewegung« auf den Markt. Die Gesamtauflage erreichte vermutlich eine Million Exemplare.

Prof. Lothar Berthold im Arbeitszimmer von Walter Ulbricht im Staatsratsgebäude, 1968.

Nur in einem Punkt sollte sich Walter Ulbricht täuschen. »Wenn das achtbändige Werk draußen ist«, sagte er am Ende, »sollste mal sehen, wie das in Westdeutschland wirkt.« Er glaubte, daß die Beschäftigung mit der Geschichte der Arbeiterbewegung mobilisierende Wirkung besäße. Walter Ulbricht hatte ja Wert darauf gelegt, daß man die DDR als *ein*, nicht als *das* gesetzmäßige Resultat des Klassenkampfes in Deutschland darstellte. Mithin hielt nach seiner Auffassung der Gang der Dinge – der ja schließlich dann die Geschichte wird – verschiedene Optionen für Deutschland offen.

Es gibt in diesem Kontext mindestens zwei gelegentlich geäußerte Vorhaltungen. Erstens habe Ulbricht Geschichte geschönt und sich selbst damit ein Denkmal gesetzt, zweitens hätte er Geschichte nicht nur frisiert, sondern gar geklittert. Beispielsweise zeigt man auf bestimmte Bilddokumente, auf denen Personen wegretuschiert wurden.

1965 auf der agra

Ich kenne nicht einen Fall, wo Ulbricht eine solche Weisung erteilt hätte. Ich will nicht bestreiten, daß ihm manches nicht schmeckte. So erinnere ich mich seines als Frage formulierten Vorschlags, ob man in jenem KPD-Programm von 1930 den Begriff »Sozialfaschismus« unbedingt drinhaben müsse. »Genosse Ulbricht«, antwortete ich, »dann muß ich im Falle der Tilgung an dieser Stelle drei Punkte setzen. Dann wird man nachschlagen und feststellen, was zensiert wurde. Die politische Wirkung ist weitaus größer.« Ulbricht strich sich über seinen Kinnbart, wie er es in solchen Situationen zu tun pflegte, wenn er sich nicht schlüssig war, und blickte zu Lotte Ulbricht, die gerade den Kaffee brachte. Sie nickte. »Lothar hat recht.«

Gut, meinte er, dann bleibt es eben stehen.

Über Lotte Ulbrichts Gesicht huschte ein feines Lächeln. Entweder weil sie recht bekommen oder weil sich ihr Mann einsichtig gezeigt hatte.

Ich kannte sie inzwischen seit über zehn Jahren, länger als ihn. Im Frühjahr 1953 wurde ich, damals 22 Jahre jung und als Dozent an der Parteihochschule tätig, von ihr ins Große Haus gebeten. Sie war damals noch Persönliche Mitarbeiterin Ulbrichts und hatte im Gebäude des ZK ein eigenes Arbeitszimmer. Ich möge zum bevorstehenden 60. Geburtstag des Generalsekretärs biographisches Material zusammenstellen, das veröffentlicht werden sollte. Lotte Ulbricht war in den folgenden Wochen neben dem Parteiarchiv meine wichtigste Quelle, denn die Geschichte der Arbeiterbewegung hatte sie nicht nur erlebt, sie war ein Teil davon. Allein schon deshalb empfand ich vor beiden einen großen Respekt. Wir duzten uns als Genossen, aber ich wäre nie auf die Idee gekommen, sie kumpelhaft mit »Walter« oder »Lotte« anzureden.

Anfang Juni rief sie mich zu sich und teilte mir sachlich mit, ich sollte die Arbeit einstellen, an eine Veröffentlichung sei vorläufig nicht zu denken. Auf meine erstaunte Frage nach den Gründen erklärte sie mir, sie sei nicht befugt, mit mir darüber zu reden. In den nächsten Tagen würde ich das schon selbst begreifen. Es kam der 17. Juni und danach das 15. Plenum. Ulbricht war in einer schwierigen Lage. Da war in der Tat nicht die Zeit für Biographien.

Nein, er hat sich mit dem achtbändigen Geschichtswerk kein Denkmal setzen, sich gleichsam erhöhen wollen. Dagegen sprach vieles, nicht nur sein tiefes Verständnis für Geschichte. Auch jene Diskussionen, in denen er sich auf seine Erinnerung berief und mir widersprach. »Du kannst das gar nicht wissen, du warst ja nicht dabei.« Stimmt, antwortete ich, ich kenne aber die Dokumente und schriftlichen Zeugnisse, und ich legte sie ihm vor. Es folgte der Griff zum Kinnbart, kopfschüttelndes Staunen und das Eingeständnis, sich geirrt zu haben. »Wenn es denn dort so steht, muß es wohl auch so gewesen sein.« Er besaß die notwendige Achtung vor den Zeugnissen der Vergangenheit und die Souveränität, diese für glaubwürdiger zu befinden als das eigene Gedächtnis.

Und damit zeigte er: Auch ein General- oder Erster Sekretär war letztlich nur ein Mensch.

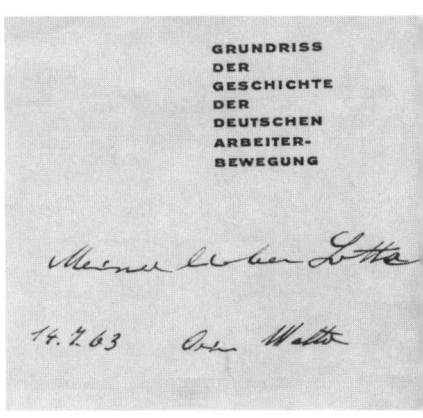

»Meiner lieben Lotte Dein Walter 14.7.63« Widmung im »Grundriß der Geschichte der deutschen Arbeiterbewegung«

Klare Geste
Von Freimut Seidel*

Es hatte früh etwas geschneit an diesem Tag Anfang April 1965 in Sanaa, eigentlich etwas spät im Frühjahr. Am Vorabend, als wir mit einer IL 18 der Interflug ankamen, zeigte das Thermometer noch 25 Grad. Aber in etwa 1.600 Meter Höhe kann schon mal das Wetter rasch umschlagen – selbst im Süden der Arabischen Halbinsel.

Am Vormittag kletterte das Thermometer wieder über 20 Grad. Wir übergaben die Spende des Solidaritätskomitees der DDR an medizinische Einrichtungen. Durch den jahrelangen Bürgerkrieg war die Stadt arg gebeutelt und von der internationalen Entwicklung abgeschnitten worden. Wir absolvierten einige Besuche und erkundigten uns nach der Erledigung der protokollarischen Verpflichtungen, was

* Freimut Seidel, Jahrgang 1934, seit 1961 im Ministerium für Auswärtige Angelegenheiten (MfAA), u. a. von 1964 bis 1967 Konsul in Kairo/Ägypten, Botschaftsrat in Teheran (1973-75), Botschafter in Libyen (1975-81) und in Südjemen/Aden (1985-89)

man in einem halben Tag im Jemen sehen könnte oder sollte, denn der Rückflug war erst für den nächsten Morgen vorgesehen.

Heute würde jeder Touristenführer auf eine solche Frage sofort das Wadi Dahr nennen, jenes wunderschöne Märchenland des Orients, das eine wichtige Einnahmequelle des Landes geworden ist. Kaum ein Film über das aktuelle Jemen spart das Tal aus. Meist zeigt man Hochzeitsfeiern von Notabeln und Geldleuten des Landes, die oberhalb des Wadi auf den Felskuppen an Freitagen – dem hiesigen Sonntag – zelebriert werden. Der Höhepunkt der Feiern ist das Schießen auf Ziele auf dem gegenüberliegenden Felsen.

Doch damals?

Ordensverleihung durch Präsident Nasser

Unserer Freunde nannten also dieses Tal, wo vor Jahrhunderten ein jemenitischer Baumeister auf einem etwa 40 Meter hohen quadratischen Felsblock ein Lustschloß errichtet hatte. Das Gebiet, so hörten wir mit Stolz, sei erst vor wenigen Tagen den Monarchisten entrissen worden. So brachen wir denn dorthin auf: die Vertreter des Solidaritätskomitees und des DDR-Gesundheitswesens, die Flieger-Crew, der Leiter unserer Handelsvertretung in Sanaa und ich, der – in Kairo als Konsul sitzend – auch für dieses Land zuständig war.

Als wir dort ankamen, demonstrierte gerade ein älterer Herr einer Gruppe junger Leute seine Schießkünste. Er holte aus 100 Meter Höhe Tauben vom Himmel.

Im Tal der Könige in Luxor – die Bildungs-reisenden Lotte und Walter Ulbricht.

Doch plötzlich zogen wir das Interesse auf uns. Woher kamen diese Fremden? Wir wurden bestürmt. Wir erklärten selbstbewußt: Alman, Deutsche.

Der Alte wies uns stolz seinen Karabiner vor – hergestellt in Österreich 1936, die Munition schien aus eben jener Zeit, wenngleich sie aus einer von Österreich im Jemen errichteten Fabrik stammte.

Deutschland, ja. Aber welches? Einige wollten es nun genauer wissen.

Das demokratische. Ost …

Rätseln. Grübeln.

Plötzlich hatte einer von den jungen Jemeniten eine Erleuchtung. Er griff sich an sein Kinn. Die anderen schienen sofort zu verstehen. Sie klatschten, tanzten, skandierten: Nasser – Ulbricht.

Na klar: Kurz zuvor hatte Walter Ulbricht Ägypten besucht, die Zeitungen und Wochenschauen hatten auch hier davon berichtet.

Wir wurden wie ein Staatsbesuch aus dem Tal begleitet.

»Bohrt mal schön weiter, Genossen«
Von Jürgen Nitz*

In den 50er und 60er Jahren hatte ich regelmäßig mit Walter Ulbricht zu tun. Ich schätzte seinen Sachverstand und seine Fähigkeiten der Menschenführung. Die Leipziger Messen im Frühjahr und Herbst rechneten zu den wichtigsten Ereignissen in politischen Kalender. Eine Messekommission, die unter Ulbrichts Leitung stand, bereitete in tagelangen Sitzungen den DDR-Auftritt vor. Der Kommission gehörten alle Minister an, deren Bereiche in Leipzig präsent waren, dazu die Sicherheit und der Innenminister, Leipzigs OB und ich als Chef des Pressekollegiums der Messe und einige andere wichtige Leute.

Jeder mußte über den Stand der Vorbereitung in seinem Bereich rapportieren. Ulbricht hatte stets einige Zettel vor sich, von denen er gelegentlich etwas vortrug. Es waren meist schmerzhafte Fragen. Warum kommt das und das nicht, weshalb ist das nicht fertiggeworden, wieso unterschlagen Sie diese Auskunft, Genosse Minister, undsoweiter? Er siezte gewöhnlich alle. Ulbricht wollte es immer genau wissen, er zwang jeden, Farbe zu bekennen und die Karten auf den Tisch zu legen. Das war aber kein Vorführen, kein Bloßstellen, keine Demonstration von Überlegenheit im Stile: Seht mal, was ich alles weiß. Sein Zwirbeln war vom Ehrgeiz bestimmt, Schwachstellen aufzudecken und anschließend gemeinsam Lösungen für offenkundige

* Prof. Jürgen Nitz, Jahrgang 1929, leitete nach Kriegsgefangenschaft von 1946 bis 1949 das Büro des Berliner Stadtrats Karl Maron, von 1949 bis 1961 war er in der Redaktion »Neues Deutschland« tätig, u. a. als Sekretär von Rudolf Herrnstadt. Ökonomiestudium an der Humboldt-Universität, dann Vize-Chef des DDR-Presseamtes (1962-66). Maßregelungen durch die SED, später tätig im IPW und als exponierter Ost-West-Unterhändler.

Schwierigkeiten zu finden. Er ließ den jeweiligen Minister mit seinem Problemen nicht allein, sondern fragte bei diesem und bei jenem Kollegen nach, ob er jenes liefern oder anderes besorgen könne. Ulbricht lobte aber auch, wenn er etwas gut fand. Die Atmosphäre war offen und kameradschaftlich. Jeder hatte am Ende das Gefühl, etwas Nützliches als Kollektiv geleistet zu haben. Das schaffte Befriedigung, selbst wenn man in der Stunde der Wahrheit ins Stottern geraten war.

Spätere Runden dieser Art, vornehmlich unter der Führung des Wirtschaftssekretärs Mittag, unterschieden sich von den Zusammenkünften mit Ulbricht ganz erheblich. Anerkennung und lobende Worte kannte Mittag überhaupt nicht. Wen er ansprach, wurde abgekanzelt, klein gemacht. Es mangelte selbst an Umgangsformen. Nicht das Problem und dessen Lösung waren Gegenstand der rüden Standpauke, sondern der Überbringer der Nachricht selbst. Es wurde hin-, nicht aufgerichtet. Die Wirtschaftskapitäne und -funktionäre zitterten vor jeder Zusammenkunft. Das habe ich unter Ulbricht nie erlebt. Er konnte wirklich leiten.

Chruschtschow und Ulbricht auf dem XX. Parteitag der KPdSU, 1956.

Und welch ein Fuchs er war, erlebte ich einmal in Bukarest. Ich war Auslandskorrespondent des *Neuen Deutschland* und gehörte praktisch mit zur SED-Delegation, die am Parteitag der rumänischen KP teilnahm. Im Anschluß daran gab es ein Treffen der Chefs der kommunistischen und Arbeiterparteien, bei dem der ideologische Konflikt zwischen der sowjetischen und der chinesischen KP offen ausbrach. Der chinesische Vertreter erklärte asiatisch-blumig, wie Peking mit der Auseinandersetzung zwischen der UdSSR und der USA umgehe: Man beobachte vom Hügel, wie unten im Tal die Tiger kämpften. Darauf reagierte Chruschtschow reichlich ungehalten und undiplomatisch. Sie hätten keine Ahnung von Politik. Die Chinesen guckten wie eine Katze in den Kalender, übersetzte ihn Werner Eberlein.

Abends, in kleiner inoffizieller Runde, wurde Ulbricht von verschiedenen Seiten um einen Kommentar dazu gebeten. Er hielt sich bedeckt und schwieg. An dieser Runde nahm auch Chruschtschow teil, und nach einigen Wodka wurde er immer redseliger.

»Jürgen, schreib das alles mit«, sagte Ulbricht zu mir.

Ich tat es, und Axen, als ND-Chefredakteur mein Chef, erkundigte sich wiederholt besorgt, ob ich auch die soeben gebrauchte Wendung verstanden habe. Der sowjetische Parteivorsitzende schwadronierte, wie er mit Hilfe der sowjetischen Militärs den Geheimdienst und dessen Kopf Berija 1953 ausgeschaltet und sich selbst inthronisiert habe. Er plauderte munter drauflos, und ich stenographierte mit. Es schien ein wenig selbstgefällig und wichtigtuerisch.

Nach Mitternacht war allgemeiner Aufbruch. Ulbricht verabschiedete mich förmlich mit der Bemerkung, die ein Auftrag war: »Genosse Nitz, da haben Sie bis heute morgen noch einiges zu tun.« Ich war ein wenig irritiert. Das konnte doch keineswegs für die Zeitung bestimmt sein? Es handelte sich doch zumeist um Interna, die nicht unbedingt der sowjetischen Führung und ihrem ersten Manne schmeichelten. Nun gut. Ich telefonierte meine Sekretärin aus dem Bett und brachte alles mit ihrer Hilfe zu Papier.

Ulbricht fand den Text auf der Frühstückstafel. Er lobte mich über den grünen Klee, was auch den beisitzenden Chefredakteur freute. Die Delegation reiste zurück nach Berlin, ich blieb in Bukarest zurück.

Drei Tage später, ich hatte die Nachtschicht schon fast vergessen, fand ich plötzlich einen längeren Beitrag im Zentralorgan, der namentlich nicht gezeichnet war, aber zweifellos von mir stammte. Nur mit einer wesentlichen Veränderung: Chruschtschow kam darin nicht vor. Gleichwohl wurden die Fakten und Zusammenhänge offengelegt, die dieser genannt hatte. Der Text war von Ulbricht und Axen redigiert worden. Ich weiß bis heute nicht, was Ulbricht damit konkret bezweckte. Daß er damit aber eine taktische Absicht verfolgte, war offensichtlich: Wenn man in einer deutschen Zeitung sowjetische Interna ausplauderte, die nicht unbedingt Ausdruck demokratischer Kultur waren, sollte sich dahinter wohl ein Idee verbergen.

Die Skepsis, die dabei unterschwellig auch mitschwang, erlebte ich in einem anderen Zusammenhang bei Ulbricht noch einmal auf einem ganz anderen Feld. Wir begannen in der DDR nach Erdöl zu bohren, um nicht nur auf sowjetisches Lieferungen und den Weltmarkt angewiesen zu sein. Es gab erste Anzeichen im Raum Grimmen, was eine gewisse Euphorie auslöste. Der Dichter KuBa erging sich bereits in epischer Lyrik, Hanns Anselm Perten inszenierte ein Stück dazu in Rostock. Die Ulbrichts und noch ein paar Offizielle, darunter auch ich, machten bei einer Reise durch den Norden einen Abstecher zu einer Bohrstelle. Man wies Ulbricht etwas Schwarzes, Klebriges vor, was nicht unbedingt Öl zu sein schien. Ulbrichts Mundwinkel wurden von erkennbaren Zweifeln umspielt, als er das Zeug zwischen den Fingern zerrieb und daran roch. Auch Lotte schaute ungläubig.

Als sie sich von den Geologen verabschiedeten und von der Plattform stiegen, sagte Ulbricht nur einen Satz: »Bohrt mal schön weiter, Genossen!«

Sein Instinkt hatte ihn auch in diesem Falle nicht getrogen.*

* Ulbricht suchte als Theoretiker wie als Politiker, so schätzen Historiker ein, einen nationalen Weg zum Sozialismus. Und das hieß für ihn zugleich, die Spaltung Deutschlands zu überwinden. Dazu bedurfte es aber einer attraktiven sozialistischen DDR. »Das war bei seinen hochgesteckten Erwartungen und der eigenen Überzeugung, Beispielhaftes auch gegenüber den Bruderländern und der UdSSR zu vollbringen, nur um den Preis einer gewissen Konfrontation mit Moskau zu bekommen«, urteilt u. a. Dr. Stefan Bollinger. »Die Furcht vor sozialdemokratischem Verrat und vor den Ränken des Klassenfeindes ließ ihn jedoch immer wieder auf die ›Bedenken‹ jener Gruppierung im Politbüro, die ihn später stürzte, eingehen. Er war ein tragischer Held: Erstmals genoß er nach den negativen Erfahrungen in den 50er Jahren Autorität, gar Sympathie in weiten Teilen des Volkes. Die wirtschaftlichen Erfolge und die spürbare Verbesserung des Lebensstandards wurde ihm zugeschrieben.« Aber die Tatsache, daß weder die DDR noch die SED souverän waren, wurde nicht nur ihm zum Verhängnis.

Begegnung im Nebel

Von Werner Adner*

* Dr.-Ing. Werner Adner, Jahrgang 1927, Inspektorenausbildung bei der Deutschen Reichsbahn, tätig auf verschiedenen Bahnhöfen, u. a. Bayrischer Bahnhof und Hauptbahnhof in Leipzig als Bahnhofsvorsteher. Ingenieurstudium an der Hochschule für Verkehrswesen »Friedrich List«, Dresden, Mitarbeiter in der Generaldirektion Reichsbahn und im Ministerium für Verkehrswesen, Berater im Ministerium für Transport der Republik Kuba, schließlich Zentrales Forschungsinstitut für Verkehrswesen.

Es war in einem der ersten Monate des Jahres 1967. Meine Frau und ich waren gerade im Reichsbahn-Erholungsheim in Oberhof angekommen, da entschlossen wir uns nach dem Mittagessen zu einem kleinen Ski-Ausflug zur Übungswiese. Am Hang war keine Menschenseele zu sehen. Je höher wir stiegen, umso dichter wurde der Nebel. Nach einer ersten Abfahrt kehrte ich zu meiner Frau zurück. Sie flüsterte mir zu: »Ulbricht ist hier!«

Ich fragte laut zurück: »Was für ein Ulbricht?«, und dachte dabei an die Familie Ulbrich in unserem Nachbarhaus.

Erschrocken legte meine Frau den Finger auf den Mund und deutete auf die schemenhaften Gestalten im Nebel. Beim Näherkommen erkannte ich sie. In seinem unverwechselbaren Sächsisch wünschte er fröhlich einen »Guten Tag« und streckte uns freundlich seine Hand zur Begrüßung entgegen. Nachdem wir uns vorgestellt hatten, antwortete meine Frau auf Ulbrichts Frage, daß wir gerade erst angekommen seien und sie sich noch nicht sicher auf den Brettern fühle. Daraufhin sagte Ulbricht, er stünde schon seit früher Jugend auf den Skiern und habe keine Mühe, mit Hilfe des Stemmbogens alle Hänge und Waldwege zu bewältigen. »Ich werde Ihnen das mal zeigen.«

Der 74jährige vollführte einige Stemmbogen am Hang. Dann forderte er meine Frau auf, es auch mal zu probieren. Er war mit dem Ergebnis ganz zufrieden und gab ihr noch ein paar Hinweise, ehe sie gemeinsam hinabfuhren.

Lotte Ulbricht stand die ganze Zeit neben mir und hatte alles verfolgt. Ihr Kommentar: »Mein Mann macht alles wissenschaftlich. Mir erklärt er auch jedesmal, wie ich es machen solle. Doch wenn ich fahre, vergesse ich alles und denke nur: scheißegal, und laß die Bretter einfach loofen!«

Hinter uns standen diskret in respektvoller Entfernung die beiden Männer vom Personenschutz mit ihren Rucksäcken und beobachteten das Geschehen.

Inzwischen waren meine Frau und Walter Ulbricht wieder bei uns angelangt. Ulbricht fragte nach meiner beruflichen Tätigkeit und ob ich damit zufrieden wäre, was ich konkret mache. Ich grübele mit Kollegen in der Zentralen Abteilung Forschung und Entwicklung über die Einführung des Containerverkehrs in der DDR, sagte ich.

Ulbricht horchte auf und wollte wissen, ob es dabei Probleme gäbe, und wenn ja, welche.**

** Mitte der 60er Jahre begann die »Containerwelle«, aus den USA kommend, Westeuropa mit standardisierten 20t-Hubcontainern zu überschwemmen. Die Zuständigen in der DDR (und nicht nur dort) unterschätzten diese Revolution im Warentransport und glaubten, weiter auf den Anderthalbtonnen-Rollcontainer der UdSSR bauen zu können.

Ja, doch, räumte ich zögernd ein. An zentraler Stelle, so schiene uns, würde dem Containerverkehr zu wenig Beachtung geschenkt. Im internationalen Warenverkehr in Westeuropa nähme er sprunghaft zu, doch hierzulande hielte man diesen Trend offenkundig für nicht so wichtig. Es bestehe die Gefahr, daß wir dabei hinter der internationalen Entwicklung zurückfielen.

Walter Ulbricht hörte aufmerksam zu, bedankte sich für die Informationen und verabschiedete sich mit seiner Frau Lotte. »Einen schönen Ski-Urlaub noch!« Dann verschwanden beide mit ihren Begleitern hangabwärts.

Wenig später verließen auch wir den einsamen Hügel, nachdem der Nebel immer dichter geworden war. Unten auf der Landstraße überholte uns eine kleine Fahrzeugkolonne mit schwarzen Limousinen. Plötzlich winkten uns Lotte und Walter Ulbricht aus dem Fenster ihres Wagens zu und verschwanden in der nächsten Kurve zum Ortseingang Oberhof.

Die Episode war schon fast vergessen, als mich im Juli 1967 während einer Kur in Bad Elster der Brief meines Kollegen Günter Schulz erreichte. Es gehe los, schrieb er, Günter Mittag habe dem Minister für Verkehrswesen, Erwin Kramer, den Auftrag übermittelt, ab sofort eine Arbeitsgruppe Containerverkehr zu bilden. Dr. Walter Hammer solle die Leitung übernehmen und ich die Vertretung. »Sieh zu, daß Du bald nach Berlin kommst!«

Nach meiner Rückkehr merkte ich bald, daß nicht alle unsere Begeisterung teilten. Einige Leiter fragten mich gleichermaßen mißtrauisch wie vorwurfsvoll, ob ich etwa daran »gedreht« hätte, was soviel hieß: Hast du etwa den Dienstweg verlassen?

Was dann binnen eines reichlichen Jahres geschah, übertraf alle meine Erfahrungen. Wir erhielten auf einmal alle Unterstützung von zentralen staatlichen Organen. In einem bisher nicht gekannten Tempo wurden alle Probleme gelöst – angefangen von der ersten Idee über die Forschung, Entwicklung bis hin zur breiten Einführung in der Verkehrspraxis.* Sogar in der UdSSR zeigten höchste staatliche Organe Interesse an dieser Entwicklung und trugen dann gemeinsam mit uns das Thema in den Rat für gegenseitige Wirtschaftshilfe (RGW).

So hatte die kleine Episode von Oberhof eine unverhoffte Wirkung mit Spätfolgen. Sie warf aber auch ein Licht auf den unkonventionellen, wenn auch nicht unumstrittenen Arbeitsstil von Walter Ulbricht.

1951, Oberhof

* 1970, binnen drei Jahren, war der Containerverkehr per Schiff, auf der Schiene und auf der Straße in der DDR durchgesetzt, im RAW Zwickau lief die Produktion von Containern auf Hochtouren. Nur der Containerverkehr in der Luft scheiterte an den Möglichkeiten der DDR.

Walter Ulbricht und die Briefmarke
*Von Ernst Piel **

* Ernst Piel, Jahrgang 1936, Pharmazie-studium, Apotheken-mitarbeiter, Tätigkeit im Kulturbereich, Direktor der Ernst-Thälmann-Gedenk-stätte in Ziegenhals von 1981 bis 1991, Rentner.

Die rechts oben abgebildete Briefmarke zu 24 Pfennig sollte zu Ulbrichts 60. Geburts-tag ausgegeben werden. Allerdings wurde nach dem 17. Juni 1953 die be-reits gedruckte Auflage vollständig makuliert.

** Deutscher Spitzen-reiter ist vermutlich Gustav Heinemann (1899-1976). Während seiner Amtszeit als Bundespräsident (1969-1974) erschie-nen in der BRD und in Westberlin 82 verschie-dene Postwertzeichen mit seinem Porträt.

Es ist auch heute noch üblich, daß Dauerse-rien Konterfeis von Staatsoberhäuptern** zeigen. Die DDR machte daher keine Aus-nahme, als sie sich entschloß, Walter Ulbricht auf die Briefmarke zu bringen.

Die erste erschien am 29. August 1961 als Freimarke zu 10 Pfennig in grün. Das war das in der DDR übliche Porto zur Beförderung einer Postkarte. In der Serie erschienen dann weitere Werte.

Am 25. Juni 1963 kamen die Marken zu 1 und 2 DM (S. 221 unten). Als die Bezeichnung *Deutsche Mark* in der DDR abgeschafft wurde und an die Stelle der DM die *Mark der Deutschen Notenbank* trat, hieß das Kürzel MDN. Daraufhin wurden die beiden Werte am 10. Februar 1965 neuerlich aufgelegt – nun aber mit der üblichen Bezeichnung.

Die MDN wurde 1969 zu Grabe getragen. Folgerichtig erschie-nen auch die beiden Werte nun mit dem schlichten »M« für *Mark*. Dieses Kürzel behielt Gültigkeit bis zur Währungsunion am 1. Juli 1990, als auf dem Territorium der DDR die DM der Bundesrepublik eingeführt wurde. Bis dahin blieben auch alle Ulbricht-Marken gültig.

Eine probate und noch heute übliche Methode: Fotos auf Briefmarken übertragen. Hier ehrt Ulbricht einen sowjeti-schen Kosmonauten, der zu Besuch in der DDR weilte.

Zum 75. Geburtstag gab die DDR-Post diese Sondermerke heraus, sie war ab 27. Juni 1968 an den Schaltern zu haben.

Seit vielen Jahren bin ich Philatelist. Zu meinen speziellen Sammelgebieten gehören Briefmarken, Ganzsachen und besondere Postsendungen, die die Geschichte der deutschen und der internationalen kommunistischen und Arbeiterbewegung dokumentieren. Ein Komplex gehört Walter Ulbricht. Dabei erhielt ich von einem Brandenburger Sammler große Unterstützung. Ober-Pharmazie-Rat Martin Rehfeld ist ein profunder Kenner der Materie und hält Ulbricht für eines der interessantesten Markenthemen der Welt. Kein Wunder: Es sind über 16 Millionen Postwertzeichen mit dem Porträt des Staatsratsvorsitzenden erschienen – allein wegen der Menge sind objektiv sehr viele spannende, seltene und einmalige Sendungen im Umlauf gewesen.

Im Volksmund hieß die Marke, seit 29. August 1961 im Gebrauch, »grünes Ungeheuer«.

Natürlich habe ich auch Lotte Ulbricht angesprochen, als sie 1986 in unserer Gedenkstätte an einer Konferenz teilnahm. Sie lud mich nach Hause, ich besuchte sie in Pankow. Dabei erhielt ich das Kuvert eines Briefes, den Walter Ulbricht an sie am 27. März 1935 aus Prag nach Moskau gesandt hatte. Es ist der einzige bekannte, echt gelaufene, d. h. mit der Post beförderte Brief zwischen den beiden. Und damit wirklich eine Rarität. Sie ist auf Seite 88 zu sehen.

Nach dem Tod Ulbrichts wurde am 8. August 1973 diese Trauermarke ediert – sie war in der Größe der Dauermarken zum Wert von 1 bzw. 2 Mark und – abweichend von deren Farbgebung – anthrazit.

Territorialer Grundschlüssel
Von Karl-Heinrich Oestreich*

* Karl-Heinrich Oestreich, Jahrgang 1934, geboren und aufgewachsen in Königsberg/Ostpr., seit 1948 Berlin. Zwei Fachschulabschlüsse, einen Hochschulabschluß, Diplomwirtschaftler, zuletzt an der Bauakademie der DDR zuständig für die Weiterbildung.

* Auf dem VIII. Parteitag der SED 1971 trug der neue Erste Sekretär auch das Neue Ökonomische System (NÖS) zu Grabe. Er erklärte apodiktisch, daß das ökonomische System des Sozialismus sich gut entwickelt habe, aber allzuviele außerplanmäßige Wunder »nicht verkraften« könne. Damit fand Honecker durchaus Zustimmung bei den Funktionsträgern und bei großen Teilen der Bevölkerung. Die wirtschaftliche Krise, in der sich das Land für jeden spürbar befand, war den zu hochfliegenden Plänen und Träumen der Reform geschuldet, urteilen die Historiker Gerhard Naumann und Eckhard Trümpler nüchtern (»Von Ulbricht zu Honecker. 1970 – ein Krisenjahr der DDR«).

Der Vater der Nummern an unseren Wohnungstüren ist eigentlich Walter Ulbricht. Sie sind der kümmerliche Rest einer sinnvollen Idee, die er in den 60er Jahren auf den Weg bringen wollte und die mit ihm in die Wüste geschickt worden ist.

Bekanntlich sagte man Ulbricht beachtliche Fähigkeiten auf dem Felde der Organisation nach. Er vermochte es, systematisch die Arbeit zu planen und umzusetzen. Das trug ihm in den 20er Jahren den Spitznamen »Genosse Zelle« ein. Seine Gegner schimpften ihn Bürokrat oder Apparatschik.

Egal, jedes Gemeinwesen muß verwaltet werden, und das möglichst effektiv und transparent. Wer jemals in die Mühlen der Bürokratie geraten ist – und wer kann sich dessen schon rühmen, davon verschont geblieben zu sein? –, weiß um deren Tücken. Ulbrichts Programm der Modernisierung des Staates, sein Neues Ökonomisches System der Planung und Leitung*, schloß zwangsläufig die Renovierung der kommunalen Verwaltungen mit ein.

In den späten 60er Jahren arbeitete ich im Berliner Magistrat beim 1. Stellvertreter des OB. Im Zimmer links neben mir saß Edith Baumann, die geschiedene Frau Honecker, in jenem auf der rechten Seite der Justitiar des Magistrats. Mein Büro hatte zwei Balkons, was für die Geschichte eigentlich unerheblich ist, aber ein mir damals nicht unsympathisches Detail war.

Auf Anregung oder Weisung von Ulbricht wurden im Magistrat in jeder Fachabteilung eine Arbeitsgruppe »Rationalisierung im Staatsapparat« gebildet. Warum dies der erste Mann des Staates tat, ist leicht erklärt: Nach dem Verständnis der SED waren Hauptstadtfragen von zentraler Bedeutung – der Erste der Partei in Berlin gehörte darum seit den 20er Jahren traditionell der Parteiführung, meist dem Politbüro an. Und zum zweiten sollte Berlin auch in dieser Sache Vorreiter und Modell für die anderen DDR-Städte werden.

Zunächst verschafften wir uns eine Übersicht über Informationsflüsse und Kommunikationswege, Unterstellungs- und Weisungsverhältnisse, Zuständigkeiten usw. So entstand erstmals überhaupt ein Thesaurus für den Staatsapparat, der die Strukturen aufschlüsselte. Und das gegliedert in alle Bereiche – vom Bauwesen bis zum Gesundheits- und Sozialwesen. So fand man beispielsweise bald die Stellen heraus, wo doppelt und dreifach der selbe Vorgang verwaltet und entschieden oder gar gegeneinander gearbeitet wurde. Man entdeckte die

Schwachstellen im System und offenkundigen Leerlauf. Festgestellt wurde auch, daß – nicht untypisch für deutsche Verwaltungen – es ständig neue Verordnungen und Verfügungen gab, aber nie oder selten eine außer Kraft gesetzt wurde. So wuchs unablässig der Papierberg, den zunehmend weniger durchdrangen, aber immer mehr darunter erstickten.

Da der Begriff »Infrastruktur« im Westen benutzt wurde und bei uns indiziert war, wurde dieser griffige Begriff zu einem Wortungetüm aufgeblasen: materiell-technische Territorialstruktur. Auch hier herrschte die übliche Unübersichtlichkeit. Jede Institution besaß einen eigenen Schlüssel, ob Energie- und Gasversorgung, Verkehrs- und Wasserbetriebe, Müllabfuhr, VP-Meldestellen etc. (Daran hat sich ja bis heute nichts geändert. Inzwischen sind diverse individuelle PIN bei EC- und Kreditkarten, Handy, TV, Autoradio etc. hinzugekommen – wir gehen an unzähligen Kenn- und Kundennummern zugrunde.)

Im Rahmen unseres Struktur- und Funktionsplanes für Abläufe in der Verwaltung entwickelten wir für die Infrastruktur einen territorialen Grundschlüssel. Kürzel: TGS. Damit wurde erstmals erreicht, daß die relevanten Ortsangaben einheitlich verschlüsselt wurden und von allen beteiligten Institutionen genutzt werden konnten. Aus Stadtbezirk, Straße, Hausnummer, Wohnung wurde eine dreizehnstellige Ziffer gebildet, aus der sogar zu ersehen war, ob sich die Wohnung

Mit seinem Sekretär Otto Gotsche (1904 bis 1985), Bergarbeitersohn aus Eisleben, 1919 KPD, publizistische Arbeit in den 20er Jahren, 1933 KZ, nach Entlassung illegale Arbeit.
Nach dem Krieg Landrat in Eisleben, ab 1949 Ulbrichts persönlicher Referent (bis 1971). Von 1966 bis 1985 Mitglied des ZK der SED, seit 1961 auch Mitglied der Akademie der Künste.

links oder rechts neben dem Treppenflur befand. Auch die Etagen wurden einheitlich festgelegt, die 1. Etage war die erste Etage und hieß fortan 01 und nicht Parterre oder Erdgeschoß, der dann erst die 1. Etage folgte. Gezählt wurde fortan grundsätzlich von unten.

Unsere Vorschläge kamen in die Diskussion, es gab eine Ausstellung mit Diagrammen und Übersichten. Ulbricht fand alles hilfreich und interessant, in diese Richtung hatte er gedacht. Manches war vielleicht ein wenig zu akademisch und verkopft, doch es war ein konstruktiver Anfang. Ich hielt in jedem Stadtbezirk Vorträge, erläuterte, warum dieser Schritt notwendig und ein Schritt in die Zukunft sei. Straffung und Verschlankung des Apparates, predigte ich, Verkürzung der Wege, Reduzierung der Anlaufstellen, bürgerfreundlich, nachprüfbar, effektiv, rational lauteten die Vokabeln. Die Debatten waren heftig und mit Vorwürfen aus der Verwaltung gepaart. Es kamen selbst absurde Unterstellungen wie jene, wir würden die politische Arbeit der Nationalen Front sabotieren – und zwar allein deshalb weil wir die Forderung durchsetzen wollten, daß Stadtbezirksgrenzen künftig an der Hausfluchtlinie liegen sollten. Manchmal liefen die sogar mitten durch Häuser – und zwar weil dort zufällig ein Abgeordneter wohnte, der unbedingt noch in diesem Stadtbezirk polizeilich gemeldet sein mußte.

Der unausgesprochene Kern aller Aufregung aber: Die Angestellten fürchteten Mehrarbeit (die zunächst bei der Erstellung der EDV-Übersichten tatsächlich notwendig war, aber das war die Eingangsinvestition). Noch mehr aber schreckte sie die dann mögliche Kontrolle. Man konnte jederzeit feststellen, ob und wie der Stand der Aufgabenerfüllung war, wo sich Entscheidungen stauten, wo was überflüssig und verzichtbar war, wie die Komunikation auf horizontaler und auf vertikaler Linie erfolgte, kurz: Es hätte in der Konsequenz eine grundsätzliche Umstellung und Veränderung gewohnter Sitten und Gebräuche in den Amtsstuben bedeutet.

Dort atmeten darum alle auf, als mit Ulbrichts Sturz auch dieses Vorhaben begraben wurde.

Nach der Wende bin ich gleich hinüber nach Westberlin und habe das ausgearbeitete Konzept des territorialen Grundschlüssels angeboten. Die fanden das alle, ob Feuerwehr oder Senatsstellen, hochspannend und gaben sich erstaunt, daß die DDR schon in den 60er Jahren ihre Verwaltung derart modern umgestalten wollte. Aber am Ende winkten sie ab. Das ließe sich bei den unterschiedlichen Interessen der daran Beteiligten nicht realisieren, hieß es. Betriebswirtschaft gehe nun mal vor Volkswirtschaft, sage jede Insti-

Lotte Ulbricht, die beim Einkaufsbummel auf dem Berliner Alexanderplatz von Hauptstadtreisenden aus Halle angesprochen wurde.

tution. Zudem: Hätte ich schon einmal erlebt, daß sich eine Verwaltung auf die Finger schauen ließe?

Da konnte ich kaum etwas entgegnen.

Doch immerhin: Die Geschoßzählweise hat sich wenigstens durchgesetzt.

Ein Gespräch zwischen dem Staats-Chef und dem Radsportweltmeister – über Lyrik
Von Täve Schur*

Ich gehörte dem Jugendausschuß der Volkskammer an, als Ulbricht uns in den Staatsrat bat. Das war irgendwann 1964. Er hatte, mit dem Erscheinungsbild der FDJ unzufrieden, den Leiter der Jugendkommission beim Politbüro abgesetzt. An die Stelle Paul Verners, eines Vertrauten von Honecker, hatte er Kurt Turba, den Chefredakteur der Studentenzeitschrift »Forum« gesetzt. Dieser hatte in seinem Auftrage ein Jugendkommuniqué erarbeitet, das am 21. September 1963 im *Neuen Deutschland* unter der Überschrift »Der Jugend Vertrauen und Verantwortung« veröffentlicht worden war.

Die Reform auf wirtschaftlichem Gebiet wurde jetzt auf den Jugend- und Kulturbereich ausgedehnt.**

* Gustav-Adolf Schur, Jahrgang 1931, Studium an der Leipziger DHFK 1958-1963, Diplomsportlehrer, Friedensfahrtsieger 1955 und 1959, Radweltmeister 1958 und 1959. Trainer beim SC DHFK 1963-70, danach bis 1980 Vize-Chef des DTSB, Mitglied der Volkskammer der DDR und des Bundestages.

** Die neue Jugendstrategie war ein Schritt in Richtung Demokratisierung und Liberalisierung, sie wurde von Intellektuellen als »Wende von oben« bezeichnet. In der Folge gab es Pfingsten 1964 ein Deutschlandtreffen, zu dem der Jugendsender »DT 64« ans Netz ging. Die Honecker-Fraktion lief Sturm und fand Unterstützung in Moskau, wo Breshnew gerade Chruschtschow gestürzt hatte. Die Gegenreformation gipfelte im 11. Plenum Ende 1965. Davon wußten aber weder Täve noch Ulbricht etwas zum Zeitpunkt ihres Gespräches.

Ulbricht und Täve, dazwischen Heinz Florian Oertel, mindestens ebenso prominent wie seine beiden Partner.

Nach dem Essen erzählte mir Ulbricht, daß er unlängst mit Johannes R. Becher gerudert sei. Das fand ich eine gute Gelegenheit, darauf hinzuweisen, daß dessen schönes Gedichtbändchen »Laßt eure Verse teilnehmen am Sportfest«, unlängst im Sportverlag erschienen, leider vergriffen sei. Ich zitierte aus dem von mir sehr geschätzten Gedicht »Über Moral« – und nicht aus dem im Vorjahr verlegten Sammelband »Sport frei! Walter Ulbricht – Vorbild, Lehrer und Freund der deutschen Sportler«.

Ulbricht winkte seinen Sekretär Otto Gotsche herbei. »Schreib das auf!«

Was soll ich sagen: Der Band kam schon 1987 erneut heraus. Allerdings unter einem anderen Titel.

* Herbert Häber, Jahrgang 1930, seit 1951 im Apparat des ZK der SED. Von 1966 bis 1971 stellv. Staatssekretär für gesamt- bzw. westdeutsche Fragen. 1971-73 Direktor des Instituts für Internationale Politik und Wirtschaft (IPW), danach bis 1985 Leiter der Westabteilung im ZK. 1984/85 Mitglied des Politbüros und Sekretär des ZK, Opfer einer politischen Intrige und kaltgestellt.

Moskau und Washington stellten die Weichen – Adenauer und Ulbricht merkten es nicht
Von Herbert Häber*

Im November 1965 wurde ich zu Walter Ulbricht gerufen. Ich leitete damals die Westabteilung des Zentralkomitees. Seit Anfang der 50er Jahre war ich auf diesem Felde tätig, ich hatte gute Kenntnisse und Kontakte, was Ulbricht durchaus wußte und gelegentlich auch nutzte, indem er mich zu Beratungen hinzuzog. Worum es diesmal ging, wußte ich so wenig wie Joachim Herrmann, auf den ich im Vorzimmer traf. Herrmann, zwei Jahre älter als ich, kam aus der FDJ und war, nach einem kurzem Gastspiel im ZK, seit drei Jahren Chefredakteur der *Berliner Zeitung*.

Wir warteten eine Weile, dann wurden wir von der Sekretärin vorgelassen. Drinnen saß Ulbricht, flankiert von Albert Norden und Gerhard Kegel, Ulbrichts Berater.

Ulbricht kam wie immer gleich zur Sache. Das Politbüro habe die Gründung eines Staatssekretariats für gesamtdeutsche Fragen beschlossen, sagte er. Der Genosse Herrmann solle es als Staatssekretär leiten, ich seinen Stellvertreter machen. Als erstes sollten wir uns um ein Haus kümmern, es müßte eine gute Adresse sein …

Ich schlug das Gebäude neben dem Zentralrat Unter den Linden vor. Da sei zwar unten ein Geschäft für Damenwäsche und oben die Zentralleitung des Komitees der Antifaschistischen Widerstandskämpfer, aber vielleicht könne man mit denen reden.

Ulbricht zeigte sich begeistert, rief gleich bei Stoph, dem Ministerpräsidenten, an und bat ihn, Ausweichquartiere für die bisherigen

Mieter zu besorgen – bis auf den Laden. Der sollte unbedingt bleiben. Und Stoph solle dem Staatssekretariat die notwendige personelle und technische Unterstützung geben. Auf Wiederhören.

Über die Intentionen, die zur Gründung dieses Gremiums geführt hatten, sprach er so wenig wie über dessen Funktion und Aufgaben. Ulbricht setzte alles als bekannt voraus. Wir wußten damals natürlich nur einen Teil, und wohl auch Ulbricht selbst kannte nicht alle Details. Sowohl er wie auch wir ahnten damals nicht, daß sich die beiden Großmächte Ende der 50er, Anfang der 60er Jahre bereits darauf verständigt hatten, daß Ruhe in Zentraleuropa herrschen sollte. Nach Sputnik-Schock und Gagarins Flug zählten nur noch die Raketen und die Angst vor der wechselseitigen Vernichtung – die Berlin- und die Deutschlandfrage hatten ihre Bedeutung verloren.

Ulbricht hoffte jedoch unverändert drauf, die Linken in der SPD würden ihre Partei so verändern können, daß diese mit der SED schließlich eine gemeinsame Deutschlandpolitik entwickelte, an deren Ende etwa eine Konföderation stünde. Er hatte offenkundig Signale, daß es demnächst in Bonn einen Machtwechsel geben könnte, also wollte er sich mit einem Staatssekretariat darauf vorbereiten. Und dahinter verbarg sich wohl auch seine Absicht, die Deutschlandpolitik aus dem Parteiapparat auf die staatliche Ebene zu ziehen.

»Damit das aber klar ist: Ihr untersteht mir direkt!«, sagte der Erste Sekretär zum Abschied.

Wir richteten uns in unserem repräsentativen Domizil ein. Das erste, was ich erstaunt bemerkte, war das offenbar innige Verhältnis zwischen Herrmann und Honecker. Es verging kein Tag, an dem der Staatssekretär nicht mit dem Politbüromitglied telefonierte und diesem brühwarm berichtete, was hier geschah. So hatte beispielsweise der Gesamtdeutsche Rat, den honorige Persönlichkeiten verschiedener Bereiche gebildet hatten, ein Forschungsprogramm aufgelegt, das sich mit der Situation in der BRD befassen und Möglichkeiten der Zusammenarbeit eruieren sollte. Daraus machten wir eine Politbürovorlage, die allerdings auf einer Sitzung behandelt wurde, die Honecker leitete. Ulbricht war nicht zugegen.

Honecker fragte, wer den Auftrag zu dieser Vorlage erteilt habe, und Herrmann antwortete ein wenig süffisant: »Walter Ulbricht.«

Honecker unterbrach und bat uns beide vor die Tür. »Damit das klar ist: Die Parteiführung sitzt hier und nicht Unter den Linden. Die Vorlage wird storniert.«

Damit war für mich erkennbar: Die Ulbricht-Linie kommt nicht durch.

Joachim Herrmann (1928-1992), Berliner, Journalist, Chefredakteur der »Jungen Welt« (1954-60), der »Berliner Zeitung« (1962 bis 65), des »Neuen Deutschland« (1971 bis 78). Mitglied des ZK (1971-89), des Politbüros (1976-89). Januar 1990 Ausschluß aus der SED-PDS.

In der Folgezeit wurde aus dem Staatssekretariat für gesamtdeutsche Fragen eines für westdeutsche Fragen, ehe es nach Ulbrichts Sturz ganz aufgelöst wurde.

Der Dissens zwischen der Moskauer Linie und der von Ulbricht in der Deutschlandfrage brach auch auf einer Politbürositzung im Oktober 1969 auf. Sie fand nach Konstituierung der neuen Bundesregierung statt. Ulbricht hatte die Westabteilung um eine Bewertung der sozialliberalen Koalition gebeten, die war unter Federführung von Albert Norden entstanden und in einer grünen Mappe vorgelegt worden. Die Sitzung fand am Döllnsee statt, Herrmann nahm daran als Gast teil.

Er berichtete mir, daß er Ulbricht noch nie so erregt erlebt habe wie dort. Dieser habe die grüne Mappe vom Tisch gewischt und erklärt, die Einschätzung sei grundfalsch. Die Brandt-Regierung sei ein Fortschritt, man müsse alles unternehmen, damit sie recht lange bliebe.

Moskau sah das damals noch ein wenig anders.

Walter liebt Stocklocken

*Von Gerda Böttcher** *

* Gerda Böttcher, Jahrgang 1932, war als Korrektor im Verlag Junge Welt und im Militärverlag tätig, ehe sie 1959 ins IML kam. Dort arbeitete sie als wissenschaftlich-technische Mitarbeiterin in der »Arbeitsgruppe Ulbricht«, ehe sie nach einem reichlichen Jahr in die Redaktion der BzG (»Beiträge zur Geschichte der Arbeiterbewegung«) strafversetzt wurde. Bis zum Ende des IML leitete sie siebzehn Jahre lang die dortige Veteranenkommission.

Die Arbeitsgruppe Ulbricht bestand aus sieben Frauen. In der Lenin-Abteilung gab es wenigstens einen Mann. Die Gruppe wurde von Änne Anweiler geleitet, die eine Freundin der Ulbrichts war. Wir erhielten – wie auch die Arbeitsgruppen Pieck und Grotewohl – alle Reden, Protokolle und Mitschriften aus dem ZK, die wir zum Druck vorbereiteten. Die Endkontrolle, nicht die Endkorrektur, besorgte Lotte Ulbricht. Sie zeichnete mit dem Kürzel »LU«, weshalb wir ihr den Spitznamen »Tante Lu« gaben. Sie erteilte die Druckfreigabe.

Bei der Abstimmung gerieten wir oft aneinander. Für Lotte war »Sachse« ein Schimpfwort, der Grund lag auf der Hand. Wenn ich aber bestimmte sächsische Wendungen und Idiome aus Ulbrichts Texten strich, regte sie sich auf. Selbst wenn dies der Genosse Ulbricht so in der mündlichen Rede gesagt habe, erklärte ich ihr, müssen wir das nicht in der schriftlichen Form übernehmen.

Sie konsultierte sich in solchen Fällen mit Ulbricht, der es wie ich sah. Auch in einem anderen Falle mußte er schlichten. Ich hatte durchgängig das Trennungszeichen bei Adenauer hinter dem »n« gesetzt, also Aden-auer. Sie beharrte auf Ade-nauer. Ich bestand auf meiner Version. Am Montag kam sie wieder und meinte, sie habe den »Genossen Ulbricht« konsultiert. Dieser habe sich nach meiner Qualifikation

Lotte Ulbricht im Gespräch mit Prof. Günter Heyden, von 1969 bis 1989 Direktor des IML, bei einem Veteranentreffen in den 80er Jahren.
Links: Martha Globig, 1918 Mitbegründerin der Freien Sozialistischen Jugend (FSJ).

erkundigt und dann geantwortet: »Dann weiß sie es besser.« Also wurden alle Trennungen wieder rückgängig gemacht.

Unsere Haupttätigkeit bestand im Kollationieren. Wir verglichen drei- bis viermal jede Abschrift mit dem Original, damit auch ja keine Abweichungen vom Urtext passierten. Mein Vorschlag, das einmal zu erledigen, und zwar auf der Druckfahne, wobei man dann die Korrekturen auf dem Rand vermerkte, wie das anderenorts üblich war, fand keine Zustimmung. Es wurde wieder und wieder mit Schreibmaschine abgeschrieben und kollationiert.

Das füllte mich nicht aus, weshalb ich mich im Buchverlag Rütten & Loening bewarb und dort eine interessante Arbeit angeboten bekam. Als dies bekannt wurde, beschäftigten sich die Genossen auf mehreren Parteiversammlungen mit meinem Schritt, der offenkundig als Verrat verstanden worden war. Ich hätte, hieß es, die Fertigstellung der Ulbricht-Bände ernsthaft gefährdet und Absprachen hinter dem Rücken von Lotte Ulbricht getroffen. Diese legte schließlich auch fest, daß ich nicht gehen dürfe – ich müsse erzogen werden. Diese Entscheidung fiel drei Tage vor Weihnachten 1960.

Ich verteidigte mich damit, daß auch im Institut für Marxismus-Leninismus beim ZK der SED die Gesetze der DDR Gültigkeit besäßen und ich nicht Leibeigene sei. Es half wenig: Ich wurde in den Urlaub geschickt und danach in eine andere Abteilung des Hauses versetzt, in die Redaktion der BzG.

Als Redakteurin der BzG hatte ich nur noch sporadisch zu Lotte Ulbricht Konktakt, dabei war unser Verhältnis wesentlich entspannter als vordem. Ich übernahm später die Leitung der Veteranenkom-

[handschriftliche Notiz am rechten Rand:]

Gerda Böttcher
Veteranenkom.
des IML
Will. – Pieck – SA

Liebe Gerda!
Nehme am 26.5.
nicht teil.
Gruß
4/5.82.   Lotte Ulbr.

»Liebe Gerda! Nehme am 26.5. nicht teil. Gruß Lotte Ulbricht. 7.5.82«

mission, an deren Zusammenkünften Lotte auch nach ihrem Ausscheiden aus dem IML 1974 regelmäßig teilnahm. War sie verhindert, entschuldigte sie sich vorher schriftlich. Da war sie sehr korrekt. Anfang der 90er Jahre bat sie mich, ob ich sie nicht betreuen könnte – aber ich lebte schon damals in Marzahn und sie in Pankow: Das war einfach zu weit.

Mitte der 80er Jahre organisierten wir ein Veteranentreffen. Lotte Ulbricht kam allein mit Straßen- und S-Bahn bis nach Marzahn. Am Ende wollte sie meine Wohnung im Plattenbau sehen. Vorher konnte ich im Restaurant feststellen, daß sie ihre Unart beibehalten hatte: Wie damals in der Kantine des IML mußte auch jetzt im »Stadtwappen« sofort nach Beendigung des Essens der Tisch abgeräumt werden. Ich weiß nicht, woher das rührte. Sobald das Besteck auf dem Teller lag, mußte dieser auch schon verschwunden sein. So lange ihre Schwester Elisabeth lebte und ihr das Haus besorgte, achtete sie streng darauf, was Lotte Ulbricht aß. Sie hatte Gallensteine und mußte sich bei manchen Speisen sehr zurückhalten. Jetzt, so schien mir, war ihr das ein wenig egal.

Während unserer einjährigen Zusammenarbeit an Ulbrichts »Reden und Schriften«, Band 1, gab es einige Begebenheiten, die sie und ihren Umgang mit ihrem Mann charakterisierten.

Walter Ulbricht holte »Tante Lu« gelegentlich mit dem Auto im IML ab, wenn sie an einem Protokolltermin teilnehmen mußte. Ansonsten kam und fuhr sie allein nach Hause, zuweilen nahm sie auch jemanden mit. Sie erschien mit Ausnahme jener Tage, an denen sie gesellschaftliche Verpflichtungen hatte, täglich an ihrem Arbeitsplatz in der 3. Etage. Das war die Chefetage. Sie hatte ein geräumiges Büro, das – wie alle dort – zwei gepolsterte Türen besaß. Einmal war ich bei ihr, um etwas mit ihr zu klären, als es klopfte und Ludwig Einicke* erschien. Seit 1953 leitete er das IML. Einicke blieb an der Tür stehen und fragte geradezu zurückhaltend: »Störe ich?« Darauf Lotte kurz und abweisend: »Ja.«

»Gut, wenn ich störe, gehe ich wieder.«

Darauf Lotte Ulbricht, noch eine Spur gereizter. »Du bist doch hier der Direktor. Sag endlich, was Du willst.«

Mir war unangenehm, Zeuge dieses Wortwechsels zu sein, und ich verließ daher den Raum. Immerhin: Einicke konnte zwar mich entlassen, nicht aber Lotte Ulbricht. Damit waren auch die Verhältnisse klar. Dennoch …

Am anderen Morgen fand ich eine Banane in meinem Schreibtisch. Offenkundig hatte Lotte ein schlechtes Gewissen. Ich ging in

* Ludwig Einicke (1904-1975), zwischen 1933 und 1935 wiederholt als KPD-Funktionär verhaftet, illegale Arbeit. 1935 erneut Haft. KZ Lublin, Auschwitz und Mauthausen. 1945 Sekretär der KPD in Sachsen-Anhalt, 1952/53 in Erfurt 2. Sekretär der SED-Bezirksleitung, danach Direktor des IML, von 1962-1972 Stellv. Direktor der Staatsbibliothek, anschließend, bis zu seinem Tode, Chefredakteur »Der Antifaschistische Widerstandskämpfer«.

ihr Büro und legte ihr die Banane auf den Tisch: »Du kannst mich damit nicht bestechen!« Auch das verstand sie.

Der Schreibtisch war übrigens der von Wilhelm Pieck, eine solide Handwerkerarbeit. Ich sollte ihn ruinieren. Und das kam so. Am 19. April 1960 feierte Lotte Ulbricht ihren 57. Geburtstag. Unter den Gratulanten war auch Hanna Wolf*. Sie erschien mit einem Riesenstrauß, der in keine Vase paßte. Daraufhin halbierten wir den Strauß. Einen trugen wir in Lottes Zimmer, den anderen behielten wir. Als sie das bemerkte, erkundigte sie sich scheinheilig: »Was sind das für Blumen?« So und so.

»Das sind meine Lieblingsblumen«, monierte sie und bestand darauf, daß ich auch diese Vase in ihr Büro brachte.

Nun waren bei etlichen Sträußen einige Blütenköpfe angeknickt oder abgefallen. Ich füllte Wasser in einen Aschenbecher, legte die Blüten hinein und stellte sie provokativ auf ihren Schreibtisch: »Das sind auch Deine Lieblingsblumen.« Sie sagte nichts und ging.

Am nächsten Morgen war das Wasser aus dem Aschenbecher gelaufen, das Furnier darunter hatte sich gehoben. Die Schreibtischplatte war hin. Das setzte vielleicht ein Donnerwetter! Später hat sich dafür niemand mehr interessiert. Der Schreibtisch von Pieck verschwand in den 70er Jahren im Keller und staubte dort unbeachtet vor sich hin.

* Hanna Wolf, Jahrgang 1908, Tochter eines galizischen Lehrers und Rabbiners, seit 1922 Mitglied des KJV Polens. 1930 KPD, seit 1932 in Moskau, 1934 sowjetische Staatsbürgerschaft, 1948 Rückkehr nach Deutschland, 1950 bis 1983 Rektorin der Parteihochschule »Karl Marx«, im Februar 1990 Ausschluß aus der SED-PDS.

Foto unten: 1. Mai, als selbst der erste Mann des Staates noch auf der Straße war.

Auf der anderen Seite zeigte sich Lotte aber auch dort couragiert, wo wir es nicht erwarteten. Dafür respektierten wir sie. Sie bestand beispielsweise darauf, daß das IML ihr ein Gehalt zahlte. Das sei doch nicht nötig, wehrte Einicke ab. Sie werde doch über ihren Mann von der Partei versorgt. Eben, sagte sie, und genau das wolle sie nicht. Sie möchte für ihre Arbeit wie jeder andere auch entlohnt werden. Außerdem käme es dadurch zu der albernen Situation, daß die Partei ihr einen Scheck gebe, mit dem sie dann ihren Parteibeitrag bezahle.

Lotte erschien immer pünktlich in der Zahlstelle und zahlte korrekt alle ihre Mitgliedsbeiträge aus eigener Tasche.

Einmal erschien sie mit Kopftuch auf Arbeit und ging, wie sie es immer tat, durch die Räume, um alle Mitarbeiter der Gruppe zu begrüßen. Wir feixten uns eins, denn unter dem Kopftuch trug sie noch Lockenwickler. Sie habe es nicht mehr geschafft, entschuldigte sie sich. Walter liebe es, wenn sie wie in Moskau Stocklocken trüge, meinte sie, und da habe sie wieder einmal Hand an sich gelegt.

In modischen Dingen war sie ohnehin sehr praktisch veranlagt, da war die Ulbrichtsche Bescheidenheit schon fast lächerlich. (Die Möbel aus Hellerau, die sie sich in den 50er Jahren in die Wohnung stellen ließen, behielt sie bis zum Schluß.)

Um 1960 herum gab es für kurze Zeit sogenannte Biwa-Läden in der DDR. Dort gab es »billige Waren« für die unteren Einkommensgruppen. Eines Montags, sie war mit Ulbricht in Thüringen gewesen, führte sie uns voller Stolz ein mit einem blauen Muster bedrucktes Kleid vor, das sie in einem Biwa-Laden in Erfurt erstanden hatte. Es hatte ihr gefallen, und es war billig – also hatte sie es gekauft. Ich sagte ihr: »Jetzt weiß ich endlich, für wen wir die Biwa-Läden eingerichtet haben.« Sie verließ stumm das Zimmer.

Wir haben dann wiederholt mit ihr diskutiert, von Frau zu Frau, und ihr gesagt, daß sie als Frau des Staatsratsvorsitzenden stärker auf ihre Garderobe achten müsse. Das schien ihr lästig, zumal sie nichts wegwerfen konnte. Ich wurde wiederholt von ihr gebeten, die zwangsweise abgelegten Kleider »aufzutragen«. Das Modeinstitut nahm sich schließlich ihrer an und entwarf Kleider. Beim Messebesuch erwischte sie eine Windbö. Allerdings bekam sie nicht so elegant wie Marilyn Monroe auf dem U-Bahnschacht das Kleid nach unten gedrückt. Fortan trug sie nur noch Kostüme.

Am stärksten laborierte sie aber mit den Schuhen. Sie hatte sehr kräftige Ballen, die in keinen Schuh von der Stange paßten. Einmal rieb sie sich sogar die Füße darin wund, weshalb sie dann einige Tage

Lotte Ulbricht in Leipzig, Autogramme gebend, 1980, vor Walters Geburtshaus, Gottschedstraße 25.

Lotte Kühn (links) und Walter Ulbricht auf einer Sitzung der KPD-Führung unter dem Porträt von Ernst Thälmann, 1945.

barfuß durchs Büro lief. Insofern war es sehr erheiternd, als wir alle zu Ulbrichts 68. Geburtstag im Juli 1961 ins ZK gefahren wurden und auf dem Geburtstagstisch neben vielem anderen die ersten in der DDR hergestellten Pumps mit Stileto-Absätzen entdeckten. Wir lästerten, ob die wohl »Tante Lu« tragen müsse und bedauerten sie schon deshalb. Wo die Schuhe gelandet sind, erfuhren wir nie. Tatsache ist, daß die meisten Geschenke, die Walter Ulbricht bekam, in Kinderheimen und anderen sozialen Einrichtungen landeten: Er war sich dessen bewußt, daß die Präsente dem Staats- und Parteifunktionär und nicht dem Privatier Ulbricht galten. Da achtete er immer sehr gewissenhaft drauf.

Und auch auf die Umgangsformen. Lotte stellte uns halbes Dutzend Mitarbeiterinnen vor. Ulbricht reichte uns jedem seine riesengroße Hand – er hatte wirklich überproportionale Hände, die den einstigen Handwerker verrieten – und suchte das Gespräch mit uns. Doch als Lotte unentwegt weiterplapperte, schob er sie sanft beiseite. Die Geste war trotz ihrer Eindringlichkeit keineswegs verletzend.

Im Jahr darauf wurden wir mit einem schweren SIL abgeholt. Der Empfang fand diesmal im Schloß Niederschönhausen statt. Das Datum und die Einladung kamen nicht überraschend.

Wir hatten einen Wassertreter gekauft, weil Ulbricht gern auf dem Wasser war.

Aber auch den Wassertreter bekam später ein Kinderheim.

Ohne die beiden gäbe es das Hotel Neptun nicht

Von Klaus Wenzel*

* Klaus Wenzel, Jahrgang 1937, Fischer, Koch, Hoteldirektor auf der »Völkerfreundschaft«, von 1966 bis 1969 Direktor des Hotels »Warnow« in Rostock, Initiator und seit der Eröffnung 1971 Direktor des Hotels »Neptun« in Rostock-Warnemünde. 2002 in den USA als Spitzen-Hotelier ausgezeichnet (Foto), 2003 als bester deutscher Hotelier geehrt.

1972

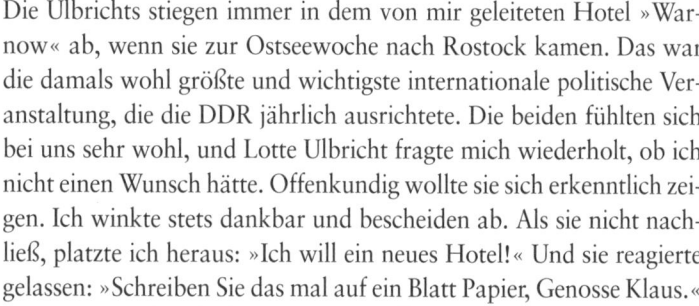

Die Ulbrichts stiegen immer in dem von mir geleiteten Hotel »Warnow« ab, wenn sie zur Ostseewoche nach Rostock kamen. Das war die damals wohl größte und wichtigste internationale politische Veranstaltung, die die DDR jährlich ausrichtete. Die beiden fühlten sich bei uns sehr wohl, und Lotte Ulbricht fragte mich wiederholt, ob ich nicht einen Wunsch hätte. Offenkundig wollte sie sich erkenntlich zeigen. Ich winkte stets dankbar und bescheiden ab. Als sie nicht nachließ, platzte ich heraus: »Ich will ein neues Hotel!« Und sie reagierte gelassen: »Schreiben Sie das mal auf ein Blatt Papier, Genosse Klaus.«

Das tat ich. Ich skizzierte meine Überlegungen und gab damit zu erkennen, daß ich mich in den Engpässen der DDR-Volkswirtschaft doch nicht völlig auskannte. Aber die Ulbrichts waren von meiner Idee angetan, ein Hotel mit Weltniveau – der Ostseewoche würdig – in den Warnemünder Sand zu setzen.

Walter Ulbricht arrangierte ein Treffen mit dem 1. Sekretär der SED-Bezirksleitung Rostock, Harry Tisch, und anderen wichtigen Leuten, darunter dem Generaldirektor der Interhotels. Dieser begann seine Ausführung mit dem Hinweis, daß ich mit meinen 32 Jahren für eine solche Aufgabe doch wohl noch ein wenig zu jung sei, worauf Ulbricht erklärte: »Genosse Siegert, die Beratung ist für Sie beendet.« Am Ende gab es ein kurze Notiz und einen Beschluß der Bezirksleitung – und dann konnte ich loslegen. Ich schaute mir zunächst 42 Hotels in sechs Ländern an und wußte: Ich hatte Geld für einen »Trabant« – aber ich wollte einen »Mercedes«.

Außer Ulbrichts Zusage, ich könne jederzeit bei ihm anrufen, wenn es partout nicht weitergehe, gab es von Berlin keine Hilfe. Ein einziges Mal nur machte ich von seinem Angebot Gebrauch. Als Folge schickte er mir alle Minister, zwei Dutzend hatten wir, nach Rostock. Sie haben mich, den jungen Schnösel, wegen meiner Forderungen gehaßt. Ich wollte moderne Kücheneinrichtungen haben, worauf man mich auf sowjetische Einrichtungen verwies. Da müßte meine Küche doppelt so groß werden, um alle Geräte unterzubekommen, lästerte ich. Das gleiche bei der Telefonanlage. Oder die Belüftung. Ich wolle keinen Anbau ... Der einzige, der mir zur Seite sprang, war Verkehrsminister Otto Arndt. Dem schien mein unerschütterbares Selbstbewußtsein und mein unbändiger Wille zu imponieren. Und er stimmte schließlich seine Kollegen um.

Klaus Wenzel mit den
Ulbrichts, 1972.

Am 20. Jahrestag der DDR, am 7. Oktober 1969, erfolgte der Spatenstich. Zuvor hatte ich noch die Warnemünder überzeugen müssen, daß sie den am Bauort befindlichen Seerosenteich und den Gedenkstein verlegten. Das ging mit der angrenzenden Entbindungsstation natürlich nicht. Da wir auch nachts in der Baugrube arbeiteten – vor allem die lautstarken Rammarbeiten waren lästig –, habe ich erklärt, daß das künftige Hotel die Patenschaft über alle in der Nacht geborenen Kinder übernehmen würde. Komisch, von Stund an kamen dort keine Kinder mehr am Tage zur Welt.

Am 4. Juni 1971 wurde unser Haus unweit der Warnemünder Mole eröffnet.

Fast ein Jahr später kam Fidel Castro mit einer kubanischen Delegation, das »Neptun« wurde seine Residenz, dort führte man auch die politischen Verhandlungen mit der DDR-Spitze. Auf Wunsch Castros nahmen auch die Ulbrichts an einer Schiffsreise teil, und Fidel hatte sie am nächsten Tag, das war der Samstag, ins Hotel gebeten. Sie selbst logierten außerhalb, ich glaube im Gästehaus Dierhagen.

Morgens standen die beiden alten Leute im Foyer – und lösten in den Kulissen Hektik aus.

Werner Lamberz zog mich beiseite und verlangte, ich solle den beiden die Tür weisen. »Du mußt die rauswerfen, Honecker will sie hier auf keinen Fall sehen.«

»Wieso ich?«, fragte ich zurück.

»Weil Du der Hausherr bist!« Lamberz Erklärung duldete keinen Widerspruch.

Also erfüllte ich den mir unangenehmsten Auftrag, den ich jemals bekommen habe. Ich begrüßte die beiden Ulbrichts und verwies darauf, daß das gesamte Hotel zum Protokollbereich erklärt worden sei und ich keine freie Minute hätte, um mich ihnen mit der nötigen Aufmerksamkeit zu widmen. Ich würde sie aber gern zum Montag einladen, da wäre ich den ganzen Tag nur für sie da.

Die beiden waren klug genug, um den eigentlichen Grund des Rauswurfs zu begreifen, und ersparten mir die Peinlichkeit einer Nachfrage. Sie drehten sich um und verließen wortlos das Hotel.

Am Montag verbrachten wir einen sehr angenehmen Tag miteinander. Ich zeigte ihnen das ganze Haus, sie ließen sich manches Kunstwerk erläutern und fragten interessiert nach. Beide zeigten mit jeder Geste, daß sie mir nichts nachtrugen.

Vielleicht aber war ihnen auch bewußt, daß diese Stillosigkeit, mit der man ihnen begegnete, nicht über Nacht gekommen war. Sie war ihnen darum nicht neu.

Er war ein Überlebenstalent
Von Günter Schabowski*

Walter Ulbricht habe ich zwei- oder dreimal gesehen, und das aus ziemlicher Entfernung. Das waren so nichts- oder vielsagende Eindrücke, wie man sie aus dem Fernsehen gewinnen konnte. Zudem schwankte sein Charakterbild ja zwischen sächselndem Bürgerschreck, Parteipatriarchen und politischem Kleindarsteller. Eine griffigere Vorstellung

* Aus BI Universallexikon, Februar 1990: »Schabowski, Günter, geb. 4.1.1929, SED-Politiker, Journalist; 1978/85 Chefredakteur des ›Neuen Deutschland‹; 1984/89 Mitglied des Politbüros des ZK, 1986/89 Sekretär des ZK der SED, 1985/89 1. Sekretär der SED-Bezirksleitung Berlin; versuchte erfolglos, sich Ende 1989 als Politiker der Wende neu zu profilieren; ist als Mitglied der Parteiführung mitverantwortlich für die stalinist. Politik in der DDR.«

Der Beitrag erschien am 24. Juni 1993 in der »Wochenpost«.

von seiner Macht vermittelte mir eine Episode, bei der Ulbricht nicht einmal anwesend war.

Frühjahr 1970, nach dem Treffen Brandt/Stoph in Erfurt: Ich war auf dem Weg zu einer Sitzung der Agitationskommission im ZK-Gebäude. Dort gab es einen abschließbaren Fahrstuhl, mit dem sich die Politbüromitglieder in ihre Etage befördern ließen. Gerade verließ Honecker eilig den Sonderlift, als ein Genosse auf ihn zustürzte: »Erich, Genosse Walter will dich noch mal sprechen.«

Honecker machte eine Vollbremsung und peste mit starrem Blick – nicht wieder zurück in den Fahrstuhl, sondern ins Treppenhaus, wo er mit raumgreifenden Sätzen entschwand. Augenscheinlich, um sich schneller, als es die Aufzugstechnik erlaubte, beim »Chef« zu melden. Was für Verhältnisse müssen in der Parteispitze herrschen, dachte ich, wenn ein Wink des Ersten Sekretärs seinen De-Facto-Stellvertreter zu solcher Hast nötigte.

Doch die Szene täuschte. Unter der Decke der Beflissenheit setzte Honecker längst die Pflöcke für die Nachfolge. Wie er mit Ulbricht, taten wir es 19 Jahre später mit Honecker. Die Etikette des Machtwechsels in der Partei waren so beschaffen.

In Erfurt hatte Honecker mit einer kleinen Gruppe seiner Parteigänger aus FDJ-Zeiten, allen voran der Staatssekretär für gesamtdeutsche Fragen, Joachim Herrmann, schon die Fäden gezogen, um

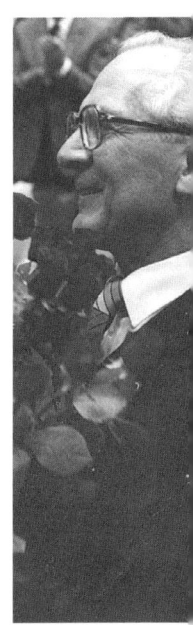

18. Oktober 1989: Schabowski, Mitglied des Politbüros und Sekretär des ZK der SED, 1. Sekretär der SED-Bezirksleitung Berlin, spricht auf der der Parteiaktivtagung in der Werner-Seelenbinder-Halle. Honecker hatte soeben die Verantwortung »in jüngere Hände« gelegt.

gerade das gesamtdeutsche Bosseln von Ulbricht ad absurdum zu führen. Das neue Konzept, das Honecker ein Jahr später aus der Tasche
holen würde, hieß »Normalisierung der Beziehungen zur BRD«, deut-
licher: durch Abgrenzung zu völkerrechtlicher Anerkennung der DDR.
Die Vokabel »gesamtdeutsch« wurde getilgt. […]

Als der alt und klapprig Gewordene von seinem Ziehsohn von der
politischen Bühne gestoßen wurde, gab es nicht wenige Nachrufe im
Westen, die dem Sachsen bescheinigten, einer der erfolgreichsten
Nachkriegspolitiker gewesen zu sein. Unbestreitbar ist, daß er das –
laut Kiesinger – »Gebilde« bis an die Schwelle weltweiter staatlicher
Anerkennung bugsiert hatte. Das Phänomen bestand darin, daß ihm
das gelang, obwohl er hüben wie drüben weithin als Unperson galt.

Er war ein Überlebenstalent. Zum Verhängnis wurde ihm nicht
der Arbeiteraufstand des 17. Juni, nicht die Zwangskollektivierung in
der Landwirtschaft, nicht der Exodus Hunderttausender. Selbst Stalins Entkanonisierung verunsicherte ihn keine Sekunde. In unver-
wechselbarem Falsett verwies er den kaukasischen Tyrannen aus dem
Pantheon des Marxismus-Leninismus.: »Es ist glar, Genossen, daß der
Genosse Stalin kein Glassir ist.« Erst die eigne Hybris trug ihm die
Ungnade Moskaus ein und ließ ihn fallen. […]

Das Jahr 1973
*Von Elfriede Leymann**

* Prof. Elfriede
Leymann, Jahrgang
1928, Jura-Studium an
der Leipziger Universi-
tät (1947-51), danach
Deutsche Akademie für
Staats- und Rechts-
wissenschaften
Potsdam (1951-65)
und Professorin für
Verwaltungsrecht an
der Humboldt-
Universität zu Berlin
bis 1988, seitdem
Rentnerin.

In jenem Jahr starben alle drei Geschwister Ulbricht. Walter wurde
80, Erich 73 und Hildegard 72. Der eine starb bei Berlin am Döllnsee, der andere in New York, die jüngste in Bad Segeberg. Das ist
ungewöhnlich, zumal alle drei wenig bis nichts miteinander zu tun
hatten und darum auch nicht aufeinander fixiert waren. Walter Ulbricht und seine Schwester hatten sich noch kurz vor seinem Tod in
Berlin nach Jahrzehnten erstmals wieder getroffen. Die letzte Begegnung der beiden Brüder rührt aus dem Jahre 1928.

Ich selbst lernte Erich Ulbricht Anfang 1933 kennen, da war ich
fünf und so alt wie seine Tochter. Die Begegnung fand bei uns daheim
in Leipzig-Schönefeld statt.

Der Bruder meines Vaters, Herbert Eichhorn, war mit Erich Ulbricht befreundet. Sie hatten gemeinsam als Orthopädie-Handwerker
gearbeitet und waren zu Beginn der 20er Jahre – zusammen mit meinem Vater Rudolf – dem Kommunistischen Jugendverband (KJVD)
Leipzig beigetreten. Onkel Herbert und Erich Ulbricht wurden arbeits-

los und beschlossen auszuwandern. Dabei erwogen sie zunächst, nach Sowjetrußland zu gehen, wie mir mein Vater später einmal erzählte. Doch daraus wurde nichts: Es türmten sich ungeahnte Schwierigkeiten auf. Onkel Herbert erinnerte sich entfernter Verwandter in den USA und beantragte 1922 die Einreise. Mit ihrer Hilfe bekam er die erforderlichen Papiere – im Oktober 1925 bestieg er ein Schiff nach New York. Im März 1926 folgte ihm seine Frau nach. Und zwei Jahre darauf, so berichtete er 1974, »verhalf ich meinem ehemaligen Lehrling und Arbeits-Genossen Erich Ulbricht nach hier zu kommen«.

Nun also kamen Erich Ulbricht, seine Frau Erna und ihre Tochter erstmals zurück in die alte Heimat. Das war für mich ein außergewöhnliches Ereignis. Vor allem sind mir im Zusammenhang mit diesem Besuch zwei Dinge in Erinnerung haften geblieben. Einmal, daß es Schwierigkeiten bei ihrer Rückreise gab. Angeblich hatte Erich Ulbricht seinen Paß verloren, weshalb der Leipzig-Aufenthalt länger dauerte als ursprünglich geplant. Und daß mein Vater erstmals in seinem Leben eine maßgeschneiderte Hose bekam. Erich Ulbricht informierte nämlich, daß sein Vater arbeitslos geworden war und es für ihn hilfreich sei, wenn Rudolf Eichhorn – mein Vater – bei ihm arbeiten ließe. Einen solchen Appell schien er an einige ehemaligen Mitglieder des Leipziger KJVD gerichtet zu haben, denn mein Vater war nicht der einzige, der neue Hosen in Auftrag gab.

Schneidermeister Ernst Ulbricht erschien im Sommer 1933 in unserer Wohnung und nahm Maß bei einem Arbeiter des Telegrafenbauamtes Leipzig. Ein einmaliger Vorgang. Ulbricht ging bereits auf die 70 zu, ein mittelgroßer, schmaler Mann, der leicht gebeugt ging und sehr still war.

Die Verbindung zu Erich Ulbricht und seiner Familie wurde über meinen Onkel Herbert gehalten, die beiden Männer blieben zeitlebens befreundet.*

* Als Akademikerin mußte sich Elfriede Leymann 1983 verpflichten, keine privaten West-Kontakte zu unterhalten. Pflichtgemäß brach sie die Korrespondenz mit Onkel Herbert im Staate New York ab. Der verstand das nicht und fragte in seinem Brief vom 15. November 1983, ob es denn keine Möglichkeit gebe, »die politischen Ideen, die uns unglaublich gespalten haben, zu überbrücken? Selbst die drei Ulbricht-Geschwister haben sich am Sterbebett geeinigt und sich inniglich die Hände geschüttelt.« Dieser Hinweis irritiert: Ein Treffen zwischen Walter Ulbricht und seiner Schwester Hildegard im Sommer 1973 ist bezeugt, aber keines zwischen den Brüdern Ulbricht. Auf der anderen Seite: Beide Freunde, Erich Ulbricht und Herbert Eichhorn, wohnten auf Long Island und sahen sich regelmäßig. Wußte Herb mehr als alle anderen? Herbert Eichhorn starb 1987.

Ulbrichts Brille. Sie befand sich in der Gedenkecke in seiner Schule. Die wurde 1990 aufgelöst. Die Brille stellten verantwortungsbewußte Zeitgenossen sicher.

Es entwickelte sich ein solidarisches Netzwerk, das sich in schwerer Zeit bewährte. Als beispielsweise in der Nachkriegszeit die Not groß war, erhielten meine Mutter und ich wie andere Verwandte wiederholt sogenannte Care-Pakete aus den USA, die aber – um den Zoll zu sparen – als innerdeutsche und damit zollfreie Sendungen aus Bad Segeberg nach Leipzig kamen. Absenderin war Hildegard Niendorf, die Schwester von Walter und Erich Ulbricht. Sie hatte sich als Schaltstelle für Onkel Herbert zur Verfügung gestellt.

Mein Onkel Walter

Von Luise Flavin*

* Luise Flavin, Jahrgang 1932, eine der beiden Töchter von Walter Ulbrichts Schwester Hildegard (1899–1973). Sie ging zu Beginn der 50er Jahre ins Ausland (Großbritannien, Frankreich) und lebt seit 1956 in den USA. Luise Flavin ist verheiratet, hat drei Kinder.

Ich habe ihn nie getroffen. Gleichwohl war er in unserer Familie ein Begriff. Meine Mutter war schließlich seine jüngere Schwester. Das wußten auch einige Reporter, die sie in den 60er Jahren in Norddeutschland aufspürten. Ich erinnere mich, daß sie mir erzählte, sie sei auf dem Weg zum Büro plötzlich fotografiert und dann mehrere Male angerufen worden. Sie sollte sich über ihren Bruder äußern. Sie hatte daran kein Interesse, wie man so sagte, und konnte verhindern, daß diese Bilder von ihr veröffentlicht wurden. Das Kinderfoto (S. 242) durfte schließlich nur mit einem schwarzen Balken vor ihren Augen

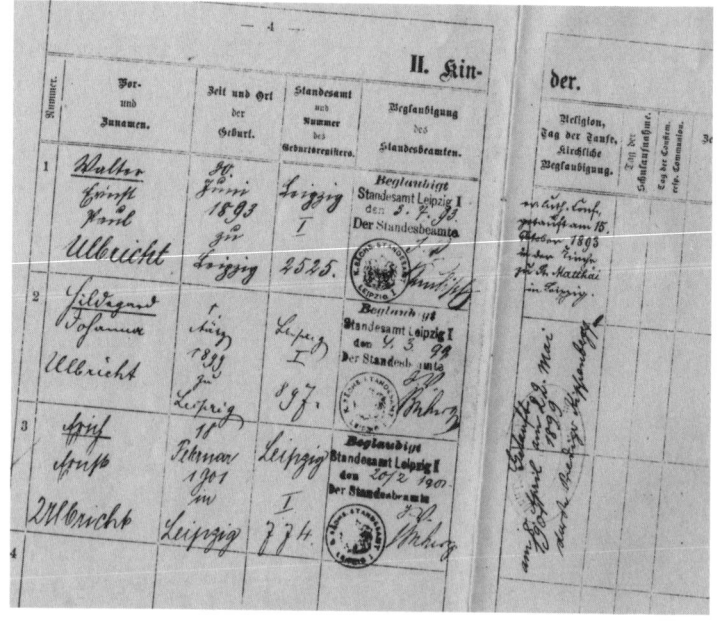

Eintrag der drei Ulbricht-Kinder in das Register des Leipziger Standesamts. Hildegard Johanna Ulbricht, Luise Flavins Mutter, wurde am 1. Mai 1899 geboren, der Eintrag erfolgte am 4. Mai, am 22. Mai wurde sie von Prediger Kippenberg getauft.

Hochzeitsbild von Ernst August Ulbricht und Ida Pauline Rothe. Die Eltern heirateten am 6. Februar 1892 in Leipzig. Die Trauung fand in der Kirche St. Matthäi statt. Ernst W. kam aus Krummenhermsdorf bei Freiberg, Ida aus Schildau, der Heimat der Schildbürger. In Schildau hat, wie das der Zufall will, der alte und neue PDS-Chef Lothar Bisky seit Jahrzehnten schon sein Wochenendhaus.

erscheinen. Sie hat nie herausgefunden, wer damals das Kinderbild dem »Stern« ausgehändigt hat.

An Ernst Ulbricht, meinen Opa, habe ich hingegen lebhafte Erinnerungen. Ich wurde 1932 in Königs Wusterhausen bei Berlin geboren. Mein Vater mußte, wie mein Onkel Walter, Hitlerdeutschland 1933 verlassen. Meine Kinder- und Jugendjahre verbrachte ich mit meiner Schwester Ethel-Line und meiner Mutter in Norddeutschland. Ich war jedoch oft bei meinem Großvater in Leipzig. Er arbeitete in einer Herrenschneiderei und kam zum Mittagessen nach Hause. Dann legte er sich für kurze Zeit aufs Sofa und schlief. Ich erinnere mich, daß dort ein Kissen lag, auf dem »Nur ein Viertelstündchen« eingestickt war. Und länger schlief der Großvater auch nicht. Das hat mich als Kind fasziniert, wie man so schnell in Tiefschlaf versinken konnte. Nun ja, er war ja auch bereits über siebzig Jahre alt.

Lebhaft erinnere ich mich der Besuche im Zoo. Dabei nahm er immer einen Stock mit, obgleich er sich nicht damit stützte. Der Stock gehörte zum Sonntagsausgang dazu. Im Zoo trug er den Spazierstock

Die Geschwister Hilde-
gard und Walter, 1900.

1972

quer hinter dem Rücken in den angewinkelten Armen und ging ganz gerade. Da er werktags immer gebeugt sitzen mußte, war dies offenkundig der Ausgleich.

Opas Wohnhaus, in dem er mit seiner zweiten Frau lebte, befand sich hinter einem massiven Tor am Ende der Straße. Das verhältnismäßig abgeschlossene Areal wurde auch von den Hausgärten der Wohngebäude in den Nebenstraßen begrenzt. Und ich entsinne mich der riesigen alten Bäume, die dort standen.

Später habe ich gelesen, daß das »Naundörfchen« eine verrufene Gegend gewesen sein soll, ein Dirnenviertel – davon haben wir nichts gemerkt. Sicher ist mir als Kind vieles entgangen – aber für mich war das »Naundörfchen« die Welt, sicher und ein Zuhause.

Mein Vater, zum Zeitpunkt meiner Geburt in der Leitung der Bauarbeitergewerkschaft angestellt, war ein ziemlich engagierter Sozialdemokrat und ging 1934 nach Großbritannien. Er wurde nach Kriegsbeginn interniert und mit anderen deutschen Flüchtlingen auf der »Dunera«, einem Gefangenenschiff, nach Australien deportiert. Er kehrte 1946 nach Lübeck zurück, baute dort die SPD und die Gewerkschaft wieder mit auf. Meine Eltern trennten sich, ich selbst ging mit 19 nach Großbritannien und arbeitete als Kindergärtnerin. Über Paris kam ich 1956 in die USA, wo ich zunächst als Dolmetscherin arbeitete. Mein Mann ist Lehrer an der hiesigen Schule, ich selbst bin auch noch in meinem alten Beruf tätig. 1990 war ich in Berlin. Zwei Jahre später erfuhr ich aus einer Zeitung, die mir meine in Norddeutschland lebende Schwester geschickt hatte, daß Lotte Ulbricht, meine Tante, noch lebte. Ich bedauerte, sie nicht besucht zu haben. Ich schrieb ihr im Sommer 1992 einen Brief, den sie beantwortete, schickte auch eine Karte zum Geburtstag, aber erhielt darauf keine Antwort. Ich glaubte, sie sei gestorben.

Walter Ulbricht, Former East German Le

Walter Ulbricht

Eastfoto

Continued From Page 1, Col. 1

Mr. Honecker and other dignitaries would deliver orations. The official obituary heaped lavish praise on Mr. Ulbricht. "A fighting life in the service of the workers class, of peace and of Socialism has ended," the party said of him. "He was an outstanding fighter of the international workers movement."

Mr. Ulbricht's death cast some shadow over the 19th Communist World Youth Festival, now being held in East Berlin. According to a spokesman the dying leader had requested that it should continue as scheduled until Sunday. Thousands of young people fro 140-odd countries have converged on the East German capital for the festival.

As soon as Mr. Ulbricht's death was announced, East German radio and television interrupted coverage of the festival to play solemn music, including Bethoven's Eroica symphony. Flags were lowered to half staff over Government buildings tonight, but thousand of youngsters roaming the streets sang, danced and celebrated, unmoved by the passing of the Communist leader.

industrial power in the world, East Germany remains subject to the social and psychological pull of West Germany. Violent change of leadership in the style of Poland or Hungary was too risky for vulnerable East Germany. So Mr. Ulbricht was kept on, even though he was a political corpse.

Walter Ulbricht was born June 30, 1893, in Leipzig's proletarian district of Naundörfchen. His father, Ernst, was a member of the Social Democratic party. His mother, Pauline, had quit the Lutheran Church to conform with the Socialists' views of religion.

The family's poverty forced young Ulbricht to leave school after eight years and apprentice himself to a cabinetmaker. About this time, in 1907, he joined the workers' gymnastic association of Leipzig called Eiche (Oak), which also conducted political seminars.

Later he joined the Socialist Workers Youth, and from that graduated to the Social Democratic party in 1912. His journeyman years before World War I gave him the chance to visit Austria, Italy, Switzerland, Belgium and the Netherlands.

He first demonstrated his efficiency won him a place in the German delegation to the Fourth Congress of the Communist International in Petrograd and Moscow in 1922. It was on this trip that he had the chance to shake hands with Lenin, his idol.

It was a moment he loved to recall and he did so frequently.

the toppling of the bourgeois republic.

When Hitler came to power in January, 1933, Mr. Ulbricht went underground. Nine months later he emigrated, first to Paris and Prague and then, in 1935, to Moscow. Except for a brief trip to Madrid during the Spanish Civil War, he remained in the Soviet Union for the next decade.

Defended Stalin's Purges

The great Stalinist purges came. But Mr. Ulbricht survived and dutifully defended them. Some maintain that he was responsible for delivering German Communists to their executioners, but no proof is available.

His faithfulness to his Russian mentors knew no bounds in those days, and he wrote in defense of Stalin's 1939 nonaggression pact with Hitler. Yet when the Wehrmacht attacked the Soviet Union, he joined the political administration of the Red Army and was at the front at Stalingrad, doing propaganda work among German prisoners of war. This service won him the Order of the Fatherland War in 1943. He also helped organize the National Committee of Free Germany among prisoners who

Die *New York Times* brachte am 2. August 1973 einen sehr umfangreichen Nachruf unter der Headline »Walter Ulbricht, Former East German Leader Wo Built Berlin Wall Is Dead at 80«. Luise Flavin hat den Beitrag ausgeschnitten und aufbewahrt. Erstmals heißt es dort anerkennend, unter Ulbrichts Führung sei die DDR aufgestiegen »to the rank of 10th strongest industrial power in the world«.

* Der Beitrag erschien in der »Wochenpost« vom 24. Juni 1993 zum 100. Geburtstag Walter Ulbrichts.

Gute Nacht, Lotte
Von Jutta Voigt *

Spreche ich mit Frau Ulbricht?
Ja.

Hier ist die »Wochenpost«. Wir würden uns freuen, wenn Sie uns was über Ihren Mann erzählen könnten. Immerhin wäre er diese Woche hundert geworden.
Ich bin nicht interessiert, ich will meine Ruhe haben.

Wir wollen nicht einfach so vor Ihrer Gartentür stehen.
Da hätte ich Sie auch weggejagt.

Weggejagt?
Ja, ich jage sie alle weg, die vom »Spiegel«, von der FAZ, alle. Wenn ich Ihnen ein Interview gebe, habe ich die alle auf dem Hals.

Gibt es nicht eine Verpflichtung gegenüber der Geschichte?
Das wird sich schon alles noch rausstellen.

Ihre Stimme hört sich nicht an wie die einer Neunzigjährigen.
Ich habe noch meine alte Vitalität.

Eine Bekannte von Ihnen hat mir Ihre Telefonnummer gegeben, sie kennt Sie aus dem Liebknechthaus, von damals, als Sie sich noch einen Kirschmund gemalt haben.

Kirschmund? Quatsch ... Der geht's wohl auch nicht mehr so gut, die läuft ganz krumm.

Wollen Sie nicht doch mit mir sprechen?

Will ich nicht. Lesen Sie meine Aufsätze von 1965*, da steht genug drin. Noch was, Mädchen?

Lotte Ulbricht, die einstige Landesmutter mit der ewigen grauen Dauerwelle, ist noch immer ganz Chefin. Sie in Ruhe zu lassen, ist ein Befehl. Dabei wollte ich sie nur fragen, wie es war mit Walter, ob er ihr die Schreibmaschine getragen hat im Liebknechthaus, als sie noch Kirschmund trug, verheiratet war und Lotte Wendt** hieß. Und wie das gewesen ist mit ihrer gefallenen Tochter, die vor zweieinhalb Jahren von Pennern zu Grabe getragen wurde.***

Ob Walter wirklich nur zwei Anzüge hatte, von denen einer kunstgestopft gewesen sein soll. Ob sie bis zum Lebensende der Meinung ist, daß die Partei immer recht hatte****, und wenn, dann welche, die von ihrem Mann oder die von Erich Honecker.

* Lotte Ulbricht: Reden und Aufsätze 1943-1967. Dietz Berlin 1968

** In den 20er Jahren hatten Lotte Kühn und Erich Wendt geheiratet, um eine Wohnung in Berlin zu bekommen.

*** Beate Ulbricht war 1991 erschlagen worden.

**** Für Jutta Voigt: »Ich bin mir immer bewußt, daß wir Mitschuld an der jetzigen Lage haben und darum die Folgen mit ausbaden müssen.« Lotte Ulbricht am 9. Juni 1990 in einem Brief an Anni Neumann, Rostock.

Vielleicht noch, warum Walter jedes Wort ablesen mußte, wenn er eine Rede hielt. Erinnern Sie sich an den alten Witz? Walter Ulbricht steht im Schlafanzug vor Lotte. Er faßt in die Brusttasche, holt einen Spickzettel raus und liest mit seiner berühmten Fistelstimme ab: Gute Nacht. Dann wendet er den Zettel und liest weiter: Lotte. Gute Nacht, Lotte.

Sie nannte ihn »Walotschka«
Von Ursula Benjamin*

* Ursula Benjamin, Jahrgang 1936, Rostockerin, Schwiegertochter der Justizministerin Hilde Benjamin (1902-1989). Sie hielt am 18. April 2002 die Trauerrede für Lotte Ulbricht. Ursula Benjamin studierte in Leningrad Ökonomie (1955-59), arbeitete danach im Berliner Handel, war in den 80er Jahren an der DDR-Botschaft in Moskau und in den 90er Jahren als Geschäftsführerin einer Bildungseinrichtung tätig.

Wir kannten uns flüchtig aus den frühen 70er Jahren. Ich hatte damals in unserem Wohngebiet in Pankow irgendeine Zusammenkunft mit Ulbricht auszuwerten, an der ich teilgenommen hatte. Lotte gehörte der Parteigruppe an und stellte Fragen. Ob denn Ulbricht auch zu diesem und zu jenem etwas gesagt habe, und was habe er dazu gemeint etc.? Die Fragen waren präzise, ich geriet ins Schwitzen.

Das war ein wesentlicher Charakterzug an ihr: die Neigung, Menschen zu examinieren. Dabei schien es nicht darum zu gehen, jemanden vorzuführen, sondern darauf hinzuweisen und zu zwingen, sich gründlich mit einer Sache zu beschäftigen. Sie vermochte es dennoch, manchem damit die Tränen ins Gesicht zu treiben.

In den 90er Jahren kamen wir uns näher. Unsere beiden Häuser lagen nur wenige Schritte voneinander entfernt. Sie suchte das Gespräch, weil sie es brauchte. Wir feierten bei uns Silvester, sie kam zum Essen, ich besuchte mit ihr die Anrechtskonzerte ... Letztmalig waren wir 2000 im Schauspielhaus. Es war im Winter und hundekalt. Lotte, die mit ihren 97 Jahren kaum noch laufen konnte, und ich standen plötzlich vor einem leeren Parkplatz. Nun hatte die Polizei noch einen zweiten Wagen abtransportieren lassen, der allerdings einem Körperbehinderten gehörte. So mußte sie uns zähneknirschend in ihrem grünen Polizeiauto zum Abstellplatz fahren. War ein teures Konzert. Lotte trug es mit Fassung.

Oft rief sie an, wenn sie Hilfe brauchte. Mitunter war sie nachts in der Wohnung gestürzt und konnte sich nicht mehr mit eigener Kraft erheben. Dann gab sie Signal und wir halfen ihr ins Bett. Als Michael, mein Mann, sich von ihr verabschiedete, um sich operieren zu lassen, sagte sie ermunternd: »Daß du mir nicht liegen bleibst auf dem Tisch!« Ihr Appell fruchtete nicht, Micha starb im Krankenhaus.

Ich hatte den Eindruck, daß sie ihr Spruch mindestens so betrübte wie sein Tod.

1970 auf der Ostsee-
woche in Rostock, hin-
ter Ulbricht Paul
Verner.

1964

Die Gespräche mit ihr waren immer sehr intensiv und wiesen mindestens drei Eigenheiten auf. Zum einen: Lotte Ulbricht machte deutlich, daß sie im Verhältnis zu Walter eigenständig war. Sie bestritt vehement, daß sie Einfluß auf seine Entscheidungen genommen habe. Das
war nahezu traumatisch bei ihr. Mir war nicht klar, ob es ihr darum
ging, ihren eigenen Beitrag herauszustellen oder den seinen nicht zu
schmälern. Tatsache ist, daß eigentlich niemand ihre Verdienste um
die Emanzipation der Frauen in unserem Lande in Abrede stellte. Aber
der Stachel, Ulbrichts schlechter Geist gewesen zu sein, der offensichtlich während seiner Ausschaltung ihr ins Herz getrieben worden
war, saß unerreichbar tief. Wobei sie deutlich machte, daß sie nicht in
allen Ansichten übereinstimmten. Einmal sagte sie mir, eher beiläufig,
daß Walter in den 20er Jahren immer noch von *Sowjetdeutschland*
geredet habe, als ihr schon längst klar gewesen sei, daß das nicht funk-
tioniere. Erst später sei auch er davon abgekommen.

Zum zweiten war erkennbar, daß zwischen diesen beiden Menschen nicht nur die Chemie gestimmt haben muß, sondern daß sie sich
wirklich liebten. Es passiert wahrscheinlich selten, daß Machtmen-
schen derart emotional aufeinander fixiert sind. Aber nicht in der
Öffentlichkeit! Das hat sie mir einmal gesagt: nicht öffentlich. Sie wäre
nie auf den Gedanken gekommen, ihn »Walotschka« zu rufen, wenn
ein Dritter dabeigestanden hätte. Aber wenn sie allein waren, benutzte sie schon diese russifizierte Form von »Walter«.

Gefühle zeigten beide nicht, wenn sie auftraten. Das hätte man als
Schwäche auslegen können, glaubten sie. Allerdings vermochte sie
nicht zu verhindern, daß mindestens eine Schwäche offenbar wurde:

daß sie als Mutter versagt hatte. Walter hatte zu Beate ein wirklich väterliches Verhältnis, für Lotte war die Tochter eine Erziehungsaufgabe. An dieser ist sie gründlich gescheitert. Darüber aber – dritter Punkt – sprach sie nie. Es gab Tabuthemen, auf die sie unwirsch reagierte, sobald die Rede darauf kam. Die abschließende Erklärung zu Beate lautete: »Funktionäre dürfen eben keine Kinder adoptieren!« Andere Tabu-Themen lagen auf dem Felde der Politik, etwa die Sowjetunion. Da war kein kritisches Wort erlaubt. Kommentar: Wir sollten erst einmal vor unserer eigenen Türe kehren, bevor wir anderen Vorwürfe machten.

Ein anderer Fettnapf waren ihre Memoiren oder ein Buch über sie. Nein, nie. Kein Mensch könne ihre Entwicklung verstehen, meinte sie. Das war keineswegs Koketterie, sondern wies auf die Schwierigkeit des Umgangs mit der Geschichte im allgemeinen. Prozesse würden immer nur in der Rückschau und mit dem Wissen von heute beurteilt werden, monierte sie. Doch man müsse, um den handelnden Personen gerecht zu werden, deren Kenntnisstand zum Zeitpunkt des Handelns berücksichtigen. Sie sei, berichtete sie, als deutsche Jungkommunistin 1922 von den sowjetischen Genossen in Betriebe* geschickt worden, um den Arbeitern dort den Marxismus zu erklären – schließlich komme sie aus dem Lande von Marx und Engels, habe es geheißen. »Außer dem Kommunistischen Manifest hatte ich nichts

* Im September 1922 hielt sie auf dem Markt von Iwano-Wosnessensk ihre erste öffentliche Rede (siehe S. 54).

Da Lotte Ulbricht nichts dem Zufall überließ, konzipierte sie ihre eigene Trauerrede. Die Themen und Stichworte diskutierte sie anschließend mit Uschi Benjamin. Das geschah oft kontrovers.

gelesen. Ich wußte so gut wie nichts.« Der Idealismus war groß, die Bildung gering. Schritt um Schritt haben sie und Walter sich ihren Horizont erweitert. Aber natürlich aus Unwissenheit Fehler gemacht. Leider hätten die Irrtümer von Politikern größere Folgen – egal, ob die nun »demokratisch« oder »diktatorisch« zustandegekommen wären. Geschichte sei nach vorn offen, auch wegen der individuellen Fehler, aber springe man Jahrzehnte zurück, dürfe man nicht so tun, als hätten die damals Handelnden immer genau gewußt, wie alles und was alles kommen würde. Der Fluß ihrer Rede strömte dahin.

Hätten wir 1949 nicht die Alternative wagen sollen, wenn wir gewußt hätten, daß wir scheitern? Die heutige Lesart, so Lotte weiter, ist ja, daß die DDR ein Betriebsunfall der Geschichte gewesen sei. Gesetzmäßig wäre man wieder zur alten Geschäftsordnung zurückgekehrt, die 1945 in Ostdeutschland für kurze Zeit außer Kraft gesetzt worden war. Die Geschichte hielt auch andere Optionen bereit – die DDR mußte nicht so enden, wie sie es schließlich tat. Doch selbst ihr Scheitern bedeutete nicht, daß die Idee einer Alternative erledigt ist. Der Rückfall in eine frühere Periode ist die Chance für einen neuen Anfang. Der Sieg der Sieger ist aus dem Hause Pyrrhus ...

So redete und sprach Lotte munter drauflos, daß es dem einen eine Freude war, manchem aber auch ein Ärgernis.

Hatte sie nur Politik im Kopf? Mitnichten. Sie war eine Frau.

Der Chic der späten 60er Jahre ... Willi Ondraschek, Heinz Rost (v. l.) und andere Mitglieder der SED-Stadtleitung Halle machen einen Betriebsausflug nach Berlin und treffen auf dem Alexanderplatz Lotte Ulbricht. Also stellt man sich zum Gruppenbild.

Sie berichtete mir einmal, wie sie in den 30er Jahren aus Moskau ins Reich geschickt worden war, um ihren Paß zu verlängern. Sie fuhr zurück nach Prag und stieg, es war Pfingsten und die Temperaturen sommerlich, in der Goldenen Stadt aus der Bahn. Da flanierten die Mädchen und Damen in bunten Sommerkleider und sie besah sich verstört ihre mausgraue Gewandung, die man ihr in Moskau verpaßt hatte. Das Tuch war ordentlich, aber eben sehr gedeckt. Sie fand sich schrecklich. Allein die Tatsache, daß ihr das bewußt war, spricht für ihr Empfinden. Und erklärt die lebenslange Aversion gegen graue und schwarze Kleidung.

1957

Später bevorzugte sie klassisch-zeitlose Mode. Meist trug sie Kostüme, und alle mußten vorn geknöpft sein, weil sie aufgrund ihrer Arthrose auf dem Rücken keinen Verschluß selbst schließen konnte. Das schränkte die Möglichkeiten für die Schneider bedeutend ein. Schmuck hatte sie kaum, und wenn sie welchen trug, war er zurückhaltend und wenig auffällig. Sie liebte es nicht, sich herauszuputzen. Und auch Make-up gab es bei ihr nicht. Da war sie konservativ. Zum Konzert trug sie, na was schon, stets eine Nerzstola.

Dennoch: Sie achtete sehr auf ihr Äußeres und wußte durchaus Wirkung zu erzielen. Aber mehr durch ihre gepflegte Erscheinung als durch neckische Accessoires.

Deshalb hatte sie auch beschlossen, sich zum 99. Geburtstag eine neue Zahnprothese zu leisten. Ich hatte schon den Termin mit dem Zahnarzt gemacht, an dem er ins Haus kommen sollte, um den Abguß zu nehmen. Dazu ist es aber nicht mehr gekommen.

»Lotte Ulbricht war eine ideale Patientin«
Von Horst Heine*

Bei manchen Neuberlinern, die aus dem Westen kommen und erstmals in unserer Praxis erscheinen, gibt es zuweilen merkwürdige Reaktionen. Eine rümpfte mal die Nase, weil das Porträt von Wilhelm Pieck im Empfang an der Wand hängt.

»Kennen Sie den Mann daneben?«, fragte ich zurück. Natürlich kannte sie ihn nicht. »Das ist mein Schwiegervater Dr. Johannes Kupke. Pieck war sein Patient. Wie eben auch Gemälde, Plastiken, Fotos im Hause von seinen und meinen Patienten stammen. Fritz Cremer, Will Lammert, Lingner, Siggi Jähn …«

Ich dachte, ich sehe die nie wieder. Irrtum, am nächsten Tag kam sie mit ihrem Mann.

* Prof. Dr. Horst Heine, Jahrgang 1930, von 1951 bis 1956 Medizinstudium an der Humboldt-Universität zu Berlin, Tätigkeit in Jena, danach an der Berliner Charité, konzipierte Mitte der 70er Jahre deren Neubau, Direktor des Zentralinstituts für Herz-Kreislauf-Forschung, Mitarbeiter im biomedizinischen Kosmosforschungsprogramm der RGW-Staaten (dafür im Februar 1990 von Gorbatschow mit dem sowjetischen Staatspreis geehrt) und Adviser der WHO in Genf. Seit 1990 niedergelassener Arzt in Berlin-Pankow.

250

Nach dem Tod von Präsident Wilhelm Pieck (1876-1960) wurde – als kollektives Staatsoberhaupt – der Staatsrat der DDR gegründet, Ulbricht dessen Vorsitzender. Das Gremium tagte anfänglich im Schloß Niederschönhausen unweit der Wohnung der Ulbrichts. Das Barockschloß – von 1740 bis 1797 Wohnsitz von Königin Elisabeth Christine, der Frau des Großen Friedrich – sollte 2004 Amtssitz des Bundespräsidenten werden. Das Bundesamt für Bauwesen und Raumordnung stellte jedoch eine hohe Schadstoffbelastung fest. So zog der Bundespräsident nicht nach Pankow und blieb das seit 1990 leerstehende Gebäude (kleines Foto) weiterhin ungenutzt. Frühere Pläne, es beispielsweise als Gästehaus der Bundesregierung oder als Hotel zu nutzen, wurden allerdings auch stets verworfen.

Ein andere erkundigte sich, ob sie richtig gesehen habe. »War das im Wartezimmer Egon Krenz?« Ja, natürlich.

»Na, ich weiß ja nicht ...«

Merkwürdige Reaktion. Ein andermal, es war Mitte der 90er Jahre, trat einer sehr naßforsch herein. »Ich kenne Sie genau. Aber Sie sind ein guter Arzt.«

Die Tonlage fand ich merkwürdig. »Woher wollen Sie mich kennen?«

Er setzte ein wissendes Grinsen auf. »Mein früherer Chef hieß Kinkel.«

Ich erkundigte mich: »Wer ist Kinkel?«

Der Dialog dauerte ihm offenkundig zu lange, er schien es gewohnt, direkt aufs Ziel zu marschieren. »Ich bin beim BND.«

Ja und, meinte ich, wer vor mir auf dem Stuhl säße, sei nur Patient. »Also, wo fehlt's?«

Lotte Ulbricht kannte ich flüchtig aus Berlin-Buch, wo es einen Trakt gab, in welchem sich das sogenannte Regierungskrankenhaus befand. Zuweilen wurden externe Fachleute hinzugezogen, ich war so ein Konsilarius. Dort lag auch Walter Ulbricht in seinen letzten Lebenswochen, bis ihn Lotte – entgegen der ärztlichen Ratschläge – nach Hause an den Döllnsee holte. Sie war immer sehr resolut, auch in dieser Frage. Und da sie ihren Walter, wie ich aus unseren vielen Gesprächen in den 90er Jahren weiß, wirklich liebte, war das nur konsequent. Sie wollte auch bei ihm sein, als er ging.

1991 erschien sie erstmals in meiner Praxis. Sie wußte um die gelegentlichen Auseinandersetzungen zwischen meinem Schwiegervater

und Walter Ulbricht. Dieser hatte sich wiederholt bei Kupke besorgt
nach Wilhelm Piecks Zustand erkundigt und geglaubt, dem Medizi-
ner Ratschläge erteilen zu müssen. Und das immer im Hinblick auch
auf Protokolltermine.

»Hören Sie«, erklärte dann Kupke, »ich behandele den Menschen
Pieck und nicht die Präsidialkanzlei.«

Lotte kam wiederholt darauf zu sprechen und zeigte sich noch
immer amüsiert über die selbstbewußte Reaktion meines Schwieger-
vaters. Das mochte sie, wenn jemand Rückgrat zeigte.

Lotte Ulbricht hatte – wie Stoph, Sindermann, Krenz und andere
hohe Funktionäre – nicht nur ihre DDR, sondern auch den Hausarzt
verloren. Ihre bisherigen medizinischen Betreuer besaßen inzwischen
gutdotierte Jobs im Westen – mir selbst beispielsweise war eine Stelle
in einer Reha-Klinik bei München angeboten worden –, andere wiederum fürchteten plötzlich um ihren Ruf, wenn sich die entmachtete
Prominenz in ihrem Wartezimmer zeigte.

Lotte war die ideale Patientin und gesundheitlich sehr stabil.
Gejammer gab es bei ihr nicht. Sie lebte gesundheitsbewußt wie ihr
Mann: Sport und Bewegung, viel Obst und Gemüse, wenig Fleisch,
kein Tabak, kein Alkohol. Später trank sie gelegentlich ein Glas Sekt
zur Anregung des Kreislaufs, ab und an nahm ich ihr eine »Piccolo«
mit. Eine große Flasche habe ich nie bei ihr im Kühlschrank gesehen.

Lotte Ulbricht als
»Patientin« von Prof.
Heine in Pankow.

Eigentlich waren die Konsultationen auch Seelsorge. Wir sahen uns von 1991 bis zu ihrem Tode 2002 fast in jeder Woche einmal. So lange es ging, kam sie hierher, später suchte ich sie im Majakowskiring auf. Wenn ich mal keine Zeit hatte und sie anrief, um ihr mitzuteilen:»Lotte, ich kann heute nicht kommen«, knurrte sie ein wenig und fragte nur zurück:»Wann?«

Ich mochte sie sehr. Natürlich konnte sie mitunter schroff und abweisend sein, auf der anderen Seite war sie sehr sensibel, besorgt, mütterlich, sympathisch. Sie hatte eine sehr modulationsfähige warme Stimme, mit der konnte sie berlinern und auch wunderbar sächseln – wobei sie dabei nicht Walter kopierte oder gar nachäffte, sondern einfach dessen Tonfall angenommen hatte. Menschen werden sich nun mal ähnlich, wenn sie sehr lange zusammenleben.

Sie verfügte über ein erstaunlich gutes Langzeitgedächtnis, und obgleich sie die 90 bereits überschritten hatte, gab es kaum einen geistigen Alterungsprozeß. Sie war im Kopf bis ans Ende ihrer Tage topfit. Dazu hatte zweifelsohne die intensive geistige Beschäftigung während ihres ganzen Lebens beigetragen: Sie las viel, besuchte Theater, Ausstellungen, ging in Konzerte, kommunizierte sehr viel, war neugierig und wißbegierig. Das war ein fortgesetztes Training.

Sie redete viel und lange mit mir, weil sie wußte: Es gibt eine ärztliche Schweigepflicht. Die gilt auch über ihren Tod hinaus. Es gab

1981 – Sonderausgabe des »Boston Sunday Globe« zum 20. Jahrestag des Mauerbaus.

Joe Polowsky, Taxi-Fahrer in Chicago, gehörte im April 1945 zu jenen Amerikanern, die sich in Torgau an der Elbe mit den Russen trafen. Selbst in der kältesten Zeit des Kalten Krieges versuchte er den Brückenschlag zwischen West und Ost. Am 23. April 1961 war im ehemaligen KZ Sachsenhausen die Mahn- und Gedenkstätte eingeweiht worden, am Abend empfing Ulbricht die Gäste aus über 20 Ländern. Dabei kam es auch zu einem Gespräch mit dem Ex-GI Polowsky aus den USA (2.v.r.). Dieser ließ sich übrigens 1983 in Torgau/DDR beisetzen.

wenige Themen, über die sie ungern oder überhaupt nicht sprach. Dazu gehörten ihre Adoptivtocher, deren Schicksal sie sehr bedrückte, und Interna aus dem Machtzirkel in Berlin und Moskau. Da schwieg sie eisern und beließ es allenfalls bei Andeutungen. Auch in bezug auf den Mauerbau. »Walter hatte wirklich keine Ahnung, als er das bestritt. Er sagte die Wahrheit. Das entsprach seinem Kenntnisstand in diesem Moment. In Moskau war das weder mit ihm besprochen noch gemeinsam mit der DDR-Führung beschlossen worden. Als die wichtigsten Leute am 12. August im Gästehaus Döllnsee waren, haben sie erfahren, das es morgen losgehen sollte.«

Lotte Ulbricht war kritisch – zu sich selbst wie zu den Dingen, die sie registrierte. Die DDR sei nicht deshalb untergegangen, weil die Sowjetunion sie habe fallen lassen. In erster Linie wären wir an uns selbst gescheitert. »Weißt Du, was ein Hauptgrund war? Die ganze Führung bestand nur aus Leuten, die keine höhere Bildung hatten. Die DDR ist kaputtgegangen an den Fehlern unserer, nicht der sowjetischen Führung.« Nun müsse nicht jeder Politiker promoviert oder ein Diplom haben, aber er sollte sich mindestens den Rat der Fachleute einholen.

»Was hatten wir für eine solide ausgebildete wissenschaftliche Intelligenz! Aber man hat sie weder machen lassen noch sie konsultiert.« Und dann wies sie immer auf die Unterschiede zwischen ihrem Mann und Honecker hin. »Walter interessierte sich immer für die Meinungen anderer. Ehe er entschied, holte er verschiedene Auffassungen ein. Eine seiner größten Stärken: er konnte aufmerksam zuhören.«

Als müsse sie mir noch einen Beweis liefern, für wie unfähig sie das Honeckersche Politbüro hielt, berichtete sie mir von einem Anruf bei Erich Mückenberger nach der Wende. Sie habe ihn angerufen und gefragt, wie das damals gewesen sei, als sie am 21. Januar 1971 das siebenseitige Schreiben an Breshnew unterzeichnet hätten. Bekanntlich hatten damals Axen, Grüneberg, Hager, Honecker, Mittag, Sindermann, Stoph, Verner, Mückenberger, Warnke, Jarowinsky, Lamberz und Kleiber ihren Ersten Sekretär in Moskau angeschwärzt, was zum Sturz Ulbrichts geführt hatte.

Ach, solle Mückenberger erklärt haben, man habe ja gar nicht gewußt, was in dem Brief im einzelnen gestanden hätte. Erich habe das Papier nur herumgehen und unterschreiben lassen. Ulbricht wäre ja schon ganz schön tattrig gewesen, und da habe die Verantwortung einfach in jüngere Hände gelegt werden müssen.

Sie kenne den Abriß der SED-Geschichte auch, er müsse ihr also nicht diesen Unsinn wiederholen, habe sie in den Hörer gerufen.

Man hatte also nicht einmal den Wortlaut erörtert, was also hieß: Es schien nicht sonderlich zu interessieren, wie über einen Menschen und über eine Politik der Stab gebrochen wurde.

»Dieses schlimme Bild – er in Latschen und Morgenrock – war eine üble Inszenierung. Wenn ich gewußt hätte, was sie im Schilde führten: Ich hätte das verhindert!« Sie litt noch Jahre nach dieser öffentlichen Demontage darunter, wie Ulbricht von seinen Mitstreitern in den Medien bloßgestellt worden war.

Aber kein Wort der Kritik kam dazu öffentlich über ihre Lippen.

Lotte Ulbricht wußte aus sehr vielen Quellen, wie die Lage im Lande wirklich war und wie groß die Diskrepanz zwischen der Realität und deren Widerspiegelung in den DDR-Medien. »Bei Walter wurde nicht so geschwindelt«, sagte sie lakonisch.

Natürlich behauptete auch sie mir gegenüber, daß sie Walter nicht reingeredet oder ihn gar beeinflußt habe. Sie räumte ganz wenige Entscheidungen ein, an denen sie beteiligt gewesen sei. Etwa als Semjonow, Moskaus Hoher Kommissar in der sowjetischen Besatzungszone, Ulbricht zum Innenminister in der ersten DDR-Regierung machen wollte. »Nein, Walter, habe ich ihm gesagt, das machst du nicht. Als Innenminister bist für alles verantwortlich. Das gibt nur Ärger.«

Manchmal brachte sie mir auch Bilder mit. Ich erinnere mich an eines, das zeigte beide auf der Eisbahn. Das muß in Moskau gewesen sein. Sie himmelte ihn an mit ihren 1,45 Meter, und er versenkte seinen Blick in ihre Augen. »Gucke mal, wie der guckt«, sagte sie lächelnd. Und das sollte wohl heißen: Wir waren wirklich ein Paar.

In Neubrandenburg, 1965; links Erich Honecker.

Ganz ohne Verklemmung berichtete sie über ihre gemeinsame »wilde Zeit«. Bis hoch in den 60ern lief sie übrigens Schlittschuh. Als sie aber einmal auf dem Döllnsee so hart aufs Eis stürzte, daß es knallte, meinte sie, daß es wohl nun Zeit wäre, die Schlittschuhe an den Nagel zu hängen.

Dann und wann erzählte sie auch Anekdotisches. Da war ihr erster Kurierflug nach Holland 1938. Allerdings mußte die Maschine unerwartet in Hamburg zwischenlanden und alle Passagiere das Flugzeug verlassen. Eine Britin blieb sitzen. Lotte setzte sich dazu und parlierte mit ihr auf Englisch. Die deutschen Beamten, die die Maschine durchsuchten, hielten offenkundig beide für Engländerinnen und beachteten sie nicht weiter.

Der Aufenthalt in den Niederlanden dauerte schließlich länger als geplant. Als sie nach Moskau zurückkehrte, begrüßte sie Wilhelm Pieck mit der bezeichnenden Bemerkung: »Sei froh, daß du dich so verspätet hast.«

Inzwischen hatte der NKWD Lottes Ex-Mann Erich Wendt abgeholt, und nur ihre Abwesenheit hatte Lotte offenkundig davor bewahrt, verhaftet zu werden. Übrig blieb lediglich die Parteistrafe wegen »abgestumpfter revolutionärer Wachsamkeit«.

Hat jemand daran Anstoß genommen, daß ich Lotte behandelte? Ich kann mich nicht erinnern.

In Weißwassser, 1964.

Ulbricht und Leipzig

Von Volker Külow *

* Dr. Volker Külow, Jahrgang 1960, besuchte die Schule, an die auch Ulbricht ging. Der Leipziger Historiker sorgt gemeinsam mit dem Verein »Leipziger ehren e. V.« dafür, daß Persönlichkeiten, die in Leipzig lebten, starben oder zeitweilig wohnten, nicht vergessen werden.

»Leipzig und die Ostdeutschen genießen einen großen Respekt in der Welt. Das ist ja das, was in Deutschland lange nicht so begriffen wurde. Nun aber wacht man allmählich auf.« Kurt Masur am 13. April 2003, als Leipzig den nationalen Zuschlag für die Bewerbung zu den Olympischen Spielen 2012 erhielt. Masur: 1953 Leipziger Oper, von 1970 bis 1996 Chefdirigent des Leipziger Gewandhausorchesters. 1991 Chefdirigent und Musikdirektor der New Yorker Philharmoniker. Seit 2001 Leitung des franz. Nationalorchesters und der Londoner Philharmoniker.

Keine der bisher erschienen Biografien mit wissenschaftlichem Anspruch hat die über die frühen Jahre hinausführenden lebenslangen Beziehungen zwischen Ulbricht und seiner Heimatstadt näher untersucht. Der Verdacht liegt nahe, daß die Autoren Ulbrichts Spuren in Leipzig nie persönlich nachgegangen sind. Auch ich erhebe nicht den Anspruch, eine noch ausstehende Gesamtdarstellung des Themas zu liefern. Angesichts des Stellenwertes der Messestadt im Leben Walter Ulbrichts, aber auch wegen des enormen Einflusses des »erfolgreichsten deutschen Politikers des Jahrhunderts« (Sebastian Haffner 1966) auf Leipzig im dritten Viertel des 20. Jahrhunderts, möchte ich den Einstieg in eine weiterführende Spurensuche geben.

Die intensivere Beschäftigung mit diesem spannungsgeladenen Gegenstand scheint auch deshalb geboten, um die vor allem in seiner Heimatstadt vorherrschende Fokussierung auf die verhängnisvolle Rolle Ulbrichts bei der Sprengung der Universitätskirche St. Pauli im Mai 1968 zu überwinden. Damals war gegen massiven Protest der Leipziger, aber auch aus dem Ausland, das Gotteshaus abgerissen worden, um Baufreiheit für die neuen Universitätsgebäude und das Gewandhaus zu bekommen.

Über fünfzig Mal war Ulbricht zwischen 1945 und 1972 in Leipzig offiziell zu Gast. Neben internen Besprechungen mit Vertretern des Partei- und Staatsapparates nutzte er oft die Gelegenheit, um vor einem großen Zuhörerkreis zu jeweils aktuellen Fragen zu sprechen. Die Arbeits- und Lebensbedingungen in seiner Heimatstadt zu verbessern, Leipzig zu einer »weltoffenen sozialistischen Großstadt« zu entwickeln war ihm eine Herzensangelegenheit. Gelegentlich lud er aber auch die örtlichen Funktionäre nach Berlin ein, um mit ihnen gemeinsam über die Perspektiven der Stadt, mit etwa 600.000 Einwohnern nächst Berlin die größte Stadt der DDR, intensiv zu beraten. Selbst an seinem 80. Geburtstag, den er am 30. Juni 1973, wenige Wochen vor seinem Tode, feierte, interessierte er sich außerhalb des Protokolls noch für die Messestadt, als er den ehemaligen Leipziger Oberbürgermeister Walter Kresse, dessen Nachfolger Karl-Heinz Müller sowie den 2. Sekretär der SED-Stadtleitung Hubert Schnabel am Ende der Gratulationszeremonie zum persönlichen Gespräch bat.

Walter Ulbricht war von 1958 bis 1990 Ehrenbürger Leipzigs.

Walter Ulbrichts Groß-
eltern: der Berg-
schmied Heinrich
Ferdinand Ulbricht
(1831-1887) aus
Krummenhennersdorf
bei Freiberg in Sachsen
und seine Frau
Auguste Emilie
geborene Küttner.

Aus Ulbrichts Familienalbum

Die erste Station führt in das im Leipziger Nordosten gelegene und von einem Vertrauten des früheren sächsischen Ministerpräsidenten Kurt Biedenkopf errichtete Paunsdorf-Center. Einen dreistelligen Millionenbetrag hat dieser skandalträchtige Freundschaftsdienst von »König Kurt«, der die Justizorgane immer noch beschäftig, den Steuerzahler im Freistaat gekostet. Die im Einkaufs- und Behördenzentrum beheimateten Einrichtungen können aber zumindest über mangelnden Komfort nicht klagen. Auch das zwischen Polizeipräsidium und Rechnungshof untergebrachte Sächsische Staatsarchiv Leipzig bietet nicht nur beste Arbeitsbedingungen, sondern für den Ulbricht-Biografen auch einige Überraschungen. Um diese Funde exakt einordnen zu können, muß man allerdings ein halbes Jahrhundert zurückgehen.

Im Frühjahr 1953 laufen die Vorbereitungen für Ulbrichts bevorstehenden 60. Geburtstag bekanntlich auf Hochtouren, wenngleich die Stimmung im Land immer explosiver wird. Unermüdlich arbeitet die bereits Mitte 1952 eingesetzte »Kommission zur Vorbereitung des 60. Geburtstages des Genossen Ulbricht« daran, ein großartiges Schauspiel zu inszenieren. Während Stephan Hermlin die Texte für den Huldigungsfilm »Baumeister des Sozialismus« und Johannes R. Becher eine offizielle Biografie verfassen und zahlreiche Ehrungen vorbereitet werden, sind die Werktätigen angehalten, besondere Arbeitsleistungen bis zum 30. Juni zu erbringen.

Vielleicht fühlt sich durch diese Kampagne, die bekanntlich nach dem 17. Juni sang- und klanglos beendet wird, auch der stille Dresdner Genealoge Kurt Wensch (1902-1997) angesprochen. Zumindest ist ein erkennbarer Auftrag nicht vorhanden, als der Spezialist für Stamm- und Ahnentafeln unter der protokollarisch nicht ganz exakten Überschrift ein »Dokumentarisches Quellenmaterial zur Lebensgeschichte des Ministerpräsidenten der DDR Walter Ulbricht« anlegt, das bis heute unveröffentlicht im Sächsischen Staatsarchiv ruht.

Wensch ist zu diesem Zeitpunkt im mitteldeutschen Raum einer der führenden Genealogen, wenngleich auf seiner Karriere durch die 1934 begonnene Tätigkeit im Verein »Deutsche Ahnengemeinschaft«, der 1946 verboten wird, dunkle Schatten liegen. Doch der zurückhaltende und unermüdliche Wensch kann ab Ende der 40er Jahre im Hauptstaatsarchiv Dresden relativ ungestört sein genealogisches Aufbauwerk fortsetzen und über alle Zonen- und Ländergrenzen hinweg Familienforschung betreiben. Neben seinen regen publizistischen Aktivitäten und der Arbeit am »Gesamtkatalog der Personalschriften- und Leichenpredigtensammlung« wird er bis ins hohe Alter einen wichtigen Beitrag dafür leisten, daß in Sachsen unkundige archivische Fachkräfte den Zugang zur Genealogie als historische Hilfswissenschaft finden.

Offenkundig unbeirrt von den politischen Turbulenzen des Krisenjahres 1953 setzt Wensch die Recherchen zur sächsischen Ahnengeschichte Ulbrichts in den Folgejahren fort. Viele Briefe wechseln zwischen Dresden und den Pfarrämtern in Bieberstein, Brand-Erbisdorf, Leubsdorf und weiteren Orten hin und her, bis der Genealoge die Familiengeschichte Walter Ulbrichts väterlicherseits bis ins frühe 18. Jahrhundert lückenlos rekonstruiert hat. Dabei werden auch neue biografische Details zum Vater Ernst August Ulbricht zu Tage gefördert.

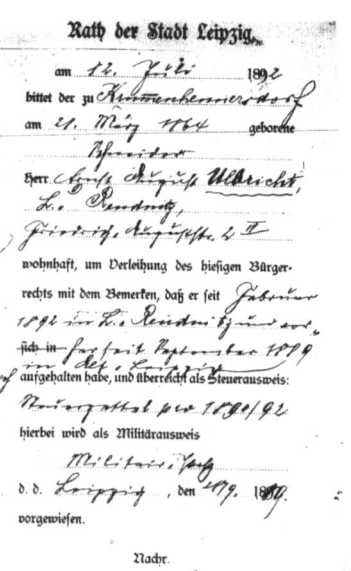

Verleihung der Bürgerrechte der Stadt Leipzig an Ulbrichts Vater, den Schneider Ernst Ulbricht, am 12. Juli 1892.

Im Nachlaß von Kurt Wensch zur Familiengeschichte von Walter Ulbricht (SächsSTAL, Nachlaß Wensch, Nr. 24-30) finden sich verschiedene Materialsammlungen, erste Manuskriptentwürfe für eine geplante Publikation, der Briefwechsel mit kirchlichen Stellen und zahlreiche Dokumente, zumeist Geburts-, Heirats- und Sterbeurkunden. Aus der Fülle des Material kann an dieser Stelle nur eine Auswahl publiziert werden.

Kurt Wensch: Walter Ulbricht am 30. Juni 1953 60 Jahre alt. Dokumentarisches Quellenmaterial zur Lebensgeschichte des Ministerpräsidenten der DDR Walter Ulbricht.

Es war am 20. März des Jahres 1911, als sich der Leipziger Schneidermeister Ernst Ulbricht, wohnhaft in der Alexanderstraße Nr. 5/III, für seinen Sohn Walter beim damaligen Wahlamt der Stadt »um die Ausstellung eines Heimatscheines zum Zwecke des Aufenthaltes in Österreich und der Schweiz« bewarb. Auf Befragen erklärte der Vater durch Namensunterschrift, daß er mit dem Aufenthalte seines Sohnes im Ausland einverstanden sei.

Wahlamt und Polizeiamt der Stadt gaben die Erklärung ab, daß sie sowohl in Krummenhennersdorf, als auch in Sand, Post Halsbrücke, erst anfragen müßten!

Das Leipziger Polizeiamt gab am 22. März 1911 noch folgende Auskunft: »Der Tischler *Walter Ernst Paul Ulbricht* ist am 30. Juni in Leipzig geboren und seit seiner Geburt hier gemeldet. Sein Vater, der Schneider *Ernst August Ulbricht*, ist am 28. März 1864 in Krummenhennersdorf geboren und seit dem 10. August 1892 unter die hiesigen Bürger aufgenommen.«

Der Gemeindevorstand von Sand beschloß am 23. März 1911, folgendes Schreiben an den Leipziger Rat gelangen zu lassen: »Über den hier am 10. Januar oder Februar 1831 in Sand geborenen Bergschmied *Heinrich Ferdinand Ulbricht* ist in den hiesigen Meldebüchern nichts zu finden. Die Bücher reichen nicht soweit zurück. Ulbricht ist aber nach Aussage seiner hier lebenden Schwester ungefähr im

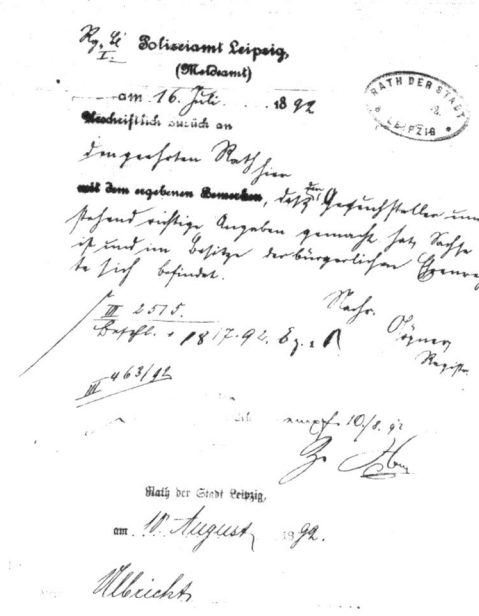

Eine Art polizeiliches Führungszeugnis für Ulbrichts Vater vom 16. Juli 1892 zur Erlangung der bürgerlichen Rechte in der Stadt Leipzig.

Januar 1857 von hier nach Krummenhennersdorf gezogen und 1887 dort verstorben. Gez. B. Löser, Gemeindevorstand«

Diese Auskunft fand nicht den ungeteilten Beifall der Leipziger Amtsstellen und auch der Gemeindevorstand von Sand richtete am 23. März 1911 an das ev.-luth. Pfarramt zu Krummenhennersdorf die Bitte, die Geburt des Heinrich Ferdinand Ulbricht zu bescheinigen, worauf folgender Bericht einlief:»Das *Heinrich Ferdinand Ulbricht*, Sohn des *Carl August Ulbricht*, Bergschmied und Gärtners auf dem Sand, und dessen Ehefrau *Johanne Rosine geb. Ranft* aus Hohentanne, am 10. Februar 1832 zu Sand geboren worden ist, wird hierdurch anhand des Geburtsregisters, Jahrgang 1832 Fol. 160 Nr. 6, beglaubigt. Gez. Ev.-luth. Pfarramt, Egerth P. Krummenhennersdorf, den 24. März 1911 (Siegel der Kirchen zu Krummenhennersdorf und Oberschaar)«

Weiter richtete der Standesbeamte zu Krummenhennersdorf am 28. März 1911 an den Gemeindevorstand Böhme des gleichen Ortes noch nachstehendes Schreiben:»Daß der Wirtschaftsbesitzer und pensionierte Bergschmied *Heinrich Ferdinand Ulbricht*, geboren am 10. Februar 1832 zu Sand bei Freiberg, am 28. Juni 1887 zu Krummenhennersdorf verstorben ist und vom 31. Juli 1859 bis zu seinem Tode allhier gewohnt hat, wird hierdurch bestätigt.«

Dem Leipziger Rat wird auf seine Anfrage vom 20. März 1911 unterm 10. des gleichen Monats noch bestätigt, daß»*Ernst August*

Eintrag ins Register des Leipziger Standes-amtes über die am 6. Februar 1892 ge-schlossene Ehe von Ernst Ulbricht und Pauline Rothe, den Eltern Walter Ulbrichts.

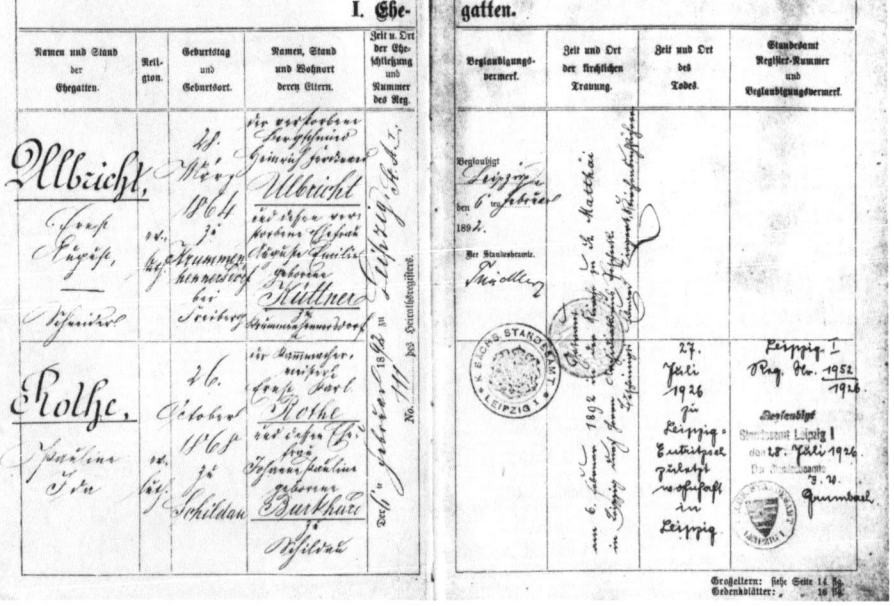

Ulbricht von seiner Geburt an bis nach beendeter Schulzeit bei seinen Eltern allhier gewohnt habe; der Vater desselben, *Heinrich Ferdinand Ulbricht*, hat vom 31. Juli 1859 bis zu seinem Tode allhier gewohnt und war ansäßig; vom 1.1. 1871 bis zu seinem Tode war er Gemeinderatsmitglied, und ist stets als sächsischer Staatsangehöriger betrachtet worden. Beim Militär hat derselbe nicht gedient.«

Der Standesbeamte Böhme von Krummenhennersdorf legte außerdem noch die Todesanzeige vor aus Nr. 19 des Sterberegisters:»Der Wirtschaftsbesitzer und pensionierte Bergschmied *Heinrich Ferdinand Ulbricht*, geboren zu Sand bei Freiberg am 10. Februar 1832, ist am 28. Juni 1887 zu Krummenhennersdorf verstorben. Krummenhennersdorf, den 22. März 1911. Der Standesbeamte (gez) Böhme«

Diese Urkunde ist beglaubigt durch das Siegel des Standesbeamten zu Krummenhennersdorf, in der Amtshauptmannschaft Freiberg gelegen.

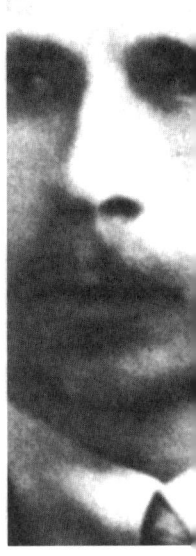

Walter Ulbricht, 1923.

Jetzt erst leitet der Leipziger Rat die Akten der Kreisdirektion Leipzig weiter, die unterm 30. März 1911 den Beschluß faßt, daß der Stadtrat zu Leipzig endlich»den für Walter Ernst Paul Ulbricht ausgestellten Heimatschein zur Aushändigung an diesen zufertige!«. Der Beschluß ist unterfertigt vom damaligen Leipziger Kreishauptmann v. Burgsdorff.

Nunmehr stand der Tätigkeit Walter Ulbrichts nichts mehr im Wege. Er konnte seine Agitationsreisen für die damalige sozialistische Partei aufnehmen, und bald sehen wir ihn für die Ziele der deutschen Arbeiterpartei, der SPD, wirken.

Über die Vorfahren des Walter Ulbricht berichten die Akten des Staatsarchivs zu Leipzig:

Ernst August Ulbricht, der Vater Walter Ulbrichts, war der Sohn des Bergschmiedes *Heinrich Ferdinand Ulbricht* und wurde am 28. März 1864 zu Krummenhennersdorf bei Freiberg in Sachsen geboren. Von seiner Geburt an bis zum 3. März 1879 lebte er in seinem Geburtsorte, kam dann 1879-1882 in die Lehre nach Reinsberg bei Nossen und ging anschließend, wie dies in damaliger Zeit so Brauch war, bis zum Jahre 1887 auf die Wanderschaft. Er kam auch nach Leipzig, wo er vom 2. April 1887 bis 28. September 1889 seiner Militärpflicht genügte und in Möckern bei Leipzig beim 106. Infanterieregimente in der 5. Kompagnie als Ökonomiehandwerker diente.

Nach seiner Entlassung vom Militär scheint er die Messestadt als zukünftigen Wohnsitz auserkoren zu haben; denn am 12. Juli 1892 richtet er an den Leipziger Rat sein Bürgergesuch, das erhalten geblieben ist und in der Bürgerakte No. 55.640 seinen Niederschlag fand.

Soweit Wensch. Dessen Manuskript zur Familiengeschichte Ulbrichts enthält nicht nur die Lebensdaten der Vorfahren, sondern auch Hinweise auf die jeweilige berufliche Tätigkeit. Daraus wird ersichtlich, daß der Ururgroßvater *Johann August Ulbricht* Viertelhüfner war, d. h. ein Bauer, der über etwa ein bis zwei Hektar Land verfügte. Aus der Ehe mit *Johanna Dorothea Klemm* gingen insgesamt zehn Kinder hervor, darunter Ulbrichts Urgroßvater, der Bergschmiedgeselle wurde.

Walter Ulbrichts Geburtsschein, ausgestellt am 3. Juli 1893.

Carl August Ulbricht heiratete 1822 *Johanne Rosine Ranft* und verkaufte 1826 sein Grundstück für 300 Taler. In ihrem neuen Wohnort Hohentanne verfügte die Familie Ulbricht offenkundig nicht mehr über Grundbesitz. Aus dieser Ehe wiederum gingen vier Kinder hervor, darunter Ulbrichts Großvater *Heinrich Ferdinand Ulbricht*, der am 31. Juli 1859 in Krummenhennersdorf *Auguste Emilie Küttner* heiratete.

Ihr Sohn *Ernst August Ulbricht* heiratete am 6. Februar 1892 in Leipzig die Tochter des Kammachermeisters *Ernst Karl Rothe* und seiner Frau *Johanne Pauline (geb. Burkhardt)*, *Pauline Ida Rothe*, die am 26. Oktober 1868 in Schildau geboren worden war.

Nach dem Tod seiner Frau am 27. Juli 1926 heiratete Ulbrichts Vater – dieser Fakt war bislang ebenfalls unbekannt – noch einmal. Knapp drei Jahre nach dem Tod der Mutter von Walter Ulbricht gab er am 13. Juli 1929 der 44jährigen Arbeiterin und Witwe *Ida Martha Romanu*s das Jawort.

Wensch recherchierte nicht nur zur Familiengeschichte Ulbrichts, sondern durchsuchte die Archive auch nach Spuren zu Walter Ulbrichts späterem Lebensweg. Im Zuge dieser Forschungen fand er auch den Briefwechsel zwischen der Wiener Polizei und den Leipziger Behörden nach Ulbrichts Verhaftung und Verurteilung in Wien im Herbst 1924. Ulbricht war im September 1924 im Auftrag der Kommunistischen Internationale unter Pseudonym und mit falschem Paß nach Wien eingereist, um einen lokalen Streik zu unterstützen. Nach knapp dreimonatiger Haft wurde er ausgewiesen.

Kurt Wensch dazu:

Bis zum Jahre 1924 scheinen die Behörden Walter Ulbrichts politische Tätigkeit ignoriert zu haben. Inzwischen war ja ein Weltkrieg gewesen, der über unser deutsches Vaterland hereingebrochen war, und man hatte die Deutsche Republik ausgerufen, die vieles versprach und nichts gehalten hat! Nach dieser Zeit ist Walter Ulbricht für die KPD tätig, worüber ein Aktenaustausch zwischen den zuständigen Polizeistellen in Wien und Leipzig über Walter Ulbricht berichtet:

Polizeidirektion in Wien: G. 14 816: Ulbricht, Walter

Übernahmeerklärung: Wien, 18. 11. 1924.

Eing. 24. November 1924/127438

Rat der Stadt Leipzig

An den Magistrat in Leipzig.

Walter Ulbricht, am 30. Juni zu Leipzig geboren und zuständig, konfessionslos, ledig, Tischlergehilfe, wurde mit Urteil des hiesigen Landgerichts, Strafsache I vom 3. November 1924/Zahl: Vr. XI/E 6409/24 wegen Verbrechens des Betrugs und Übertretung der Falschmeldung mit 2 Monaten Kerkers und Landesverweisung bestraft, und ist im Sinne des Gesetzes vom 27. Juni 1871, RG.Bl. No. 88 zur Abschiebung in seine Heimat bzw. Außerlandschaffung bestimmt. Bezüglich der Zuständigkeit gibt der Häftling an, ein Sohn der in Leipzig, Naundörfchen No. 26 wohnhaften Eheleute Ernst und Pauline Ulbricht, letztere geborene Rothe, zu sein. Der Genannte hat bis Ende August 1924 in Leipzig, Geißlerstraße 2, gewohnt.

Nachdem derselbe in der Republik Österreich weder das Staatsbürger- noch in einer Gemeinde das Heimatrecht erworben hat, beehrt sich die Polizeidirektion unter Berufung auf das zwischen dem Deutschen Reiche und der bestandenen österreichischen Monarchie am 22. März 1874 und am 4./26. Juli 1875 abgeschlossene Übereinkommen rücksichtlich der Rückübernahme derjenigen Staatsangehörigen auf Verlangen des Gegenteils zu ersuchen, die zur Feststellung der Staats- und Gemeindeangehörigkeit des Genannten erforderlichen Erhebungen wegen Haft mit tunlichster Beschleunigung pflegen zu lassen und eine Uebernahmeerklärung einsenden oder die etwaigen Anstände gegen die Dahinschiebung dieser Person näheres mitteilen zu wollen. *Unterschrift: unleserlich*

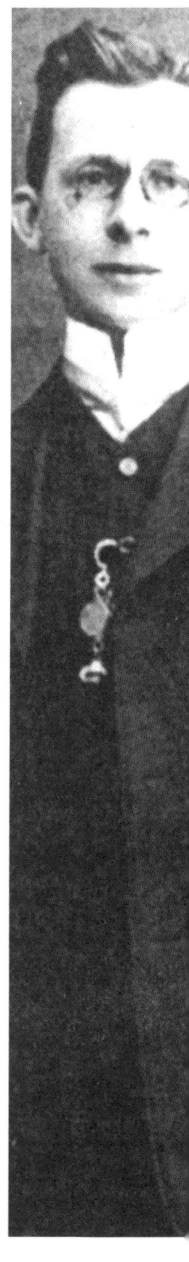

Ulbricht Anfang 20.

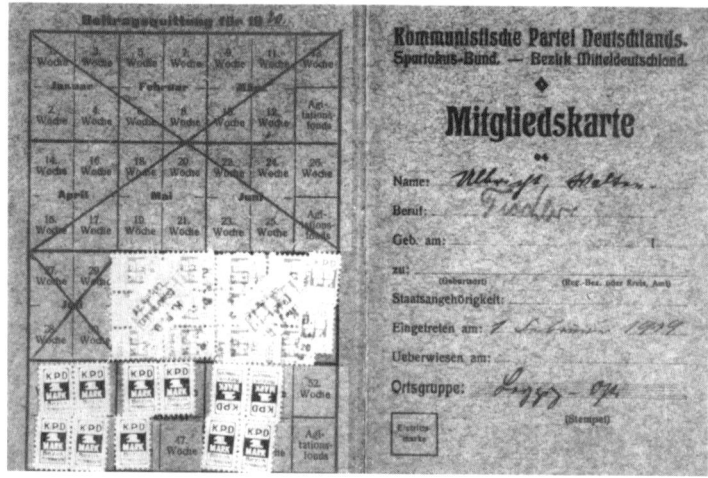

Mitgiledskarte in der
KPD von 1919 des
Tischlers Ulbricht.

Der Rat der Stadt Leipzig dem die Rückantwort nach Wien unangenehm war, beschließt, das hiesige Wahlamt mit der Angelegenheit zu betrauen, auch das Schreiben dem Leipziger Polizeipräsidium »mit der Bitte um Auskunftserteilung vorzulegen«.

Das meldet am 27. November 1924: »Ulbricht ist Sachse und nach Leipzig gehörig. Er ist mit Familie gemeldet für Leipzig-Sellerhausen, Geißlerstraße 2, jetzt ›Wanderredner‹ und viel auf Reisen befindlich.« Der Wiener Polizeibehörde wird nun folgender Beschluß der Kreishauptmannschaft Leipzig am 2. Dezember 1924 zugeleitet: »Auf die an den Stadtrat zu Leipzig gerichtete Anfrage vom 18.11.1924 ist zu erwidern, daß der am 30.6.1893 in Leipzig geborene Walter Ernst Paul Ulbricht die sächsische Staatsangehörigkeit besitzt und demnach gegen dessen Abschiebung an die sächsische Landesgrenze im Falle einer gesetzlich begründeten Ausweisung des Genannten aus Österreich Bedenken nicht zu erheben sind.«

Das Geburtshaus in
den 70er Jahren.

Tafeln an Ulbrichts Geburtshaus

In etlichen Biografien wird die sehr zählebige Legende verbreitet, die Geburtsadresse Walter Ulbrichts in der Gottschedstraße 4 (seit 1934 Nr. 25) sei ein Hinterhaus im Naundörfchen, einem Handwerker- und Arbeiterviertel von zweifelhaftem bis schlechtem Ruf gewesen. Urheberin dieser Mär war 1964 Carola Stern, die daraus schloß, daß »der junge Ulbricht fast ein Ausgestoßener (war), denn er lebte mit seinen Eltern im berüchtigten Naundörfchen. Hier in einem Gewirr schmaler, schmutziger Häuser war das Revier der Leipziger Prostituierten und Zuhälter [...] Wer ›auf sich hielt‹ [...] sprach mit Verachtung von den Bewohnern des Naundörfchens und verbot seinen Kindern, mit ›denen da‹ zu verkehren.«

Diese Zusammenhänge klingen hübsch gruselig und sollen frühkindliche Prägungen Ulbrichts und damit seine spätere Persönlichkeit erklären. Die Geschichte stimmt nicht.

Erstens befand sich die Gottschedstraße keinesfalls im besagten Naundörfchen, einem nach dem 2. Weltkrieg weitgehend verschwundenen Stadtteil in der inneren Westvorstadt zwischen Pleiße und Mühlgraben.

Zweitens war das 1881/82 von Christin Wilhelm Röger errichtete und später an den Schneidermeister Eduard Wolanke verkaufte Gründerzeitwohnhaus kaum ein Hinterhaus.

Als die Ulbrichts 1893 dort einzogen, war das Haus erst ein gutes Jahrzehnt alt. Wolanke, Inhaber eines »Ateliers moderner Herrenmoden« in der Petersstraße 1, wohnte selbst im Haus und achtete auf die soziale Reputation seiner Mieter, deren berufliches Spektrum von Architekt bis Rechtslehrer reichte. Ob es berufliche Beziehungen zwischen Wolanke und Ulbrichts Vater, der bekanntlich auch Schneider war, gegeben hat, ist heute nicht mehr zu rekonstruieren. Da sich Walter Ulbricht in der von Johannes R. Becher verfaßten Biografie Ende der 50er Jahre erinnerte, als Kind »in einer Dachwohnung mit schrägen Wänden« gewohnt zu haben, ist es wahrscheinlich, daß die Ulbrichts bis 1900 im ausgebauten Dachgeschoß des Hauses lebten. Dann zogen sie in die unweit gelegene Alexanderstraße 5.

In Ulbrichts Haus in der Gottschedstraße wohnt von Ende 1899 bis Anfang 1901 auch ein Student namens Gustav Stresemann zur Untermiete. Mit einer gewissen Wahrscheinlichkeit nahmen sich der damals 22jährige Gustav und der 7jährige Walter damals wahr.

Der junge Stresemann promovierte in Leipzig erfolgreich über die »Entwicklung des Berliner Flaschenbiergeschäfts«, wenngleich einer der Gutachter monierte, daß der Kandidat das Material »stilistisch nicht immer ganz glücklich verwertet« habe.

Kein Biograf Stresemanns übrigens hat einen Bezug zum verruchten Naundörfchen hergestellt …

Bei der genaueren Beschäftigung mit der Gottschedstraße 25 erledigen sich aber nicht nur zählebige Legenden der Ulbricht-Forschung. Auch die Geschichte der verschiedenen Gedenktafeln in den Jahren der DDR verdient das Interesse der Forschung, denn sie sagen viel über den zeitgenössischen Umgang mit Walter Ulbricht aus. Zwischen 1958 und 1969 wurden an dem Gebäude nacheinander und mit unterschiedlichen politischen Zeremonien insgesamt drei verschiedene

Gustav Stresemann (1878-1929), MdR 1907-12, 1914-18 und 1920-29. Vorsitzender der von ihm 1918 gegründeten Deutschen Volkspartei (DVP), Reichskanzler (1923), danach Außenminister, erhielt 1926 gemeinsam mit franz. Amtskollegen den Friedensnobelpreis.

Verschiedene Gedenktafeln am Geburtshaus: Links die von 1963, in der Mitte die von 1969, welche (rechts) nach der Wende erst mit Farbbeuteln beworfen und dann gestohlen wurde.

Gedenktafeln für den inzwischen berühmten Hausbewohner angebracht. Die erste, fotografisch nicht mehr nachweisbare Gedenktafel, gelangte offensichtlich zur Verleihung der Leipziger Ehrenbürgerschaft an Walter Ulbricht im Juli 1958 anläßlich seines 65. Geburtstages an die Hauswand. Die Tafel wurde wahrscheinlich wegen des maroden Bauzustandes des Gebäudes diskret montiert; die Inschrift lautete: »Walter Ulbricht, Mitbegründer der KPD in Leipzig, engster Mitkämpfer Ernst Thälmanns, hervorragender Führer beim Aufbau des Sozialismus, Förderer der Jugend, wurde am 30. Juni 1893 in diesem Hause geboren.«

Die Kritik am baulichen Zustand des Gebäudes riß in der Folgezeit nicht ab. Die SED-Stadtleitung erhielt wiederholt Rüffel von der Bezirksleitung und Oberbürgermeister Walter Kresse den Auftrag, »entsprechende Maßnahmen einzuleiten«. Die Realisierung dieser Maßnahmen durch die zuständige Gebäudewirtschaft zog sich hin, das Geburtshaus geriet immer stärker in den Mittelpunkt interner Beratungen.

Während die Renovierung des Hauses auf sich warten ließ, schien den verantwortlichen Genossen der Hinweis auf die wichtigste Funktion von Walter Ulbricht unverzichtbar und eine neue Tafel mit dem Zusatz »1. Sekretär des Zentralkomitees der Sozialistischen Einheitspartei Deutschlands« wurde angebracht, die in den einschlägigen Publikationen zum 70. Geburtstag Ulbrichts im Juni 1963 zum ersten Mal auftauchte.

Auch dieser Gedenktafel war allerdings kein langes Leben beschieden, denn entsprechend der zunehmenden Zahl seiner Ämtern wurde

Grabstein von Martha Ulbricht, geb. Schmellinsky, Ulbrichts erster Ehefrau, auf dem Leipziger Ostfriedhof.

anläßlich seines 76. Geburtstages am 30. Juni 1969 die dritte Gedenktafel mit großem Bahnhof feierlich enthüllt. Dieses überlange, bis auf den Sims reichende Prunkstück war nicht nur verziert, sondern enthielt den protokollarisch korrekten Zusatz, daß der Jubilar auch »Vorsitzender des Staatsrates der Deutschen Demokratischen Republik« ist. Für diese letzte Reliquie der Ulbricht-Ehrung fand sich nach der Wende allerdings zunächst ein unbekannter Schänder, der die Tafel mit einem weißen Farbbeutel verunzierte, und dann ein heimlicher Liebhaber, der das wertvolle Stück nach 1994 kurzerhand aus dem Volks- in Privateigentum überführte.

Gesellenstück des Tischlers Walter Ulbricht von 1911: eine Küche. Er brachte sie in die Ehe mit Martha Schmellinsky ein. Diese gab sie 1970, als sie ins Altersheim ging, ins Stadtgeschichtliche Museum. Dort steht sie seither. Sie wurde für dieses Buch extra hervorgeholt.

Auf dem Südfriedhof

Der außergewöhnlich großzügig gestaltete Leipziger Südfriedhof unweit des Völkerschlachtdenkmals ist einer der größten Parkfriedhöfe Europas. Im Zentrum erhebt sich die 1910 nach Entwürfen von Stadtbaurat Wilhelm Scharenberg errichtete neoromanische Kapellen- und Krematoriumsanlage mit ihrem immerhin 60 Meter hohen Turm. Ausgedehnte Anlagen, Gehölzgruppen und Rasenflächen, alter Baumbestand an Linden, Ahorn, Buchen, Eichen, Birken, Kiefern und Tannen sowie zahlreiche dendrologische Seltenheiten verleihen dem Friedhof eine würdige Schönheit. Dem Reputationsbedürfnis des Leipziger Bürgertums ist es zu verdanken, daß sich hier zahlreiche kunsthistorisch wertvolle Grabmale befinden.

Etwas abseits lagen die letzten Ruhestätten von Ernst Ulbricht und seiner ersten Frau Pauline im Urnengarten der IV. Abteilung schon, als sich 1959 der mittlerweile 61jährige Leipziger Ehrenbürger Walter Ulbricht entschloß, seine Eltern in eine Wahlgrabstelle umbetten zu lassen. Diese beliebteste Form unter den privilegierten Grabarten hatte die Friedhofsleitung 1906 eingeführt, um die Attraktivität des Südfriedhofs zu erhöhen. Über 400 Wahlgräber kann der Friedhof inzwischen vorweisen. Viele von ihnen, so auch das Grab der Ulbricht-Eltern, sind dicht von Pflanzen und Bäumen umgeben und bilden geheimnisvolle Winkel.

Die Nutzungszeit für das Grab endet am 30. April 2011. Wie es mit dieser Grabstelle, die derzeit vom Südfriedhof im Rahmen der Anlagenunterhaltung gepflegt wird, danach weitergeht, weiß auch der Leiter der Friedhofskanzlei Dieter Bessel nicht zu sagen. Eine städtische Kommission nimmt gerade ihre Arbeit auf und überprüft rund 350 erhaltene Grabstellen, die derzeit nicht unter das Sächsische Denkmalsschutzgesetz fallen und trotzdem als erhaltenswert erscheinen. Der § 39 der Leipziger Friedhofsverordnung »Schutz besonders wert-

Von Walter Ulbricht eigenhändig unterschriebener »Sicherungsschein« zur Umbettung der Urne mit der Asche seines Vaters auf dem Leipziger Südfriedhof.

Unten der von Ulbricht entworfene Grabstein aus Löbejüner Porphyr für seine Eltern heute.

Rat der Stadt Leipzig
(Bezirk Leipzig)
Bestattungs- und Friedhofswesen

Leipzig, am

Sicherungsschein

Der am 21.12.43 verstorbene U l b r i c h t, Ernst

soll aus dem Grabe Ugt. Abt. Nr. 883 IV. des Süd- Friedhofs

auf Ulbricht, Ida Pauline lautend,

worin diese am 4.8.26 beerdigt worden ist, ausgehoben werden;

der Grabschein ist jedoch abhanden gekommen — jetzt nicht zu finden.

Ich verpflichte mich zugleich für meine Rechtsnachfolger, alle Einsprüche und Ansprüche anderer, die etwa unter oder ohne Vorlegung des bezüglichen Grabscheins dem Rat der Stadt Leipzig gegenüber wegen dieses Grabes geltend gemacht werden sollten, selbst zu vertreten und die Stadtgemeinde deswegen schadlos zu halten. Insbesondere verpflichte ich mich, die alsdann erforderlich werdende Umbettung d.......... jetzt Verstorbenen auf meine eigenen Kosten vornehmen zu lassen und das Grab in den ehemaligen Zustand versetzen zu lassen.

Hierüber habe ich diesen Sicherungsschein nach Vorlesung eigenhändig vollzogen.

Wohnung: _____ Unterschrift: _____
(ausgew. durch Pers.-Ausweis)

Verwandtschaftsverhältnis _____ Vorgel. durch _____

voller Grabmale« legt dazu ausdrücklich fest: »Künstlerisch oder geschichtlich wertvolle Grabmale, die für die Eigenart des Friedhofs von Bedeutung sind, unterstehen dem besonderen Schutz des Friedhofsamtes. Durch das Friedhofsamt ist für historisch oder künstlerisch wertvolle Grabmale rechtzeitig vor Ablauf der Nutzungsfrist eine Unterschutzstellung beim Denkmalschutz zu beantragen, um sie für die Nachwelt zu erhalten.«

»Ich kann mich noch gut an meine Leipziger Schuljahre erinnern«
Von 1899 bis 1907 geht der junge Walter Ulbricht in die 5. Bezirksschule in der Elsässer Straße 1-3 (seit 1950 Max-Planck-Straße). Sie wurde 1888 errichtet.

Es ist eher Zufall, daß gerade die 43. POS im Jahre 1952 die erste Kinder- und Jugendsportschule (KJS) der DDR wird. Keinesfalls unbeabsichtigt dürfte hingegen die kurze Sequenz im unveröffentlichten Ulbricht-Geburtstagsfilm »Baumeister des Sozialismus« über die unweit des Leipziger Zentralstadions gelegene Schule gewesen sein.

Noch bemerkenswerter scheint allerdings der Umstand, daß die wahrscheinlich erste Gedenktafel für Walter Ulbricht in der DDR eben hier angebracht wird. Während unmittelbar nach dem 17. Juni 1953 alle geplanten Feierlichkeiten zum 60. Geburtstag über Nacht abgesagt werden, bleibt für die Heimatstadt eine kleine Ehrung doch noch übrig: Am 30. Juni 1953 enthüllen an der Schule Lehrer, Schüler und der Elternbeirat eine steinerne Gedenktafel mit der bescheidenen Inschrift »Walter Ulbricht besuchte von 1899-1907 diese Schule«.

Tafel an der Schule, allerdings späteren Datums.

Vor dem Werkzeug-
schrank im Schulkeller.
Der ehemalige Schüler
Ulbricht konstatierte
befriedigt, es sähe
darin noch aus wie zu
seiner Zeit.

Der berühmte Schüler findet in den 60er Jahren wiederholt Zeit, seiner ehemaligen Schule einen Besuch abzustatten, die inzwischen eine repräsentativere Gedenktafel aufweisen kann. Immer wieder nimmt Ulbricht auf seine Kindheit Bezug. »Ich kann mich noch gut an meine Leipziger Schuljahre erinnern«, sagt er in seiner Festrede anläßlich der Leipziger 800-Jahrfeier am 2. Oktober 1965 in der Messehalle.

Nach seinem Ableben stürzt der teure Tote seine ehemalige Schule allerdings in ein Dilemma. Schon im September 1973 kommt die Schulleitung auf die Idee, die Schule nach dem Leipziger Tischlergesellen umzubenennen. Zeitgleich erhalten Schüler der Schule die ersten Aufträge, das Leben und Werk Ulbrichts »zu erforschen«. Regelmäßig finden Heimatkundestunden am Geburtshaus von Ulbricht in der Gottschedstraße 25 statt, eine ständige Wandzeitung über Walter Ulbricht wird eingerichtet, und Lotte Ulbricht signalisiert, für eine Ehrenvitrine Alltagsgegenstände aus dem persönlichen Besitz des Gatten zur Verfügung stellen zu wollen.

Ulbricht zu Besuch an
seiner Schule in den
60er Jahren.
Ulbricht-Büste im Flur
der Schule in der
1. Etage.
Der Verbleib der Büste
ist unbekannt.

6. Mai 1980: Nach jahrelangem Anlauf wird seiner Schule auch sein Name verliehen. Neben Lotte Ulbricht: Dietmar Keller, damals Sekretär der SED-Bezirksleitung, in den 90er Jahren Mitarbeiter der PDS-Bundestagsfraktion und damals enger Vertrauter von Gregor Gysi.

Eintragung ins Gästebuch der Walter-Ulbricht-Schule.

Insgesamt sieben Jahre dauert das politische Tauziehen hinter den Kulissen – zumeist zwischen der Bezirksleitung und dem ZK –, bis die Berliner Zentrale grünes Licht für die Umbenennung gibt, da Ulbrichts Name nach seinem Tod bekanntlich flächendeckend und scheinbar endgültig nicht nur aus dem Straßenbild der DDR getilgt wurde. Eine akribische Auflistung der Namensträger von Leipziger Einrichtungen vom 31. Oktober 1973 macht deutlich: Nur noch die Bezirksparteischule trägt seinen Namen – während zehn Kollektive und Einrichtungen nach Ernst Thälmann, neun nach Alfred Frank, acht nach Georgi Dimitroff und sogar elf nach dem von den Nazis hingerichteten Kurt Kresse benannt sind.

Im September 1976 scheint sich eine Wende anzubahnen, als der Leipziger Rat eine »Konzeption zur Benennung der Schulen, Heime und Häuser der Pioniere der Stadt Leipzig« beschließt. »Bei der Festlegung der Namen für Volksbildungseinrichtungen sind insbesondere Persönlichkeiten der Arbeiterklasse und des Kulturerbes zu berücksichtigen, deren Leben und Wirken mit der Stadt Leipzig und ihrer Entwicklung in Verbindung standen und deren Wirken nationale und internationale Beachtung hatte«, heißt es dort.

Um Ulbricht kommt die Partei nicht herum, denn zur Umbenennung sind insgesamt 76 Einrichtungen, darunter auch die 43. POS, vorgesehen. Schon ein Jahr trägt exakt die Hälfte der Schulen einen neuen Namen – die Umbenennung von Ulbrichts ehemaliger Schule ist für den 30. Juni 1978, seinen 85. Geburtstag, vorgesehen.

Plötzlich sind »letzte Klärungen erforderlich«, wie der Rat der Stadt Leipzig an die SED-Stadtleitung kryptisch meldet.

Für den Ehrennamen Ulbricht scheint die Zeit noch nicht reif, auch wenn ab 1978 Honeckers Verdikt über seinen Vorgänger ein wenig gelockert wird. Im »Neuen Deutschland« erscheint am 30. Juni 1978 ein ganzseitiger Artikel über Ulbrichts »Leben im Kampf für die Sache des Sozialismus«, und auch der Abriß der »Geschichte der SED« setzt die systematische Verdrängung Ulbrichts aus der Parteigeschichte nicht länger fort. Ein Jahr später erscheint sogar eine Sammlung von Aufsätzen Ulbrichts im Dietz-Verlag, und anläßlich des 30. Jahrestages der DDR wird er am 28. September 1979 – in Anwesenheit von Lotte Ulbricht – vor seinem Geburtshaus sogar in einem Atemzug mit Pieck und Grotewohl geehrt. Auch in seiner Autobiografie »Aus meinem Leben« geht Honecker eher moderat mit seinem von ihm gestürzten Vorgänger um.

Am Dienstag, den 6. Mai 1980, ist es dann endlich auch in der ehemaligen 5. Bezirksschule in Leipzig soweit. Im Beisein von Lotte Ulbricht wird aus Anlaß des bevorstehenden 35. Jahrestages der Befreiung vom Hitlerfaschismus der 43. Polytechnischen Oberschule während eines feierlichen Fahnenappells der Ehrenname »Walter Ulbricht« verliehen.

Die Namensgebung für den einstigen Schüler registrieren aufmerksame Beobachter jenseits der Grenzen und spekulieren über eine angebliche »Ulbricht-Renaissance«. Die FAZ vom 8. Mai 1980 weist

Der Leipziger Oberbürgermeister Dr. Karl-Heinz Müller übergibt dem Direktor der 43. POS, Lothar Nitzsche, die Urkunde zur Namensverleihung.

> Mit Freude habe ich am Appell der 43. POS
> teilgenommen, auf dem der Schule der
> Name „Walter Ulbricht" verliehen wurde.
> Ich wünsche allen Pionieren guten Erfolg
> in ihren Bemühen, sich dieses Namen
> würdig zu erweisen. Allen einen guten
> Ablauf in diesem Schuljahr.
>
> Freundschaft!
>
> 6.5.80.
>
> Lotte Ulbricht

Eintragung in das Buch der Schule.

darüber hinaus süffisant auf die eigentümliche Tatsache hin, daß derjenige, der eine Walter-Ulbricht-Straße finden möchte,»schon nach Moskau reisen« müsse.

Der langjährige ZDF-Reporter Dieter Zimmer, gebürtiger Leipziger und von 1946 bis 1948 selbst Schüler an dieser Einrichtung, kann in einer ZDF-Reportage die vorhandenen Zeugnisse der Ulbricht-Ehrung –»eine Art von Devotionalienschrein« – Anfang 1980 filmen. Aus heutiger Perspektive hat er die verzwickte Angelegenheit damals »totrecherchiert« – ohne allerdings ein Wort über die insgesamt drei Gedenktafeln an der Schule zu verlieren. Zu Ulbrichts 90. Geburtstag am 30. Juni 1983 wird nämlich die dritte und letzte Tafel installiert, die aber nach der Wende ebenso verschwindet wie ihr Pendant in der Gottschedstraße 25.

Ulbricht und die Olympischen Spiele in Leipzig

Einige Autoren der PR-Materialien für die aktuelle Olympiabewerbung Leipzigs zeigen sich nicht nur unwissend, sie sind es vermutlich auch. Unter dem Titel»Olympische Visionen auf dem Weg zur Realität« und dem neuen Slogan des Stadtmarketings»Leipziger Freiheit« verbreiten sie einfältig, daß nach 1949 Leipzigs»über die Jahrhunderte dynamische Entwicklung unterbrochen« wurde und es erst mit dem Fall der Mauer wieder gelang,»an die Traditionen der Vorkriegszeit anzuknüpfen«.

Die Verantwortlichen mit Oberbürgermeister Wolfgang Tiefensee stecken offenkundig in einem Zwiespalt: Einerseits wollen sie sich von den vier Jahrzehnten zwischen 1949 und 1989 permanent absetzen, andererseits sind es gerade die Erfolge des DDR-Sports, auf die sich der exzellente Ruf der Sportstadt Leipzig gründet. Einige Tausend Absolventen der DHfK (inzwischen abgewickelt), die in über 100 Ländern an exponierter Stelle wirken, werden vermutlich bei der Entscheidung für die Olympiastadt 2012 größeres Gewicht aufbringen als die Herbstläufer 1989 auf dem Leipziger Ring ...

Der Schrecken der heute Zuständigen wird vermutlich noch viel größer werden, wenn ihnen bewußt wird, daß Ulbrichts Vorleistungen ihren Antrag erst möglich machten. Was unter ihm konzipiert wurde, wird nun realisiert.

Um 1900 lief auf den Frankfurter Wiesen, nach dem Elsterhochwasser, der Schüler Walter Ulbricht Schlittschuh. Ein halbes Jahrhundert später war er maßgeblich an der Planung und Förderung eines Stadtteils an eben diesem Ort beteiligt.

Bereits wenige Tage nach Gründung der DDR hatte der Rat der Stadt beschlossen, einen Sportkomplex zu errichten. Eine einmalige Konzentration von Lehr-, Forschungs-, Trainings- und Wettkampfstätten wie nirgends sonst auf der Welt. Anfang 1950 präsentierte der damalige Leipziger Oberbürgermeister Max Opitz, Nachfolger Erich Zeigners*, der Öffentlichkeit ein »Modell Sportzentrum Frankfurter Wiesen«, das viele Leipzigerinnen und Leipziger beeindruckte. Zügig wurden in den folgenden Jahren das Schwimmstadion, die Festwiese,

* Regierungschef im Freistaat Sachsen, der 1923 kurzzeitig eine Koalitionsregierung von Sozialdemokraten und Kommunisten führte.
Zeigner war Oberbürgermeister in Leipzig von 1946 bis 1949.

Grundsteinlegung für die Deutsche Hochschule für Körperkultur (DHfK), 17. Mai 1952.

das Hockeystadion und weitere Sporteinrichtungen gebaut. Im März 1955 bildete man das Sonderprojektierungsbüro für den Bau des *Stadions der 100.000*; bereits Anfang August 1956 wurde das Stadion im Beisein des sportbegeisterten Walter Ulbricht eingeweiht.

Der »große Förderer und Freund des Sports« unterstützt mit Politbüro-Beschlüssen die rasante Entwicklung in diesen Jahren. Regelmäßig informiert er sich über das Baugeschehen und überzeugt sich häufig auch persönlich vom Baufortschritt.

Schon Jahre zuvor hatte Ulbricht im wahrsten Sinne des Wortes die Weichen für die Errichtung des Zentralstadions persönlich gestellt, als er dem Vorschlag seines Mitkämpfers aus alten KPD-Zeiten Herbert Mank zustimmte, die Kriegstrümmer zur Errichtung von Wällen für ein Stadion zu nutzen – kurzerhand wurden die entsprechenden Trümmerbahngleise verlegt.

Die Aufbauleistungen im Zeitraum 1945 bis 1960 erfolgten nicht nur in Leipzig unter schwierigen materiellen Bedingungen. Die Situation verbesserte sich nach dem Mauerbau 1961 zunächst. Im folgenden Jahrzehnt wurde auf der Grundlage von Planungen der Jahre 1958/59 in der Messestadt geradezu euphorisch gebaut und projektiert. Mit der Zielstellung, bis zur 800-Jahr-Feier der Stadt im Jahre 1965 auch dem Stadtzentrum ein modernes Gepräge zu geben, werden beträchtliche finanzielle und materielle Mittel bereitgestellt.

Der Volleyballer.

Modell Sportzentrum »Frankfurter Wiesen«, 1950.

Das Alte sollte sich einordnen oder – wenn nötig – auch Platz machen. Der damit verbundenen Abrißwelle fiel im Mai 1968 trotz vieler Proteste auch die Universitätskirche zum Opfer.

Um den eindringlichen Vorstellungen der damaligen politischen Funktionsträger gerecht zu werden, »die Stadt so aufzubauen, daß sie einer Weltstadt würdig sei«, wurde 1967 das Büro des Chefarchitekten (BCA) unter Horst Siegel geschaffen. Damit konnten neue Wege der städtebaulichen Planungstätigkeit beschritten und zu komplexerer Prognosetätigkeit übergegangen werden.

Unter Siegels Federführung wurde in den Folgejahren der erste »Generalbebauungsplan der Stadt Leipzig« der Nachkriegszeit erarbeitet. Erstmalig entstand im Januar 1970 ein dreidimensionales Prognosemodell im Maßstab 1:2000 für die Entwicklungsmöglichkeiten des Zentralen Bereichs der Stadt – ausgehend vom Sportforum bis zum Völkerschlachtdenkmal. Bürointern wurde von Siegel und seinen Planern das Areal zwischen Sportforum und »Kleinmesse« auf der gegenüberliegenden Seite des Elsterflutbeckens erstmalig als mögliches Baugebiet für Olympische Spiele ausgewiesen, um sich eine diesbezügliche Chance für die Zukunft offenzuhalten.

Heute bildet exakt diese Fläche den geplanten Olympiapark und damit den Kernbereich der sportlichen Veranstaltungen.

Horst Siegel: Dreidimensionales Prognosemodell für den Zentralen Bereich der Stadt – vom Sportforum bis zum Völkerschlachtdenkmal (Planungsstand: Januar 1970).
Städtebaulicher Entwurf: Architekten des BCA unter der Leitung von Horst Siegel und Ambros G. Gross.
Auf dem Gelände am Cottaweg/Elsterbecken wurde ein zentraler Sportkomplex als städtebauliche Planungsidee dargestellt – erstmalig BCA-intern für »Olympische Spiele in Leipzig« konzipiert!
Quelle: Privatarchiv H.S. / Tagungsmaterial für die Stadtverordnetenversammlung am 24. Juni 1970.

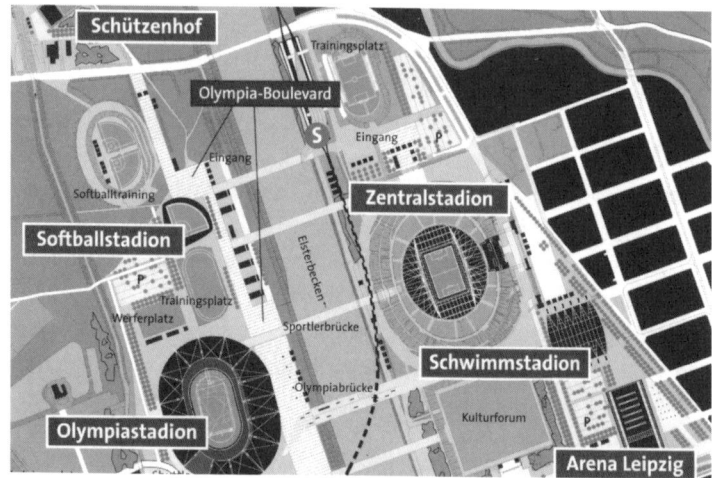

Die Planung für 2012 nimmt das Vorhandene auf und führt es fort.

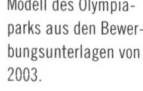

Das Vorhaben »Olympische Spiele in Leipzig« war angesichts der gravierenden ökonomischen Probleme der DDR natürlich viel zu brisant, um es mit SED-Funktionären ernsthaft zu diskutieren. So fiel auch kein falsches Wort, als Ende Juli 1969 anläßlich des V. Turn- und Sportfestes der DDR der damalige IOC-Präsident Avery Brundage in Leipzig weilte. Der US-Amerikaner, in seiner Jugend ein bekannter Zehnkämpfer, war ursprünglich kein Freund der DDR. Doch deren sportlichen Erfolge, die vielen Kontakte zu DDR-Sportfunktionären und kleine Gesten wie das 1968 von IOC-Mitglied Heinz Schöbel parallel bei der *Edition Leipzig* und der *International Olympic Editions* in Lausanne und Stuttgart herausgegebene Buch »Die vier Dimensionen des Avery Brundage« hinterließen Wirkung.

Brundage zeigte sich bei seinem Besuch in der Messestadt stark beeindruckt von »der Förderung des Sports in der DDR durch die staatlichen Stellen«. Das Lob steigerte sich noch, als der IOC-Präsident in einem Toast das Interesse der DDR-Regierung an der Olym-

Modell des Olympia- parks aus den Bewer- bungsunterlagen von 2003.

pischen Idee als »hervorragend und beispielgebend für viele andere Länder« würdigte. Bei seinem Besuch der DHfK erfreute der gutgelaunte Brundage die Gastgeber sogar mit einem Klassikerzitat über die Bedeutung der Körperkultur als Gegengewicht zu den durch die industrielle Revolution verursachten körperlichen Belastungen und scherzte: »Ich muß auch in einem sozialistischen Land sagen: Immer wieder einmal Marx lesen.«

Nach seinem Leipzig-Besuch reiste Brundage nach Berlin weiter, um einer Einladung Walter Ulbrichts nach Wandlitz zu folgen. Ulbricht war viel zu sehr ökonomischer Realist, um Überlegungen zur Durchführung Olympischer Spiele in der DDR selbst in diesem kleinen Kreis zu äußern. »Keine Rolle« spielte daher dieses Thema, wie sich Gesprächsteilnehmer Rudi Hellmann, der damalige Leiter der Abteilung Sport im ZK der SED, an diese Begegnung noch heute genau erinnert. Das mehrstündige Gespräch »in aufgeschlossener und herzlicher Atmosphäre« drehte sich vor allem um Probleme des DDR- und des Weltsports und um das erklärte Ziel der DDR-Staatsführung, das Motto »Sport für alle« noch enger mit der olympischen Idee zu verknüpfen.

ZB/Junge/29/7/69/sel/Berlin: Walter ULBRICHT empfing Avery BRUNDAGE/ Am 28.7.69 empfing der Erste Sekretär des ZK der SED und Vorsitzende des Staatsrates der DDR, Walter ULBRICHT (Mitte), den Präsidenten des Internationaler Olympischen Komitees, Avery BRUNDAGE (links), der anläßlich des V. Deutschen Turn- und Sportfestes der DDR als Ehrengast in unserer Republik weilt. An dem Gespräch nahmen außerdem teil: Lotte ULBRICHT (2.v.r.); Manfred EWALD, Präsident des ... Präsident des NOK der DDR

Statt eines Schlußworts

Von Frank Schumann

Wie nachhaltig negativ das Bild von Ulbricht geprägt ist, erlebte ich im Sommer 1998. In jener Zeit arbeitete ich auch für Prof. Lothar Bisky, damals Vorsitzender der PDS. Wir saßen mal wieder am Rande des Sommerlochs und sannen darüber nach, wie man die Sauregurkenzeit in den Medien nutzen könnte, um die Partei des Demokratischen Sozialismus in die selben zu bringen. Unter den von mir genannten Daten, die ich zum Anlaß nahm, Presseerklärungen des PDS-Chefs zu fertigen, war auch der 25. Todestag von Ulbricht. Angesichts der Entschuldigungen, zu denen sich zuweilen einige stromlinienförmige Funktionäre verstiegen, die weder etwas von Geschichte noch von Politik verstanden, schien mir eine solche Nachricht Signalcharakter zu haben. Ich schrieb also für Lothar Bisky folgende Meldung, die unter seinem Namen auch so den Nachrichtenagenturen und Redaktionen übergeben wurde:

»Am 1. August 1973 starb Walter Ulbricht. Der kommunistische Funktionär gehörte zu den Gründungsvätern der DDR und war formell deren Staatsoberhaupt seit 1960. An der Spitze der SED stand er de facto seit Beginn der 50er Jahre. In den Hochzeiten des Kalten Krieges galt Walter Ulbricht als Widerpart von Kanzler Konrad Adenauer. Wie dieser prägte er in entscheidendem Maße die von ihm beherrschte Partei und den von ihr regierten Staat, und er war so wenig Spalter und so viel Spalter wie Adenauer, er war soviel deutscher Patriot und so wenig deutscher Patriot wie Adenauer.

Mit dem Namen Ulbricht unmittelbar verbunden sind unter anderem die 2. Parteikonferenz der SED 1952, die den Aufbau des Sozialismus in der DDR proklamierte, die Vorgänge um den 17. Juni 1953 und der Mauerbau 1961. Ulbricht trug aber auch Verantwortung dafür, daß die zweite deutsche Republik zunehmend Souveränität gewann und sich gegenüber dem sowjetischen Vormund behauptete. Seine Versuche in den 60er Jahren, mit dem Neuen Ökonomischen System der Planung und Leitung auf die wirtschaftlichen Veränderungen in der Welt zu reagieren und auch politisch aus der Isolierung zu kommen – die Treffen zwischen Willy Brandt und Willi Stoph in Erfurt und Kassel kamen auf Ulbrichts Initiative zustande – führten schließlich 1971 zu seinem Sturz durch Honecker mit Hilfe der Moskauer Parteiführung.

Der Antifaschist Walter Ulbricht war einer der wenigen Staatsmänner von Format, die die DDR hervorgebracht hat. Ulbricht trug aber maßgebliche Verantwortung dafür, daß die SED 1947/48 ihren Gründungskonsens verließ und zu einer stalinistischen Partei ›neuen Typs‹ wurde, in der die innerparteiliche Demokratie ausgeschaltet war und Kritiker in unterschiedlicher Weise verfolgt wurden. ›Im Stalinschen Geist‹ wuchs und reinigte sich unter Ulbrichts Führung fortwährend die SED, was zur Folge hatte, daß sich über Jahrzehnte keine linke Opposition in der DDR entwickelte, was sich bis auf den heutigen Tag nachteilig auswirkt. Das zentralistisch geführte System, dem Walter Ulbricht am Ende selber zum Opfer fiel, war von ihm mitgeschaffen worden.«

Der Trauschein von Walter Ulbricht und Martha Schmellinsky vom 7. Februar 1920, auf dem auch die rechtskräftige Scheidung am 31. Dezember 1949 vermerkt ist. Dieses Dokument benötigte Ulbricht, um Lotte Kühn am 25. Januar 1950 heiraten zu können, mit der er bereits seit fünfzehn Jahren zusammenlebte.

Mein letzter Wille!

Ich möchte, daß meine Urne auf dem Friedhof in Friedrichsfel
beigesetzt wird und zwar neben der des Genossen Wilhelm Pieck.

Begründung:

Ich war sowohl Mitbegründer der KPD wie der
SED und war 1. Sekretär in der Zeit des Kampf
um die antifaschistisch-demokratische Revolut
und um die sozialistische Revolution und habe
als Verantwortlicher in der Kommission für
die erste Verfassung der DDR wie als Vorsitze
der der Kommission zur Ausarbeitung der
sozialistischen Verfassung der DDR wesentlich
zur soz. Staatslehre und Gestaltung des
1. deutschen Arbeiter- und Bauernstaates bei
tragen.
Neben W. Pieck und O. Grotewohl war ich der
Initiator und Organisator der Bildung der SE

Bei der Trauerfeier bitte ich zu spielen die Beethoven-Phan
tasie mit Chor und Klavier mit Text von Johannes R. Becher.

Meine Orden bitte ich dem Museum für deutsche Geschichte zu
übergeben.

Wie bereits in unserer gemeinsamen letztwilligen Verfügung
gesagt erhält meine Frau Lotte das Verfügungsrecht über mein
gesamtes persönliches Eigentum. Außerdem wünsche ich, daß meine
Frau die Verwaltung meines literarischen Nachlasses übernimmt.

Meine Frau Lotte, die 1919 dem Kommunistischen Jugendverba
beitrat und seit 1921 der KPD angehört, hat im Partei- und Komi
tern-apparat sehr verantwortliche Arbeit geleistet.

Nach dem Sieg der Sowjetarmeen in Berlin, als ich vom Poli
büro der KPdSU den Auftrag erhielt, antifaschistisch-demokratis
Verwaltungsorgane zu organisieren, wurde Lotte Verbindungsmann
zum Sowjetischen Oberkommando bzw. zum Politstellvertreter im
Militärrat. Sie hat damals einen großen Beitrag zur richtigen
Durchführung der Befehle unter den deutschen Werktätigen geleis

Was die Lebensbedingungen meiner Frau betrifft, so ersuche
ich, ihr die gleichen Vergünstigungen zu gewähren wie der Frau

x

Ulbrichts »Letzter
Wille« vom 28. Juli
1971, in der Abschrift
von Lotte Ulbricht.

Ich weiß nicht, ob der Professor Parteivorsitzende sich die Meldung vorher angeschaut hatte und also mit Vorsatz an die Agenturen gab, oder ob ihm, wie manch anderes auch, der Text nur »durchgerutscht« war. Vielleicht hatte der erfahrene Medienwissenschaftler inzwischen aber auch verinnerlicht, daß die Provokation die sicherste Chance bietet, als Politiker zitiert zu werden. Das gelang.

Die geheuchelte Entrüstung, daß es einer anno 1998 wagte, Ulbricht als Staatsmann von Format zu würdigen, ging durch alle Parteien

des verstorbenen Gen. Grotewohl, und ihr das Haus Niederschönhause
Majakowski Ring 28 zu überlaßen. Dieses Haus eines Rüstungsfabri-
kanten wurde 1945 auf mein Ersuchen vom sowjetischen Kommandanten
für meine Familie beschlagnahmt.

Sollte meine Frau gleichzeitig mit mir vom Tod betroffen
werden, so bitte ich - außer den in der letztwilligen gemeinsamen
Verfügung angegebenen Zuwendungen - noch folgende zu veranlaßen:

Meiner Tochter ▓▓▓▓▓▓▓, wohnhaft 9 ▓▓▓▓▓▓▓▓▓▓▓▓▓;
▓▓▓▓▓▓▓▓▓ (Frankreich) ein Drittel meines Bank-
guthabens.

Martha Ulbricht, wohnhaft in Leipzig 05-Volkmersdorf,
Geisler Straße   einen einmaligen Betrag von 5000
(fünftausend) Mark.

28. Juli 1971

(gez.) Walter Ulbricht

Ich bitte, die Anliegende Erklärung dem Zentralkomitee
zur Kenntnis zu geben.
(gez.) W.Ulbricht

und viele Blätter. Die Blasphemie, so machten die Reaktionen deutlich, wurde potenziert dadurch, daß es der Chef der SED-Nachfolgepartei getan hatte. Wer an Ulbricht ein gutes Haar fand, wollte zweifellos die DDR zurück.

Korrekt und überparteilich allenfalls die großbürgerliche *FAZ*. Sie
titelte in Anführungszeichen am 1. August »Ulbricht ein deutscher
Patriot wie Adenauer« und stellte der sachlich-referierenden Meldung
den Satz voran: »Der PDS-Vorsitzende Bisky hat den vor 25 Jahren
gestorbenen Walter Ulbricht als einen der wenigen ›Staatsmänner von
Format‹ bezeichnet, die die DDR hervorgebracht habe.«

Das war es dann aber auch schon. Keine Häme, keine Polemik.

Das schamhafte *Neue Deutschland*, dessen Hauptgesellschafter
bekanntlich die PDS ist, raffte sich – im Unterschied zur *FAZ* – zu
ganzen 18 Druckzeilen auf unter der haltungsneutralen Headline:
»Ulbricht gewürdigt. Bisky: ›Staatsmann von Format‹«. Aber immerhin hatte man das Reizwort erkannt, die alt-neuen Sensorien funk-
tionierten.

* Berliner Morgenpost,
4. August 1998, Autor:
Joachim Stoltenberg

Im Hause Springer brauchte man einige Tage, ehe man sich darauf verständigt hatte, wie diese Provokation angemessen abgewehrt werden sollte. Das Verdikt segelte unter der vierzeiligen Überschrift »Weit weg von der Demokratie«, Unterzeile: »Der ›Staatsmann‹ Ulbricht und die PDS«*. Ins Zentrum des Beitrags hatte man groß einen Satz aus dem Text gestellt – sowohl für den eiligen wie für den dummen Leser: »Eine PDS, die Walter Ulbricht als ›Staatsmann von Format‹ feiert, dankt damit als Partner für demokratische Parteien ab.«

»Die Mauer quer durch Berlin, Stacheldraht und Todesstreifen quer durch Deutschland gehören zu dem Schändlichsten, was nach dem Zweiten Weltkrieg auf deutschem Boden erdacht wurde. Diese unmenschlichen Sperranlagen und Symbole der Teilung sind untrennlich mit dem Namen Walter Ulbricht verbunden. Zum 25. Todestag des früheren DDR-Staats- und Parteichefs fühlte sich die PDS aufgerufen, Ulbricht mit großen Worten zu würdigen. Den Mann, der wie kein anderer die Errichtung der kommunistischen Diktatur im östlichen Teil Deutschlands symbolisiert. Die Würdigung wirft ein bezeichnendes Licht auf das Demokratieverständnis der SED-Nachfolgepartei, die sich selbst gern als Anwalt der Menschen in den neuen Ländern anpreist.

Ulbricht, so verkündet der PDS-Vorsitzende Lothar Bisky in der vergangenen Woche namens seiner Partei, sei einer ›der wenigen Staatsmänner von Format, die die DDR hervorgebracht hat‹. Walter Ulbricht, ein Staatsmann von Format?! Wenn die deutsche Sprache noch Sinn macht, dann gilt ein Staatsmann als Politiker, der weise und beharrlich Großes für sein Land geleistet hat, dessen Klugheit und diplomatisches Geschick zugleich die Welt zum Besseren gewendet oder vor Schrecklichem bewahrt hat.

Die PDS meint, dies treffe auf Walter Ulbricht zu. Welch ein Zynismus gegenüber den Opfern des SED-Regimes, welche Verharmlosung des kommunistischen Diktators. Zwar räumte Bisky ein, Ulbricht habe maßgeblich Verantwortung auch dafür getragen, daß sich die SED in eine stalinistische Partei gewandelt habe, ›in der die innerparteiliche Demokratie ausgeschaltet war und Kritiker in unterschiedlicher Weise verfolgt wurden‹.

Da sich diese Einschränkung mit der gleichzeitigen Preisung Ulbrichts als ›Staatsmann von Format‹ nicht auf einen Nenner bringen läßt, stellt sich einmal mehr die Frage nach dem Selbstverständnis der PDS. Die Ehrung eines skrupellosen Machtpolitikers, eines unmenschlichen Diktators, der wegen seiner Uneinsichtigkeit am Ende selbst von seinen Moskauer Strippenziehern fallengelassen wurde, macht wieder einmal deutlich, daß die PDS aus Überzeugung noch längst nicht in der Demokratie der Bundesrepublik Deutschland angekommen ist. Allen ›Sonntagsbeteuerungen‹ zum Trotz.

Biskys Ulbricht-Laudatio bestätigt unfreiwillig auch eine Studie der Konrad-Adenauer-Stiftung aus der vergangenen Woche. Sie kommt zu dem Ergebnis, daß die PDS ungeachtet ihrer beachtlichen Erfolge bei den Wahlen die Demokratie nicht verinnerlicht habe. Die SED-Nachfolgepartei sei zu keinen durchgreifenden Reformen innerhalb der eigenen Satzungen bereit und erhebe den Anspruch, ›zentrale Macht einer fundamental-oppositionellen Bewegung‹ und so eine Gegenmacht gegen ›Kapital, Markt und Staat‹ zu werden.

Bisky, Gysi und Genossen sind also noch weit entfernt von den beiden Voraussetzungen, die der frühere Bundespräsident Richard von

```
Die Erschienene erklärte:


Ich will ein Testament errichten und bin durch frühere
Verfügungen von Todes wegen hieran nicht gehindert. Ich bin
deutsche Staatsangehörige.

Da die Erschienene nach Überzeugung der Notarin nicht in
der Lage ist, geschriebene Schrift zu lesen, wurde als Zeuge

          Herr Rechtsanwalt und Notar Grischa Worner
          ansässig in 10119 Berlin,Torstr.3,
          der Notarin persönlich bekannt,

hinzugezogen, der während der ganzen Verhandlung anwesend
war und bei dem Ausschließungsgründe nicht vorlagen.

Nunmehr erklärte die Erschienene der Notarin mündlich ih-
ren letzten Willen wie folgt:


Ich bestimme eine


            VERMÄCHTNISANORDNUNG

an die meine Erben gebunden sein sollen.

Ich bin Eigentümerin der persönlichen Unterlagen und Gegenstän
von Lotte und Walter Ulbricht, die dem Zentralen Parteiar-
chiv im Institut für Marxismus/Leninismus von mir übergeben
worden waren.
Hierbei handelt es sich insbesondere um Ausweise, Urkunden,
Korrespondenzen, Reden, Artikel, Erinnerungen, Auszeichnun-
gen, Aufzeichnungen jeglicher Art, Fotos und ähnlichem von
Lotte und Walter Ulbricht und Dritten, die Lotte und Walter
Ulbricht übergeben worden waren. Alle diese Sachen soll als
Vermächtnis die Partei des Demokratischen Sozialismus in
Deutschland erhalten.
Zu den vorgenannten Sachen und Gegenständen gehört der gesam-
te Nachlaß von Walter Ulbricht, der dem damaligen Zentralen
Parteiarchiv übergeben worden ist.


Weiteres habe ich nicht zu bestimmen.
```

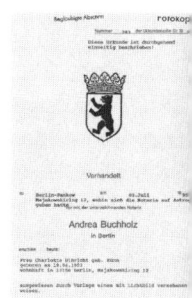

Sogenannte Vermächtnisanordnung von Lotte Ulbricht aus dem Jahre 1995, mit der sie ihren Nachlaß der PDS vermachte.

Brief an die Genossen
im Zentralkomitee, den
er gleichzeitig mit sei-
nem Letzten Willen von
1971 aufsetzte.
Die Abschrift fertigte
Lotte Ulbricht mit der
Maschine.

Liebe Genossen!

Ich scheide als ein Genosse aus dem Leben, der das Glück
hatte, in den 60 Jahren seines politischen Kampfes den Aufbau des
Kommunismus in der Sowjetunion zu erleben und die Bildung des
sozialistischen deutschen Arbeiter- und Bauernstaates mitzugestalt
Im Klassenkampf auf deutschem Boden, im internationalen Kampf
der Kommunistischen Internationale und durch die marxistisch-
leninistische Erziehungsarbeit in der Sowjetunion wurde ich zum
Leninisten geschmiedet.

Die Rede zur Begründung des Programms der SED auf dem
VI. Parteitag und die Rede auf dem 7. Parteitag sowie das Buch
und die Schrift: "Die geschichtliche Leistung der S.E.D." legen
Zeugnis ab von der Strategie und Taktik der Partei in den Jahrzehnten, in denen ich durch das Vertrauen der Genossen an der
Spitze der Partei im Kollektiv des Politbüros kämpfte. Die Lehre
von Karl Marx, die wir uns als junge Arbeiter zum Wegweiser genommen hatten, wurde dank der Einigung der Arbeiterklasse und de
Treue zum Marxismus-Leninismus unter der Führung der SED und im
Bruderbund mit der Sowjetunion in 2 Revolutionen zum Siege
geführt.

Deshalb gilt mein letzter Gruß den Genossen, die durch
opferreiche Kämpfe unsere große Sache der Sozialismus, der Mensc
lichkeit, des Friedens zum Erfolge führten und führen.

Ruhm und Ehre den fleißigen Arbeiter-Bauern, der tüchtigen
Intelligenz, den Frauen und der eifrig lernenden Jugend, die
ständig die DDR, unsere sozialistische Heimat stärken und
schöner gestalten.

Ich wünsche dem Kollektiv des ZK viel Erfolg.

Freundschaft

(gez.) W. Ulbricht

Weizsäcker als Meßlatte auch für die demokratischen Parteien gelegt
hat, um den Anspruch der PDS auf politische Beteiligung zu legitimie-
ren, also mit ihr auch zusammenzuarbeiten: ein unzweideutiges Signal,
mit dem sie sich vom geschehenen Unrecht in der Diktatur der SED
distanziert, und der erkennbare Wille sowie eine klare Haltung zur
Deutschen Einheit.

Die Partei des Demokratischen Sozialismus kann sich dazu immer
noch nicht durchringen. Es fehlt ihr die notwendige Überzeugung.
Zudem mahnt die eigene Mitgliederstruktur zur Zurückhaltung. Zu
nah waren die heutigen Führungskräfte dem alten System verbunden,
zu viele ihrer Mitglieder halten die ›Errungenschaften‹ der DDR noch
heute für preiswert.

Eine PDS, die Ulbricht als ›Staatsmann von Format‹ feiert, offenbart nicht nur höchst bedenkliche Demokratiedefizite, sie dankt damit auch als Partner für demokratische Parteien ab. Darüber sollten all die Sozialdemokraten noch einmal gründlich nachdenken, die sich von der SED-Nachfolgepartei tolerieren lassen oder demnächst ein Regierungsbündnis mit ihr eingehen möchten.«

Noch Monate später wurde Bisky mit dieser Wendung zitiert, wenn man ihn zu denunzieren gedachte. Ich will nicht hoffen, daß er deshalb wenig später den Parteivorsitz abgab.

Aber nun ist er nach einer Auszeit wieder an die Spitze der PDS zurückgekehrt, der Lotte Ulbricht bis zu ihrem Ende die Treue hielt und den Nachlaß vermachte. Eben weil diese aus jener Partei hervorgangen war, die sie als das Werk ihres Mannes betrachtete.

Ein schweres Erbe, wohl wahr.

Aber ohne Erbe hat man auch keine Identität.

30. Juni 1963:
Das Ehepaar Ulbricht
nach der Gratulations-
cour zum 70. Geburts-
tag von Walter.

Stammbaum

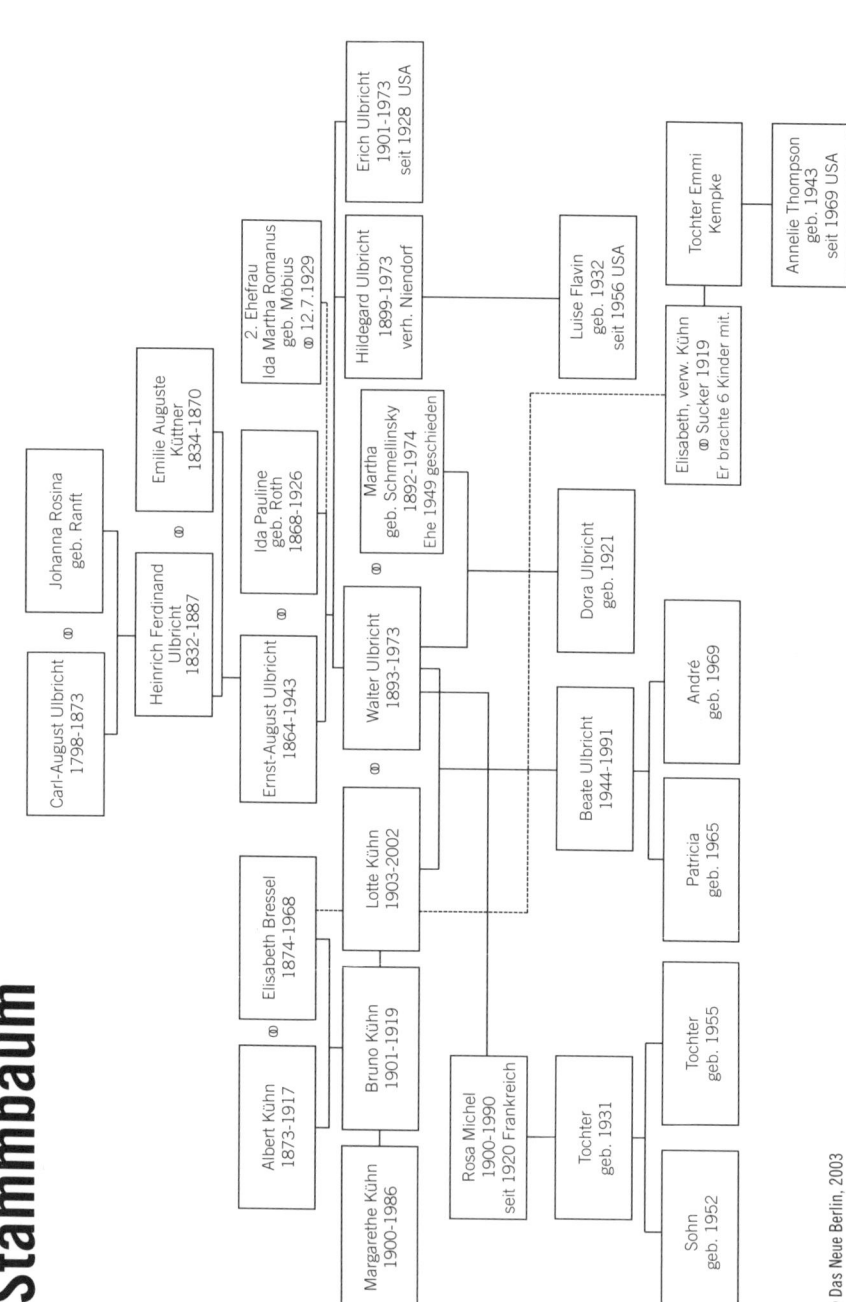

Inhalt